民商法手册系列

数字内容和数字服务合同

经典法律文献

Digital Content
and
Digital Service Contracts

Classic Legal Literature

潘俊 编译

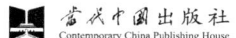

当代中国出版社
Contemporary China Publishing House

图书在版编目(CIP)数据

数字内容和数字服务合同：经典法律文献／潘俊编译. -- 北京：当代中国出版社，2024.6
ISBN 978-7-5154-1394-5

Ⅰ.①数… Ⅱ.①潘… Ⅲ.①合同法—研究 Ⅳ.①D912.290.4

中国国家版本馆 CIP 数据核字(2024)第 108052 号

出版人　　王　茵
责任编辑　　邓颖君
责任校对　　贾云华　康　莹
印刷监制　　刘艳平
封面设计　　鲁　娟
出版发行　　当代中国出版社
地　　址　　北京市地安门西大街旌勇里 8 号
网　　址　　http：//www.ddzg.net
邮政编码　　100009
编 辑 部　　(010)66572156
市 场 部　　(010)66572281　66572157
印　　刷　　中国电影出版社印刷厂
开　　本　　710 毫米×1000 毫米　1/16
印　　张　　29 印张　1 插页　374 千字
版　　次　　2024 年 6 月第 1 版
印　　次　　2024 年 6 月第 1 次印刷
定　　价　　98.00 元

版权所有，翻版必究；如有印装质量问题，请拨打(010)66572159 联系出版部调换。

目　录

导　言 / 001

第一编　《数字内容和数字服务合同指令》的内容

一、提供数字内容和数字服务的最新指令：适用范围和经营者提供义务

　　［爱沙尼亚］卡琳·桑　　［德］格拉尔德·施平德勒 / 007

　　（一）概述 / 008

　　（二）没有设立新的合同类型 / 010

　　（三）指令的适用范围 / 010

二、数字内容和数字服务的提供

　　——新法律概念受制于旧实践问题

　　［捷克］什泰潘·里克特 / 032

　　（一）引言 / 033

　　（二）欧盟关于提供数字内容和数字服务的立法 / 034

　　（三）DCD 的主要问题 / 038

　　（四）转化 / 043

　　（五）结论 / 047

三、数字内容指令和持续供应合同规则

　　[英]休·比利 / 056

　　（一）《数字内容和数字服务合同指令》概述 / 057

　　（二）一段时间内数字服务或者数字内容的提供 / 064

　　（三）消费者保护的漏洞 / 071

　　（四）经营者的意外之喜——立法背景 / 079

　　（五）总结和最后一点 / 083

第二编　《数字内容和数字服务合同指令》的转化

四、迈向数字时代的《德国民法典》

　　——"双指令"的实施

　　[德]赖讷尔·舒尔茨 / 089

　　（一）引言 / 089

　　（二）双指令实施的主要特点 / 090

　　（三）合同的合约性 / 094

　　（四）救济措施 / 098

　　（五）消费者提供的个人数据 / 101

　　（六）结论 / 103

五、《数字内容和数字服务合同指令》《货物买卖合同指令》转化后荷兰的消费者商品销售和数字合同

　　[荷]M.B.M.卢斯 / 105

　　（一）简介及总体架构 / 105

　　（二）适用范围 / 109

　　（三）以支付价款为交换条件的合同 / 117

　　（四）以提供个人数据为交换条件的合同 / 119

　　（五）合约性和不合约的补救措施 / 125

　　（六）结论 / 134

六、数字消费者合同法与新技术
——《数字内容和数字服务合同指令》在奥地利的实施情况
[奥地利] 布里吉塔·佐赫林 – 犹德 / 136

（一）立法进展的现状 / 137

（二）奥地利的实施现状 / 137

（三）实施《数字内容和数字服务合同指令》和《货物买卖合同指令》的初步考虑 / 141

（四）司法部的计划 / 141

（五）《消费者担保法（草案）》 / 144

（六）总结 / 150

七、数字内容和数字服务合同下个人信息的新功能
[塞尔维亚] 斯洛博达·米多罗维奇　米洛斯·塞库利奇 / 152

（一）引论 / 153

（二）欧盟和塞尔维亚法律下的个人数据 / 155

（三）欧盟关于提供数字内容和数字服务的法律制度 / 158

（四）适用 DCD 的动机 / 162

（五）从草案到终稿 / 165

（六）将提供个人数据作为合同义务的客体 / 166

（七）个人数据价值与第三方问题 / 168

（八）DCD 和 GDPR 的关系 / 170

（九）关于提供数字内容和数字服务的塞尔维亚法律现状概述 / 171

（十）结论 / 172

第三编 《数字内容和数字服务合同指令》的适用

八、《数字内容和数字服务合同指令》《货物买卖合同指令》对数字要素商品的适用

　　[爱沙尼亚]卡琳·桑 / 175

　　（一）简介 / 175

　　（二）DCD 与 SGD 就包含数字要素的商品的划分 / 177

　　（三）以免费开源软件作为数字要素的智能商品 / 184

　　（四）《货物买卖合同指令》项下"数字要素"的法律后果 / 185

　　（五）以数字服务为合同主体的商品和数字服务供应合同 / 189

　　（六）结论 / 190

九、汽车数字化与新的数字消费合同法

　　[德]彼得·罗特 / 192

　　（一）引言 / 193

　　（二）汽车的数字化 / 194

　　（三）不同指令的适用范围 / 196

　　（四）不符合同约定的类型 / 204

　　（五）救济措施 / 211

　　（六）损害赔偿 / 213

　　（七）更广阔的视角 / 215

　　（八）总结 / 216

十、智能合约和新的数字指令：一些初步想法

　　[德]安德烈·杨森 / 218

　　（一）引言 / 219

　　（二）对智能合约的简短介绍 / 221

　　（三）虚拟的智能合约场景 / 227

（四）在新数字指令背景下两个与智能合约有关问题的
　　讨论 / 227
（五）结论 / 232

第四编　数字内容和数字服务的适约性

十一、货物与数字内容和数字服务的适约性
　　［英］克里斯蒂安·特威格－福莱斯纳 / 235
　　（一）引言 / 235
　　（二）为何需要"适约性"要求？/ 239
　　（三）新指令中的适约性要求 / 241
　　（四）讨论与结论 / 271

十二、关于在线销售和提供数字内容指令提案（第二部分）：适约性
　　和缺乏适约性的补救措施
　　［西］罗莎·米拉·拉菲尔 / 274
　　（一）引言 / 275
　　（二）《在线销售指令》：相较于《消费者商品和担保指令》的新
　　　　要素和澄清 / 276
　　（三）《数字内容和数字服务合同指令》：与《在线销售指令》的
　　　　主要区别 / 283
　　（四）结论 / 292

十三、数字内容或数字服务客观适约性要求的偏离：使用评估
　　［拉脱维亚］瓦迪姆·曼特洛夫　简尼斯－卡克林斯
　　伊雷娜－巴尔卡内　赞达－戴维达　萨尔维斯－卡克利斯
　　克里斯塔普斯－西利奥诺夫斯 / 294
　　（一）引言 / 295
　　（二）允许偏离适约性客观要求的先决条件概述 / 299

(三)实践中使用的典型责任限制形式的评估 / 319

(四)结论 / 324

十四、论《数字内容和数字服务合同指令》下经营者数字内容和数字服务未达合约性的责任

[罗马尼亚]胡安妮塔·戈科维奇 / 326

(一)引论 / 327

(二)古典二项式的新价值:合约性的主观要求与客观要求之比较 / 331

(三)数字内容合同下的先合同告知义务:手段能否达到目的 / 334

(四)数字内容违约时消费者可以采取的救济途径 / 337

(五)合同终止时消费者是否有权取回自己产生的数字内容 / 340

(六)确保合约性须遵守的特殊条款和时限 / 341

(七)总结性意见 / 341

第五编　数字内容和数字服务合同消费者的权益保护

十五、《数字内容和数字服务合同指令》中经营者对数字内容或者数字服务的变更

[葡萄牙]马丁–法里尼亚 / 347

(一)引言 / 348

(二)提供数字内容或者数字服务的合同 / 350

(三)什么是对合同数字内容或数字服务的变更 / 353

(四)经营者何时可以进行变更 / 357

(五)消费者终止合同的权利 / 370

(六)对一些实际案例的简短评论:Dropbox 和 Netflix 的条款 / 375

（七）结论——数字力量、商业秘密以及《数字内容和数字服务合同指令》透明性和通知要求的可执行性 / 377

十六、数字内容消费者合同的单方变更与调整

[罗马尼亚]胡安妮塔·戈伊科维奇 / 379

（一）引言 / 380

（二）消费者行使单方终止合同权利的概述 / 383

（三）数字内容 B2C 合同的单方终止和变更 / 386

（四）消费者撤回权的司法判例基准 / 390

（五）结论/结束语 / 391

十七、消费者对有缺陷的数字要素商品的补救措施

[意]阿尔贝托-德-弗朗西斯基 / 393

（一）缺乏合约性与补救措施的位阶（hierarchy of remedies）/ 393

（二）维修和更换 / 395

（三）终止合同和减价 / 402

（四）时限 / 406

（五）不合约时消费者可强制执行的进一步补救措施 / 408

（六）过时数字要素商品对消费者权利有效性和环境可持续性的挑战 / 410

（七）结语 / 415

十八、消费者数字内容合同

[荷]赫尔伯格　[荷]卢斯　[法]吉博　[荷]马克

[荷]佩瑟斯 / 417

（一）引言 / 418

（二）面向消费者的数字内容市场 / 419

（三）数字消费者关注的问题 / 422

（四）数字内容合同与法律 / 424

（五）结论 / 443

后　记 / 445

缩略语表/专业术语表 / 447

导　言

继农业经济、工业经济发展之后,人类迎来了数字经济,交易环境、交易标的越发从物理有形发展到数字化。其中,音乐、视频、电子文件等数字内容和数字服务已经成为我们日常生活中不可或缺的一部分,并成为数字内容产业的重要组成部分,推动数字经济的发展。随着互联网的普及和技术的不断进步,数字内容和数字服务的需求与日俱增,这给人们的生活带来了极大的便利,也对法律的规范和调整提出了新的挑战和要求,尤其是作为这类交易主要工具的合同法。

为了规范数字内容和数字服务市场,保护消费者权益,维护公平竞争,各国政府和国际组织纷纷制定了一系列相关法律法规和标准。从世界范围来看,欧盟对数字平台和数字经济的监管是最为严厉的,在很大程度上也可以归因于其本土数字经济发展的乏力——欧盟严格监管的成本大多是落在"外企"上,以美国(和中国)的平台企业为主。2019年5月20日,欧盟通过了《关于提供数字内容和数字服务合同有关方面第2019/770号指令》(DCD,以下简称《数字内容和数字服务合同指令》),对数字内容和数字服务提供者应当遵循的合同要求(合约性)、消费者保护措施以及争议解决机制等作出了规定,旨在为数字市场创造更加公平和透明的环境。这是全球范围内第一个针对数字内容和数字服务合同的专门性立法,具有极为重要的价值。

本书整体布局立足于《数字内容和数字服务合同指令》,以指令涉及的核心命题展开,共分为五编。

第一编《数字内容和数字服务合同指令》的内容。认识指令基本内容中的重点和亮点,包括指令中经营者提供数字内容和数字服务的义务、接受数字内容和数字服务的消费者提供个人信息以及提供数字内容和数字服务的持续性。

第二编《数字内容和数字服务合同指令》的转化。指令的实施需要成员国国内法的转化,为我们认识提供数字内容和数字服务的法律规范提供更为微观和体系化的视角。因此,本书第二编选择了德国、荷兰、奥地利三个国家对指令的转化。其中,德国将指令内容吸收转化到《德国民法典》中,对债法规定进行了更新,这被称为是继债法现代化之后《德国民法典》最为重要的一次变化。荷兰则是从消费者权益保护的视角吸收了指令的内容。奥地利更是单独制定《消费者担保法》以落实指令。此外,该部分还介绍了指令涉及个人数据的内容与《通用数据保护条例》(GDPR)的协调,以及塞尔维亚可能的立法应对。

第三编《数字内容和数字服务合同指令》的适用。数字内容和数字服务可能完全以数字化形式存在,也可能嵌入物理性载体,由此涉及《数字内容和数字服务合同指令》与《关于货物买卖合同特定方面的第 2019/771 号指令》(SGD,以下简称《货物买卖合同指令》)《货物买卖合同指令》的调整对象、规范内容及适用衔接。因此,第三编选择了三篇文章围绕指令的适用展开,意在区分数字产品和智能产品。SGD 适用于货物销售合同,包括数字元素商品,其中数字要素商品是指与数字服务和数字内容密切联系的有形动产,附带的数字服务和数字内容缺失将影响该物品正常功能。反之,如果缺少数字服务或数字内容并不影响物品的正常功能,或消费者认为数字服务或数字内容并不构成合同中对货物销售的一部分,则数字服务和数字内容部分独立于货物销售合同,该类数字服务和内容部分合同如满足条件则落入 DCD 的调整范围内。

第四编和第五编是关于提供数字内容和数字服务的适约性和消费者的权益保护。这两个问题可以说是数字内容和数字服务合同当前面临的主要问题。不同于传统合同,该类合同标的具有无形性、数字化和技术性,合同履行标准难以整齐划一,消费者因为信息和技术的双重不对称也处于更加弱势的地位,需要法律提供更具有针对性的规范措施。

数字内容和数字服务建立在数字化环境下,与不断变化的数字技术紧密关联,与此相关的文献数量也较为繁杂。为确保所呈现的内容能够全面、权威地反映有关数字内容和数字服务合同法律问题的研究现状和发展趋势,在搜索、筛选相关文献的过程中,我们主要遵循了以下标准。一是学术价值:涵盖新的法律理论、案例研究、实证分析等方面,能够提供深入、系统的学术探讨。二是实践指导:可能包括了法律实践中的问题解决方案、法律政策的分析评估等内容,能够帮助读者更好地理解和应对数字时代合同法律规范的挑战。三是最新研究动态:我们尽可能地选择了最新的研究成果和发展动态,以反映数字内容和数字服务合同法律规范研究领域的最新进展和趋势。期待这些文章能够提供较为前沿的研究视角和深刻的理论观点,引领我们更深入地思考和探索相关问题。

第一编　《数字内容和数字服务合同指令》的内容

一、提供数字内容和数字服务的最新指令：适用范围和经营者提供义务

[爱沙尼亚]卡琳·桑
[德]格拉尔德·施平德勒*

经过3年多的讨论和谈判,(欧盟)终于通过了新的合同法配套方案,其中包括关于提供数字内容和数字服务合同的指令和《关于消费者商品销售及其担保的某些方面的指令》(以下简称《消费者商品和担保指令》)。原本通过客体判断规制路线的立法思路得以保留,并在现有表述中将数字服务作为合同法(规范)客体。合同类型仍由欧盟成员国自行决定,同时以数据作为对价的创新概念也在最终版本中保留。本文将讨论《数字内

---

* 卡琳·桑(Prof. Dr. Karin Sein,),爱沙尼亚塔尔图大学法学院教授。格拉尔德·施平德勒(Prof. Dr. Gerald Spindler),哥廷根大学商业与媒体法研究所教授。原文载于《欧洲合同法评论》(European Review of Contract Law)2019年第15卷第3期。本译文主要介绍了《数字内容和数字服务合同指令》的适用范围,分析了指令的部分具体规则,有助于了解和掌握《数字内容和数字服务合同指令》的规则与内在精神,为我国完善数字内容相关法律规范提供参考。

容和数字服务合同指令》的(适用)范围,其中包括了对附带数字服务("带数字元素的商品")的复杂监管制度和经营者的主要义务——供应义务。后续将发布在下一期的文章会涉及符合性标准,包括更新义务、消费者权利救济、经营者责任及单方变更权。

(一)概述

"数字化进程计划"将会在这届欧盟委员会任期结束的时候完成,或者说至少也会(在任期结束时)打下基础。欧盟终于成功通过了在2015年12月9日提出的几项提案——(其中)一项是解决数字内容供应方面消费者保护问题的提案[1],另一项是有关在线和其他远程商品销售合同的提案[2]。为了避免区分在线销售与离线销售,新的《消费者商品和担保指令》(CSD)对后一项法案最终进行了修改。"有关数字内容供应合同某些方面的指令"提案初稿[3]

---

[1] Proposal for a Directive on the European Parliament and of the Council on certain aspects concerning contracts for the supply of digital content, COM(2015) 634 final. 该指令的最终版本为欧盟2019/770号指令,即关于数字内容和数字服务供应合同若干方面的指令。见 https://eur-lex.europa.eu/legal-content/EN/TXT/HTML/? uri = CELEX: 32019 L0770&from = DE。

[2] Proposal for a Directive on the European Parliament and of the Council on certain aspects concerning contracts for the online and other distance sales of goods, COM(2015) 635 final. 该指令的最终版本为欧盟2019/771号指令,即关于货物销售合同若干方面的指令,见 https://eur-lex.europa.eu/legal-content/EN/TXT/? uri-uriserv: OJ. L_. 2019. 136. 01. 0028. 01. ENG。

[3] 关于原始提案的深入分析,参见 V. Mak, The new proposal for harmonised rules on certain aspects concerning contracts for the supply of digital content Policy Department C in-depth analysis, PE 536.494 (2016); H. Beale, Scope of application and general approach of the new rules for contracts in the digital environment, Policy Department C in-depth analysis, PE 536.493 (2016); G. Spindler, Contracts For the Supply of Digital Content – Scope of application and basic approach – Proposal of the Commission for a Directive on contracts for the supply of digital content, (2016) 12 European Review of Contract Law

最初是受到《共同欧洲销售法》(CESL)[4]的启发,但在立法过程中被相当大程度地修改了。

以下讨论旨在对《数字内容和数字服务合同指令》进行描述和分析,突出其与原欧盟委员会提案(DCD－COM)的差异,并概述它对成员国合同法的影响。本文重点关注一般监管方法及其适用范围,其中包括智能商品的附属数字服务的复杂问题(各方地位),以及交易者供应义务的规定。至于合约性标准、责任和救济措施、举证责任和合同的修改以及关于终止长期合同的废弃条款会在后续发布于下一期发表的文章中讨论。

---

183 – 217；C. Wendehorst and B. Zöchling – Jud（eds）, Ein neues Vertragsrecht für den digitalen Binnenmarkt – Zu den Richtlinienvorschlägen der Europäischen Kommission vom Dezember 2015（Vienna：Manz, 2016）；M. Schmidt – Kessel, K. Erler, A. Grimm and M. Kramme, 'Die Richtlinienvorschläge der Kommission zu Digitalen Inhalten und Online – Handel – Teil 2（2016）2 Gemeinschaftsprivatrecht 54 et seq；M. Loos, 'Not Good but Certainly Content, in I. Claeys and E. Terryn（eds）, Digital Content and Distance Sales（Cambridge：Intersentia, 2017）3 – 53；S. Geiregat and R. Steennot, 'Proposal for a Directive on Digital Content：Scope of Application and Liability for a Lack of Conformity', in Clays and Terryn（eds）, this note, 95 – 166；F. Faust, 'Regelungsbereich und Harmonisierungsintensität des Richtlinienvorschlags zur Bereitstellung digitaler Inhalte', in M. Artz and B. Gsell（eds）, Verbrauchervertrasrecht und digita-ler Binnenmark（Tübingen：Mohr Siebeck, 2018）91 –110。

[4] Explanatory Memorandum of DCD – COM, n 1 above, 2；Proposal for a Regulation of the European Parliament and of the Council on a Common European Sales Law, COM(2011) 635 final.

有关 CESL 涉数字内容规则的详细讨论,参见 M. Loos, "The Regulation of Digital Content B2C Contracts in CESL', in K. Purnhagen and P. Rott（eds）, Varieties of European Economic Law and Regulation（Cham：Springer, 2014）611 –634；S. Arnerstål, 'Licensing digital content in a sale of goods context'（2015）Gewerblicher Rechtsschutz und Urheberrecht International 882 – 888；, M. Schmidt – Kessel, in M. Schmidt – Kessel（ed）, Der Entwurf für ein Gemeinsames Europäisches Kaufrecht：Kommentar（Munich：Sellier, 2014）484 et seq。

(二)没有设立新的合同类型

无论是欧洲议会[5]还是欧盟理事会[6],都没有改变欧盟委员会选择的主要规制路径。因此,《数字内容和数字服务合同指令》不规定合同的类型(例如,使用 Microsoft Office 365 的合同是销售、租赁还是服务合同),而是留给各国法律来规定。该指令有意避免区分不同类型的合同协议,例如销售或服务合同,为的就是避免跟不上数字市场中快速的技术发展和新商业模式的高度创新和演变的速度(序言第12条)。因此,成员国国内合同法仍将对合同关系产生重要影响,因为各国合同法将确定消费者的义务和经营者的补救措施(例如,在消费者违约的情况下)等规则。[7] 此外,该指令在大多数方面都实现了最大限度的协调,以保证成员国不会偏离指令。

(三)指令的适用范围

1. 提供数字内容和数字服务的消费者合同

新的《数字内容和数字服务合同指令》作为一项合同法文书

---

[5] European Parliament, Report on the proposal for a directive of the European Parliament and of the Council on certain aspects concerning contracts for the supply of digital content (27 November 2017),以下简称 DCD – EP。

[6] Council of the European Union, Proposal for a Directive of the European Parliament and of the Council on certain aspects concerning contracts for the supply of digital content – General approach (1 June 2017),以下简称 DCD – GA。

[7] See on that further A. Metzger, Data as Counter Performance: What Rights and Duties do Parties Have?, (2017) 8 Journal of Intellectual Property, Information Technology and E – Commerce Law 6 et seg.

（contract law instrument），其规定仅适用于提供数字内容或数字服务的合同，无论是在线提供的还是离线提供的。但是对于合同本身的概念以及其成立、有效性和无效性，指令并未作出定义，而是留给了成员国国内法规定。[8] 如此一来，在免费提供数字产品时，合同关系的存在可能存疑。[9]

该指令适用的主体范围仅限于消费者和经营者。经营者是向消费者承诺提供数字内容或数字服务的合同方。[10] 因此，向消费者销售视频游戏或CD上的MS Windows的本地商店被视为经营者行为，故本地商店需要对可能的缺陷负责。然而，这会带来经营者定义的区分问题。首先，经营者可以包括公共机构，这种公共机构以商业方式提供服务（作为经营者），但这应该是例外而非常态。[11] 经营者的定义也可以进一步包括平台运营商，但这仅限于平台运营商本身履行提供数字内容或数字服务的义务的情况。[12] 当经营者使用中介平台提供数字内容或数字服务时，只有经营者对数字内容或数字服务的提供以及适约性负责，不包括中介平台。因此，该指令的目的并不在于对中介平台增加额外的责任[13]，不过它

---

〔8〕 DCD第3条第10款。

〔9〕 Faust, n 3 above, 107. Cfeg rec 25 DCD，留待国内法决定是否应将经营者通过cookies收集元数据的情况视为合同。

〔10〕 参见DCD第3条第1款。DCD第2条第5款将交易商定义为：任何自然人或法人，无论其是私有还是公有，就本指令所涵盖的合同而言，其行为（包括以其名义或代表其行事的任何其他人）均与其贸易、业务、手工业或职业有关。

〔11〕 DCD第3条第5款第h项明确地将公共部门机构根据公共部门信息、再利用指令提供的数字内容排除在该指令的适用范围之外，而第27条则明确规定，该指令不适用于真实文书和其他公证行为，即使是以数字格式制作的文书和公证行为。

〔12〕 DCD序言第18条，与欧盟法院在C-149/15 Sabrina Wathelet v Garage Bietheres & Fils SPRL案中的推理一致，EU：C：2016：840，第33段。参见I. Dormurath, Platforms as contract partners: Uber and beyond' (2018) 25 Maastricht Journal of European and Comparative Law 578 et seq。

〔13〕 如数字服务法研究小组所建议。参见Discussion Draft of a Directive on Online Intermediary Platforms, (2016) Journal of European Consumer and Market Law 164 et seg。

允许成员国在其国内法律中这样做。[14]

只有提供数字服务和数字内容的对象是消费者的时候,该指令才适用。换句话说,这个自然人,也就是消费者,没有贸易、手工艺或者职业范围的目的。[15] 具有双重目的的合同被排除在该指令的适用范围之外,因为这可能会让经营者感到困惑,例如文字处理或PS软件经常用于私人目的和专业目的,如果没有进一步的信息,就不容易确定购买特定软件的目的。[16] 消费者主动作出的自我声明和其他表示会对此有所帮助,但它们肯定无法解决问题的核心。

指令不适用于消费者与版权所有者基于最终用户许可协议(EULA)的关系,[17] 对 EULA 中经营者不被消费者追究责任的豁免和其他限制没有影响。

虽然欧盟委员会的提案只将数字内容作为合同对象[18],但最终版本所规定的合同对象里也正确地涵盖了数字服务。数字内容,被定义为以数字形式生产和提供的数据(DCD 第 2 条第 1 款),数字服务则包括允许消费者创建、处理、存储或访问数字形式数据的服务,以及允许共享或与由消费者、该服务的其他用户上传或创建

---

〔14〕 164 et seg. 关于法国法律规定的平台的其他义务,参见 J. Senechal, Online Platforms under French Law, in U. Blaurock, M. Schmidt – Kessel and K. Erler (eds), Platformen (Baden – Ba-den: Nomos, 2018) 119 et seq。

〔15〕 不过,会员国可以扩大适用范围,例如将该指令适用于与中小型企业签订的合同或双重目的合同(DCD 序言第 16—17 条)。

〔16〕 Faust 也对此进行了批评,见上文第(三)部分,第 93—94 页。

〔17〕 不过,许可协议是否在消费者和版权所有者之间直接生效("点击包销"等),目前还没有定论:S. J. Horowitz, Competing Lock-ean Claims to Virtual Property, (2007) 20 Harvard Journal of Law and Technology 447; N. Helberger, M. Loos, L. Guibault et al, Digital Content Contracts for Consumers, (2013) 36 Journal of Consumer Policy 39; P. Rott, Download of Copyright Protected Internet Content and the Role of (Consumer) Contract Law, (2008) 31 Journal of Consumer Policy 447。

〔18〕 DCD – COM 第 2 条第 1 款。数字内容的广义定义还包括第 b、c 项的数字服务。

的数字形式数据进行任何其他交互的服务。[19] 从这些定义以及列出各种数字产品的相应序言中可以看出,除了受到 DCD 第 3 条第 5 款的限制而将某些领域排除在外的情形,该指令的适用范围确实非常广泛,包括数据或受版权保护的内容,各种数字内容的供应(例如软件等),其中又有附随的服务和其他附属于数字内容供应的不同合同义务的集合,量身定制的数字内容和数字服务,例如婚礼或生日的幻灯片,以及根据消费者的要求开发的网页或软件(DCD 第 3 条第 2 款)。

2. 指令适用于消费者仅支付价格或提供个人数据

该指令的适用对象包括以货币为对价的合同以及提供个人数据作为交换的合同。[20] 这当然是朝着正确方向迈出的一步,尽管在划定准确的适用范围和明确与数据保护法的交互关系上,它也遇到了困难。[21] 委员会最初的理念是,消费者在使用个人数据进行"支付"的情况下应当也有权利向经营者寻求救济,[22] 这一理念在最终版本中得以保留,但是"数据作为对价"的概念不再使用,以应

---

[19] 关于这些定义的更多信息,参见 Schmidt - Kessel et al, n 3 above, 54 et seq; M. Grünberger, Ver-träge über digitale Güter, (2018) 218 Archiv für die civilistische Praxis 225 et seq。

[20] DCD 第 3 条第 1 款。

[21] 关于数据作为反履行的概念,参见 C. Langhanke and M. Schmidt - Kessel, Consumer Data as Consideration, (2015) Journal of European Consumer and Market Law 218 et seq; A. Metzger, Dienst gegen Daten: Ein synallagmatischer Vertras, (2016) 216 Archiv für die civilis-tische Praxis 817 et seq; A. Sattler, Personenbezogene Daten als Leistungsgegenstand, (2017) 72 Juristenzeitung 1036 et seq; L. Specht, Daten als Gegenleistung - Verlangt die Digitalisierung nach einem neuen Vertragstypus?, (2017) 72 Juristenzeitung 763 et seq; N. Härting, Digital Goods und Datenschutz - Daten sparen oder monetarisieren? Die Reichweite des vom DinhRL - E erfassten Geschäftsmodells, (2016) Computer und Recht 735 et seq; A. Metzger, Z. Efroni, L. Mischau and J. Metzger, Data - Related Aspects of the Digital Content Directive, (2018) 9 Journal of Intellectual Property, Information Technology and Electronic Commerce Law 93 et seg。

[22] DCD - COM 第 3 条第 1 款。

对将个人数据视为商品的担忧。[23] 出于类似的原因,最终版本的 DCD 没有提到主动提供个人数据的情况,尽管第 25 条中仍反映了同样的立法理念:如果经营者仅收集元数据,例如有关消费者设备或浏览历史的信息,则指令不适用,除非该情况根据成员国国内法被视为合同。

因此,cookies 所传输的个人数据尚未进入指令的适用范围。[24] 这样做的正当性在于避免对整个互联网进行监管[25];否则,在互联网浏览器上轻轻一敲就会落入指令适用范围,因为浏览器提供商会获得消费者的 IP 地址,而根据《个人数据保护条例》第 4 条第 1 款的规定,IP 地址被视为个人数据。[26] 然而,某一成员国的国内法可能已经将这些情况视为合同,或者将指令的规则延伸适用于这些情况[27]——即指令适用于以上各种情况。

如果商户没有从数据处理中获得任何商业利益,就没有理由让他受指令的责任制度约束。因此,在下列情况中,指令被排除适用:(1)个人数据仅由经营者处理,用于提供数字内容或数字服务(例

---

〔23〕 参见欧洲数据保护监督会(EDPS)对个人数据货币化的担忧,并且对此有一种错误印象,即如果数字内容是针对个人数据提供的,那么它总是为处理个人数据提供法律依据。European Data Protection Supervisor, Opinion 4/2017 on the Proposal for a Directive on certain aspects concerning contracts for the supply of digital content (14 March 2017) 7 – 9 and 16 – 17. Versaci 认为,EDPS 的担忧并不成立。G. Versaci, Personal Data and Contract Law: Challenges and Concerns about the Economic Exploitation of the Right to Data Protection, (2018) 14 European Review of Contract Law 374 – 392.

〔24〕 关于将 cookie(以及接触广告)排除在范围之外的关键问题,参见 European Law Institute (ELI), Statement on the European Commission's proposed directive on the supply of digital content to consumers, (ELI 2016) 15 – 16; Loos, n 3 above, 28 – 29; Metzger et al, n 21 above, 96。

〔25〕 D. Staudenmayer, Verträge über digitalen Inhalt, (2016) Neue Juristische Wochenschrift 2720.

〔26〕 Regulation (EU) 2016/679 of the European Parliament and of the Council of 27 April 2016 on the protection of natural persons with regard to the processing of personal data and on the free movement of such data, and repealing Directive 95/46/EC (General Data Protection Regulation), OJL 119,1 – 88。

〔27〕 DCD 序言第 25 条。

如消费者使用谷歌地图的位置数据);(2)经营者是为了遵守法律规定(如为遵守反洗钱规定而存储个人数据),且其不为任何其他目的处理该数据。[28]

该指令试图避免对《通用数据保护条例》(GDPR)产生任何干扰,因为 DCD 第 3 条第 8 款明确提到了 GDPR 的优先地位,而序言第 37—40 条则提供了全面的解释,包括一条明确的规则,即 DCD 不对合法处理个人数据的条件或数据主体同意的有效性作出规定。序言还强调,根据 GDPR,消费者有权撤回同意,不过撤回同意的后果由成员国国内法规定。[29] 此外,还有一些其他重要问题没有定论,如数据支付的概念与 GDPR 第 7 条第 4 款之间的关系[30],经营者向消费者请求个人数据或使用许可的权利,以及计算个人数据价值的方法等,这些还是由数据保护法和国内法进行规制。该指令并未规定消费者提供个人数据是否应被视为真正的对价,经营者是否有权因此向消费者索要数据,或在消费者不提供数据时追究其责任。这一问题留待成员国国内法解决——当消费者撤回对处理其个人数据的同意时,是否允许经营者有权终止合同(如果个人数据被视为经营者提供的数字服务的对价,则属于这种情况)。

尽管将数据作为对价的合同纳入其中堪称该指令在消费者保护方面取得的最大成就之一,但这一理念在很大程度上间接影响了消费者的权利。最终版本的指令将消费者的损害赔偿权留给了成

---

〔28〕 欧洲议会的目标是,在 DCD-EP 第 3 条第 4 项中,规定当个人数据的处理完全是为了保持或改进数字内容或服务时,也不适用该指令。这将会降低消费者保护标准,因为在许多此类情况下,数据处理最主要是为了经营者的商业利益——通过改进数字产品,如通过剖析、个性化或网络分析(数字产品),经营者可以获得商业利益(赢得更大的市场份额,最终可以收取更高的价格)。

〔29〕 同样,根据 GDPR,撤销同意的后果由成员国自行决定。因此,在 DCD 中对其进行规范,(意味着)将为不同类型的合同建立不同的制度(DCD 中的数字内容合同是一种制度,而国内法中的消费者销售合同则是另一种制度)。关于撤回同意的后果,参见 Langhanke、Schmidt-Kessel, n 21 above, 222。

〔30〕 See on that Metzger, n 7 above, 5.

员国自由裁量[31],指令规定的消费者对有缺陷且以数据来交换的数字内容的救济措施通常仅限于终止合同(例如关闭 Facebook 账户或删除智能手机中的"免费"应用程序——无论如何人们都可以这样做)。[32] 在这种情况下,对消费者的真正增益其实来源于成员国制定的损害赔偿规则;最可能的情况是,成员国立法将以个人数据支付的合同视为非赠与合同,这不仅涉及指令规定的救济措施,而且还涉及国家法律规定的合同损害赔偿,从而允许消费者请求损害赔偿,例如,一个看似"免费"的应用程序使消费者的数字环境感染了病毒时,消费者可以请求损害赔偿。

3. 适用范围的排除

(1)数字内容和数字服务不是合同的主要目的

DCD 第 3 条第 5 款明确地把以下几个情形排除在指令的法律机制之外。首先,该指令不适用于提供非数字服务的情况,不论经营者是否以数字形式或借助数字手段产生服务结果或向消费者交付、传递服务结果(见 DCD 第 3 条第 5 款第 a 项)。对此,DCD 序言第 27 条举例说明了翻译服务、建筑服务、法律服务和其他专业咨询服务。此处的划分标准应该是合同的主要标的是否由作为自然人的经营者亲自提供的专业服务。换言之,如果经营者承诺某一专业服务系其个人提供的,且其仅使用数字手段提供或传输该服务(如网络研讨会或专业译员使用在线词典或通过电子邮件提交译文),则不属于该指令的适用范围。[33] 此外,出售给消费者的在线机器翻译工具也应包括在上述情形内。此外,任何类型的机器人咨询、法律技术或任何其他非自然人(人工智能)提供的服务,如果是

---

[31] DCD 第 3 条第 10 款。

[32] 在以数据作为对价的情况下,不能减价,而且由于成本过高,使数字内容与合同相一致的情况往往会被排除在外,参见 DCD 第 14 条第 2 款和第 4 款。

[33] 类似的例子可见 Geiregat and Steennot, n 3 above, 113。

以合同为基础提供给消费者的,也不应属于该指令的适用范围。

(2) 电子通信服务

电子通信服务,无论是否属于数字服务,都会受到新通过的《欧洲电子通信法》(EECC)[34]的规制和针对特定行业的严格监管。因此,将它们排除在 DCD 的附加要求之外是合理的。[35] 因此,互联网接入服务、传统电信服务和广播被排除在 DCD 的适用范围之外。不过,DCD 仍适用于与号码无关的人际通信服务(OTT's),如 Facetime、Discord 或 Facebook Messenger 等。这样做是合理的,因为在很大程度上,这些经营商并不在《欧洲电子通信法》的规制范围内,让这些经营者遵守 DCD 的强制性条款可以提高对消费者的保护水平。如果(规定之间)出现重叠,将依据 DCD 第 3 条第 7 款的规定适用特定行业法规的《欧洲电子通信法》。

(3) 健康服务

基于与上述电子通信服务类似的政策原因,该指令不适用于任何健康服务类的数字内容或数字服务(DCD 第 3 条第 5 款第 c 项)。再者,这一领域已经有复杂的具体部门规章,如果再适用另一个横向规定,除了会导致一些区分上的问题,不会带来任何实际价值。《欧洲议会和理事会关于在跨境医疗保健中适用患者权利的 2011/24/EU 号指令》(*Directive on the Application of Patients' Rights in Cross – Border Healthcare*)第 3 条第 a 款将健康服务定义为"由卫生专业人员向患者提供的旨在评估、维持或恢复其健康状况的医疗服务,包括处方、配药和提供医药产品和医疗器械"。这一规定将远程医疗排除在 DCD 的适用范围之外,因为远程医疗仍是由医

---

[34] Directive (EU) 2018/1972 of the European Parliament and of the Council of 11 December 2018 establishing the European Electronic Communications Code (Recast), OJL 321, 36 – 214. 但请参见欧盟法院最近的一项裁决,该裁决将 SkypeOut 定性为电子通信服务。C – 142/18 Skype Communications Sàrl, EU:C:2019:460.

[35] DCD 第 3 条第 5 款第 b 项。

疗专业人员向患者提供的医疗服务,只是采用了远程通信的手段。

健康应用程序的情况则不同,这些应用程序无须医生开具处方即可在应用程序商店免费获取,例如测量每日步数、酒精摄入量、分析睡眠质量或提供饮食建议的应用程序。由于它们没有在具体的医疗保健法规的规制范围之内,因此将其放在指令适用范围内是合理的。[36] 但是,如果医生使用应用程序或其他软件进行诊断,则不适用该指令,因为医生并非普通消费者。

(4) 赌博和金融服务

赌博和金融服务[37]在欧盟层面都已经受到广泛监管,故被排除在指令适用范围之外。因此,电子银行系统、电子支付服务(如PayPal)、保险应用程序和赌博平台只适用其特定行业的立法。[38] 众筹平台是否适用 DCD,取决于该平台是否可被定性为金融服务商,这必须根据具体情况而定。例如,捐赠众筹平台的业务不属于金融服务,而投资众筹显然应适用《欧洲议会和理事会关于金融工具市场的第 2014/65/EU 号指令》(*MiFID II*)等。

虽然比特币仍未被纳入金融部门的监管范围,但由于第 23 条规定该指令不适用于虚拟货币,因此比特币不在 DCD 的适用范围之内。[39] 虚拟货币和电子券或电子优惠券等数字价值代表被视为一种支付手段,而不是数字内容或数字服务。流通型代币也是如此,但其他类型的代币(如功能型代币)则不然,特别是如果它们的作用只是替代数字内容或允许访问数字内容的话。投资型代币是金融服务的一部分,因而要受 MiFID II 和其他指令的监管。

---

[36] DCD 序言第 29 条。

[37] DCD 第 3 条第 5 款第 e 项明确提及第 2002/65/EC 号指令,该指令将"金融服务"定义为任何银行、信贷、保险、个人养老金、投资或支付性质的服务。

[38] Criticized byGeiregat and Steennot, n 3 above, 113. 他们建议将 DCD 也应用于金融服务应用程序。

[39] 然而,比特币服务通常作为 MiFID II 下的交易平台。Directive 2014/65/EU of the European Parliament and the Council of 15 May 2014 on markets in financial instruments and amending Directive 2002/92/EC and Directive 2011/61/EU, OJL 173/349.

根据 DCD 第 3 条第 5 款第 d 项，即使是以数字形式进行的（如虚拟赌场、电子彩票等）赌博服务，也被排除在外。这项豁免包括在概率性游戏（games of chances）中以金钱为赌注的服务，即使这些游戏包含某些技巧游戏的元素（如在线扑克）。

（5）免费和开放源码软件

该指令的目的不是规范无偿合同，而是规范以一种或另一种形式支付对价的合同（见 DCD 第 3 条第 1 款）。由于免费和开放源码软件[40]的提供通常不需要支付任何费用，这无论如何都会将 Linux 操作系统、Mozilla Firefox 网络浏览器或维基百科等免费开放源码软件排除在适用范围之外[41]，而且这些软件通常也不需要个人数据。不过，已通过的 DCD 的第 3 条第 5 款第 f 项明确规定了这种例外情况，并进一步要求消费者不支付任何费用，而且消费者提供的个人数据仅得由经营者在提高特定软件的安全性、兼容性或交互性的目的下处理。但是，如果消费者为免费和开放源码软件支付了价格——这与某些许可模式一致——那么这将不属于例外情形，自然应当适用指令了。

追索权只存在于商业交易链中，因此免费和开放源码软件提供商的追索权被排除在外[42]。但是，如果开放源码的软件可能有故障或存在漏洞，即使可能是被故意植入的，这一排除也同样适用。但是由于这种情况通常也可以通过侵权法进行索赔，所以，该免责条款实际上只涉及合同请求权或追索权。

（6）公开的数字内容

DCD 第 3 条第 5 款第 g 项规定，以演出或广播信号传递方式

---

[40] 自由和开放源码软件是指源代码公开共享，用户可以自由访问、使用、修改和重新发布软件或其修改版本的软件（DCD 序言第 32 条）。有关开放源码软件的更多信息，参见 T. Jaeger and A. Metzger, Open Source Software: Rechtliche Rahmenbedingungen der Freien Software（Munich: C H Beck 2016）。

[41] 此外，此类软件的提供者往往不具备指令所指的经营者资格。

[42] DCD 第 20 条，序言第 78 条。

(如数字影院)之外的其他方式向公众提供数字内容的活动,可以被排除在指令适用范围在外。不过,数字电视服务仍在该指令的适用范围之内,这一点已在 DCD 序言第 31 条中作了解释。因此,该指令对许多电信公司来说非常重要。

4. "嵌入式数字内容"和辅助数字服务(各方地位)

(1)一般规制方法

新消费者合同指令的核心问题之一是,哪些规则应适用于那些包含数字内容或使用数字服务来实现特定功能的商品,如智能汽车、智能手机、笔记本电脑或 Amazon Echo 智能音箱。它们应当适用《数字内容和数字服务合同指令》,还是《货物买卖合同指令》,抑或两者同时适用?产生这一划分问题的根本原因在于《数字内容和数字服务合同指令》为数字内容和数字服务这一特定的法律客体创造了新的合同法规则。由于这一特定的法律客体可以是另一法律客体(商品)的一部分,也可以与之相互关联,因此产品的一个组成部分(即数字内容)与其他部分可以受不同的法律制度所规制。[43]

欧盟委员会最初的提案和欧盟理事会的总体方针[44]都将智能产品(包括嵌入式数字内容)置于"商品规则"之中,也就是适用《欧洲消费品买卖指令》(European Consumer Sales Directive)。不同的是,欧洲议会倾向于用数字内容规则来管理嵌入式数字内容。[45]

---

[43] K. Sein, What Rules Should Apply to Smart Consumer Goods? Goods with Embedded Digital Content in the Borderland Between the Digital Content Directive and "Normal" Contract Law, (2017) 8 Journal of Intellectual Property, Information Technology and Electronic Commerce Law 97.

[44] Rec 11 DCD – COM, art 3(3a) DCD – GA.

[45] 欧洲议会的报告还包括了一些关于"嵌入式数字内容的商品"的具体条款,参见 DCD – EP 第 3 条第 3 款、第 10 条第 1 款第 c 项和第 13 条第 b 项之(2)。参见 G. Spindler, Verträge über digitale Inhalte – Anwendungsbereich und Ansätze – Vorschlag der EU – Kommission zu einer Richtlinie über Verträge zur Bereitstellung digitaler Inhalte,(2016) Multimedia und Recht 148。

法学文献中有支持混合方法的主张,即让消费者自己选择使用何种法律制度下的救济措施[46],甚至放弃传统的两种方法,转而采纳了合同网络(network of contract)这一新概念。[47] 在最终文本中,这些建议都没有被采纳,而是"商品规则"方案占了上风:数字元素商品("数字元素"包括嵌入式数字内容和辅助数字服务[48])受新的《消费者商品和担保指令》约束(DCD 第 3 条第 4 款,CSD 第 3 条第 3 款)。[49] 从普通消费者的角度来看,将商品规则适用于嵌入式数字内容(如计算机的固件)是完全合情合理的:智能产品即使再智能也仍然是产品。如果根据客体对同一产品的不同部分分别适用不同的法律,例如对内置软件的智能电视同时适用数字内容条款和商品条款,就会导致法律适用状况混乱且复杂。此外,根据现行法律,经营者对其他类型内置技术(如蓝牙)的责任也受商品规则约束。[50]

(2)货物卖方对附带数字服务的责任(多方情况)

虽然对"嵌入式数字内容的商品"意见不一,但欧洲各机构的文件都没有真正处理多方情况的问题,即哪些规则应适用并在何种程度上适用于带有辅助数字服务的商品(如包含 Netflix 和 YouTube 应用程序的智能电视或带有数字导航系统的智能汽车)[51]。法学文献中

---

〔46〕 ELI Statement, n 24 above, 11 – 12; Sein, n 43 above, 108 – 110; Metzger et al, n 21 above, 102.

〔47〕 See Grünberger, n 19 above, 287 – 293. 其中应用并总结了 Teubner 和 Rohe 提出的网络合同方法。

〔48〕 Art 2(5)(b) CSD.

〔49〕 See also rec 21 DCD and 15 CSD.

〔50〕 Sein, n 43 above, 108.

〔51〕 Critical on Commission's approach therefore C. Wendehorst, Hybride Produkte und hybrider Vertrieb. Sind die Richtlinienentwürfe vom 9. Dezember 2015 fit für den digitalen Binnenmarkt?, in Wendehorst und Zöchling – Jud (eds), n 3 above, 47 et seq; Grünberger, n 19 above, 287 – 288.

提出了诸如关联合同[52]、情势变更[53]等不同的理论来处理这些问题。[54] 该争议最后的结果——反映在这两项指令中并与之相协调——与欧盟理事会对 CSD 的总体处理方式非常相似。主要的政策解决方案是使销售商(零售商)而不是数字服务提供商[55],不仅对硬件、嵌入式数字内容的缺陷负责,而且还对辅助数字服务负责。该指令的序言举了几个例子,即智能电视的辅助数字服务应用、智能手机预装应用程序、云计算环境中提供的软件即服务、导航系统中交通数据的持续供应或智能手表中单独调整的训练计划的持续供应。[56] 在这些情况下,向消费者提供数字服务的通常不是销售者,而是第三方(通常是软件生产商)。

然而,新的《消费者商品和担保指令》规定,带有数字元素的商品零售商在同时满足以下两个条件的情况下必须对辅助数字服务的存在和缺陷负责:商品与数字服务相连接,如果没有该数字服务,商品将不能发挥其功能(CSD 第 2 条第 5 款第 b 项);并且根据销售合同,数字服务是与商品一起提供的(CSD 第 3 条第 3 款)。

(3)没有辅助数字服务会妨碍商品功能的发挥

卖方承担责任的首要条件是商品是否具有功能以及该功能能否在没有数字服务的情况下实现。指令的序言虽然很长,而且乍一

---

[52] Wendehorst, n 51 above, 68 – 69; P. Kalamees and K. Sein, Connected Consumer Goods: Who is Liable for Defects in the Ancillary Digital Service?, (2019) Journal of European Consumer and Market Law 22; G. Spindler, Privatrechtsdogmatik und Herausforderungen der "IT – Revolution", in H. C. Grigoleit and J. Petersen (eds), Privatrechtsdogmatik im 21. Jahrhundert: Festschrift für C. W. Canaris (Berlin: de Gruyter, 2017) 724 et seq.

[53] I. Bach, Server-und Infrastrukturuzugänglichkeit als Qualität, in M. Schmidt - Kessel and M. Kramme (eds), Geschäftsmodelle in derdigitalen Welt (JWV, 2017) 233 etseq.

[54] See also the three regulation models developed by Wendehorst, n 51 above, 60 et seq.

[55] 因为 DCD 不适用于这些情况,见 DCD 第 3 条第 4 款。

[56] CSD 序言第 14、15 条。

看很有教育意义,但在这方面并没有多大帮助。在这种情况下,卖方是否承担责任在很大程度上取决于我们如何定义智能产品的功能:嵌入式数字内容(如汽车内置的防抱死制动软件)往往对汽车的功能至关重要,而相互连接的数字服务,如智能电视里的YouTube、智能手机的游戏应用程序或汽车的导航系统,通常可被认为是"不错的随单福利",但它们都不会影响产品的核心功能。与此不同的是,智能产品的某些功能是以数字服务的存在为前提的。

第一步,根据合同确定商品必须具备的功能。这在很大程度上取决于先合同信息:如果智能电视在销售商主页上的广告是"带谷歌助手的安卓电视",那么销售商就应对安卓操作系统以及谷歌助手服务的功能实现负责。但是,如果同一广告称该电视机拥有一个易于使用的界面,可选择亚马逊视频、YouTube 和 Netflix(奈飞)等应用程序,那么根据《欧盟消费者权利指令》[57](CRD)第 6 条第 5 款的规定,这一先合同信息也属于合同的组成部分。[58] 第二步,这些关于功能的合同协议必须根据客观标准进行检验,即根据商品的性质,并考虑到销售商或交易链早期环节的其他人(包括生产商)或其代表所作出的所有公开声明,特别是广告或标签上的声明,消费者可以合理预期同类智能商品具有哪些正常功能。[59] 因此,智能电视机的销售商是仅对 Netflix 接口的存在负责,还是对确保消费者能够访问 Netflix 亦负有责任,取决于消费者的合理期望:购买智能电视机的理性消费者是只期望连接 Netflix,还是期望该流媒体

---

〔57〕 Directive 2011/83/EU of the European Parliament and of the Council of 25 October 2011 on consumer rights, amending Council Directive 93/13/EEC and Directive 1999/44/EC of the European Parliament and of the Council and repealing Council Directive 85/577/EEC and Directive 97/7/EC of the European Parliament and of the Council, OJL 304,2011 年 11 月 22 日,64-88。

〔58〕 CSD 序言第 26 条。然而 CRD 第 6 条第 5 款仅适用于远距离销售和店外销售。

〔59〕 CSD 第 7 条第 1 款第 d 项。

服务作为智能电视机的核心功能可以向他提供服务。一个理性消费者很可能不会因为买了一台新电视机就指望能享受 Netflix 服务；为了使用 Netflix，消费者必须签订一份单独的合同并向 Netflix 支付费用。因此，在这种情况下，销售者不对消费者持续使用 Netflix 服务[60]负责，而只对 Netflix 接口的存在负责。

这里的客观功能测试问题与一般数字内容和数字服务的客观标准问题相同：由于数字"产品"发展迅速，很难确定一个普通消费者究竟想从例如文本处理软件中获得哪些功能。[61] 智能产品也是如此：普通消费者应该期待智能汽车、智能电视或智能冰箱提供什么样的辅助性数字服务？在这种客观标准确立之前，包括先合同信息在内的主观标准在实践中仍将占据首要地位。

(4) 根据销售合同，辅助数字服务与商品一同提供

卖方承担责任的第二个条件是"根据销售合同"提供商品和数字服务，即它们是"一起出售的"。对于这一条件，CSD 第 3 条第 3 款规定了一条解释规则：如果对提供相互连接的数字服务是否构成销售合同的一部分存有疑问，则应推定数字服务属于销售合同的范围。乍一看，这对卖方来说可能相当苛刻，但深入研究一下序言就会发现，这给当事人留下了很大的自主权。CSD 序言第 15 条强调，相互连接的数字服务是否构成销售合同的一部分取决于销售合同的内容。如果合同明确规定提供相互连接的数字服务，则卖方应承担责任。但是，销售合同也可以免除卖方的责任：如果销售合同中明确约定消费者购买的智能手机没有特定的操作系统，而消费者随后与第三方签订了提供操作系统的合同，那么操作系统就不属于销

---

〔60〕 否则，如果 Netflix 破产并停止服务，消费者就可以终止电视销售合同，或至少降低价格。这样的结果肯定是不可取的。

〔61〕 See on that Grünberger, n 19 above, 259.

售合同的一部分[62],因此卖方对操作系统不承担责任。[63]

然而,在许多情况下,合同中并没有明确规定卖方是否也有义务提供辅助数字服务,例如,智能手表卖方的先合同信息或条款和条件中都没有规定卖方是否也负责提供相关的智能手机应用程序。根据该序言,这一问题的答案仍然取决于消费者的合理期望。例如,如果一款智能电视在广告中标明包含某视频应用程序,那么该视频应用程序将成为销售合同的一部分。[64] 同样,智能手机预装应用程序(如闹钟或照相机应用程序)可能是智能手机销售合同的一部分。[65] 然而,对于智能手表这种消费者必须将必要的应用程序下载到智能手机上的比较困难的情况,序言部分并没有给出真正的答案,因为 CSD 序言第 15 条只是说明,如果应用程序是根据销售合同提供的,那么消费者必须下载到智能手机上的智能手表应用程序可以是商品的一个相互连接的数字元素(因此要受 CSD 的约束)。对于消费者是否可以合理地期待卖方在销售智能手表的同时提供这样一个应用程序,该序言也没有作出明确的说明。然而,根据 CSD 第 3 条第 3 款第三句的解释规则,这种疑问应被解释为已包含在销售合同中。因此,消费者可以要求智能手表的销售商也对应用程序的故障[66]负责,甚至可以最终解除销售合同,并要求经营者退还价款。

(5)结论和评估

一言以蔽之,智能手机的销售是否以及在多大程度上属于 CSD

---

[62] CSD 序言第 16 条。

[63] 相反,单独购买的操作系统作为一种数字服务,可能属于 DCD 的范围,见 CSD 序言第 16 条最后一句。

[64] CSD 序言第 15 条。

[65] 如果消费者从应用程序商店将游戏应用程序下载到智能手机上,情况显然不同:游戏应用程序的供应合同与智能手机本身的销售合同是分开的。因此,《消费者商品和担保指令》只适用于与智能手机有关的销售合同,而游戏应用程序的供应可能属于 DCD 范畴。参见 CSD 序言第 16 条。

[66] 消费者同意与应用程序提供商签订许可协议,并不妨碍这一结果的实现,参见 CSD 序言第 15 条最后一句。

的范围和卖方是否因此以及在多大程度上对智能手机的应用程序甚至操作系统负责,在很大程度上取决于有关智能手机的先合同信息,其中最重要的是取决于合同的内容。如果智能手机经营者在合同中明确表示不承诺向消费者提供操作系统(消费者必须从其他经营者处单独购买),那么经营者的责任就被排除在外,即使一个正常的消费者通常可能期望经营者对"整个智能手机"负责。"明确"一词将是未来判断的关键点:仅仅在标准条款和条件中提及信息并不符合"明确"的标准。此外,仅仅提供一个包含更多信息的二维码也是不够的,因为"明确"的信息必须在合同签订时(或之前)提供。

同样,智能电视销售商可以在先合同信息中表明,它只提供智能电视,消费者必须从第三方购买 Netflix 服务。然而,这就意味着,CSD 第 3 条第 3 款的真正含义并不像起初看起来的那样:智能产品的销售者也要对附带的数字内容/服务负责,而且不能通过合同减损(CSD 第 21 条)。事实上,情况或多或少恰恰相反:如果卖方已充分说明消费者必须从第三方处获得"数字元素",那么卖方自己只对商品的"塑料和金属"部分负责。对于商品的数字部分,消费者只能向第三方请求救济,而这些权利在许多情况下(但不是所有)都会受到 DCD 的规制。[67]

这样的解决方案是否真的能在实践中提高消费者保护水平,是值得怀疑的。首先,至少从普通消费者的角度来看,这些规则的语言肯定不是很透明/易懂。其次,当事人有很大的自主权,结果取决于"明示协议"的透明度标准——很可能不如 DCD 第 8 条第 5 款规

---

〔67〕 例如,如果数字服务是自由和开放源码软件,它就被排除在 DCD 的范围之外。因此,在某些情况下,指令转换后消费者的处境可能会更糟。目前,法院倾向于将操作系统有缺陷的智能手机视为有缺陷的商品,但如果操作系统是基于自由和开放源码软件的,那么将来消费者可能根本得不到任何补救。如果卖方在合同中明确表示,他只对手机硬件负责,而不对操作系统负责,如 CSD 序言第 16 条所允许的那样,那么消费者对操作系统提供商也没有任何补救办法,因为自由开放源码软件不属于 DCD 的范围。

定的"一个被明确且单独接受的偏离"。[68] CSD 序言第 16 条中关于智能手机操作系统的例子表明，销售合同中的明示约定能够推翻消费者的通常预期，因为一个正常的消费者通常会期待他购买的不仅是智能手机的塑料盒，还包括其操作系统：操作系统当然是商品最重要的组成部分，因为没有操作系统，这个塑料盒就完全无法使用。但是，如果卖方在起草合同时足够聪明，而法院对"明示协议"的认定又不太严格，那么在软件出现缺陷时，消费者通常只能向位于欧盟以外的第三方寻求补救，这就是规则实行中产生的众所周知的问题。此外，考虑到该指令的最大协调性，是否允许成员国采用关联合同原则来使卖方承担对"数字元素"的额外责任，也是一个很大的疑问。在这种情况下，法院最好对"明示协议"设定较高的标准，在排除卖方对辅助数字服务的责任，特别是在这种责任的排除会让理性的消费者感到意外的情况下。

在实际适用中，同样具有挑战性的是合同中对卖方的真正承诺未作规定的情况：购买一台预装 Windows 系统的笔记本电脑似乎表明卖方对 Windows 系统的更新也负有责任，但要回答一辆二手智能汽车的卖方是否也承诺更新内置导航系统，或者他是否只对保证它成功连接负责，就比较困难了。

此外，上文分析的例子表明，第二项标准，即数字服务是否根据销售合同与货物一起提供（CSD 第 3 条第 3 款），似乎是多余的，因为它基本上采用了与第一项标准相同的"合理预期"标准，即货物是否能够在没有辅助数字服务的情况下实现其功能（CSD 第 2 条第 5 款第 b 项）。另一个问题是，将辅助数字服务置于 CSD 的适用范围之内，[69] 意味着人们也必须根据 CSD 而不是 DCD 来评估这些服务是否符合要求。很难理解为什么仅仅因为数字服务与商品

---

[68] 这是对偏离数字内容客观合格标准所规定的标准。同样的标准也适用于 CSD 第 7 条第 5 款规定的消费者销售。

[69] CSD 序言第 3 条第 3 款。

相互连接就应区别对待。例如,对附属数字服务适用"商品规则"将意味着合同中所设计的隐私和默认隐私标准不适用于数字服务,[70]消费者在合同终止时无权检索用户原创内容,[71]经营者也无权根据DCD第19条进行修改。即便要让卖方对辅助数字服务承担责任,也应当是依据DCD而非CSD来评估这些问题。

5. 数字内容供应

(1)一般原则

鉴于该指令(DCD)的适用范围很广,而且缺乏关于合同类型的规则,因此,DCD第5条对经营者的主要合同义务——提供数字内容和数字服务的义务——的具体方面的规定得非常谦抑。该指令确实规定——如果没有相反的合同约定——经营者必须不得在合同签订后无故地拖延提供数字内容和数字服务。[72]这与最初提出的必须立即提供数字内容的建议略有不同[73],其理由是受技术手段等因素的影响履行时间上需要一定的灵活性。[74]

虽然供应时间由当事方自主决定,但DCD第5条第2款规定了视为经营者已履行供应义务的强制性条件。该指令(DCD)对数字内容的供应和数字服务的供应作了区分,但主要规则是,当数字内容和数字服务,或任何适合于访问或下载数字内容或数字服务的手段,已经到达消费者的领域,且经营者无须采取进一步行动来让消费者能够按照合同使用数字内容或数字服务时,供应义务即已履行。[75]如此规定是合适的,因为经营者通常无法控制消费者的互

---

[70] Cf rec 48 DCD. A similar recital is missing from the CSD.
[71] Cf art 16 DCD.
[72] 有形载体上交付的数字内容除外,此处仍适用CRD第18条第1款规定的最长30日期限。Geiregat and Steennot, n 3 above, 119.
[73] DCD – COM 第5条第2款。
[74] DCD 序言第41条。
[75] DCD 序言第41条。

联网提供商和其他设施。这很容易理解,当经营者提供应用程序供消费者下载,但由于消费者的智能手机存储容量有限或 Wi-Fi 连接不畅而下载失败,经营者不对此承担责任。[76]

(2)通过向第三方设施供应来履行义务

这同样适用于由第三方提供并由消费者选择的用于接收或存储数字内容和数字服务的电子平台或云存储设施:在这种情况下,当经营者向该第三方提供数字内容或数字服务时,视为已完成其供应义务。[77] 为了防止经营者通过只给消费者提供一种第三方设施的选择,或通过设立一个经营该设施的子公司[例如,将 Amazon Drive(即亚马逊的云储存服务)与亚马逊的一般服务分开]来逃避责任,DCD 序言第 41 条正确地阐明,在这些情况下,实体或虚拟设施不能被认为是由消费者选择的,此时经营者没有履行其供应义务。此外,如果应用程序是由平台运营商提供的,并且由平台运营商对应用程序进行认证和控制,则平台运营商通常应被视为经营者,而非第三方设施。经营者有责任证明其履行了供货义务(DCD 第 12 条第 1 款),这意味着经营者也必须证明无法访问或下载的原因在消费者责任范围内(证明无法访问或下载是消费者自身的原因)。

(3)第二次机会

与最初的建议相反,现在 DCD 第 13 条第 1 款允许经营者在提供数字内容和数字服务(如下载)失败时有第二次机会:只有在经营者不当拖延或在双方明确同意的额外期限内没有提供服务的情

---

[76] 然而,根据 CRD 第 6 条第 1 款第 r 项和第 s 项,经营者有义务在签订合同前告知消费者数字内容的功能以及与硬件和软件的互操作性。

[77] 第三方,比如消费者为其购买数字内容的家庭成员,是否获得对经营者的直接索赔权,DCD 并不作规定,而是受成员国国内法管辖。W. Faber, Bereitstellungspflicht, Mangelbegriff und Beweislast im Richtlinienvorschlag zur Bereitstellung digitaler Inhalte, in Wendehorst and B. Zöchling – Jud (eds), n 3 above, 92.

况下,消费者才有权终止合同。[78] 通常情况下,"无不当拖延"的概念实际上是指"立即",因为在大多数情况下,由于采用了数字化手段,提供数字内容或数字服务不需要任何额外的时间。[79] 因此,如果电子书的传输或下载第一次失败,第二次也失败,消费者就可以终止合同。由于经营者有"第二次机会",因此消费者必须将下载失败的情况告知经营者;同时消费者应承担(下载)失败的举证责任。

当出现以下两种情况时,消费者有权立即终止合同。[80] 首先,如果经营者已经声明,或者从当时的情况来看,经营者显然不会提供数字内容或数字服务,消费者可以立即终止合同。在这种情况下,给经营者第二次履行义务和获得报酬的机会显然是没有道理的。其次,在所谓的"定时交易"情况下,消费者也可以立即终止合同。"定时交易"是指明确规定了的具体提供时间对消费者来说至关重要,但经营者未能在该时间之前或当日提供数字内容或数字服务。

(4) 短期中断

鉴于该指令适用于所有类型的合同,无论是一次性合同还是一段时间内的持续性合同[81],由此出现的问题是,可能出现的短时间中断(如云端或流媒体服务因维护或其他情况无法访问)是否也属于没有履行供应义务。从 DCD 序言第 51 条中可以看出,短时间中断供应,如果只是轻微的或不经常性的,就不被视为不供应数字内容和数字服务,而被视为缺乏合同符合性。因此,依据 DCD 第 14 条第 4 款的规定,这些中断通常只会导致降低价金,而不会适用 DCD 第 13 条的规定导致整个合同终止。

---

[78] 例如,ELI 的声明提出了第二次机会的权利。
[79] DCD 序言第 61 条。
[80] 见 DCD 第 13 条第 2 款第 a、b 项。
[81] 关于这两种类型的划分,参见 Geiregat and Steennot, n 3 above, 161。

6. 提供有形媒介上的数字内容

最后,有必要指出的是,虽然一般而言,DCD 也适用于以专门作为数字内容载体的有形媒介(CD、DVD、USB-sticks 等)[82]提供的数字内容,但此类数字内容的提供不属于 DCD 第 5 条的适用范围。相反,这应当适用 CRD 第 18 条第 1 款的规定,即除非合同另有约定,否则最长交货时间为 30 天。同样,如果没有按照合同提供 DVD 或 CD,消费者有权终止合同的依据不是 DCD 第 13 条,而是 CRD 第 18 条第 2 款。这种区分是合理的,因为这种情况仍然类似于货物销售,因此也有必要适用风险转移规则,并给予经营者额外的交付时间。

---

[82] DCD 第 3 条第 3 款。

二、数字内容和数字服务的提供
——新法律概念受制于旧实践问题

[捷克]什泰潘·里克特*

如今人们越发习惯在网络上完成各种事情,包括工作、娱乐、教育,甚至是购买基本生活用品。世界正经历着数字化更新,有人甚至称之为数字革命。2019年6月11日,欧盟的《数字内容和数字服务合同指令》(DCD)和《货物买卖合同指令》(SGD)开始施行,这两项指令将于2022年1月1日起在各成员国内部生效。这些旨在规范不断发展的数字市场的指令是欧盟数字统一市场政策中的关键性立法部分,也是多年来相关立法和政治举措的结晶。

欧盟委员会和独立的法律专家已就DCD及

---

* 什泰潘·里克特(Štêpán Richter),捷克共和国布尔诺马萨里克大学法学院民法系教授。原文载于《法律评论》2021年第24卷第2期,第3—19页。本译文介绍了欧盟从消费者权利方面规范数字市场的整体举措,分析了已发现的DCD中的核心问题,以及奥地利、捷克、波兰和西班牙等国家立法者在艰巨的转化工作中对上述问题的处理方案,有助于认识欧盟各成员国对于提供数字内容和数字服务的合同的规制方法,亦可为我国对该类型合同的规制带来一定的思考。

其问题和 DCD 可能对各国法律体系产生的影响撰写了大量文章。就本文而言，写作目的有三：一是介绍欧盟从消费者权利方面规范数字市场的整体举措；二是分析自相关概念提出以来所发现的 DCD 中的核心问题；三是整合奥地利、捷克、波兰和西班牙等国家立法者在艰辛的国内法转化工作中对上述问题的处理方案。

本文的结论是，在数字统一市场政策和"消费者新政"的背景下，规范数字市场道阻且长，DCD 不过是众多立法任务中的一项法案而已。该指令本身也并不完美。首先，指令的规定往往过于宽泛笼统，所以无法为消费者权益保护带来实际的改善，尤其是在数字内容和数字服务的质量标准方面。其次，DCD 既未将提供数字内容的合同增设为一种特定的合同类型，也没有明确消费者允许他人处理其个人信息的对待给付和金钱给付在法律效果上是否相当。就各成员国的国内法而言，总体来看，目前审查通过的转化法案尚未解决 DCD 出现的问题。不过，在某些特定情况下，国家立法者实际上已经进行了一定的完善。即使新的立法无法完全解决在衡平法约束下数字市场产生的问题，但作为一块"基石"（stepping stone），它也提出了一些新的法律概念，为全面而适当地规范数字市场提供了必要的基础。

（一）引言

2019 年 6 月 11 日，欧盟《数字内容和数字服务合同指令》（DCD）和《货物买卖合同指令》（SGD）开始施行，这两项指令将于 2022 年 1 月 1 日起在各成员国内部生效。这些指令是欧盟数字统一市场政策中的关键性立法部分,[1]也可以说是多年来旨在规范不断发展的数字市场的立法和政治举措的结晶。

欧盟委员会[2]和独立的法律专家[3]已就 DCD 及其问题和 DCD 可能对各国法律体系产生的影响撰写了大量文章。本文旨在介绍欧盟从消费者权利方面规范数字市场的整体举措,分析自相关概念提出以来所发现的 DCD 中的核心问题,[4]并整合奥地利、捷克、波兰和西班牙等国家立法者在艰辛的国内法转化工作中对上述问题的处理方案。

(二)欧盟关于提供数字内容和数字服务的立法

数字统一市场政策的初衷是要覆盖所有的法律领域,而非限于合同义务一隅。[5] 其原因可能是考虑到数字世界本身范围广大且已经延伸到了许多其他领域。在这种情况下,DCD 只是该政策下众多新次级法案(secondary acts)中的一个,其立法目的是建立一个真正全面规范数字市场的规则体系。规范数字内容提供的举措始

---

〔1〕 欧盟在其成员国建立数字统一市场的长期计划。数字统一市场是指无论其国籍或居住地如何,个人和企业可以在公平竞争、高度保护消费者和个人数据的条件下访问和开展在线活动的市场。更多信息请参见 COM (2015) 192 final of 6th of May 2015, A Digital Single Market Strategy for Europe。

〔2〕 Mańko, Rafal. and Monteleone, Shara, Contracts for the supply of digital content and personal data protection, European Parliamentary Research Service, p. 603 – 929 May 2017.

〔3〕 Aydin, Serap and Tichy Wolfgang, New rules for Digital Content & Sale of Goods, mondaq. com. Sch5nherr Rechtsanwalte GmbH. 23 September 2019.

〔4〕 虽然 SGD 为向消费者销售包括数字要素的商品的规则带来了有趣的变化,但由于篇幅所限,本文无法对这些变化进行探讨;本文的其余部分将只关注数字商品和数字服务。

〔5〕 Communication COM (2015) 192 final of 6th of May 2015, A Digital Single Market Strategy for Europe. p. 5.

于2009年《共同参照标准草案》。[6] 由于种种,许多早期草案都以失败告终,其中最普遍的原因是,这些草案由于试图建立一个涵盖各种合同类型的新法律框架[7],而受到法律专家和委员会的批评并最终被成员国否决。

个人数据保护是一个与规范数字内容和数字服务的提供存在内在联系的法律领域。自2016年4月27日欧洲议会和欧盟理事会《通用数据保护条例》(GDPR)施行以来,个人数据保护已成为法律交易——尤其是发生在数字市场上的交易——中无处不在的一部分。欧盟规范数字市场个人数据保护的另一项次级法案是《电子隐私指令》(及其备受期待的替代法案《电子隐私条例》)。DCD与现行个人数据保护公法规则之间的关系一直备受争议。[8] DCD的条款传达出的欧洲立法者的立场是,该指令仍然以先前的数字数据法规为基础,其中也包括个人数据保护方面的规定。最为明显的是,DCD在定义个人数据时引用了GDPR的规定,而非提出自己的定义(DCD第2条第8款),甚至在序言中明确提到了GDPR。[9] 下文将详细分析DCD中涉及个人数据的新概念。

归因于一些例外的情形(with credit to exceptions),消费者在行使其权利时几乎没有个人权力[10],这几乎是欧洲消费者法的

---

[6] Twigg-Flesner, Christian, The Europeanisation of Contract Law: current controversies in law, 2nd ed. New York: Routledge. 2013. p. 85.

[7] Weber, Rolf. H. 2017. The Sharing Economy in the EU and the Law of Contracts. In: The George WashingtonLaw Review n0. 85. 2 8th of February 2018. p. 1795.

[8] Metzger, Axel. et al. Data-Related Aspects of the Digital Content Directive, 9 (2018) JIPITEC 90.

[9] DCD 序言第37条。

[10] Selucká, Markéta. Navrh smernice o nekterrch aspektech smluv o prodeji zbozi v kontextu ceského soukromého práva. (The proposal of Directive on certain aspects of sale of goods in the context of the Czech private law). In: Vereinigung von tschechischen, deutschen, slowakischen und österreichischen Juristen. XXVII. Konferenz der Karlsbader Juristentage/XXVII. Prague: Leges, 2019. p. 458.

公理。[11] 欧盟已经采取了一些措施来提高人们对消费者权利的认识,加强消费者权利的落实,并为消费者提供救济措施。然而,欧盟采取的措施也略显不足。关于阻止和制裁欧盟内部侵犯消费者权利行为的有效惩罚性规定,各国的法律仍有差距,并且各国对因经营者违反国内法遭受损害的消费者的个人救济措施规定也不充分。为此,欧盟提出"消费者新政"的主要目的就是赋予消费者权力,并通过制定有效的法律文件来落实消费者的权利。[12] 该消费者新政以数字统一市场政策为基础,旨在改善后者未能改善的领域。[13] 虽然DCD的核心是一项实体法律行为,但它也确实是"新政"的一部分,因为它规定了有关缺陷的举证责任倒置规则(DCD第12条),并要求成员国赋予特定组织权力,使这些组织能够通过诉讼实现DCD赋予消费者的权利(DCD第12条)。

与DCD有关的"新政"法案中值得一提的是所谓的"总括指令"[14],该指令根据新的消费者保护法案对几项旧法案进行了更新,其中包括2011年10月25日欧洲议会和欧盟理事会关于消费者权利的指令(2011/83/EU)。这项总括指令实际上是将DCD、SGD和GDPR中对数字内容、数字服务、个人数据等概念的定义,整合到总括指令中。这不仅使得所有法案中的术语保持最新和一致,还确保了消费者权利指令的规则和工具适用于数字内容和数字

---

[11] 例如,斯堪的纳维亚国家有广泛的消费者权利保护程序,还有市场法院和消费者申诉专员。

[12] A New Deal for Consumers: Commission strengthens EU consumer rights and enforcement, Brussels, 11 April 2018. p. 1.

[13] A New Deal for Consumers: 同上,p. 2。

[14] Directive (EU) 2019/2161 of the European Parliament and of the Council of 27 November 2019 amending Council Directive 93/13/EEC and Directives 98/6/EC, 2005/29/EC and 2011/83/EU of the European Parliament and of the Council as regards the better enforcement andmodernisation of Union consumer protection rules.

服务。[15] 由于 DCD 的适用范围相对较小,所以这是进行连贯且全面立法的必要步骤。

DCD(及其他相关法案)旨在实现法案所规范的主题在欧盟层面上的一致,某种意义上,无论是严格还是宽松的法律在单个成员国法律的层面都不会出现分歧。[16] 尽管这导致欧盟事实上对全体成员国及其国内法体系拥有了更多权力,但如果要实现数字统一市场政策,那么在消费者进行跨境交易时就必须确保无论内容[17]提供商来自哪个成员国,都适用相同的规则。

欧盟制定数字内容提供相关规范的工作尚未结束。在建立了基本的合同框架、新的技术概念和术语之后,欧盟立法者又开始着手解决市场和消费者保护方面的具体问题。例如,待通过的《数字服务法》将引入一系列新的、欧盟范围内统一的数字服务义务;《数字市场法》(DMA)也将为在数字领域充当"守门人"的平台引入相关规则。[18] 此外,还有一项关于制定民事责任和人工智能相关规则的倡议。[19] 并且目前还有很多规范数字内容和数字服务的提供及整个数字市场的法案,都值得我们进一步研究。

---

〔15〕 Cauffman Caroline, New EU rules on business-to-consumer and platform-to-business relationships, Maastricht Journal of European and Comparative Law, 2019;26(4): 469–479. p.7.

〔16〕 Mak, Vanessa, Review of the consumer acquis: towards maximum harmonization?, European Review of Private Law 17.1.(2009). p.40.

〔17〕 为简单起见,根据 DCD 提供的数据,即数字内容和数字服务,将在下文中统称为"内容"。

〔18〕 2020 年 10 月 20 日欧洲议会就《数字服务法》向委员会提出建议的决议:为在线运营的商业实体调整民商事法律规则。Proposal for a Regulation of The European Parliament and of the Council on a Single Market for Digital Services (Digital Services Act) and Amending Directive 2000/31/Ec. Com/2020/825 Final.

〔19〕 Proposal for a regulation of the European Parliament and of the Council laying downharmonised rules on artificial intelligence (artificial intelligence act) and amending certain union legislative acts. COM/2021/206 final.

(三)DCD 的主要问题

从概念的争议开始,DCD 就面临着无数的问题。这些问题产生的原因:一是在过去,社会中广泛存在没有受到法律规制的领域,这些领域在技术和实践层面上具有其特殊性;二是欧盟任何次级法案都会遇到许多典型政治障碍,主要是法案必须得到所有成员国的认可;三是必须从头开始创建新的概念和术语。总体来看,指令还是成功应对了这些挑战。然而,DCD 的最终版本也存在问题,其中最重要的部分已经在学术界有所定论,笔者将在下文予以说明。

1. 不明晰的合同类型

DCD 有意不将提供内容的合同归为一种特定的合同类型(如许可合同、货物买卖合同、服务合同);而是明确地将这一法律理论任务留给了国内法。[20] 这一点在以前的指令草案中就已受到批评,因为它可能导致各成员国的法律支离破碎。[21] 这一批评具有合理性,因为成员国对内容提供合同的分类各不相同。例如,法国法律完全放弃了分类,但法国司法机构的认定因案件而异。[22] 芬兰法律明确规定,如果数字数据是通过有形媒介或在线提供的,则该合同属于服务合同。[23] 在以前的草案中,这个问题更多是理论上的,因为法律的统一性要求非常严格,所以即使合同的类型不同,

---

[20] DCD 序言第 12 条。

[21] Mak, Vanessa, The new proposalfor harmonized rules on certain aspects concerning contracts for the supply of digital content, Directorate – General for Internal Policies of the Union, Tillburg University. 14 th of December 2016. p. 28.

[22] Helberger, Natali et. al, Digital Content Contracts for Consumers, In Journal of Consumer Policy, 36, 3rd ed. , (2005). p. 42.

[23] Hesselink, Martijn. et. al. , Towards a European civil code. 4 th ed. Alphen aan den Rijn: Kluwer Law International, 2011. p. 208.

也适用相同的规则。然而,较为明确的是,DCD 并没有完全统一合同法的一般性规定,如关于合同的订立、有效性、无效性或效力的规则,以及合同终止的后果或损害赔偿权。[24] 因此,不同成员国的做法必然会有很大差异,且这里仍然有许多问题需要解释,尤其是规范特定合同类型(如服务合同、许可合同等)的具体条款的适用问题。这种宽泛性也阻碍了"统一欧盟合同法"这一 DCD 主要目标的实现。[25] 同时,由于缺乏对内容提供合同的分类,整个欧盟可能在适用方法上出现重大差异。[26]

2. 作为合同对待履行的数字数据

DCD 的主要创新可能是提出了个人数据的对待履行概念。DCD 规范了需要消费者支付对价的内容提供(DCD 第 3 条第 1 款)。然而,对价不仅意味着直接的金钱补偿,还包括允许获取个人数据[27]。"对价"概念的这一变化旨在规范现实生活中出现的这一现象:消费者能够获取名义上"免费"的内容,但需要提供其个人数据,然后提供商收集并利用这些数据获取利润——通常是将数据出售给营销公司。据此,DCD 认为,如果提供商收集个人数据的行为符合法律要求且不将该数据用于任何其他目的,则此时消费者提供个人数据的行为不属于支付对价。[28] 这就带来理论上的问题:DCD 默认获取个人数据,甚至隐私等同于"金钱和其他商品"。这与将个人数据和隐私作为一项基本权利来保护的默认概念(default

---

[24] DCD 序言第 12 条。

[25] Hoekstra, Johanna. and Diker-Vanberg, Aysem, The proposed directive for the supply of digital content: is it fit for purpose? In: International Review of Law, Computers & Technology, 33:1, (2019). p. 11.

[26] Hoekstra, Johanna. Diker-Vanberg, Aysem. Ibid., p. 13.

[27] 在某种意义上指 GDPR 第 4 章第 1 款所定义的"个人数据"。

[28] 应该注意的是,几乎无法保证提供者不会将收集到的数据个人用于营利目的。在数字市场中,数据的销售可以实现自动化,并在消费者表示同意的毫秒级时间后进行,这实际上是无法追踪的。

concept)不符,因为如果认定它们是基本权利,那么它们就应当是不可交易的。[29] 实践上的问题在于,DCD 缺乏具体的规范来阻止提供者滥用个人数据,特别是无法阻止他们在特定的权限范围之外使用这些数据。国内法体系中也有许多关于特定群体的行为能力及其同意能力的具体规范。

　　GDPR 是规范个人数据的核心法案,在没有其他任何合法理由(通常私合同中不存在该类理由)的情况下,对上述数据的处理应当建立在"同意"的基础上(GDPR 第 6 条第 1 款第 a 项)。因此,在提供内容的合同中,如果消费者要向提供商提供其个人数据,则合同中必须包含明确的同意。并且,该同意必须如法庭所裁定的那样——明确、具体,且是在消费者知情后作出的。[30] 当然,这并不意味着同意不能自动进行(automatized),比如最常见的做法就是点击安装程序中的按钮。[31] 但是,如果同意以不适当的方式作出,提供商对个人数据的处理也就必须被认定为不合法。

　　还有一个问题是关于未成年消费者的。根据国内法,虽然未成年人可以订立合同,但 GDPR 第 8 条对其个人数据规定了更多的保护。由于年龄较小,儿童对数据处理过程中的风险、后果、保障和权利认识不足。[32] 因此,只有年满 16 周岁的未成年人独立作出的对处理其个人信息的同意才是有效的(GDPR 第 8 条第 1 款)。对于那些年龄较小的未成年人,法律额外规定:必须是直接向儿童提供并以儿童为对象的信息社会服务,且由儿童的监护人作出同意或批

---

　　[29] De Almieda Alves, Maria, Directive on certain aspects concerning contracts for the supply of digital content and digital services & the EU data protection legal framework: are worlds colliding? In EU Law Journal, 5 th ed., 2h of July 2019. p. 38.

　　[30] Judgement of the Tribunal of 3 rd of December 2015, nr. 2015. T 343/13 (CN v. European Parliament).

　　[31] 这些信息是作者在马萨里克大学资助机构资助的一项研究中通过实地调查获得的,该研究的主题是"向消费者提供数字数据的合同实践研究"("Výzkum smluvní praxe poskytování digitálních dat spotřebitelům"),nr. MUNI/A/1296/2020。

　　[32] GDPR 序言第 32 条。

准。GDPR还规定,"这种特殊保护应特别适用于以下情形:将儿童的个人数据用于营利目的,或在儿童使用直接向其提供的服务时创建个人或用户档案并收集与其有关的个人数据"[33]。实践中,这种情况往往不会发生。许多国家的法律制度还有关于未成年人在特定条件下签订合同无效的规定,这也必然会导致许多涉及个人数据的提供内容合同无效。[34]

3. 质量标准

DCD的核心概念之一是内容提供的质量要求。指令中的相关要求包括主观和客观两方面(DCD第7条和第8条)。当主、客观要求都满足时,内容的提供应符合合同规定,否则这个服务就是"有缺陷的",提供方应对不合约的情况负责。[35] 主观要求与内容提供合同直接相关,因此,只有在合同本身规定了这些要求的情况下才予以适用。不过这意味着,由于数字市场的实际情况,这些要求实际上是自愿的。内容提供合同几乎都是由提供商起草的格式条款,消费者几乎没有任何主动权或谈判权。[36] 当然,很少有提供商会故意在合同中加入不利于他们的条款,因为事实证明市场自律对于内容提供商行不通。[37] 在这种情况下,能适用的其实只有客观要求。这些要求虽然合理且对消费者有利,但对实际应用来说似乎过于笼统。在审查数字内容或同类数字服务是否符合通常使用目的

---

[33] GDPR序言第38条。

[34] 例如,捷克法律赋予在理性和感性上足够成熟的未成年人签订合同的权利。儿童到底能在多大程度上理解隐私和个人数据的概念,这是一个备受争议的问题。否则,儿童就处理其个人数据所作出的任何同意均须视为无效。

[35] Aydin, Serap and Tichy Wolfgang, New rules for Digital Content & Sale of Goods, mondaq.com. Schönherr Rechtsanwälte GmbH. 23 September 2019.

[36] 这些信息是作者通过实地调查获得的,资助研究号为 MUNI/a/1296/2020。同上。

[37] Jurkiewicz, Carole. L, Big Data, Big Concerns:Ethics in the Digital Age, In Public Integrity. 20, 2018. p.57.

时,应酌情考虑所有现行的联盟和国家法律、技术标准,在没有此类技术标准的情况下,则应考虑适用行业行为准则(DCD 第 8 条第 1 款第 a 项)。然而,这些规范并不常见,并且在各成员国中也没有统一。例如,只有在国家层面存在内容的技术标准,而且也少之又少。[38] 而那些跨国性的其他规范又完全掌握在提供商手中,这就凸显了提供商完全控制市场的问题。目前,内容提供方面也不存在提供商可以随时取用(readily available and used)的预设商业条款[39]。

4. 在缺乏合约性或未能提供的情况下终止合同的权利

如果内容有缺陷且无法补救,或补救会给提供商造成过高成本,或提供商显然无法修复缺陷,则消费者有权终止提供内容合同。这一规定将内容的价值和缺陷的重要程度都纳入了考量范围。如果将这一概念与日常购买的内容及其在数字市场上的"价值"联系起来,在大多数情况下,终止合同其实是消费者拥有的唯一权利(DCD 第 14 条第 2 款第 b 项)。[40] 从实际出发,内容提供商也几乎没有动力去修复可能出现的问题。提供的内容如果是以金钱为对价,其价值也较低,特别是在不支付金钱就不会提供合同的情况下。这一结论严重违反了"契约应当严守"(pacta sunt servanda)原则,因为在大多数情况下,履行合同与否取决于内容提供者自己,能对提供商实施的唯一制裁就只有消费者终止合同。因此,消费者根本无法保证自己能获取到内容。

---

〔38〕 例如,根据捷克标准、计量和测试办公室的一份官方声明,捷克共和国就没有该类技术标准。

〔39〕 比如《国际贸易术语解释通则》(Incoterms)。

〔40〕 市场上的许多内容都是免费的,或者价格相对较低。即使是最昂贵的普通内容,价格也很少超过 80 欧元。这一信息是通过实地调查获得的,研究项目编号为 MUNI/a/1296/2020。同上。

(四)转化

各成员国的法律专家和立法机构就 DCD 提出了许多相同的问题。[41] 本部分比较了各成员国在转化方面的不同方法,重点是上文中提出的问题。

1. 转化的系统性方法

由于每个欧盟成员国的法律体系都是独特的,因此一个法案从欧盟到各成员国的每次转化都将是一项独创性的立法工作。但是,因为大陆法系内部概念的相似性以及都转化同一主题这一事实,我们也可以总结到一些方法。

捷克立法部门找到的将 DCD 条款转化为国内法的最佳方式是修订《捷克民法典》,其中包含关于消费者保护的一般规则。《捷克民法典》不仅是民法,也是私法,还是解决任何私法相关法律问题的起点。[42] 西班牙的立法者也选择了更新现有的《西班牙消费者法》。[43] 同样,波兰的立法者在废除了其民法典中执行第 1999/44/EC 号指令的条款之后,将 SGD 和 DCD 整合进了消费者权利法案之中。[44] 另一种是奥地利的模式,即把 DCD 纳入单独的《消费者

---

[41] Zöchling-Jud, Brigitta. Implementation of digital content directive in Austria, In: Digital Consumer Contract Law and New Technologies conference. Tallin. November 2020.

[42] Memorandum to Draft of the act no. 89/2012 coll. Civil code, in Collection of Laws of the Czech Republic. p. 111.

[43] Gállego, Gonzalo and Robles, Juan Ramón, Directive for the supply of digital content and digital services to consumers: Spain update. engage. hoganlovells. com. 12 May 2021.

[44] Namyslowska, Monika. Jablonowska, Agnieszka. Wiaderek, Filip. Implementation of The Digital Content Directive in Poland: A Fast Ride on a Tandem Bike Against the Traffic, 12 (2021) JIPITEC 241. para 10.

担保法》,同时对奥地利《消费者保护法》(KSchG)和奥地利《民法典》(ABGB)进行相应的修正,其核心条款应保持不变。[45]

从这些例子中可以看出,如何转化 DCD 在很大程度上取决于成员国国内具体的法律情况。不过,各成员国的方案之间也有一些相似之处,比如都需要对各自国家现有的民法典和消费者法案进行更新。此外,应当指出的是,各国的法律专家往往建议采用与现行法不同的方法。例如,奥地利曾讨论是否要颁布一部单独的法律来实施 DCD。[46] 其法律专家宣称,转化 DCD 和 SGD 的主要目的应当是避免法律的碎片化[47],因此,比起出台一部单独的法律,简单地修订 KSchG 和 ABGB 更为合适。[48] 然而,尽管有法律专家们的据理力争,奥地利立法者还是选择了出台单独的法案来转化 DCD。为了不让提供数字内容和数字服务的相关规定分散在民法典的总则或者其他法律中,波兰的法律专家也提出了类似的建议。[49]

2. 合同类型

如上文所述,DCD 有意不将内容提供合同归为一类特定的合同类型。因此,这一任务留给了国家立法者。

捷克立法者已经决定,应当将内容提供合同归为一类特定的合同,而它在制度上最接近许可合同。捷克的转化法案还规定,在涉

---

[45] Verbrauchergewährleistungsgesetz – VGG; Gewährleistungsrichtlinien Umsetzungsgesetz GRUG, Änderung: Kurzinformation. 107/ME ⅩⅩⅦ. GP – Ministerialentwurf - Kurzinformation. 6.4.2021. p. 2.

[46] Namyslowska, Monika. Jablonowska, Agnieszka. Wiaderek, Filip. Implementation of The Digital Content Directive in Poland: A Fast Ride on a Tandem Bike Against the Traffic, 12 (2021) JIPITEC 241. para 10.

[47] Zöchling – Jud, Brigitta, Ibid.

[48] Kurzinformation, Ibid., p.1.

[49] Namyslowska, Monika. Jablonowska, Agnieszka. Wiaderek, Filip. Ibid., para 16.

及知识产权的必要情况下,许可条款应适用于内容的提供。[50] 这一规定是符合数字内容和数字服务的技术和法律特性的最佳选择,但还是存在一些问题。并非提供的所有内容都需要受版权[51]保护,即使需要保护,版权问题也可能在消费者参与交易之前就已经得到处理。并且,由于这是一个新增设的合同类型,所以不存在会影响新条款的解释和应用的任何现存惯例或司法解释。[52] 波兰的立法者也采取了类似的做法,他们在决定引入内容提供合同的定义的同时,不将其归入既存的合同类型,而是增设为特定的一类合同。不过,并不是所有国家都采取了这种分类方式。《奥地利消费者担保法》就没有回答内容提供合同的分类问题,这种合同在实践中是自成一类,还是有对它们进行不同的分类(如果有的话),有待观察。

由于各成员国已经在这个问题上选择了不同的方式,所以法律专家对缺乏合同类型统一规定的担忧也是合理的。虽然全面统一制度已经生效,但对基本合同规则的不同解释还是可能会造成差异,尤其是在潜在的跨境贸易中。

3. 作为合同对待履行的数字数据

虽然很多成员国的立法者已将"获取个人数据"的概念纳入合同对待履行中,但是,其中大多数只是照搬了这一概念而缺乏进一

---

[50] Comparative table to Draft of the act that amends the act. no. 89/2012 coll. Civil code in Collection of Laws of the Czech Republic. p. 2.

[51] Memorandum to Draft of the act that amends the act. no. 89/2012 coll. Civil code. Ibid., p. 14.

[52] 一个有趣的现象是,捷克的立法者在术语上把自己逼上了绝路。捷克法律中有一项关于数字服务权的第 12/2020 Coll. 号法案,这是一项规范行政管理及其数字化的公共法案,它为自己的目的使用了"数字服务"一词。为了避免混淆,捷克立法者不得不在 DCD 转化中使用一个新术语,即"数字内容服务"。正如数字所示,关于数字服务权的法案是在 DCD 生效很久之后的 2020 年冬季提出、起草、通过并生效的。

步的说明。[53] 在捷克的转化法案中，内容提供的规定只适用于消费者用个人数据换取数字内容或数字服务，而不包括使用货币作为对待履行的情形。令人担忧的是，关于用个人数据支付应等同于用金钱支付的表达[54]，捷克法案的系统结构中没有或者说至少不明显。有别于捷克的做法，奥地利民法将金钱利益合同与所谓的无偿合同区分开来。在无偿合同中，一方当事人履行了其合同义务，但不收取任何交换条件。[55] 奥地利转化法案的其中一个制定议程就是处理消费者以个人数据提供对待履行的合同的相关问题。[56] 幸运的是，最终的转化法案中也确认了以个人数据为对待履行与金钱利益是等同的。

西班牙转化法案的独特之处在于，它解决了一个实际存在的问题，那就是如果消费者根据 GDPR 撤销了处理其个人信息的同意，根据该转化法案，提供商有权终止合同。[57]

这些转化法案一般都不涉及个人数据货币化侵害隐私权这一理论问题。不过，考虑到成员国有义务根据 DCD 全面协调其法律，这种疏漏也是意料之中的。

4. 质量标准

关于质量标准，捷克转化法案规定，提供商需要对在向用户转让过程中可能存在的任何缺陷负责。这虽然符合 DCD 第 7 条和第 8 条

---

[53] Compare Namyslowska, Monika. Jablonowska, Agnieszka. Wiaderek, Filip. ibid. para. 12; Draft nr. 1170/19 of the act that amends the act. of the Czech Republic no. 89/2012 coll. Civil code. p. 24.

[54] Comparative table to Draft of the act that amends the act. no. 89/2012 coll. Civil code. Ibid., p. 24.

[55] Kresbach, Georg and Zhang, Elizabeth. Ibid., p. 2.

[56] Kurzinformation. Ibid., p. 1.

[57] Gállego, Gonzalo and Robles, Juan Ramón. Directive for the supply of digital content and digital services to consumers: Spain update. engage. hoganlovells. com. 12 May 2021.

将主客观要求两分的立场,但也有一个关于指令本身的问题没有解决。举个例子,与捷克相比,奥地利以单独法律的形式进行转化,所以得以保留 DCD 的术语。典型的就是奥地利法案保留了"合约性"这个概念,它指的就是内容没有错误(草案第 4 条)。[58] 与此形成对比的是波兰,其立法者在所提供内容的质量标准方面,决定参照 SGD 的实施条款,因为这些条款对合约性规定了类似的主客观要求。这些条款还有一些若干补充规范,重点关注数字内容和数字服务的具体事项,如连续对价(continuous consideration)和软件更新。后续条款解决了在数字内容或数字服务与合同不符的情况下消费者的补救措施,并确定在哪些情况下提供商有权对有关服务或内容进行修改。[59]

上述分析表明,解决新法中大量问题的任务大多不是由国家立法者完成的,而是留给了其他主体。司法机构最终可能会通过符合欧洲标准的解释来理顺并真正协调这些规则。法律实践本身也将表明,上述问题中哪些是真正有价值的、哪些是纯理论的。

5. 终止合同的权利

可悲的是,如果立法者的目标是完成法律的统一,那么转化法案中没有修改消费者在面对价值较低的内容时,在事实上仅有终止合同一项救济措施的规定,这就使得其与立法目标仍有距离。

(五)结论

DCD 本身并不能解决数字内容市场的所有问题。事实上,可

---

[58] Aydin, Serap and Tichy Wolfgang. New rules for Digital Content & Sale of Goods. mondaq.com. Schdnherr Rechtsanwalte GmbH. 23 September 2019.

[59] Namyslowska, Monika. Jablonowska, Agnieszka. Wiaderek, Filip. Ibid., para 24.

以说该指令本身只是通往数字统一市场漫长道路上的一块基石,是一个启动对数字内容供应进行实际特别监管的框架。在这方面,DCD 给所有法律体系带来的价值是将数字内容提供的技术方面和术语引入了一般合同法。但是,它实际赋予消费者的权利或是大多已经存在于国内法中,或是过于宽泛和过于受合同约束而对消费者来说意义不大。此外,由于在面对市场实践时,法规中还存在许多空白,因此在实现这些权利的方面,它所能提供的帮助也非常有限。各国的转化法案总体上也没有解决这些问题。

　　国内法转化的内容各不相同,结果却往往相同。转化本身的质量是值得商榷的,有些转化仅限于将 DCD 的规定原封不动地纳入国内法体系,而有些转化,如西班牙和捷克的转化,则更为雄心勃勃。有时,立法者的工作超出了最低限度的要求,例如西班牙处理消费者撤回个人数据访问同意的做法。然而,大多具体问题仅在 DCD 适用范围内予以规定,这只会拖延问题,而不是解决问题。这就像"一脚踢开了路边的罐子",实践将不得不自己解决问题。在法律中"懒惰的立法者"的现象并不新鲜,是欧洲立法转化的通病。〔60〕欧盟指令是无法独立存在、不可直接适用的法案,它们也不应当独立存在、直接适用。

　　关于这一点,我们可以尝试从所有已采取的方法中拼凑出一个完美的转化方案。有些方法当然有其优点:奥地利的方法在技术上是一种完美的转化,因为它在文本和精神上都纳入了 DCD 的每一条规则和概念。然而,正如许多人指出的那样,这不仅会导致法律的碎片化,而且由于单独法案的引入和术语的变化,以后可能会造成许多实际问题——波兰也是如此。捷克和西班牙的法案更为雄心,因为它必须将指令的规定纳入现有框架。然而,立法并非完美

---

〔60〕König, Thomas. and Luetgert, Brooke. Troubles with Transposition? Explaining Trends in Member – State Notification and the Delayed Transposition of EU Directives. Cambridge University Press, 2008, p. 29.

无缺,设想越雄心勃勃,可能犯的错误就越多。

关于消费者的实际权利,DCD或其转化法案几乎没有改变。举证责任的改变可能使消费者在诉讼程序中拥有更多的权利。考虑到以后消费者保护组织可以代表消费者采取法律行动,这可能会使一些广义的消费者权利保护案例出现。然而,这两种变化都不会促使消费者自己采取法律行动,甚至不会促使他们与上述组织联系。2020年11月生效的"集体赔偿指令"(Collective redress directive)可能会缓解这一问题,尽管人们已经对新制度的有效性产生了怀疑。[61]

在对新技术现象的规制,尤其是对数字市场的规制中,有一种令人担忧的趋势。由于早在任何法律体系注意到这一点之前,数字市场就已经存在,并已形成了自己的惯例,如针对消费者用个人数据换取免费的数字内容或服务。当然,由于提供方是数字市场合同中更加强势的一方,所以这个惯例都是由他们所主导的。也正因如此,其中许多规定根本上是不公平、不公正,甚至是完全非法的。[62] 然而,法律的目的似乎并不是要制止这些伤害他人的不良行为,而是要将其纳入法律体系。在这种情况下,法律不是由立法者的意愿、人民的意愿甚至公共利益决定的,而是由企业行为决定的。这自然不是法律的目的,更不会是消费者保障法的目的。新的立法只是众多亟待解决的问题之一,在数字世界中要实现对消费者的充分保护依旧道阻且长。

---

〔61〕 Hodges, Christopher. Collective Redress: A Breakthrough or a Damp Sqibb? In: Journal of Consumer Policy, 37, p. 69.

〔62〕 Drummond, Aaron. and Sauer, James, D. Video game loot boxes are psychologically akin to gambling. In: Nature Human Behaviour no 2, 2018, p. 531.

LEGAL REFERENCES

Legislation

1. Act. No. 89/2012 Coll. Civil code, as amended. in Collection of Laws of the Czech Republic.

2. Act. No. 634/1992 Coll. on Consumer protection, as amended. in Collection of Laws of the Czech Republic.

3. Allgemeines bürgerliches Gesetzbuch für die gesammten deutschen Erbländer der Oesterreichischen Monarchie, as amended. in Collection of Laws of the Republic of Austria.

4. Bundesgesetz vom 8. März 1979, mit dem Bestimmungen zum Schutz der Verbraucher getroffen werden (Konsumentenschutzgesetz – KSchG), as amended. in Collection of Laws of the Republic of Austria.

5. Directive (EU) 2011/83 of the European Parliament and of the Council of 25 October 2011 on consumer rights.

6. Directive (EU) 2019/2161 of the European Parliament and of the Council of 27 November 2019 amending Council Directive 93/13/EEC and Directives 98/6/EC, 2005/29/EC and 2011/83/EU of the European Parliament and of the Council as regards the better enforcement andmodernisation of Union consumer protection rules.

7. Regulation (EU) 2016/679 of the European Parliament and of the Council of 27 April 2016 on the protection of natural persons with regard to the processing of personal data and on the free movement of such data, and repealing Directive 95/46/EC.

8. Directive (EU) 2019/770 of the European Parliament and of

the Council of 20 May 2019 on certain aspects concerning contracts for the supply of digital content and digital services.

9. Directive (EU) 2019/770 of the European Parliament and of the Council of 20 May 2019 on certain aspects concerning contracts for the sale of goods, amending Regulation (EU) 2017/2394 and Directive 2009/22/EC, and repealing Directive 1999/44/EC.

Case law

10. Judgement of the Tribunal of 3rd of December 2015, nr. 2015. T 343/13 (CN v. European Parlament).

Special literature

11. Aydin, Serap and Tichy Wolfgang New rules for Digital Content & Sale of Goods. mondaq. com. Schönherr Rechtsanwälte GmbH. 23 September 2019.

12. Cauffman Caroline. New EU rules on business-to-consumer and platform-to-business relationships. Maastricht Journal of European and Comparative Law. 2019; 26 (4): 469 – 479. DOI: 10.1177/1023263X19865835.

13. DeAlmieda Alves, Maria: Directive on certain aspects concerning contracts for the supply of digital content and digital services & the EU data protection legal framework: are worlds colliding? In: EU Law Journal, 5th ed., 2th of July 2019, 42 p.

14. Drummond, Aaron. and Sauer, James, D. Video game loot boxes are psychologically akin to gambling. In: Nature HumanBehaviour no 2, p. 530 – 532. 2018. DOI: 10.1038/41562 – 018 – 0360 – 1.

15. Gállego, Gonzalo and Robles, Juan Ramón. Directive for the supply of digital content and digital services to consumers: Spain

update. engage. hoganlovells. com. 12 May 2021.

16. Helberger, Natali et. al. Digital Content Contracts for Consumers. In: Journal of Consumer Policy, 36, 3rd ed. , p. 37 – 57. (2005). ISSN: 0168 – 7034.

17. Hesselink, Martijn. et. al. Towards a European civil code. 4th ed. Alphen aan den Rijn: Kluwer Law International, 2011. 450 p.

18. Hodges, Christopher. Collective Redress: A Breakthrough or a DampSqibb? In: Journal of Consumer Policy, 37, p. 67 – 89 (2014).

19. Hoekstra, Johanna. andDiker – Vanberg, Aysem. The proposed directive for the supply of digital content: is it fit for purpose? In: International Review of Law, Computers & Technology, 33:1, p. 1 – 18, (2019). DOI: 10. 1080/13600869. 2019. 1562638.

20. Jurkiewicz, Carole. L. Big Data, Big Concerns: Ethics in the Digital Age, In: Public Integrity. 20, 2018. p. 46 – 59. DOI: 10. 1080/10999922. 2018. 1448218.

21. König, Thomas. and Luetgert, Brooke. Troubles with Transposition? Explaining Trends in Member – State Notification and the Delayed Transposition of EU Directives. Cambridge University Press. p. 163 – 194. 2008. DOI:10. 1017/S0007123408000380.

22. Kresbach, Georg and Zhang, Elizabeth. Harmonising Consumer Protection in the digital context: the EU Digital Content Directive in Austria. WolffTheiss, March 2021.

23. Marko, Rafal. and Monteleone, Shara. Contracts for the supply of digital content and personal data protection. European Parliamentary Research Service. PE 603. 929 May 2017.

24. Mak, Vanessa. The new proposal for harmonized rules on certain aspects concerning contracts for the supply of digital content.

Directorate – General for Internal Policies of the Union, Tillburg University. 14 th of December 2016. s. 28.

25. Mak, Vanessa. "Review of the consumer acquis: towards maximum harmonization?." European Review of Private Lazy 17. 1 (2009). p. 40.

26. Metzger, Axel. et al. Data – Related Aspects of the Digital Content Directive. 9 (2018) JIPITEC 90.

27. Namyslowska, Monika. Jablonowska, Agnieszka. Wiaderek, Filip. Implementation of The Digital Content Directive in Poland: A Fast Ride on a Tandem Bike Against the Traffic, 12 (2021) JIPITEC 241.

28. Selucká, Markéta. Návrh směrnice o některých aspektech smluv o prodeji zboží v kontextu českého soukromého práva. (The proposal of Directive on certain aspects of sale of goods in the context of the Czech private law). In: Vereinigung von tschechischen, deutschen, slowakischen und osterreichischen Juristen. XXVII. Konferenz der Karlsbader Juristentage/ XXVII. Prague: Leges, 2019. p. 453 – 462.

29. Twigg – Flesner, Christian. The Europeanisation of Contract Law: current controversies in law. 2nd ed. New York: Routledge. 2013, 126, p.

30. Weber, Rolf. H. 2017. The Sharing Economy in the EU and the Law of Contracts. In: The George Washington Law Review. n0. 85. 2 8th of February 2018. pp. 1777 – 1803.

31. Zöchling – Jud, Brigitta. Implementation of digital content directive in Austria, In: Digital Consumer Contract Law and New Technologies conference. Tallin. November 2020.

Other references

32. A New Deal for Consumers: Commission strengthens EU

consumer rights and enforcement, Brussels, 11 April 2018.

33. Communication COM (2015) 192 final of 6th of May 2015, A Digital Single Market Strategy for Europe.

34. Comparative table to Draft of the act that amends the act. no. 89/2012 coll. Civil code, in Collection of Laws of the Czech Republic. 13 p.

35. Draft nr. 1170/19 of the act that amends the act. of the Czech Republic no. 89/2012 coll.

36. Draft of the Regulation of European parliament and council COM (2011) 635 2011/0284 (COD), from 11th of August 2011 Common European Sales law. In: EUR – Lex. Office for publications of the EU.

37. European Parliament resolution of 20 October 2020 with recommendations to the Commission on a Digital Services Act: adapting commercial and civil law rules for commercial entities operating online.

38. Memorandum to Draft of the act that amends the act. no. 89/2012 coll. Civil code, in Collection of Laws of the Czech Republic. 45 p.

39. Memorandum to Draft of the act no. 89/2012 coll. Civil code, in Collection of Laws of the Czech Republic. 125 p.

40. Proposal for a Regulation of the European Parliament and of the Council laying downharmonised rules on artificial intelligence (artificial intelligence act) and amending certain union legislative acts. COM/2021/206 final.

41. Proposal for a Regulation of The European Parliament and of the Council on a Single MarketFor Digital Services (Digital Services Act) and Amending Directive 2000/31/Ec. Com/2020/825 Final.

42. Verbrauchergewährleistungsgesetz – VGG; Gewährleistungsrichtlinien Umsetzungsgesetz – GRUG, Änderung: Kurzinformation. 107/ME XXVII. GP Ministerialentwurf – Kurzinformation. 06. 04. 2021.

三、数字内容指令和持续
　　供应合同规则

[英]休·比利*

　　本文共分五个部分。第一部分对指令作出了概述,第二部分更详细地探讨了提供数字内容或数字服务的长期合同,主要集中于数字服务方面,但也探讨了存在"一系列单独供应行为"的数字内容合同,以及在固定期限内提供数字内容的合同。本文还讨论了"混合"合同,即同时提供数字服务和数字内容以及商品,或同时提供数字服务和数字内容,或同时提供数字服务和商品。第三部分和第四部分分别从消费者和经营者的角度分析了立法的漏洞,包括指令中成员国可以自主决定适

---

* 休·比利(Hugh Beale),华威大学名誉教授、哈里斯曼彻斯特学院高级研究员、牛津大学客座教授。这次工作是爱沙尼亚研究理事会资助的研究项目 PRG124 "数字化单一市场中的消费者权利保护——合同方面"的一部分。原文载于《知识产权、信息技术和电子商务法杂志》2021 年第 12 卷第 2 期,第 96—110 页。文章肯定了《数字内容和数字服务合同指令》的重要意义,围绕指令内容重点探讨数字内容或数字服务的长期供应合同和"混合"合同,并从损害赔偿、第三方(开发者)责任等诸多方面分析指令的立法漏洞,对指令的规范内容和规范意义,以及数字时代下应对数字内容和数字服务供应合同纠纷问题提供了重要认识。

用的部分以及指令适用范围之外的部分,并试图评估这些漏洞可能在多大程度上引发问题。第五部分提醒我们还需要考虑公共机构和消费者组织的执法问题,这在涉及提供数字内容和数字服务时可能尤为重要。

(一)《数字内容和数字服务合同指令》概述[1]

1. 指令的适用范围和特点

就适用范围而言,《数字内容和数字服务合同指令》[2]涵盖了数字内容和数字服务的提供。[3] 该指令适用于以数字形式(如通过下载或流媒体)直接提供给消费者的数字内容,也适用于以仅作为载体的有形媒介提供的数字内容。[4] 该指令不适用于带有所谓"数字元素"的商品,即重要的嵌入式软件或互连软件(interconnected

---

[1] See generally J. M. Carvalho, Sale of Goods and Supply of Digital Content and Digital Services – Overview of Directives 2019/770 and 2019/771" [2019] J EU Consumer and Market Law 194; C. Caufmann, "New EU rules on business-toconsumer and platform-to-business relationships" [2019] Maastricht Journal of European and Comparative Law 1; P. Giliker, "Adopting a Smart Approach to EU Legislation: Why Has It Proven So Difficult to Introduce a Directive on Contracts for the Supply of Digital Content?" in T – E Synodinou, P. Jougleux, C. Markou and T Prasitou (eds) EU Internet Law in the Digital Age (Munich: Springer 2020), 299; K. Sein and G. Spindler, "The new Directive on Contracts for the Supply of Digital Content and Digital Services – Scope of Application and Trader's Obligation to Supply – Part 1" (2019) 15 European Review of Contract Law 257 and "Conformity Criteria, Remedies and Modifications – Part 2", ibid, 365; R Schulze and D Staudenmayer, EU Digital Law: Article-by – Article Commentary (Oxford: Nomos/Hart 2020)。

[2] Directive (EU) 2019/770 of the European Parliament and of the Council of 20 May2019 on certain aspects concerning contracts for the supply of digital content and digital services, OJ L136 of 22 May 2019 ("DCD")。

[3]《数字内容和数字服务合同指令》第1条。

[4]《数字内容和数字服务合同指令》第3条第3款和序言第20条。

software），这些商品将属于新《货物买卖合同指令》[5]的适用范围。《数字内容和数字服务合同指令》适用于有偿提供数字内容或数字服务的情况[6]，该对价可以是金钱或某种数字货币（如代币或是加密电子货币）[7]，或者为了获得这些内容或服务，消费者要向经营者提供个人数据。[8] 限于篇幅，我将不再讨论提供个人数据的问题。《数字内容和数字服务合同指令》适用于经营者向消费者提供数字内容或数字服务的情况。稍后，我将探讨指令是否可能适用于与消费者签订最终用户许可协议的第三方权利持有者（a third party rights-holder）。

该指令是一项"完全统一适用"（full harmonisation）指令[9]。换言之，除指令另有规定外，各成员国不得提供更宽松或更严格的消费者保护措施。我们将会看到，该指令仅允许成员国在一个问题上拥有不同的规定。

简单起见，在本概述的剩余部分我将只提及提供数字内容的合同，但除非另有说明，这些规则同样适用于数字服务的提供，而影响数字服务提供的特殊问题将在下一部分予以讨论。

2. 数字内容的提供

除非当事人另有约定，否则经营者有义务"不无故迟延地"

---

[5] Directive (EU) 2019/771 of the European Parliament and of the Council of 20 May 2019 on certain aspects concerning contracts for the sale of goods, amending Regulation (EU) 2017/2394 and Directive 2009/22/EC, and repealing Directive 1999/44/EC, OJ L 166 Of 22 May 2019 ("SGD"), Art 2(5)(b).

[6]《数字内容和数字服务合同指令》第3条第1款第1段。

[7]《数字内容和数字服务合同指令》第2条第7款。关于《数字内容和数字服务合同指令》和《货物买卖合同指令》是否适用于以加密货币支付的情况，请参见 Jansen 的论文。

[8]《数字内容和数字服务合同指令》第3条第1款第2段。

[9]《数字内容和数字服务合同指令》第4条和序言第3—9条。

(without undue delay)提供数字内容,以供消费者使用[10][11]。指令序言第 61 条规定,在大多数情况下,消费者可以要求经营者即时提供。但是,如果数字内容是通过有形媒介提供的,则适用《欧盟消费者权利指令》[12]中关于商品交付的规定,而不适用《数字内容和数字服务合同指令》中关于数字内容提供的规定。[13]

如果经营者未能提供数字内容,且已经声明或明确表示他将不会提供数字内容,或经双方协商一致或者从当时情况能明显判断出在特定时间提供数字内容对消费者至关重要,那么消费者可以立即终止合同。[14] 除此之外,消费者必须先"请求经营者履行合同",只有在经营者仍无正当理由迟延提供数字内容,或没有在进一步约定的期限内按时提供的情况下,消费者才可以终止合同。[15] 消费者可能有权要求经营者赔偿迟延履行合同造成的损失,但正如我们稍后将看到的,损害赔偿问题将由各成员国自行规定。[16]

3. 数字内容的合约性

数字内容必须满足两套要求。首先是"主观"要求:数字内容必须符合合同条款[17],并适用于消费者提出的任何特定用途,只要

---

[10] 《数字内容和数字服务合同指令》第 5 条第 2 款。
[11] 《数字内容和数字服务合同指令》第 5 条第 1 款。
[12] 欧洲议会和欧洲理事会关于消费者权利的第 2011/83/EU 号指令(CRD),修改了欧洲议会和欧洲理事会第 93/13/EEC 号指令和 1999/44/EC 号指令,并废除了欧洲议会和欧洲理事会第 85/577/EEC 号指令和第 97/7/EC 号指令,此处引第 18 条。同样地,CRD 关于消费者退出商品合同权利的规则(DCD 序言第 20 条),以及 CRD 第 20 条关于风险转移的规定也可能被适用。
[13] 《数字内容和数字服务合同指令》第 3 条第 3 款。
[14] 《数字内容和数字服务合同指令》第 3 条第 2 款。
[15] 《数字内容和数字服务合同指令》第 13 第 1 款。Schulze 和 Staudenmayer 认为,如果已经商定了进一步的时间,但经营者拒绝在该时间内供货,消费者可能没有立即终止合同的权利,因为第 13 条第 2 款没有明确规定这一点。
[16] 《数字内容和数字服务合同指令》第 3 条第 10 款和序言第 73 条。
[17] 《数字内容和数字服务合同指令》第 7 条第 a、c 和 d 项。

经营者"接受"了该特定用途。[18] 虽然不是一个新问题[19],但"接受"在这里的含义并不是特别明确。由于这是探知消费者目的方面的额外要求,因此仅向经营者提及该特定用途显然是不够的,但同样地,"接受"并不意味着必须将符合该用途要求写入合同,因为这一准则不同于数字内容必须符合合同约定的要求。[20] 其次是数字内容必须符合"客观"标准。它必须符合相关类型数字内容通常应用的目的;它必须具有消费者可以合理预期的质量和性能,同时符合经营者或交易链上其他人所作的公开声明;它必须附有适当的配件和说明;它必须与经营者向消费者提供的[21](而且,消费者可能在订立合同前实际考察过)任何试用版或预览版相当。唯一允许的例外情况是,消费者已被告知数字内容将不符合客观标准,且也已明确单独地接受该瑕疵。[22] 要求消费者"单独接受"值得肯定。对大多数消费者来说,在可能存在的缺陷清单旁边不得不单独点击一下鼠标,这个行为本身可能不会使他们对该清单有清楚的理解[23],但我们可以期望"明确地"一词能被解释为要求经营者向消费者说明实际情况。在《消费者合同中的不公平条款指令》背景下[24],要求经营者使用通俗易懂的语言进行说明,特别是法院对"核心条款"豁免方面的裁决,即该豁免需要非常高的透明度(transparency),似

---

[18] 《数字内容和数字服务合同指令》第7条第b项。

[19] 《消费者商品和担保指令》第2条第2款第b项也提到卖方"接受"。

[20] 因此,我不认为将标准分为"主观"和"客观"会有帮助;我担心"主观"会被误解为要求写入合同中。这种区分也受到 Carvalho 的批评。我认为,在实践中,"接受"将取决于《联合国国际货物销售合同公约》(维也纳,1980年)第35条第2款第b项规定的适用标准,即除非"买方不依赖卖方的技能和判断,或……他依赖卖方的技能和判断是不合理的",否则商品不符合合同约定。

[21] 《数字内容和数字服务合同指令》第8条第1款。

[22] 《数字内容和数字服务合同指令》第8条第5款。

[23] See also Spindler, below, p. 114 (para 9).

[24] Council Directive 93/13/EEC of 5 April 1993 on unfair terms in consumer contracts.

乎使得消费者获得了额外有益的保护。[25]《数字内容和数字服务合同指令》中的"明确地"一词同样应该被解释为对透明度的要求。

经营者还必须给予消费者使用数字内容的权利。[26] 同样地，我将不再进一步讨论这个问题，因为这将是另一个报告的主题。[27]

4. 保持合约性

数字内容仅在提供时符合要求是不够的。经营者必须告知消费者所有必要的更新，以保持数字内容符合合同约定，并确保向消费者提供更新的内容。[28] 若"合同规定在一段时间内持续提供"，则该更新义务适用于整个供应期。[29] 若没有固定的提供期限，例如仅有一次提供行为但数字内容供无限期使用，则经营者必须在消费者合理预期的期限内保持数字内容的合约性。[30]

尽管成员国可将经营者的责任限制在一段有限的时间内出现与合同约定不一致的情况，[31] 但至少对于自提供之日起2年内出现的非合约性，消费者确定性地享有《数字内容和数字服务合同指令》所规定的救济措施。[32] 同样地，由成员国法律规定的诉讼时效

---

〔25〕 E. g. Van Hove v CNP Assurances SA, C – 96/14 EU:C:2015:262, April 23, 2015. 具体细节参见 H Beale (Gen Ed), *Chitty on Contracts*, 33 rd edn (as supplemented in 2020), Vol. II, paras 38 – 261 – 38 – 262C (S. Whittaker)。

〔26〕《数字内容和数字服务合同指令》第10条。

〔27〕 See Spindler's paper, below, p.111.

〔28〕《数字内容和数字服务合同指令》第8条第2款和序言第44条。有人指出，更新很可能掌握在第三方权利持有人手中，权利持有人可能会拒绝提供更新：See Kalamees's paper, below, p. 133, para 8. 在这种情况下，要求贸易商使数字内容符合合同要求似乎是不合理的(see below, p.99, para 12)，而消费者将能够减价或终止合同。原则上，根据第20条的规定，商户有权直接或间接向权利持有者要求救济，但救济权利的限制见下文(p. 104 – 105, para 46)。

〔29〕《数字内容和数字服务合同指令》第8条第2款第a项。

〔30〕《数字内容和数字服务合同指令》第8条第2款第b项和序言第47条。当消费者没有安装更新时，请注意第8条第3款中的资格。

〔31〕 这通常被称为"法定保证期"。请注意，成员国可能不得要求消费者在任何特定期限内将缺陷通知经营者，见序言第11条。

〔32〕《数字内容和数字服务合同指令》第11条第2款第2项和序言第56条。

也不得阻碍消费者针对 2 年内出现的非合约性寻求任何救济措施。[33]

我们已经看到,如果提供的数字内容是无限期使用的,经营者必须告知消费者为保持数字内容合约性所需的更新,并确保在合理的期限内向消费者提供。[34]《数字内容和数字服务合同指令》序言第 47 条规定,可能需要更新的时间比成员国可能规定的责任期更长,"特别是安全更新方面"。然而,如何实现,这并不清楚。[35] 如果需要更新才能使数字内容符合合同约定,那必然是因为出现了不合约的情况。如果成员国免除了经营者对责任期之后不合约的责任承担,那么除非不合约情形出现在责任期结束之前,否则经营者没有义务提供更新;消费者也没有理由期望在超过责任期后经营者还会提供更新。主张的更新必须在责任期内提供[36],而非在责任期外。

5. 举证责任

经营者有责任证明数字内容是在合理的时间内提供的(即提供给消费者)。[37] 至于其他类型的不合约情况,若发生在提供的 1 年时间内,则应由经营者证明数字内容在提供时是符合合同约定的[38],除非数字内容与消费者的数字环境不兼容,且经营者已明确地告知消费者这些技术要求[39];或者,经营者已尽力明确消费者的数字环境是否和这些技术要求兼容,消费者却不予配合,但前提是在合同订立前经营者已经向消费者告知其可能需要消费者的配合,

---

[33]《数字内容和数字服务合同指令》第 11 条第 2 款第 3 项和序言第 58 条。
[34]《数字内容和数字服务合同指令》第 8 条第 2 款第 b 项。
[35] See also Sein and Spindler (n1 above), 387.
[36]《数字内容和数字服务合同指令》第 8 条第 2 款第 a 项。
[37]《数字内容和数字服务合同指令》第 12 条第 1 款。
[38]《数字内容和数字服务合同指令》第 12 条第 2 款。
[39]《数字内容和数字服务合同指令》第 12 条第 4 款。

而且使用了侵害性最小的手段。[40]

6. 不合约的救济措施

如果消费者要求经营者使不合约的数字内容符合合同约定,那么经营者需要在合理的期限内做到,并不给消费者造成显著不便,除非这是不可能实现的,或者这样做会给经营者带来过重负担。[41] 如果这不能实现,或成本和目标失调,又或经营者不能或拒绝按要求使数字内容符合合同约定,抑或不合约情况足够严重以至于有理由立即终止合同,那么消费者可以减价或终止合同[42],但不合约程度轻微时,消费者不能终止合同。[43] 然而如果数字内容不是有偿提供的,那么即使是轻微的不合约,消费者也可以终止合同。同样地,消费者可能有权要求对所遭受的任何损失进行赔偿,但这由成员国的法律规定。

7. 因不合约而终止合同

消费者可以通知经营者而行使合同解除权。[44] 然后,经营者有 14 天的时间去退还消费者支付的所有款项。[45] 正如我们随后将看到的,退款须是全额,不得依消费者对数字内容的任何使用进行扣减。经营者必须按照《通用数据保护条例》的要求处理消费者的个人数据。[46] 经营者被禁止使用其他类型的数据,除非这些数据在提供数字内容或数字服务之外毫无用处,或仅与消费者使用数字内容时的活动有关,又或者这些类型的数据无法与经营者的其他

---

[40] 《数字内容和数字服务合同指令》第 12 条第 5 款。
[41] 《数字内容和数字服务合同指令》第 14 条第 1—3 款。
[42] 《数字内容和数字服务合同指令》第 14 条第 4 款。
[43] 《数字内容和数字服务合同指令》第 14 条第 6 款。
[44] 《数字内容和数字服务合同指令》第 15 条。
[45] 《数字内容和数字服务合同指令》第 16 条第 1 款和第 18 条第 1 款。
[46] 《数字内容和数字服务合同指令》第 16 条第 2 款。

数据分离[47];经营者还必须让消费者能够检索其生成或提供的数据。[48]

反过来,消费者也不得再使用数字内容,而如果数字内容是通过有形媒介提供的,消费者应该在经营者提出要求时将该有形媒介退还给经营者。[49]

(二)一段时间内数字服务或者数字内容的提供

1. 现实情形和问题

我们需要考虑一些现实情况。首先,提供的数字服务可能没有需要下载的内容。例如,数据存储在云端或以流媒体形式传输到消费者的设备上。其次,合同可能会规定对数字内容进行数次单独下载。[50] 再次,下载的数字内容可能只允许消费者在一定期限内使用,如微软办公软件的最新版本。最后,可能存在数字服务与定期内容下载结合,或数字内容辅以数字服务的情形。

我们需要考虑一系列问题:提供的时间、合约性的含义、要求合约性的期限、救济措施(包括中止履行和合同终止)以及经营者对数字内容或服务的修改。

2. 数字服务的提供

经营者必须一开始毫无拖延地提供数字服务[51];如前所述,这

---

[47] 《数字内容和数字服务合同指令》第 16 条第 3 款。
[48] 《数字内容和数字服务合同指令》第 16 条第 4 款。
[49] 《数字内容和数字服务合同指令》第 17 条第 1 款和第 2 款。Schulze andStaudenmayer(n1 above),298 note,对不遵守规定的任何制裁都留给国内法自行规定。
[50] 序言第 56 条给出了一个例子,即每个月向消费者提供下载新电子书的链接。
[51] 《数字内容和数字服务合同指令》第 5 条第 1 款。

通常意味着"立即"向消费者提供数字服务。[52] 如果需要进一步下载,则属于"除非另有约定"的范畴。在任何情形下,如果经营者没有及时提供进一步下载的服务,并在消费者要求后仍未能按照约定或无故迟延履行义务,那么消费者可以终止合同。[53]

有关数字服务的一个重要问题是,消费者应当能够持续获得服务(除非另有约定,如经营者在合同中规定了因网站维护可能会有"停工时间")。就《数字内容和数字服务合同指令》条款本身,尚不能完全明确未经授权的服务中断应属于第13条的未提供数字服务(那么消费者可能不得不在终止合同前再请求经营者提供服务),还是第14条的不合约情形,但指令序言第51条明确应将其作为不合约情形。因此,消费者必须遵守救济措施的层级要求,即可以先要求经营者使数字服务具备合约性,然后再要求减价或终止合同。如果经营者暂时不能提供服务,并且消费者已向经营者请求"使服务符合合同约定",那么经营者实现服务合约性的合理时间几乎是立即到期。然而,如果经营者不愿或不能这样做,又或者延期会对消费者造成严重影响,则消费者可以立即终止合同[54];在这些情况下,消费者也可以立即选择减价。

3. 合约性的含义

知名评论家写道:"需要强调的是,数字内容或数字服务涉及质量标准,但质量标准与它们的内容无关。例如,购买的电子书或数字电影从编剧、导演或艺术的角度来看质量差,不等于其缺乏合约性,引发指令第14条的消费者救济措施。"[55]

遗憾的是,我认为这种说法即使不是完全错误,也可能具有误

---

[52]《数字内容和数字服务合同指令》第5条第2款和序言第61条。
[53]《数字内容和数字服务合同指令》第13条第1款。
[54]《数字内容和数字服务合同指令》第14条第4款。
[55] Schulze andStaudenmayer(n1 above),140.

导性。如果一部被宣传为适合 10 岁以下儿童观看的电影含有性或严重暴力的场景,那么它就不符合相同类型数字内容通常的使用目的,更不用说达到消费者合理期望的质量了。[56] 经常出现胡言乱语的在线翻译服务也必然如此。确实,期望经营者有义务提供"好"的作品(不管那是什么意思)是不合理的,但不适当的内容或经常出现的错误则有所不同。

4. 合约的期限

如果数字内容或数字服务在约定的期限内"持续提供",那么提供的数字内容或服务必须在整个约定期限内符合合同约定。[57]

指令序言第 57 条指出,当持续提供的期限不确定时,情况也是如此:"持续提供包括经营者在固定的期限内或无限期向消费者提供数字服务的情况,如 2 年的云存储合同或无限期的社交媒体平台会员资格。这类情况的独特之处在于,数字内容或数字服务仅在合同的固定期限内或在无限期合同有效期内对消费者可用或者可访问。因此,在这种情况下,经营者有理由只对这段时间内出现的不合约情形承担责任。"反之,消费者在有权在整个期间内使用数字内容,有权获得更新。[58]

如果数字内容通过一段有限的时间内向消费者提供单次下载,也必须适用同样的规则。如果经营者承诺在此期间内提供更新也同样如此,指令序言第 57 条将其视为"持续供应"的一种形式。[59] 即使经营者不承诺提供更新,也必须适用同样的结果:消费者有理由期望在该期间内获得更新。消费者无权在期限届满后使用该数字内容,因此也无权要求更新(当然,除非期限延长)。

---

[56] 《数字内容和数字服务合同指令》第 8 条第 1 款第 a、b 项。
[57] 《数字内容和数字服务合同指令》第 8 条第 4 款。
[58] 《数字内容和数字服务合同指令》第 8 条第 2 款第 a 项。
[59] 《数字内容和数字服务合同指令》序言第 57 条最后一句。

5. 不合约的救济措施

(1) 中止履行

如果数字服务或数字内容不符合合同约定,那么消费者有权要求经营者使其合约。在此之前情况如何?对于数字服务,消费者很可能会为其定期支付款项,而对于只允许消费者在一定期限内使用的数字内容,也可能会出现这种情况。消费者能否在数字内容修正之前中止付款?《数字内容和数字服务合同指令》将中止履行的权利留给了成员国法律自行规定。[60] 这对大多数消费者来说应该不成问题,原因有二。

首先,指令第 14 条第 5 款第 2 项规定,消费者有权针对不合约的期间获得减价。这无疑意味着,消费者无须支付这段期间尚未支付的相应费用。

其次,大多数法律制度似乎都规定了作为一般合同法事项的中止履行权利。在许多大陆法系国家,甲方不履约将赋予乙方中止履行对应义务的权利,除非这导致双方不履行的义务不相称或违背诚信原则。英美法对这种权利的限制稍多,但如果不合约的情况非常严重,以至于终止合同是合理的,且不合约的情况最终没有得到解决,则乙方有权中止其履行。[61] 当然,中止履行合同的权利可能只是一项"默认规则",可由合同条款排除,但任何排除都可能违反《消费者合同中的不公平条款指令》。[62]

(2) 合同终止后的退款

如果消费者正当合法地终止合同,则有权要求经营者退还其为

---

[60]《数字内容和数字服务合同指令》序言第 15 条。对比《货物买卖合同指令》第 13 条第 6 款,该条规定消费者拥有中止履约的权利,尽管成员国"可决定消费者行使该权利的条件和方式"。两个指令为何在这一点上存在不同尚不清楚。

[61] See the Notes to the Principles of European Contract Law (PECL) Art 9:201 and Draft Common Frame of Reference (DCFR) Art Ⅲ. −3:401.

[62] Council Directive 93/13/EEC of 5 April 1993 on unfair terms 59 DCD Rec 57 last sentence. in consumer contracts, see especially Annex para 1(b).

数字内容或数字服务不符合合同约定的期间以及合同终止之后任一期间所支付的相应价款。指令第 16 条第 1 款第 2 项规定:"……如果合同规定提供数字内容或数字服务的交易条件是在一段时期内支付价款,而数字内容或数字服务在合同终止前的一段时期内是合约的,那么经营者只应向消费者退还与数字内容或数字服务不合约期间相应支付价款相当的部分,以及消费者在合同存续期内预先支付价款的任何部分,如果合同没有终止,该预付的价款本应保留。"

6. 客观判断合约性

如消费者使用了(且确实喜欢)数字内容或服务相当长一段时间后才发现不适约,该怎么办?根据指令,即使消费者完全没有意识到,也可能存在不符合同约定的情形。虽然指令序言第 66 条规定,消费者在"无法享用"数字内容或数字服务时不用支付费用,但这是通过刚才引用的指令第 16 条第 1 款来实施的,该款针对的是在一定期限供应的合同。对于其他合同,即无期限提供数字内容合同,指令第 16 条第 1 款第 1 项要求经营者退还消费者支付的所有款项。第 17 条第 3 款进一步规定:"在合同终止前,数字内容或数字服务不符合合同约定的期间内任何对数字内容或者数字服务的使用,消费者均无须支付费用。"这一规定不仅适用于在一定期限内提供数字服务或数字内容的情形,还适用于无限期提供数字服务或者内容的情形。因此,在无限期提供的情况下,如果提供数字内容就不符合合同约定,那么无论消费者当时是否知道,经营者都必须全额退款。这同样适用于持续提供服务,以及限期提供数字内容的情形。

7. 变更(不只是对非合约性的纠正)

经营者有义务更新数字内容或数字服务,以保持其合约性。此外，只要满足某些条件，经营者就有权进行其他变更：合同必须保留了经营者变更的权利，并规定合理的事由；变更不为给消费者带来额外负担；经营者必须"清楚、通俗易懂地"告知消费者变更的性质和消费者的权利。[63] 这些消费者的权利是：如果变更远不是轻微的负面影响，消费者可以自收到通知或变更之日30日内（以较晚者为准）终止合同；如果消费者选择终止合同，经营者必须返还消费者为合同终止之日后的期间所支付的任何款项。[64]

这似乎对消费者非常公平，消费者可以允许变更，如果变更的结果不令人满意，也可以终止合同。然而，该指令一方面赋予消费者权利，另一方面似乎又剥夺了消费者的权利。指令第19条第4款规定："本条第2款和第3款在以下情况下不适用：经营者使消费者能够在无须付出额外成本的情况下继续使用未变更的数字内容或数字服务，并且数字内容或数字服务仍具有合约性。"

因此，如果经营者让消费者无成本地继续使用现有形式下的数字内容或数字服务而无任何变更，那么消费者就无权终止合同。在我看来，这实际上削弱了消费者的地位。大多数消费者无法事先确切判断变更是否会给他们带来麻烦。如果他们决定允许经营者进行变更，但随后发现变更不尽如人意，那么他们将不得不忍受它。消费者无权要求恢复数字内容或数字服务的原始版本。

经营者可能会将变更与更新捆绑在一起，而更新是保持数字内容合约性所必需的。在我看来，不允许消费者单独选择是否接受"不必要的"修改，很可能构成不公平的商业行为。[65]

---

〔63〕《数字内容和数字服务合同指令》第19条第1款。

〔64〕《数字内容和数字服务合同指令》第19条第2款和第3款，类推适用第15—18条，其影响已在第一部分被概述。

〔65〕参见欧洲议会和理事会2005年5月11日有关内部市场中企业对消费者的不公平商业行为的第2005/29/EC号指令，其修改了欧洲议会和理事会第84/450/EEC号指令、97/7/EC号指令、98/27/EC号指令和2002/65/EC号指令以及欧洲议会和理事会的（EC）第2006/2004号条例。

8. 对长期合同的评估

《数字内容和数字服务合同指令》对消费者有多大作用？就数字内容而言，该指令似乎扮演了一个非常重要的角色。几乎没有成员国有专门针对数字内容的立法，除了有些国家，如荷兰和德国，规定了关于货物销售的立法应扩张适用于数字内容。[66] 如果缺乏此类规定，法院可能难以知晓应如何处理数字内容合同。数字内容合同通常不属于货物销售立法的适用范围，原因有二：首先，数字内容是无形的；其次，依据合同转让所有权的情况很少——通常消费者只获得数字内容的使用权。[67] 同样地，规范服务的法律似乎也不完全适合数字内容，特别是一次性下载后无限期使用的情况。[68] 此外，在许多法律制度中，将数字内容的提供视为一种服务会导致经营者有合理注意义务，而不是更严格的义务（如结果义务）；而且这还会影响可用的救济措施，至少在普通法司法管辖区是这样，因为通常服务合同是不能被强制履行的。[69] 在我看来，《数字内容和数字服务合同指令》的做法是非常合理的，它将合同的分类留给了成员国国内法规定[70]，而无论合同如何分类都适用相关规则。

---

〔66〕 See Loos's paper（below, p. 230）.

〔67〕 这些问题似乎不是在每个成员国都会出现。例如，立陶宛的买卖法不仅适用于商品，也适用于权利的出售，其中包括有限权利的转让，例如使用数字内容的许可。See Didziulis's paper, below, p. 261.

〔68〕 关于英国背景下的讨论，见 R. Bradgate, Consumer Rights in Digital Products, A research report prepared for the UK Department for Business, Innovation and skills (2010), available at www. gov. uk/government/uploads/system/uploads attachment data/file/31837/10 – 1125 – consumer-rights-in-digital-products. pdf.

〔69〕 根据英国 2015 年《消费者权利法》，消费者可以要求经营者修理或更换数字内容（第 43 条），或重新履行以使服务符合合同规定（第 55 条），如有必要，法院可以下达具体履行令以强制经营者履行合同（第 58 条）；但具有讽刺意味的是，该法一开始就未规定具体履行以强制交付或履行合同。根据普通法规则，很少会有具体履行的规定，因为损害赔偿会被视为一种充分的救济措施，而且就服务而言，也有监督困难的原因。See H Beale (Gen Ed), Chitty on Contracts (33rd edn, 2018), Vol I, paras 27 – 015 – 27 – 045.

〔70〕 《数字内容和数字服务合同指令》序言第 12 条。

数字服务的相关规定对消费者有多大作用？在我看来，它们有三个方面的价值。第一，经营者负有提供符合主客观标准的数字服务和数字内容的结果义务，而不仅是合理注意义务。第二，消费者的救济措施是明确的，尤其是要求服务具有合约性的权利。第三，经营者变更服务的权利必须在合同中列明，并说明变更的事由。不过，我并不清楚"事由"的真正含义，也不清楚这是否能为消费者提供有效的保障。像"为了满足运行要求"这样的说法也是一种事由，但这几乎什么都没说。

（三）消费者保护的漏洞

1. 损害赔偿

《数字内容和数字服务合同指令》序言第73条规定："损害赔偿应尽可能使消费者恢复到这样一种状态，即如同消费者所得到的数字内容或数字服务是按时提供并具有合约性的。由于所有成员国都已存在这样一种损害赔偿权利，本指令不应妨碍各国关于经营者对违反这些规则所造成的损害向消费者进行赔偿的规则。"

因此，指令第3条第10款将损害赔偿问题完全留给了成员国进行规定。这可能是有问题的。[71] 我的理解是，所有成员国的损害赔偿法一般在功能上是相同的（也就是说，尽管它们采用了不同的概念和术语，但它们给出了大致相同的结果），但至少有两个方面可能存在问题。

2. 使用权益损失的赔偿

第一个方面是使用权益损失的赔偿。在某些法律体系中，对于

---

[71] It iscriticised also by Schulze and Staudenmayer（n1 above），43.

使用权益损失的赔偿，法院往往是予以认定的，至少在合同主要目的是提供使用的情况下是这样[72]，数字服务合同通常就是这种情况。在其他一些法律体系中则似乎存在问题。例如，在德国法律中，《德国民法典》第283条规定，非金钱损失只可能在法律规定的情况下[73]，或者由于原告的身体、健康、自由或性自决权受到侵害而造成损失的情况下，才能获得赔偿。我不知道德国法律中是否存在相关规定，我认为很难将电影、音乐或电子游戏使用权益的损失归入第二部分。[74]

3. 严格责任 vs 过错责任

第二个方面是，在普通法体系中，损害赔偿责任通常是严格责任，但在一些大陆法系国家中，损害赔偿责任是以过错为基础的[75]，而在另一些大陆法系国家中，不可抗力是一种抗辩事由。[76] 这也是留给成员国国内法自行规定的。[77] 如果经营者未能按时提供数字内容或数字服务，或在提供数字内容或数字服务过程中发生中断，此时经营者无过错或不可抗力最可能有所关联。

这在多大程度上构成问题确实还不清楚。即使适用的成员国法律不承认不可抗力是抗辩事由，或不要求损害赔偿以过错为要件，但如果不履约并非经营者的过错，合同的明示条款也很可能明确免除经营者的责任。那么问题就在于，根据《消费者合同中的不公平条款指令》，这种免责是否公平。即使在不可抗力不是抗辩理由、赔偿责任也不要求过错的那些国家，法院也很有可能接受该条

---

[72] See PECL Art 9:501, Note 4, and DCFR Art Ⅲ.-3:701, Notes Section IV.
[73] 假期合同就是这样的情况（《德国民法典》第651f条）。
[74] 其他国内法中的例子见 DCFR Art Ⅲ.-3:701, 701, Note 13。
[75] 例如，《德国民法典》第280条第1款。
[76] 例如，法国法律，见 H Beale, B Fauvarque-Cosson, J Rutgers and S Vogenauer) Ins Commune Casebooks for the Common Law of Europe: Cases, materials and text on Contract Law（Hart, 3rd edn 2019), ch 28.3.
[77] 《数字内容和数字服务合同指令》序言第14条。

款,将其作为对一般法的合理偏离(a fair departure from normal law)。

4. 对消费者数字环境的损害

如果数字内容对消费者的"数字环境"造成损害,例如破坏了消费者电器上的其他数字内容,我也不确定经营者是否应承担责任。许多国家将这种情况简单地视为经营者违约的一种形式,但也有人认为,在其他国家法律中(如在德国法律中[78]),这归属于保护义务的范畴,而保护义务不在《数字内容和数字服务合同指令》的规定范围内。[79]

在我看来,如果损害是由数字内容本身造成的,那么损害通常是数字内容不符合合同约定所带来的结果,根据指令第 11 条第 1 款的规定,经营者应"承担责任"。然而,《数字内容和数字服务合同指令》实际上并未规定这种情况。无论如何,消费者要求数字内容具有合约性的权利并不意味着消费者有权要求恢复损坏的数据。消费者只有权要求损害赔偿,而损害赔偿则留给了国内法自行规定。

如果损害是由经营者采用的安装方法造成的,那么《数字内容和数字服务合同指令》是否适用就更不明了了,因为这可能不被视为数字内容不符合合同要求,而认为是经营者违反了保护义务。

因此,无论在哪种情况下,经营者都可能通过证明自己没有过错,或者无法预见、无法避免该问题,以摆脱责任。

5. 数字内容和服务的开发者

在许多情况下,首先与消费者签订合同的经营者并不是数字内

---

[78] 关于德国法律中的保护义务,参见 B Markesinis, H Unberath and A Johnston, The German Law of Contract, 2nd ed(Hart, 2006) 126。

[79] See Schulze andStaudenmayer (n1 above, 40)。

容或数字服务的生产商;消费者被授权使用的数字内容或数字服务,实际上是由第三方权利人根据最终用户许可协议(或称 EULA)提供的。在这种情况下,如果数字内容或数字服务存在缺陷,该如何处理?首先,与消费者进行交易的经营者显然要担责任,因为提供的数字内容或数字服务与合同约定不符。正如我们所看到的,无过错并不能成为消费者有权请求经营者提供与合同相符的抗辩理由。如果经营者为使数字内容或数字服务与合同相符,或(在适当的情况下)为向消费者提供退款,而产生了合理成本,那么原则上经营者应能将该成本转移到供应链的上游。《数字内容和数字服务合同指令》第 20 条重复了《消费者商品和担保指令》中的规定,经营者"有权向商业交易链中的责任人寻求救济".[80] 然而,在实践中,经营者可能难以获得有效的救济。正如《消费者商品和担保指令》中,即使有效性原则可能要求经营者应获得某种救济[81],但经营者可向谁寻求救济、救济的相关行为以及条件等问题仍留给成员国国内法规定。在实践中,能否向最初的经营者追偿在很大程度上取决于相关合同中包含哪些条款以及如果相关合同试图限制供应链靠上一方的责任,国内法是否会支持。

消费者是只对最先签订合同的经营者享有权利,还是对开发数字内容的第三方权利人也享有权利呢?一种可能性是,根据《产品

---

[80] 《消费者商品和担保指令》第 4 条;现由《货物买卖合同指令》第 18 条取代。我并不完全清楚这些规定是否适用于经营者对消费者承担损害赔偿责任的情况,因为损害赔偿问题是由成员国法律自行规定的,见上文。虽然对英国律师来说,"负有责任"一词立即意味着损害赔偿责任,但在《数字内容和数字服务合同指令》中,该词是指经营者有责任提供指令所要求的救济措施类型(例如,见第 8 条第 3 款和第 11 条)。在这一点上,相关序言(序言第 78 条)没有提供任何帮助。不过,这个问题可能没有实际意义,因为我认为在大多数成员国的法律中,只要链条上的下一位负有责任,经营者就可以将损害赔偿责任转嫁出去,关于这一点,见上文(无论是以过错为要件还是将不可抗力作为抗辩事由)。

[81] Schulze and Staudenmayer (nl above), 320–321.

责任指令》,第三方权利人作为"生产者"应承担责任;[82]但对于该指令是否适用于数字内容尚存疑问[83],更不用说数字服务了,而且无论如何,消费者的损失很少能达到 500 英镑这一财产损害赔偿责任最低限额。[84]

《数字内容和数字服务合同指令》本身规定了什么责任?《数字内容和数字服务合同指令》序言第 13 条可能被解读为该指令不适用于开发者。其规定:"例如,成员国也可以自行规范提供或承诺提供数字内容或数字服务的第三方对消费者的赔偿责任,如开发者,但根据本指令开发者不能同时是经营者。"

然而,这段话的最后一句引出了一个问题:根据该指令,开发者可能成为经营者和供应商吗?虽然可以说最终用户许可协议有时不过是授权使用数字内容的许可,但如果数字内容或数字服务(或更新)是从许可人的网站上下载的,那么它就是由许可人"提供"的,而且指令第 3 条第 1 款第 2 段并没有说数字内容或者数字服务的提供必须是根据合同进行的。[85] 如果开发者随后收集了消费者的个人数据,那么开发者就有责任提供符合合约性客观标准的数据[86],当然数据也要符合最终用户许可协议中的任何主观标准。[87]因此,我认为开发者和其他权利人有时可能会发现依据指令自己应当承担责任;但消费者并不是在所有情况下都能向这些人寻求救济。

---

[82]　S Whittaker, European Product Liability and Intellectual Products(1989)105 Law Quarterly Review 125.

[83]　S Whittaker,"European Product Liability and Intellectual Products"(1989)105 Law Quarterly Review 125.

[84]　第 9 条 b 项。

[85]　比较第 3 条第 1 款第 1 段,该条款规定指令适用于以下列价款进行供应的"任何合同":"……"

[86]　根据《数字内容和数字服务合同指令》第 8 条。

[87]　《数字内容和数字服务合同指令》第 7 条 b 项很少适用,因为在订立最终用户许可协议之前,消费者和权利持有人之间通常没有信息交流。

6. 消费者保护的其他漏洞

在消费者保护方面，似乎至少存在四个漏洞。

（1）混合目的的合同

有的人已经注意到了，指令序言第 17 条将混合目的的合同的问题留给了成员国法律自行规定。这令人遗憾。[88]

（2）长期合同的终止权

与最初的提案[89]不同，通过的指令没有涉及消费者对长期提供数字内容或数字服务合同的终止权。据我所知，这是因为成员国未能就该条款达成一致。[90] 大多数成员国都规定了，任何一方都可以在合理通知后终止无固定期限的合同[91]；任何意图使消费者受到较长通知期限约束的合同条款几乎都会被视为不公平。我认为问题出在固定期限较长的合同上。根据《消费合同中的不公平条款指令》，合同期限长度可能不会受到公平性审查，因为它是合同"主要标的物"的一部分。我不知道，长期提供数字内容和数字服务的合同是否存在严重问题。数字市场瞬息万变，我不希望经营者采用较长固定期限的合同。

然而，我们必须认识到，新型冠状病毒的影响可能使许多家庭遭受突如其来、出乎意料的收入下降。对他们来说，即使是为期仅 1 年的数字服务合同也可能突然变得难以承受，而非常遗憾的是，《数字内容和数字服务合同指令》不允许消费者至少因疾病或失业等重要情形而终止固定期限合同。我们可能会看到更多的法律采

---

[88] See e. g. C Caufmann（n 1 above），11.

[89] Proposal for a Directive of the European Parliament and of the Council on certain aspects concerning contracts for the supply of digital content, COM（2105）634 final of 9 December 2015，art 16.

[90] See Schulze andStaudenmayer（nl above），81 and 91.

[91] See DFCR Art Ⅲ. - 1:109, Notes Section Ⅲ.

用了社会不可抗力理论。[92]

另一个严重的问题是桑和斯宾德勒提出的[93],即指令没有赋予消费者在通过通知终止合同后收回其所提供或产生的数据的权利。这是一个非常令人遗憾的缺漏。

(3)混合合同和捆绑合同

第二个问题出现在混合合同或捆绑合同中,即某些数字内容或数字服务的提供与商品或其他服务的提供相结合。合同中某一要素的终止将对捆绑的其他要素产生怎样的影响,留给了成员国自行规定。这必然会使签订混合合同或捆绑合同的消费者对自己的处境产生一些疑问。这一缺漏可能也是令人遗憾的,尤其是指令序言第 34 条指出,捆绑销售可能是一种不公平的商业行为。关联合同的问题也留给成员国法律来处理,这可能会产生类似的结果。

(4)第三方数字输入的需要

最后,我担心的情况是,提供给消费者的数字内容需要第三方以数字服务的形式进行输入——例如,在消费者购买的导航程序的情况下,为了导航程序的正常运行,必须有定期的交通报告,而该报告可能是由第三方提供的。

如果数字服务由经营者负责提供,那么问题似乎与桑和斯宾德勒所讨论的情形中出现的问题相类似,即具有数字元素的商品需要数字服务才能运行。[94] 问题在于双方实际达成的协议是什么,或者消费者的合理预期是什么。毋庸置疑,结果并不仅取决

---

[92] CfT Wilhelmsson, "Social Force Majeure – A New Conception in Nordic Contract Law" (1990) 13 J of Consumer Policy 1. On the way that different laws of contract are being changed, or measures are being taken to alleviate hardship, in response to the effects of the Coronavirus, see E Hondius et al (eds) Coronavirus and the Law in Europe, Part 4, available at https:// www.intersentiaonline.com/bundle/coronavirus-and-the.

[93] Sein and Spindler (n1 above), 379.

[94] Sein and Spindler (n1 above), 272–275.

于经营者和第三方之间达成的协议,这也是一个消费者合理预期的问题。指令第 13 条第 3 款规定,在有疑问的情况下,应推定并入或者相关联的数字内容或者数字服务的提供为买卖合同所涵盖。

如果没有向消费者说明第三方的责任范围或经营者对第三方的服务提供所承担的责任,而在一个固定期限内向消费者提供数字内容(例如按年订购),我认为消费者合理的预期是,在该期限内必要的数字服务也应当持续提供。在我看来,如果没有固定的期限,那么数字服务也应像必要的更新一样,在合理的期限内继续提供。换言之,问题可能在于,所提供的数字服务是否应先符合合同的"主观"要求,再符合客观要求。然而,要把第三方持续提供数字服务的问题纳入任何一套合约性标准中都不容易。《数字内容和数字服务合同指令》中最接近的明确标准是"可访问性",据我所知[95],该标准涵盖了某些情况下对数字内容的提供;也许"可访问性"标准也可以延伸适用于我们所讨论的情况。

如果经营者没有明示或暗示会承担提供数字服务的责任,那么会引发的问题可能更多。如果数字内容(或带有数字元素的商品)只有和数字服务一起才能够恰当地运行,而对于该数字服务,经营者却并不会承担责任,那么《欧盟消费者权利指令》必然会要求经营者告知消费者。这似乎是所提供的数字内容的一个主要特征[96],虽然是一个负面特征。然而,对于经营者没有告知消费者的情形,目前还不清楚消费者有何救济措施。《欧盟消费者权利指令》规定,经营者在签订远距离或场外合同(a distance or off-premises

---

[95] Schulze and Staudenmayer (n1 above), 142.
[96] CRD 第 5 条第 1 款第 a 项和第 6 条第 1 款第 a 项。另外,这也可以作为 CRD 第 5 条第 1 款第 g 项和第 6 条第 1 款第 r 项规定的"功能"的一个方面。CRD 没有给"功能"下定义,但《数字内容和数字服务合同指令》第 2 条第 11 款指出,"功能"是指"数字内容或数字服务在考虑到其目的的情况下发挥其功能的能力"。在实践中,这一定义很可能被认为与 CRD 相同。

contract)之前提供的信息将构成合同不可分割的一部分[97]，但对经营者未提供信息的情况只字未提。然而，当《关于更好地执行和现代化欧盟消费者保护规则的指令》（以下简称《现代化指令》）[98]生效后，成为不公平商业行为受害者的消费者将获得损害赔偿、减价或终止合同等救济措施。

如果不提供数字服务，数字内容就不能恰当地运行，而数字服务是由第三方根据另一份合同提供的，那么这两份合同就会被看作关联的。这通常可能意味着，一份合同的终止将使消费者有权终止另一份合同。然而，正如我们前面所说，关联合同的问题是留给成员国国内法规定的。我怀疑各国的法律规定并非一致。

（四）经营者的意外之喜——立法背景[99]

与其他消费者指令一样，《数字内容和数字服务合同指令》的立法基础在于促进欧洲内部市场发展；消费者保护本身可能并不是欧盟的立法基础。大约在2003年之前，大多数指令都旨在通过鼓励消费者"积极"到国外购物（当面购物或者通过远程合同购物）来促进内部市场的发展，鼓励的方式是让消费者相信，无论他们在哪里购物，他们都将享有某些最低限度的权利，例如要求商品具有合约性、商品不符合合同约定时享有救济措施以及拒绝接受不公平合同条款的权利。因此，大多数消费者指令都是统一最低限度的指

---

[97] CRD 第 6 条第 1 款。

[98] 2019 年 11 月 27 日，欧洲议会和欧盟理事会关于更好地实施欧盟消费者保护规则并使其现代化的（EU）第 2019/2161 号指令，修改了欧洲议会和欧盟理事会第 93/13/EEC 号指令和第 98/6/EC 号指令、第 2005/29/EC 号指令和第 2011/83/EU 号指令，此处引第 3 条第 5 款，其在 CRD 中插入了新的第 11 条 a 项。

[99] 本节引用了 H Beale, "The Story of EU Contract law-from 2001 to 2014" in C Twigg–Flesner (ed), Research Handbook on EU Consumer and Contract Law (Edward Elgar, 2016) 431。

令。许多成员国利用这一机会,给予或维持比指令要求更高的消费者保护标准。例如,一些成员国允许消费者因为合同条款不公平而拒绝接受,即使这些条款是经过双方协商的[100],或者在某些情况下,该合同条款是指令规定的免于审查的核心条款之一。[101] 例如,英国规定了,消费者在收到不符合合同约定的商品时可以拒绝接受,并获得全额退款,而无须先要求修理或更换。[102] 然而,大约在2003年,欧洲委员会的做法发生了变化。尽管消费者保护仍是一个重要目标,[103]但重点转移到了通过经营者更容易跨境销售商品来努力促进内部市场的发展。[104] 欧洲委员会尤其关注后来所谓的"罗马一号问题"。根据《罗马一号条例》[105],消费合同的当事人可自由选择适用哪部法律来规范合同,因此经营者可以继续适用自己所熟悉的法律及其一般规定和条件,仅受到该法律强制性规范的约束——有一个重要的例外。这是规定在该条例第6条第2款中的:如果经营者在消费者经常居住地所在国与消费者签订合同,或者经营者的贸易活动直接面向该国消费者,则与该经营者签订合同的消费者有权受到消费者经常居住地所在国强制性规则的保护。举例来说,这可能意味着,一个寻求通过网站在欧洲各地销售产品的企业,可能不得不应对每个成员国不同的消费者保护规则。

对此,欧洲委员会的初始回应是,从最低限度的统一转变为全面统一,这样各地的消费者保护规则实际上都是一样的,经营者也

---

[100] See H Schulte – Ndlke, C Twigg – Flesner and M Ebers, EC Consumer Law Compendium (Sellier, 2008) 199 – 200, 226. The UK now also allows the review of terms that were negotiated: Consumer Rights Act 2015, s 62.

[101] 例如,《北欧合同法》第36条。

[102] 1979年《货物买卖法》第1条和第13—15条;现参见2015年《消费者权利法》第19条。

[103] 见《数字内容和数字服务合同指令》序言第5条。

[104] 见《数字内容和数字服务合同指令》序言第4条。

[105] Regulation (EC) No 593/2008 of 17 June 2008 on the law applicable to contractual obligations.

就不必担心存在规则适用的差异。成员国并不都欢迎这种做法的改变,因为这可能意味着将其消费者保护水平降低到欧洲最低标准。欧洲委员会的首次尝试是2008年《欧盟消费者权利指令》的提案[106],该指令不仅取代《上门销售指令》[107]和《远程销售指令》[108],还将取代《消费者合同中的不公平条款指令》和《消费者商品和担保指令》。消费者保护有所加强,但主要变化还是规则的全面统一。在政治上,这个提案是失败的;欧洲委员会只有在整体上将其限制适用于远程销售和现在所谓的场外销售范围内,《欧盟消费者权利指令》才能得以通过。

随后,欧洲委员会改辕易辙,提出《欧洲共同销售法》[109],该法不会取代各国法律,但会为经营者和消费者提供一个可选的替代制度。这也是一个政治上的失败,因此被撤回了。[110] 现在,欧洲委员会又回到了全面统一的路径上。

就《数字内容和数字服务合同指令》而言,我认为全面统一的做法可以说已经相当成功了。该指令所涉及的大多数问题都将得到全面统一,主要的例外是:成员国可以规定仅在一定期限内,经营者提供的内容或服务不符合合同约定时,消费者才有权要求救济,但前提是该限制期限不少于提供之日起的2年。[111] 而对于新的《货物买卖合同指令》,情况就不同了。本文这里不是分析该指令,但该指令下如此多的问题都留给了成员国规定,以至于只能被形容

---

[106] Proposal for a Directive of the European Parliament and of the Council of 8 October 2008 on consumer rightsCOM(2008) 614 final.

[107] Council Directive 85/577/EEC of 20 December 1985 to protect the consumer in respect of contracts negotiated away from business premises, OJ 1985 L 372/31.

[108] Directive 97/7/EC of the European Parliament and of the Council of 20 May 1997 on the protection of consumers in respect of distance contracts, OJ 1997 L 144/19.

[109] COM(2011)635 Final of 11 October 2011.

[110] European Commission, Commission Work Programme 2015 Com(2014) 910 final, Annex 2 p.12.

[111] 《数字内容和数字服务合同指令》第11条第2款。

为瑞士奶酪式的统一（Swiss cheese harmonisation）——漏洞百出。

就提供数字内容和数字服务的合同而言，一些经营者想要跨境销售但没有能力去调查这些国家的法律，而又因为其正在以这些国家为交易对象，所以他们可能会遭遇不测。那么这种情况下，在全面统一时有哪些漏洞，可能会给这些经营者带来问题？

我提出的一些问题可能会给消费者带来麻烦，也可能会给经营者带来麻烦，因为这些问题是留给成员国国内法规定的。例如，一个经营者通常在以过错作为损害赔偿依据的制度下展开经营活动，但与普通法管辖区的消费者签订合同后，可能会惊讶地发现自己要对消费者承担严格责任。

还有其他一些问题可能会给经营者带来麻烦，其中有些在指令中甚至都没有提到。我认为这个问题清单必须包括非法性问题，尽管我承认在这样一个具有文化特殊性和敏感性的问题上进行协调统一会是异想天开。更现实的问题是，习惯于"法律担保"期限被限制为 2 年的经营者可能会惊讶地发现，消费者法中并没有这样的限制。经营者还可能会惊讶于合同终止后的效力（一些成员国并不要求双方在合同终止后全额返还财产，尽管这对能够要求消费者提前全额付款的经营者来说并不是什么问题）、诉讼时效、隐性缺陷的责任以及生产者在不属于指令意义上的经营者时的责任（至少在认为数字内容或数字服务超出《产品责任指令》适用范围的某些情况下）。最后一种责任当然是非契约性的，但其很可能被适用的法律视为具有强制性而属于《罗马二号条例》第 5 条的范畴。[112]

是否还有其他一般合同法上的问题在指令中尚未得到解决，并可能会让经营者遭受不测，这不是本文要讨论的话题，但我的猜测

---

〔112〕 Regulation (EC) No 864/2007 of the European Parliament and of the Council of 11 July 2007 on the law applicable to non-contractual obligations.

是不会有很多。[113] 有些问题在向消费者提供数字内容或数字服务时根本不可能出现。例如,在错误、沉默欺诈和披露义务等问题上,各国一般法之间存在很大差异[114],但是《欧盟消费者权利指令》规定经营者承担广泛的信息披露义务,如果没有披露,消费者很快就能采取私法救济措施,因此我猜想在这种情况下前类问题很少会出现。我也不认为像威胁、不当影响(至少是普通法意义上的不当影响,即要求滥用当事人之间的关系)[115]或滥用消费者情境等理论会有什么适用空间。同样地,直到最近,我都还在怀疑情势变更理论(至少按照"经典的"路径)是否会有适用的空间,因为大多数合同的期限都相当短;但如前所述,新型冠状病毒可能会以我们尚不能完全预见的方式改变这种情况。

(五)总结和最后一点

1. 总结

总之,就数字服务的提供、存在"一系列单独供应行为"的数字内容合同以及在固定期限内提供数字内容的合同而言,新指令对消费者和经营者都是一项有意义的立法。当然,在指令的规定中也存在一些问题,例如,消费者同意修改数字内容或者数字服务,但事后

---

[113] 违反诚信中断谈判可能有一定的责任,关于这一点,参见,例如,J Cartwright and M Hesselink, Precontractual liability in European Private Law (Cambridge University Press,2011)。英格兰和威尔士的法律委员会一直在研究许多网络卖家的做法,即把合同的订立推迟到货物发出之后[参见 Law Commission, Consumer Sales Contracts: Transfer of Ownership, CP No 246,(2020), ch 4.]。如果消费者不知道这种做法,并且在假定其订单已被接受的情况下行事,却发现卖方最终不愿意提供货物,那么他们是否可以获得救济?

[114] See e. g. R. Sefton-Green (ed), Mistake, Fraud and Duties to inform in European Contract Law (Cambridge University Press, 2005); H Beale, Mistake and Non-disclosure of Facts: Models for English Contract Law (Oxford: OUP, 2012).

[115] 参见《不公平商业行为指令》第8条中的不同含义。

又感到后悔,此时可能就无权要求恢复数字内容或服务的原始版本了[116];但总的来说,就目前而言,指令似乎是符合其立法目的的。

指令的主要问题在于它没有协调统一一些事项,而留给了成员国国内法规定——要么是指令明确说明由成员国国内法规定,要么是因为它们超出了指令的适用范围。其中最严重的几个方面可能是损害赔偿责任,即成员国有权将经营者的赔偿责任限制在2年内出现的不合约情形,诉讼时效以及可能存在的终止长期合同的权利。

消费者和经营者将不得不寄希望于欧洲委员会未来几年能进一步开展保护工作,或尽可能使他们免于遭受不可预测的风险,但《数字内容和数字服务合同指令》是一个良好的开端。

2. 公共机构和消费者组织执法工作

最后,我想简要地谈一下《数字内容和数字服务合同指令》带来的一个问题(也是《货物买卖合同指令》带来的一个问题)。对于这个问题,我已经在其他文章中作了更全面的阐述[117],但我仍再次提及它,是因为我认为这个问题很重要。

《数字内容和数字服务合同指令》第21条要求成员国通过公共机构和消费者组织确保指令的规定"得到落实"。这似乎意味着公共机构和消费者协会必须有权对违约的经营者采取行动。我认为,在实践中这比给予消费者个体以任何私法救济措施可能更为重要。特别是在数字内容方面,消费者索赔可能价值相对较低,他们几乎就没有动力去行使自己的权利以及采取救济措施。然而,违约的经营者对整个消费者群体造成的所有损害可能非常严重。公共执法在市场监管方面可能会发挥非常重要的作用,就像在不公平条款方

---

[116] See above, p. 102, paras 30 – 33.

[117] See H Beale, "Conclusion and Performance of Contracts: an Overview" in R Schulze, D Staudenmayer and S Lohsse (eds), *Contracts for the Supply of Digital Content: regulatory Challenges and Gaps* (Baden – Baden: Nomos, 2017), 33, Part Ⅲ.

面发挥的作用一样。特别是就数字内容和数字服务而言,公共机构和消费者组织似乎会相对容易地通过监测比较网站和平台(monitoring comparison websites and platforms)或观察社交媒体,来识别造成问题的经营者。有学者指出,如果将这种监管与替代性纠纷解决机制或者投诉专员服务结合起来,极有可能取得成效。希望公共机构和消费者协会能鼓励经营者在出现问题时承担责任,并采取行动以防止未来再出现类似的问题,而不是把罚款作为威慑经营者的唯一手段。克里斯·霍奇斯将"对不良事件的理想反应顺序"描述为:(1)尽快明确问题;(2)找出问题的根本原因;(3)分享有关问题的信息,讨论并商定适当的应对措施;(4)实施正确的应对措施,并分享该信息;(5)对造成的损害表示歉意,并进行修复或提供救济;(6)监测情况,并观察是否需要改变最初的应对措施。[118]

如果采取这种方法,经营者所提供的数字内容和数字服务的初始质量很可能会得到显著的改善,即便出现了问题,处理消费者投诉的方式也很可能会得到显著改善。

---

[118] (C Hodges, Ethical Business Regulation: Growing Empirical Evidence, 2016), http://www.fljs.org/sites/www.fljs.org/files/publications/Ethical%20Business%20Regulation.pdf.

第二编 《数字内容和数字服务合同指令》的转化

四、迈向数字时代的《德国民法典》
——"双指令"的实施

[德] 赖讷尔·舒尔茨*

(一)引言

2019年的"双指令"——《数字内容和数字服务合同指令》(DCD)[1]和《货物销售指令》

---

* 赖讷尔·舒尔茨(Dr. Reiner Schulze),欧洲私法中心的负责人,曾在明斯特大学担任德国和欧洲民法席教授。原文载于《欧洲消费者和市场法期刊》2022年第11卷第5期。舒尔茨教授是德国乃至欧洲著名的欧洲私法学者,于2012—2013年担任"欧洲法律教师协会(ELFA)主席",是欧洲"Aquis 私法研究学会"成员、《欧洲现行合同法规则》起草人之一,兼任著名的《欧洲私法杂志》编委。舒尔茨教授在欧洲合同法、消费者保护法、商业法等领域著述颇丰,享有很高的学术地位和声誉。本译文介绍了德国将指令转化到民法典作出的具体规定和特点,包括合同的符合性、救济措施、消费者提供的个人数据等,为数字时代下《德国民法典》的修改和变化提供了重要且及时的认识,亦可为深受德国民法影响的我国《民法典》数字化发展带来一定的思考。

〔1〕 Directive (EU) 2019/770 of the European Parliament and of the Council of 20 May 2019 on certain aspects concerning contracts for the supply of digital content and digital services.

(SGD)[2]——是欧洲合同法发展历程新阶段的起点。[3] 双指令产生于欧盟委员会数字单一市场战略的背景之下,该战略旨在欧洲共同销售法项目失败后打造一个"新起点"。[4] 在德国,双指令的实施导致了债法的现代化和欧洲化,超越了2002年影响深远的债法改革,是《德国民法典》(BGB)迈向数字时代的第一步。下文将概述双指令实施的一些基本特征及其对数字产品合同法和销售法核心领域的影响。[5]

(二)双指令实施的主要特点

1. 融入《德国民法典》

"双指令"对德国民法产生巨大影响的一个重要先决条件是,德国立法机构决定将执行这些指令的条款纳入《德国民法典》。在这一过程中,立法机关沿用了2002年债法改革时采用的模式。2002年立法整合的目的是在欧洲消费者领域立法的帮助下,重新编纂《德国民法典》中的债法。[6] 消费者合同法并入《德国民法典》,消费者合同领域的欧洲指令[特别是《消费者销售指令》(CSD)]成为不仅适用于消费者合同,而且原则上还适用于所有其

---

[2] Directive (EU) 2019/771 of the European Parliament and of the Council of 20 May 2019 on certain aspects concerning contracts for the sale of goods, amending Regulation (EU) 2017/2394 and Directive 2009/22/ EC, and repealing Directive 1999/44/EC.

[3] Schulze and Zoll, European Contract Law (2021), ch.1, mn.61.

[4] Communication from the Commission of 16.12.2014, Commission Work Program for 2015, A new start, COM (2014) 910 final, 7; concretised by the "Digital Single Market Strategy", Communication from the Commission of 6 May 2015 on a Strategy for a Digital Single Market in Europe, COM(2015) 192 final, 5 et seq.

[5] 这些评论是作者在由 Alberto de Franceschi 和他本人编辑的《协调数字合同法》一书中所作国家报告的节选本(计划于2023年初出版)。

[6] Schulze, Recent Influences of the European Acquis – Communautaire on German Contract Law, (2022) 17 NTBR, 132 (132).

他各方合同的原则、条款和规则的范本。[7]

如今,"双指令"的实施延续了这一做法,即利用这两个指令对消费者合同的要求,使《德国民法典》中的债法适应数字时代的新发展。这些新规定在《德国民法典》的债法中再次找到了自己的位置,其中很多并不限于欧洲规范要求的消费者立法。框架相反,对于 SGD 的一些条款,德国立法者再次选择了"扩展"转化为国内法(或"镀金"),而 DCD 的转化基本上仅限于该指令规定的范围。

"双指令"的实施也遵循了 2002 年债法现代化的模式,将欧洲指令的要求纳入《德国民法典》,而非限于单纯的外部"补充",例如将实施欧洲指令的条款编纂到《德国民法典》中。《德国民法典》也因欧洲指令而获得新内容,该内容在一定程度上也促使《德国民法典》的体系得以进一步发展。

由于这一方法的采用,欧洲指令的实施特别强调与"从一般到特殊"的潘德克顿学派传统(《德国民法典》的特点)相结合。在《德国民法典》的债法体系中,这尤其涉及债法总则(第三部分包含"因合同产生的义务"的一般规定)与随后债法各分则规范之间的关系,分则部分通过一系列具体名称规范了诸如销售、租赁、服务等合同类型。涉及诸如销售和租赁等合同指令的条款被纳入债法总则体系之中,特别是第三部分"合同产生的义务"的一般规定;而只涉及如销售一类合同的规定则置于债法分则的相关标题之下。

在实施 DCD 的过程中,德国立法也采取了相应的措施。具体而言,鉴于 DCD 扩展适用到几类合同,德国立法在很大程度上也将该指令的相关规定转化到债法总则。在债法总则关于"因合同产生的义务"的章节中,现在新的第 2 篇"数字产品合同"(第 327 节及以下各节)包含了指令的大部分条款。相反,SGD 基本上只涉及特

---

[7] Huber and Faust, Schuldrechtsmodernisierung (2002); Schulze, Recent Influences of the European Acquis – Communautaire on German Contract Law, (2022) 17 NTBR, 132 (132).

定的销售合同类型。因此,与实施《消费者销售指令》(CSD)的条款一样,这些规定不在德国民法体系的债法总则范畴,而属于债法分则的销售合同部分(《德国民法典》第433条及以下各条)。在这一章节中,2002年债法现代化时根据CSD新制定、重组的许多条款,现在都根据SGD进行了补充或修改。

2. 拓展债法总则

就DCD的实施而言,德国债法结构的进一步发展首先体现在债法总则的拓展上——新增了一个专门针对数字产品合同的标题以应对数字时代的挑战。此外,个别具体条款也有助于指令的施行,特别是《德国民法典》第312a条第1款关于消费者合同原则的规定,以及一些针对个别合同类型的规定,如《德国民法典》第516a条关于捐赠的规定、第548a条和第578b条关于租赁的规定、第650条关于数字内容制作合同的规定。然而,实施的重点显然是债法总则中关于"合同产生的义务"一节的新标题2a,其中包括《德国民法典》第320条至第327u条的21个段落。根据DCD第3条第1款规定,该指令适用于所有传统合同类型,因此指令的实施被纳入《德国民法典》体系中的债法总则。有关数字产品的新规定极大增强了债法总则的扩展趋势,[8]特别是在欧洲指令的影响下通过扩展债法总则以实施《电子商务指令》《欧盟消费者权利指令》及其前身《上门销售指令》和《远程销售指令》趋势已经凸显。

债法总则中的新标题还将消费者合同条款与企业合同条款相联系,即在第一个副标题"数字产品消费者合同"之后加上第二个副标题"数字产品企业合同的特别条款"。第二个副标题涉及在未交付或未按合同交付企业数字产品时,经营者对业务链中前一经营

---

[8] Schulze, Recent Influences of the European Acquis – Communautaire on German Contract Law,(2022)17 *NTBR*,132(136).

者的追索权,作用在于执行 DCD 第 20 条,因此仅限于因商业链末端存在消费者合同而导致的贸易商之间的索赔。德国立法者最终没有超越指令范围对企业之间的数字产品作出更深远的规定,尽管欧洲立法机构明确肯定这种扩展[9]的可接受性使德国也有理由考虑。然而,在债法总则中纳入本分编以及关于企业数字产品合同的规定,可以为今后考虑更普遍的规范这一问题提供一个起点。[10]

3. 概括消费者法

德国立法者在数字产品合同中尚未付诸行动的,很大程度上在实施 SGD 的销售法中得以实现了:与 DCD 的限制实施形成鲜明对比,SGD 的实施明显超越了消费者法。SGD 的大部分规定构成了销售法法规的基础,这些法规不仅适用于与消费者签订的销售合同,而且构成了一般销售法则。这既涉及此前用于实施 CSD 的条款和现用于实施 SGD 相同内容的条款,[11]也涉及为实施 SGD 新条款而对以前德国销售法进行的补充和修订。

如果德国立法者希望扩大转化条款的适用范围,并将销售合同纳入其中,那么相关条款将被规定到《德国民法典》销售法第 1 小节,该小节涉及"总则"(《德国民法典》第 433 条及以下各条)。由于转化条款适用范围仅限于企业与消费者之间的销售合同,因此将其归入"消费品销售"副标题之下(《德国民法典》第 474 条及以下各条)。然而,在这一结构中,德国立法者经常通过修改或补充两个副标题中大

---

[9] See recital 16 DCD.

[10] Schulze, Die Digitale – Inhalte – Richtlinie – Innovation und Kontinuität im europäischen Vertragsrecht(2019)4 ZEuP, 695(702 et seq.); Metzger, Verträge über digitale Inhalte und digitale Dienstleistungen: Neuer BGB – Vertragstypus oder punktuelle Reform?(2019), JZ, 577(584).

[11] On the relationship of the SGD to the CSD and to other preceding regulations Regelwerken Ferrante, The Amended Proposal COM(2017)637: a „New" European Sales Law?, in Janssen and SchulteNölke(eds), Researches in European Private Law and Beyond (2020),43(43 et seq.).

量现有条款,来执行尚未纳入 CSD 中的 SGD 新条款。如此一来,许多条款的措辞变得更加复杂,销售法的整体清晰度也有所下降。[12]

4. 概念与术语

此外,"双指令"实施条款的一个显著基本特征是,德国民法的法律概念和术语有了很大扩展。首先就是数字化带来的新客体。在一定程度上,这些术语已从指令直接引入德国民法——从"具有数字元素的商品"到"功能性"、"兼容性"、"互操作性"等与合同符合性有关的元素(《德国民法典》第 327e 条和第 434 条),等等。不过,德国立法者也部分独立地发展了欧洲模式。例如,"数字产品"是数字内容和数字服务的总称(《德国民法典》第 327 条第 1 款),"具有数字元素的物品"是"具有数字元素的商品"的延伸,包括不动产(《德国民法典》第 327a 条)和"供应期限"(《德国民法典》第 327e 条第 1 项)。这一概念库(conceptual arsenal)的应用远远超出了"双指令"在合同实践中的应用以及相关判例法在数字产品供应(也包括企业间关系)和数据贸易等其他领域的应用。就此而言,转化指令的条款蕴含了发展常用术语(不限于消费者法)的起点,而这些术语也在欧洲模式的基础上被德国民法采用,以适应数字时代的新要求。

(三)合同的合约性

1. 概述

合同合约性的标准是"双指令"实施条款的核心内容。《德国

---

[12] Güster and Booke, Umsetzung der Warenkaufrichtlinie, (2022), MMR, 92; Lorenz, Die Umsetzung der EU – Warenkaufrichtlinie in deutsches Recht (2021), NJW, 2065.

民法典》第 327d 条及以下条款对合同符合性进行了规定。提供数字产品的合同适用《德国民法典》第 327b 条和第 327c 条有关提供产品义务的规定。销售法有关合同符合性的实施条款已被纳入关于"实质性缺陷"的一般条款,其适用范围已扩展至所有销售合同。因为指令规定仅适用于消费者销售,在关于消费者商品销售的副标题中,《德国民法典》第 475b 条规定了合同符合性的要求。该条款以"带有数字元素商品的实质性缺陷"为标题,也将术语调整为德国传统的实质性缺陷。根据 SGD 对消费者销售的要求,它对与消费者销售有关的要求进行了补充,尤其是商家的更新义务(《德国商法典》第 434 条未对销售合同作出一般规定)以及购买带有数字元素的商品的安装义务。此外,《德国民法典》第 475c 条规定,对于带有数字元素的商品,如果双方同意永久性提供数字元素,则商家应对消费者的购买承担责任。

2. 主客观标准同等重要

德国销售法在实施上述指令过程中最重要的一大创新是,现在《德国民法典》第 327e 条第 1 项、第 434 条第 1 项和第 475b 条规定,有关符合合同约定的主观和客观标准具有同等地位(与以前基于 CSD 的德国销售法不同)。这一规定旨在保护买方,避免买方与卖方达成的协议破坏客观标准(对买方)所提供的保护。与其他一些欧盟成员国相比,这种主客观标准同等重要的观点转变在德国产生了更为深远的影响,因为德国立法者并没有将其局限于与销售有关的消费者法,而是转移到了一般销售法(《德国民法典》第 434 条第 1 项)中。在某种意义上,这种"扩大"实施不仅对买方消费者更加友好,总体上也对卖方友好。然而,这种概括性具有更强的理论意义,而非实践性影响:只有消费者合同才适用指令规定的更多要件,以抵销当事人缔结的"消极质量协议"(SGD 第 7 条第 5 项;《德国民法典》第 476 条第 1 款第 2 项)。

3. 更新义务

"双指令"对更新义务的介绍和规定也意味着德国销售法的深刻变革。不同于传统理解,卖方遵守合同约定的责任一般不会随着"风险转移"终止,而"风险转移"通常与物品的交付联系在一起。《德国民法典》合同法部分现在承认,在数字时代背景下,卖方的义务在物品交付这一时间点后仍然存在。[13] 与合同义务"动态化"相关的是"永久性提供数字产品"与"其他情况"之间的差异(第327f条第1款第2项)。与DCD第8条第2款SGD第7条第3项的术语表达相对应,DCD第1条和第2条规定"在一段时间内持续性提供"和"单一提供行为或一系列单独提供行为"。合同义务动态化还与举证责任、合同终止的撤销以及数字产品的修改有关(第327k条第2款、第327o条第3款、第327q条第2款、第327r条),并已成为当前合同法的结构性要素之一。

此外,关于更新的新规定提高了告知义务在现代德国合同法中的重要性。《德国民法典》第327f条第1款第1项、第475b条第4款第2项将持续提供更新的合同义务与(同样持续的)告知义务结合在一起,也就是经营者在更新方面的"双轨"义务。[14] 这些告知义务在实践中也尤为重要,因为只有在商家已告知消费者更新信息的可用性以及没有提供信息的后果时,才能免除商家在消费者遗漏安装更新情况下的责任(《德国民法典》第327f条第2款第1项、第

---

[13] 关于这一义务的法律性质存在争议。根据政府草案(BT-Drs.19/27653)中的解释性声明,这是一项"贸易商的独立义务"(unabhängige Verpflichtung des Unternehmers);理论界的讨论见 Schulte-Nölke, Digital obligations of sellers of smart devices under the Sale of Goods Directive 771/2019, in Lohsse et al., Wendehorst, The update obligation-how to make it work in the relationship between seller, producer, digital content or service provider and consumer in Lohsee et al. (eds) Smart Products (2022), 63 et seq; André Janssen, The Update Obligation for Smart Products – Time Period for the Update Obligation and Failure to Install the Update in Lohsee et al. (eds) Smart Products (2022), 91 et seq。

[14] Schulze and Zoll, European Contract Law (2021), ch.5, mn.47.

475b 条第 5 款第 1 项）。然而,《德国民法典》为适应数字化带来的变化而进行的调整也仅限于消费者合同（《德国民法典》第 327 条第 1 款、第 327f 条、第 474 条、第 475b 条）。尽管数字产品和具有数字元素商品的企业合同原则上也存在类似情况和监管需求,但迄今为止德国立法者一直避免超出指令的适用范围进行概括化处理。

4. "耐用性"的要求

随着 SGD 第 7 条第 d 款第 1 项中"耐用性"要求的实施,耐用性这一概念已被纳入德国销售法（《德国民法典》第 434 条第 2 款第 3 项）,被视为一项突出的创新。在客观要求上,耐用性与功能性、兼容性和安全性性质相同,都是商品的"其他特征"（sonstige Merkmale）,归属于商品数量和质量外的"通常质量"。在立法过程中,政府草案解释性说明指出,引入耐用性这一标准并不是为商品正常使用时保留其所有必要的功能和性能这一内容提供法律保障。[15] 相反,这一标准仅指在风险转移时,货物在正常使用情况下有能力保持其必要功能和性能的预期（正如该理论参照 SGD 第 2 条第 13 款定义阐明的那样）。[16] 然而,尽管 SGD 的全面协调（full harmonisation character）尚未排除[17],且在实施 SGD 之前就已有考虑,[18] 德国法律文本中既没有对"耐用性"标准的要求作出详细说明,也没有对货物"可修理性"和备件库存的补充进行规定。[19]

就"耐用性"这一新标准的术语和目的而言,需要指出的是,《德国民法典》租赁法的框架考虑到了可持续性和节能等生态方面

---

[15] BT – Drs.19/27424, 24.

[16] Saenger, in: Schulze et al., Handkommentar BGB (2022), § 434 mn. 27.

[17] Schulze and Zoll, European Contract Law (2021), ch. 5, mn. 45, compare there fn. 111.

[18] See the (however ultimately negative) judgement e. g., OLG Frankfurt 18. 2. 2019 – 13 U 186/17.

[19] Critically Kieninger, Recht auf Reparatur („Right to Repair") und europäisches Vertragsrecht, (2020), 2 ZEuP, 274 (274 et seq.)

的问题(其中包括住房现代化过程中的节能和气候保护;《德国民法典》第555条第2款第b项)。随着"耐用性"要求的提出,合同法适应生态关怀和德国私法"绿色化"发展迎来另一新的起点。由于一般销售法采纳了这一要求,因此耐用性与所有销售合同相关,欧洲模式在这方面对德国法律的影响远远超出了SGD。

(四)救济措施

1. 概述

"双指令"及其在德国法中实施的另一个核心领域是对供应失败和缺乏合同符合性的救济措施。在有关数字产品合同的实施条款中,《德国民法典》第327c条规定了消费者在对方供货失败时有权采取的补救措施。除了与DCD第13条相对应的终止合同的权利,《德国民法典》第327c条第2款还规定,消费者可以根据德国债法的一般规定请求损害赔偿和无用支出的补偿(compensation for futile expenses)。对于缺乏合同符合性的情况,《德国民法典》第327i条规定了消费者权利清单的基本规则,并通过以下条款进行了具化和补充。根据《德国民法典》的模式,该清单包括《德国民法典》第327l条规定的补救、第327m条规定的合同终止以及第327n条规定的减价。此外,参照债法的一般规定,消费者还可以请求损害赔偿和无用支出的补偿。

在货物销售方面,德国立法者在转化SGD时并未对没有提供数字内容或服务的情形(指令未涵盖)作出任何具体规定。相反,没有提供数字内容或数字服务适用债法的一般规定(包括消费者合同的一般规定),特别是宽限期届满后的合同撤销、损害赔偿和无用支出的补偿(《德国民法典》第323条、第280条、第281条和第284条)。

由于缺乏合同符合性,SGD的实施导致了一项相当复杂的规定。与《德国民法典》第 327i 条相似,《德国民法典》第 437 条包含了买方的权利清单,并涉及销售法如下规定以及债法总则中的规定。在此基础上,买方还可以要求补救、解除合同或减价,并要求赔偿损失或无用支出的补偿。然而,《德国民法典》第 437 条中提及的一般销售法和债法总则中的一些规定,经《德国民法典》第 475 条、第 475d 条及其后各条的修改和补充后,特别适用于消费者销售合同(根据《德国民法典》第 474 条中"消费品销售"的定义)。这些规定背离了一般条款,除了其他事项,还涉及各自履行的时间、意外损坏的风险、利益价值的替代、费用的预付、补救的时限和方式、返还的费用(《德国民法典》第 475 条第 1 款至第 475 条第 6 款)、撤销或损害赔偿时限的设定(《德国民法典》第 475d 条)以及诉讼时效期间(《德国民法典》第 475e 条)。此外,《德国民法典》第 475a 条还在"数字产品的消费品销售合同"标题下作出了偏离一般条款更为具体的规定,其目的在于全面实施 SGD 中有关专门作为数字内容载体的物理数据载体(《德国民法典》第 475d 条第 1 款)和具有数字元素的商品合同(《德国民法典》第 475d 条第 2 款)的条款。就后者而言,数字产品这一新标题的规定(《德国民法典》第 327 条及以下各条)取代了销售法中关于履约时间和缺陷时买方权利的规定。

2. 终止权

DCD 中补救措施的实施在各个方面都为德国法律带来了创新。特别是在"终止合同"这一术语上,德国立法者采用了欧盟立法的方法,这对《德国民法典》的债法来说是全新的。[20] 如今,《德国民法典》第 327c 条和第 327m 条将终止合同这一术语作为一个通用概

---

[20] Schulze, Recent Influences of the European Acquis – Communautaire on German Contract Law,(2022)17 NTBR, 138(138 et seq.).

念,用于以前指定、规定的事实情况:撤销或反悔(Rücktritt);终止具有持续义务的合同(Kündigung)。前者曾是解决双务合同的基本模式;后者则是解决如租赁、公司和保险合同以及类似"长期合同"等具有持续性义务的合同的特定形式。《德国民法典》第13条、第14条第2款和第15条,已成为德国立法者在《德国民法典》第327c条和第327o条第1款中针对这两种事实情况统一规范终止合同的范本。虽然根据这些规定,终止合同的统一概念仅适用于数字产品合同,但部门性的引入可能导致这样一个问题:这种方法在未来德国法律中是否具有更普遍的意义,特别是在目前正在讨论的的概念结构背景下[21]。

3. 恢复原状

此外,《德国民法典》第327o条第2款至第327o条第5款和第327p条有关合同终止法律后果的规定确立了合同终止后恢复原状和返还原物的新制度。虽然原则上与德国传统的"法定恢复原状关系学说"(gesetzliches Rückgewährschuldverhältnis)[22]相符,但这一规定在一定程度上偏离了《德国民法典》第346条及其后各条中关于撤销合同的后果的德国传统制度。在DCD第16—18条的基础上,德国债法在这一领域进行了创新性的调整,以适应数字时代的要求,特别是数据贸易的要求。其中《德国民法典》第327o条第5款规定,消费者有义务退还从商家处收到的有形媒介。此外,禁止使用和阻止使用数据以及恢复数据(《德国民法典》第327p条)等新项目和法律文书也受到监管。这些规定仅直接适用于数字产品的消费合同,但其中包含的条款和原则也可适用于涉及数据的许多其他类型合同的终止。在消费者法之外,合同实践似乎也有可能利

---

[21] Doralt, Langzeitverträge (2018).

[22] Wendland, in: Dannemann and Schulze (eds), German Civil Code Ⅰ (2020), § 346, mn. 9.

用这一概念储备。在这方面,指令的移植条款可能成为未来有关终止数据合同义务的法律一般规则的核心。

4. 减价

DCD 第 14 条第 4 款和第 14 条第 5 款有关减价的实施也为德国债法带来了另一个显著性结构创新。在此基础上,《德国民法典》第 327i 条第 2 款和第 327n 条规定了消费者在数字产品合同中的减价权,无论合同类型如何。因此,减价已被纳入债法总则,而在此之前它只存在于债法各分则中某些单个合同类型(如销售、租赁和服务;《德国民法典》第 437 条第 2 款与第 441 条、第 536 条、第 638 条)。尽管这一创新仅适用于数字产品合同,但可能会对以下讨论产生影响,即德国法律中的减价原则上是否应被承认为债权人的一项权利,而不是专门针对某些类型的合同,因此应被归入一般合同法(欧洲合同法草案也是如此)。[23]

(五)消费者提供的个人数据

1. 作为对价(Counter-Performance)的数据

除了这些实质性问题,对德国合同法理论的建议可能首先源于数字产品新条款在消费者提供或承诺提供个人数据时的适用(DCD 第 3 条第 1 款第 2 项;第 327 条第 3 款)。这一方面涉及双务契约学说(the doctrines on contractual synallagma),另一方面涉及

---

[23] Art. 9:401 PECL; following it, Art. III. -3:601 DCFR. Art. 120 and 155 CESL accordingly provide for price reduction both for sales contracts and for contracts on digital content as well as for related service contracts. See Schulze and Zoll, European Contract Law (2021), ch. 6, mn. 100 et seq. and for example in the new French law of obligations Art. 1223 Code civil.

合同的订立。就前者而言,这些规定反映了数据在"数字时代"的重要性日益增加,提供数据不仅是合同规定的履行行为,还是作为对价的履行行为。然而,个人数据作为对价的评估在德国和欧洲都存在争议。[24] 从数据保护的角度来看,应当注意到个人数据应归属于人格权及其保护的范畴。[25] 此外,鉴于个人数据作为交易对象的现实性意义,不能排除根据民法将其归类为对价的情况。[26] 然而,德国立法者希望避免就此作出决定,并对消费者提供个人数据是否与商家提供数字产品之间存在互惠关系以及是否应被视为对价的问题保持开放态度。[27] 因此,债法总则中有关数字产品合同的规定并未纳入关于双务合同的第 2 编,而单独规定在新的一编,即第 2a 编。

由于《德国民法典》第 3 条第 10 款的规定以及《德国民法典》对这一问题的区分处理,消费者提供个人数据的新规定不可能直接影响合同的订立。然而,根据 DCD 第 3 条第 1 款和《德国民法典》第 327 条第 3 款对消费者数据进行评估,以及在审查当事人受法律约束的意图(Rechtsbindungswille)时,如果商家对消费者数据价值的经济利益具有决定性作用,则必须考虑相应的评估。[28]

2. 撤回数据处理同意的合同法后果

最后,关于个人数据的法律问题,值得关注的是德国立法者在 DCD 规定之外自主制定的另一项法规。DCD 颁布后一个悬而未决的问题是,如果消费者根据合同提供了个人数据,并且根据数据保

---

[24] On the spectrum of opinions Lohsse et al., Data as Counter – Performance – Contract Law 2.0 (2020).

[25] See, e. g., Lohsse et al., Trading Data in the Digital Economy, in Lohsse et al. (eds), Trading Data in the Digital Economy (2017), 13, 14.

[26] Schulze and Zoll, European Contract Law (2021), § 1 mn. 61.

[27] Government draft BT – Drs. 19/27653, p. 38.

[28] In more detail government draft BT – Drs. 19/27653, p. 38; Schulze and Zoll, European Contract Law (2021), § 1 mn. 61, § 3 mn. 78 – 79 and § 5 mn. 34 – 35.

护法同意处理这些数据,但后来根据《通用数据保护条例》第 7 条第 3 款撤回了这一同意,那么根据合同法这会产生什么后果呢？根据数据保护法,《德国民法典》第 327q 条规定了这一法律效果。该条主要澄清了,如果消费者行使数据保护法规定的权利,则不应受到合同法的规制。因此,根据《德国民法典》第 327q 条第 1 款,在行使数据保护法规定的权利时,消费者与商户签订的合同效力不受影响;根据该条第 3 款,商户不得请求因其数据处理受到限制的赔偿。这是为了确保消费者能够不受阻碍地行使其数据保护的权利,而不必担心法律上的不利因素。[29] 然而,根据《德国民法典》第 327 条第 2 款,如果合同要求商家提供若干单个数字产品或长期提供数字产品,则商家有权在不提前通知对方的情况下终止合同。不过,这种终止权仅限于该种情形,即在合同约定的终止日期或在通知期到期之前要求商家继续履行合同是不合理的。为此,除了必须权衡双方的利益,还必须考虑到在具体情况下,尽管消费者撤回了同意,但是商家还可以在多大程度上处理这些数据。正如后面这些条款特别清楚表明那样,德国立法者旨在通过《德国民法典》第 337q 条,整体上对经营者和消费者在有关数据保护权利行使的合同法效果利益上予以合理平衡。

(六)结论

整体而言,"双指令"的实施使得德国债法进行了自 2002 年基本革新以来影响最为深远的变革。正如 20 年前的革新,此次实施将欧洲化与国家法律现代化相结合。在法律制度方面,改革的基础是将消费者法纳入《民法典》,使得欧洲消费者立法模式对德国债

---

[29]　See explanatory statement in the government draft BT Drs. 19/27653,75.

法总则和销售法的结构、内容发挥了非常大的影响,特别是"拓展"实施了其某些条款、原则和规则在内容上的影响。

在根据欧洲模式实施"双指令"的过程中,民法现代化的部分包括:将有关提供数字产品的规定纳入债法总则、在销售法中考虑带有数字元素商品的特殊性(特别是更新义务的"动态化")、为合同终止的法律后果引入诸如禁止使用和数字内容索赔的新概念,以及在合同关系中考虑个人数据的提供。至于这些条款背后的概念和原则,未来有必要考虑在消费者合同之外他们与德国法的适用关联性,以及它们是否可以成为《德国民法典》中更多一般性规定的基础。

对于其他一些创新,指令的转化条款已经规定了适用范围,既不限于消费者合同,也不限于具有数字元素的商品或数字产品。例如,在销售法中合同符合性的主客观标准同等重要,以"耐用性"为标准对生态问题的考虑也被纳入了一般销售法。在债法总则中,"合同终止"(而不是"撤销"和"终止具有持续义务的合同"的二元论)这一新的一般概念仅适用于数字产品消费合同;减价也仅适用于数字产品消费合同,而与单个合同类型无关。这也引发了一个问题,即这些模式是因事实而仅限于有关领域,还是今后在消费者合同和数字产品销售之外都具有更普遍的意义?因此,为应对数字化挑战而形成的欧洲立法模式也可能继"双指令"实施后在诸多方面对德国债法的未来发展产生影响,并为《德国民法典》步入数字化时代描绘一条"欧洲道路"。

五、《数字内容和数字服务合同指令》《货物买卖合同指令》转化后荷兰的消费者商品销售和数字合同

[荷]M.B.M.卢斯*

(一)简介及总体架构

1. 分层系统(Layered System)

《荷兰民法典》(*Burgerlijk Wetboek*,以下简称《民法典》)分为数卷。其中,第3卷(财产法总则)和第6卷(债法总则)规定了法律义务,而具体合同则规定在第7卷、第7A卷和第8卷之中。与

---

* 马克·卢斯(M.B.M, Loos),阿姆斯特丹大学的教授,从事私法研究(特别是欧洲消费者法),也是阿姆斯特丹私法变革中心(ACT)的成员。本文在很大程度上是基于先前的一篇论文,即Marco Loos, 'The (proposed) transposition of the Digital Content Directive in The Netherlands' (2021)2 Jipitec 229。本译文介绍了荷兰转化欧洲法律后的总体架构、适用范围、荷兰立法者如何看待以支付价款为交换条件的合同、以提供个人数据为交换条件的合同,以及合约性和不合约性的补救措施。数字内容与数字服务的规定被放在《荷兰民法典》一个新标题下,为我国民法就相关问题的完善提供了借鉴与反思的思路。

荷兰之前转化欧盟指令的法律传统一样，《货物销售和数字内容供应指令实施法》几乎也只是逐字地转化了《数字内容和数字服务合同指令》《货物买卖合同指令》。荷兰的国内立法者既没有利用欧洲立法者提供的选择权来扩大或限制其中任何一个指令的适用范围，也没有为了加快转化速度而损害消费者和经营者的权益。

由于荷兰没有单独的消费者法，欧洲消费者法指令通常通过《民法典》来实施，要么是适用《民法典》某些单独的章节，如分时度假合同和包价旅行合同，要么是适用消费者合同和商业合同的现有章节。比如，1999年《消费者商品和担保指令》(CSD)[1]的转化方式就是对《民法典》第7.1章关于销售合同进行实质性修改。由于《货物买卖合同指令》(SGD)[2]或多或少是对1999年《消费者商品和担保指令》的更新，因此立法者决定通过再次修订《民法典》第7.1章关于销售合同的内容以实现该指令的国内法转化。《数字内容和数字服务合同指令》(DCD)[3]被转化为《民法典》第7.1AA条，直接放在了第7.1章下，这表明了二者存在密切的关系。按照《民法典》的分层结构，且根据SGD第3条第7款和DCD第3条第10款，如果第7.1章关于销售合同的规定或第7.1AA条关于数字内容和数字服务没有作出具体规定的，则适用一般合同法。[4]

DCD和SGD已被同一法案转化，该法案于2022年4月20日才通过，并于2022年4月26日正式公布。[5] 荷兰立法者不仅没有

---

[1] Directive 1999/44/EC, OJ 1999, L 171/12 (Consumer Sales Directive, CSD).

[2] Directive (EU) 2019/771, OJ 2019, L 136/28 (Sale of Goods Directive, SGD).

[3] Directive (EU) 2019/770, OJ 2019, L 136/1 (Digital Content Directive, DCD).

[4] Cf. *Kamerstukken* II 2021/22, 35 734, no. 3, p. 25, 38.

[5] Implementatiewet richtlijnen verkoop goederen en levering digitale inhoud, Act of 20 April 2022, Staatsblad 2022, 164.

遵守转化指令[6]的最后期限,而且没有遵守适用转化后条款的日期。[7] 由于《货物销售和数字内容供应指令实施法》将直接适用于数字内容合同[8],由此带来的问题会主要集中于消费者商品销售合同(consumer sales contract),因为自 2022 年 4 月 27 日起此类合同才适用该法。[9] 在可能的情况下,法院必须按照 SGD 解释原有的立法。如果无法做到这一点,在一方因未能及时转化 SGD 而遭受损害的情况下,该方有权根据弗朗科维奇(Francovich)的国家责任学说[10]获得赔偿。

2.《数字内容和数字服务合同指令》转化前的数字内容合同

很明显,在 DCD 生效之前,法院已经不得不处理与"数字内容"有关的问题。在荷兰法律中,数字内容以耐用介质(如储存棒、CD 或 DVD)提供给消费者的合同早已被列为消费者商品销售合同。2012 年,荷兰最高法院在一个企业对企业(business-to-business)的案件中确认,无论该软件是否以耐用介质提供,销售法都可以类比适用于标准化软件的供应。[11]

2013 年立法者确认了数字内容合同的法律地位,向议会[12]提交了《欧盟消费者权利保护指令(2011/83/EU)》(以下简称《欧盟

---

〔6〕 这两项指令应在 2021 年 7 月 1 日之前转化,见《数字内容和数字服务合同指令》第 24 条第 1 款和《货物买卖合同指令》第 24 条第 2 款。2021 年 9 月 30 日已经收到了违反转化要求的正式通知,*Kamerstukken* II 2021/22, 21 109, no. 252。

〔7〕 同样的条款表明,转化《货物买卖合同指令》的条款将适用于 2022 年 1 月 1 日之后签订的合同,而《数字内容和数字服务合同指令》(有两个例外)将适用于 2022 年 1 月 1 日开始履行的合同(这两个例外涉及补救权和修改数字内容的权利,只适用于 2022 年 1 月 1 日之后签订的合同)。

〔8〕 Cf. art. 197a Overgangswet Nieuw Burgerlijk Wetboek.

〔9〕 Cf. art. 196a Overgangswet Nieuw Burgerlijk Wetboek.

〔10〕 Named after CJEU 19 November 1991, joined cases C – 6/90 and C – 9/90, Francovich et al. /Italian Republic, ECLI:EU:C:1991:428.

〔11〕 Hoge Raad 27 April 2012, ECLI:NL:HR:2012:BV1301 (Beeldbrigade).

〔12〕 *Kamerstukken* II, 2012/13, 33 520, no. 3, p. 19.

消费者权利指令》,CRD)[13]的转化法案。在这次会议上,政府提议修改消费者商品销售合同的定义,并明确消费者商品销售规则将类比适用于数字内容合同,以便将最高法院2012年的判决编入消费者合同法典之中。[14] 转化CRD的法案在2014年3月12日[15]通过,并适用于自2014年6月13日起缔结的合同,[16]该法案将《消费者销售法》(consumer sales law)的适用范围扩大到所有数字内容合同。应参议院的要求,流媒体合同(该法案意外地没有将其排除在外)被一项新的法案排除在该法案范围外。这项新法案被一致性的通过,并从2015年6月19日起适用。[17] 然而,政府坚持认为,有《民法典》第6.5.2B节(转化CRD的条款)和《民法典》第6.5.3节(转化《在消费者合同中的不公平条款的理事会指令(1993/13/EEC)》[18])提供的消费者保护[19],这种对消费者销售范围的限制不会使流媒体服务的消费者受到冷落。此外,一般合同法还提供了额外的保护,例如关于不履行的后果。[20]

关于消费者商品销售的规定并不适用于"免费"数字内容的供应,因为销售合同的前提是支付货币对价。[21] 这种认定标准也适用于CRD的转化条款,因为消费者商品销售合同的定义同样要求支付货币对价[22],服务合同的定义也是如此,它明确指向的也是商家承诺提供服务而消费者支付价格的合同。[23]《欧盟执行和现代

---

[13] Directive 2011/83/EU, OJ 2011, L 304/64 (Consumer Rights Directive, CRD).

[14] *Kamerstukken* Ⅱ, 2012/13, 33 520, no.3, p.57.

[15] Wet van 12 maart 2014, Stb.2014, 140.

[16] See art. X of this Act.

[17] 2015年6月4日的法案,Stb.2015, 220。

[18] Directive 1993/13/EEC, OJ 1993, L 95/29.

[19] *Kamerstukken* Ⅱ,2014/15, 34 071, no.3, p.3.

[20] *Kamerstukken* Ⅱ,2014/15, 34 071, no.5, p.4-5.

[21] See art.7:1 BW; see also Asser/Hijma 7-Ⅰ(2019) no.393.

[22] See art.6:230g under (c) BW.

[23] See art.6:230g under (d) BW.

化指令(2019/2161号)》(以下简称《现代化指令》)[24]的转化法案明确扩大了消费者交易规定的适用范围,涵盖了商家提供或承诺提供数字内容或数字服务,以及消费者提供或承诺提供个人数据的合同。[25] 在《现代化指令》的转化法案和DCD的转化法案通过之前,只有一般合同法适用于"免费"数字内容和"免费"数字服务。

(二)适用范围

1. 消费者合同或超出该范围

SGD第3条第1款和DCD第3条第1款都指出,指令适用于销售者或经营者与消费者签订的合同。当然,成员国可以自由地将消费者合同规则的适用范围扩大:由于非消费者合同(non-consumer contracts)不属于指令的范围,成员国可以在它们认为合适的情况下去规范这些合同。也就是说,不属于指令范围的合同也有可能适用两项指令。甚至,两项指令的序言都明确建议将该范围扩大到其他合同。那么,荷兰法律对此有何规定?

在深入研究这个问题之前,我们必须首先确定,根据欧盟法律和荷兰法律,"消费者"这一概念的含义是什么。1999年《消费者商品销售及其担保的某些方面的指令》第2条第2款和《数字内容和数字服务合同指令》第2条第5款都对"消费者"作出了明确的定义。《货物买卖合同指令》第2条第2款和《数字内容和数字服务合同指令》第2条第6款将"消费者"定义为"本指令所涵盖的合同中,为贸易、商业、工艺或职业以外的目的而行为的任何自然人"。这一定义与其他欧洲指令中的定义一致,由此可见,消费者只能是

---

[24] Directive (EU) 2019/2161, OJ 2019, L 328/7.
[25] See art. I under F of the bill transposing the Modernization Directive, amending art. 6:230h (1) BW, *Kamerstukken* II 2021/22, 35 940, no. 2.

一个自然人,而且该自然人不得为与贸易或职业有关的目的行为。《民法典》第 7 卷第 5 条第 1 款第 a 项、第 7 卷第 50a 条第 e 款有同样的定义。

当一个自然人的行为既包括私人目的又包括职业目的时,这个定义就会产生问题。举个例子,我想为我写这篇论文的台式电脑购买防病毒软件。显然我是为我职业的目的在使用这台台式电脑以及安装杀毒软件。不过,我这台电脑,是我用自己的钱买的(而不是我的雇主为我提供的笔记本电脑),使用它是基于我的个人选择。除此之外,电脑上还存储了音乐文件、照片和其他数字内容,杀毒软件同样保护这些文件不被电脑病毒感染。那么,在购买台式电脑或杀毒软件时,我到底是不是出于职业以外的目的?消费者这一定义丝毫没有体现为混合目的购买商品或数字内容的人是否可被视为消费者。因此,应该由法院来决定基于这种混合目的而签订的合同是应当适用于消费者法,还是被排除在外。

在欧盟层面,在一个与国际管辖权有关的案件中,法院规定消费者的概念(至少混合目的类案件中)应从严解释。其原因可能是,有关国际管辖权的法律中有两个保护性条款可能相互冲突。根据(目前)《布鲁塞尔第一条例》(修订本)[26] 第 17—19 条,消费者可以在其居住国起诉经营者。但这一规定违背了国际管辖法律中的主要规则,即《布鲁塞尔第一条例》(修订本)第 4 条规定,当事人可以在其居住地被起诉。《布鲁塞尔第一条例》(修订本)第 4 条旨在保护一方当事人,使其不必在另一个国家为自己辩护。这种内容存在竞合的保护性法律文件之间的冲突(conflict of competing protective instruments),说明在混合目的领域限制消费者这一概念的范围是有道理的。在这种情况下,法院针对 Gruber [27] 案作出的

---

[26] Regulation (EU) 1215/2012, OJ 2012, L 351/1 [Brussels I Regulation (recast)].

[27] CJEU 20 January 2005, case C-464/01, Gruber, ECLI:EU:C:2005:32).

判决也就不足为奇了。该案中,法院判决,混合目的案件中只有当贸易或专业目的非常有限以至于在合同的整体背景下可以忽略不计时,才能将一方当事人视为消费者。在国际私法领域之外,这种存在竞合保护性法律文件(conflict of competing protective instruments)的内容是罕见的,因为通常唯一可能值得保护的一方是为混合目的行为的自然人。[28] 但是,即使在欧盟层面上,经营者与这类人之间缔结的合同也不会被视为消费者合同(consumer contracts),但根据成员国法律,有充分的理由可以将这种合同视为消费者合同。所以,这种对"消费者"概念的扩张解释也符合现在德国[29]和比利时[30]以及《欧盟消费者权利指令》序言第17条对这一概念的解释立场。并且在荷兰,这也得到了肖布(Schaub)的支持。[31] 我同意她的观点:在购买电脑或安装在电脑上的杀毒软件时,我的议价能力与购买这些产品的任何其他自然人没有任何不同。出于这个原因,我认为一个自然人应该被视为消费者,除非有明确的迹象表明这个人主要是为了专业目的而行为,例如,因为这个人需要增值税发票(这只与商人的税收目的有关),或者因为交货地点显然只具有办公功能。[32] 遗憾的是,《货物销售和数字内容

---

[28] 国际私法之外,比如国际经济法中,双方当事人都是经营者,那么双方的保护规则不应该存在冲突——也就是"相互竞争的保护文书是罕见的"——但是如果一方是混合目的的自然人——那么它的"消费者性质"还是值得特别保护——由此可能出现上文提到的"相互竞争的保护性文书"——所以是"唯一可能值得保护的"情况。——译者注

[29] Cf. BGH 30.09.2009 – Ⅷ ZR 7/09, NJW 2009, 3780.

[30] Ilse Samoy, Het toepassingsgebied van de verschillende koopregelingen in kaart gebracht(gemeenrechtelijke koop, consumentenkoop en internationale koop), met bijzondere aandacht voor gemengd gebruik en gemengde overeenkomsten, 2009 TBBR 71 (75–76). See also Court of Appeal Antwerp 30 June 2009, NjW 2010, 504, with case-note by Reinhard Steennot; Court of Appeal Ghent 19 October 2012, NjW 2014, 32, with case-note by Reinhard Steennot.

[31] Martien Schaub, Wie is consument?, (2017) 1 TvC 30 (37).

[32] Marco Loos, De (voorgestelde) omzetting van de Richtlijnen verkoop goederen en digitale inhoud, (2021) 4 TvC 216 (219–220).

供应指令实施法》的解释性说明书对这个问题没有提及。

应该指出的是,即使人们不会将消费者的概念扩展到此类混合目的合同,也有可能适用转化 DCD(和 SGD)的条款。一般合同法规定,如果合同或合同法的其他适用规则在该案件的情况下不适用,则可以搁置这些规则(《民法典》第 6 卷第 248 条第 2 款),并规定法院可以对符合诚信和公平交易要求的合同适用规则(《民法典》第 6 卷第 248 条第 1 款)。这两项规定都允许荷兰语中所谓的反射工作(镜像应用,德语:Indizwirkung)。当然,法院是否真的会将 DCD(以及 SGD)的适用范围扩大到这些"非消费者"身上还不确定。

正如 DCD 序言第 16 条和 SGD 的序言第 21 条所建议的那样,解释性备忘录也没有提及另一种可能扩展指令条款范围的可能性,即没有提到将这些条款适用于非政府组织、初创企业或中小企业的可能性。当然,这并不意味着法院不能在这些规则中找到灵感,当一个自然人在购买数字内容时出于混合目的行事,在该案件的情况下,此人不被视为消费者,或者当中小企业与专业供应商签订了数字内容合同时,同样,在理论上可以镜像应用数字内容和数字服务或者那些关于消费者销售的规则。不过,法院在将消费者规则的镜像应用判给非消费者方面往往相当严格。即使是通过镜像应用的方式扩大适用范围,也不太可能适用于非中小企业的企业。当然,除非欧洲层面的新发展迫使荷兰立法者制定这样的规则,或者这样的规定以欧洲法规的方式被采用。

2. 二手商品的销售

《货物买卖合同指令》也为成员国提供了选择权,可以将某些买卖合同(sales contract)排除在转化法案的适用范围之外。这首先适用于在公开拍卖会上购买的二手商品。[33] 在 1999 年的《消费者

---

[33] Cf. art. 3 (5) (a) SGD.

商品和担保指令》[34]中已经存在类似的选择权,但当时立法者没有采纳。现在的立法者也认为当前没有理由重新再考虑这一选择权。[35] 并且,《货物买卖合同指令》提供给当事人双方的二手商品短期责任期或诉讼时效的单独选择权也没有被采纳。[36]《消费者商品和担保指令》[37]也有这一选择权,在这一点上,政府也认为没有理由重新考虑此前不使用这一选择权一事。[38] 事实证明,政府的选择是没有争议的,因为这些选择权根本没有在议会中进行过辩论。

虽然可持续发展的理念似乎没有在立法者的选择中发挥作用,但在我看来,这两种选择都是合理的:从可持续发展的角度出发,如果我们想鼓励行业和消费者在商品最终被丢弃到垃圾场之前尽可能长时间地使用它们,那么"仅仅"确保商品能够被重新使用似乎是不够的。消费者还必须树立信心,对于以前使用过的商品,无论其是否经过翻新,都能符合他们对这种二手商品的合理期望。当专业销售者不能达到这些期望时(这些期望可能低于消费者对新商品的期望),在我看来,消费者应该拥有与不符合要求的新商品相同的权利和救济措施。

3. 动物的销售

另一个关于动物销售的选择权争议更大。根据《货物买卖合同指令》第3条第5款第b项,成员国可以排除该指令对动物销售的适用。这一选择权在《消费者商品和担保指令》中并不存在,这意味着动物销售不适用于(当时)《民法典》第7卷第18条第2款的证

---

[34] Cf. art. 1 (3) CSD.
[35] *Kamerstukken* Ⅱ, 2020/21, 35 734, no. 3, p. 9.
[36] Cf. art. 10 (6) SGD.
[37] Cf. art. 7 (1) CSD.
[38] See *Kamerstukken* Ⅱ, 2020/21, 35 734, no. 3, p. 62 - 63.

据推定[39]的请求混淆了不同的立法者:这种请求应该向通过该指令的欧洲立法者提出,而不是向转化该指令的荷兰立法者提出。因此,动物的 B2C(Business-to-Customer)销售完全应当适用《消费者商品和担保指令》。当然,由于《消费者商品和担保指令》中规定了举证倒置,因此,与之相关的情况是,如果举证责任倒置的推定与商品的本质或者合约性本身不兼容,那么应当适用它的例外条款。在许多情况下,不适用举证责任倒置条款的情形是显而易见的。例如,当一个动物物种的平均预期寿命只有几个月,而该期限已经过的时候,商品的性质就会阻碍了举证责任倒置的适用:因为在这种情况下,消费者根本不能指望它会活得更长。又如,有些章鱼的平均寿命只有 6 个月左右。[40] 这样的章鱼如果在 5 个月后死亡并不能证明它在交货时就存在隐患:如果章鱼的平均寿命在 6 个月左右,购买他的消费者就必须考虑到他所购买的章鱼可能会活得更久,但也可能会死得更早。还有一种情况下不适约的推定与不适约的商品性质不相符。天竺鼠颈部断裂将可以推定它摔伤的情况发生在交付后(否则当时消费者不会将其带回家)[41]。

在转化《货物买卖合同指令》时,政府决定不将动物销售排除在转化该指令的法案范围之外,理由是这样做将降低对消费者的保护。[42] 根据政府的说法,延长举证责任倒置期间(从 6 个月到 12 个月)不会使得宠物行业的负担大大增加,因为畅销的宠物最常见的问题往往不会在交付后的 6—12 个月表现。[43] 此外,如果将动物的销售排除在《货物买卖合同指令》的范围之外,意味着根本不

---

[39] *Kamerstukken* Ⅰ 2002/03, 27 809, no. 32, p. 2.

[40] Cf. https://en.wikipedia.org/wiki/Octopus#Lifespan(accessed on 1 February 2022).

[41] 这个例子借用了议会文件一 2002/03,27 809,第 32 号,第 2 页。

[42] *Kamerstukken* Ⅱ, 2020/21, 35 734, no. 3, p. 24.

[43] *Kamerstukken* Ⅱ, 2020/21, 35 734, no. 3, p. 9.

五、《数字内容和数字服务合同指令》《货物买卖合同指令》转化后荷兰的消费者商品销售和数字合同

适用举证责任的倒置。[44] 最后,政府认为,更严格的责任制度可能有助于专业饲养者采取更多的预防措施以防止动物的疾病和缺陷,因此,动物福利组织同意将《货物买卖合同指令》适用于动物销售。[45]

然而,在议会中,几个政党质疑政府动物销售纳入《货物买卖合同指令》的选择。他们要求政府考虑在《货物买卖合同指令》中完全排除动物的销售,以至于可以将动物销售合同排除在适用举证责任倒置的延长期规则之外,或者至少排除某些类型的动物的销售(如马和农场动物)[46]。政府的答复是,首先,它选择对所有产品(包括活体动物在内的商品、数字内容和数字服务)适用统一的举证责任倒置期间,因为这样的统一期限为消费者和销售者提供了明确性和法律确定性。[47] 其次,据政府称,《货物买卖合同指令》只为成员国提供了将动物排除在指令范围之外的可能性,而没有提供将举证责任的倒置期间从一年缩短到半年的可能性。[48] 对动物类型的区分(有些物种将受转化指令的法案管辖,有些则不受影响)也被认为与指令有冲突。[49] 另外,政府就两点内容进行了强调:第一,如果动物销售被排除在外[50],举证责任倒置的规则就是缺失的;第二,为了动物福利和更加严格的制度,需要刺激专业饲养者采取更多的预防措施。[51]

虽然后一个论点可能是正确的,但前一个论点肯定是不正确的。《货物买卖合同指令》的确只允许成员国决定是否将转化该指令的法案适用于动物销售。然而,一旦一个成员国拒绝将《货物买

---

[44] *Kamerstukken* Ⅱ 2020/21, 35 734, no. 3, p. 24.
[45] *Kamerstukken* Ⅱ, 2020/21, 35 734, no. 3, p. 24.
[46] *Kamerstukken* Ⅱ 2020/21, 35 734, no. 6, p. 5 – 6 and 9 – 10.
[47] *Kamerstukken* Ⅱ 2020/21, 35 734, no. 7, p. 6 and 11 – 12.
[48] *Kamerstukken* Ⅱ 2020/21, 35 734, no. 7, p. 11 and 19.
[49] *Kamerstukken* Ⅱ 2020/21, 35 734, no. 7, p. 19.
[50] *Kamerstukken* Ⅱ 2020/21, 35 734, no. 7, p. 11 – 12 and 19.
[51] *Kamerstukken* Ⅱ 2020/21, 35 734, no. 7, p. 12.

卖合同指令》的转化法案适用于动物销售，动物销售就不属于该成员国应当与欧盟立法保持协调的范围，正如《货物买卖合同指令》第3条第4款第b项规定以执行方式出售给消费者的货物并不属于该指令的范围一样，在这种情况下，成员国国内法律就可以自行对以执行方式出售给消费者的货物相关规则予以规定。因此，该成员国可以自由决定哪些规则适用于此类销售合同。然后，国家的立法者可以选择将消费者购买的规则比照适用于动物销售，并作出该成员国认为可取的调整（例如举证责任倒置期间的缩短或延长，不同的责任期或不同的通知义务规则）。甚至可以选择将转化后的指令适用于某些动物物种而不适用于其他物种（如马或其他农场动物），这也是立法者的自由裁量权。为此，立法者可以利用同样的立法技术，类似于《民法典》第7卷第5条第5款通过类比宣布消费者销售的规则适用于能源供应（经过一些修正）一样。根据《民法典》第7卷第5条第5款，消费者销售的规则被类推适用于能源供应（经过一些修正），或者就像立法者就在《民法典》第7卷第19条中所做的那样，通过规定来排除或修正《消费者销售法》（荷兰国内法。——译者注）的一些条款，用执行方式将商品出售给消费者。欧洲法律不会反对这种选择，因为成员国被赋予了保留其在此问题上的权力的可能性。

　　是否应该使用这种可能性，说到底是一个政治抉择。因此，在议会中提出的两项修正案，要求将举证责任倒置期间限制在3个月或6个月也就不足为奇了。[52] 这两项修正案都被否决了，[53] 但在参议院，这一问题被再次提出。[54] 与他们的态度相反，政府坚持认为，从法律的明确性、统一性和平等性来看，统一所有消费者

---

〔52〕 *Kamerstukken* Ⅱ 2020/21, 35 734, nos. 11 (three months) and 10 (six months).

〔53〕 Handelingen Ⅱ 2021/22, no. 44, item 10, p. 1.

〔54〕 *Kamerstukken* Ⅰ 2021/22, 35 734, no. B, p. 2.

销售合同的举证责任倒置期间是可取的,这同时有利于动物福利和赋予消费者更优的法律地位。政府敦促参议院继续进行审议,因为转化指令的时间已过。[55] 参议院随后接受了一项动议,要求重新引入动物销售的 6 个月期限,理由是之前的立法很好地平衡了消费者和活体动物销售者之间的利益,并为专业饲养者采取预防措施防止动物疾病和缺陷提供了充足的激励。此外,有人主张,政府追求的是一个国际公平竞争的环境,但是一些国家已经利用《货物买卖合同指令》提供的选择权,将活体动物的销售完全排除在其范围之外。[56] 政府随即让步,同意尽快按照参议院的意愿提交一份法案。有了这个承诺,参议院就接受了拟议的法案。[57]

由此看来,动物销售将与其他消费品的销售一样,但举证责任倒置期间将被限制在交付后的 6 个月内。就我个人而言,我不认为支持对动物销售采取不同待遇的论点是合理的。但这种情绪确实是个人的,我可以想象,一个专业的马匹销售者会认为马匹的销售事实上是特殊的,因为动物需要被照顾和关注,而且在动物交付给消费者后可能会发生很多销售者不知道的事情。[58]

(三)以支付价款为交换条件的合同

只有消费者已经同意支付价款,才能适用《货物买卖合同指令》。如果消费者承诺提供个人数据以换取数字内容或数字服务的

---

[55] *Kamerstukken* Ⅰ 2021/22, 35 734, no. C, p. 2.

[56] *Kamerstukken* Ⅰ 2021/22, 35 734, no. F, p. 1 – 2.

[57] 如上所述,该法案于 2022 年 4 月 26 日正式公布,适用于自 2022 年 4 月 27 日起订立的消费者商品销售合同。

[58] See the explanation of the amendment to restrict the reversal of the burden of proof to three months:*Kamerstukken* Ⅱ 2020/21, 35 734, no. 11.

供应,那么《数字内容和数字服务合同指令》也可能适用。这些概念将在本部分和下一部分中讨论。

荷兰法律没有明确指出"价款"的含义。这个概念在《货物买卖合同指令》中也没有解释,但《数字内容和数字服务合同指令》第2条第7款将"价款"定义为"为数字内容或数字内容的供应而应支付的金钱或价款的数字表现",然而价款本身并没有被定义。《民法典》的第7卷第50aa条第f款确实定义了"价款的数字表现"的概念,但"除货币价格外,为交换数字内容或数字服务的供应而产生的价款的数字表现",这包括加密钱币和电子优惠券。[59] 虽然有循环解释之嫌,不过这至少表明,"价款"的概念被限制在货币数额上。这种说法在《货物销售和数字内容供应指令实施法》解释性说明书中得到了确认。该说明书首先指出,《货物买卖合同指令》涉及买卖合同(sales contract),通过该合同向消费者交付货物以换取货币价款的支付。[60] 相比之下,《数字内容和数字服务合同指令》则涉及合同的以下某些方面:提供数字内容或数字服务的前提是需要支付以下费用:(1)价款;(2)价款的数字表示;(3)作为交换所提供的个人数据。[61] 这似乎证实了"价款"并不涉及价款的数字表示。

如果仔细观察,就会发现《数字内容和数字服务合同指令》序言第23条和荷兰政府的解释性说明书[62]都有一个特殊之处。序

---

〔59〕 *Kamerstukken* II 2021/22, 35 734, no. 3, p. 5 and 40, and recital 23 of the preamble to the DCD.

〔60〕 *Kamerstukken* II 2021/22, 35 734, no. 3, p. 3: 'De richtlijn verkoop goederen heeft betrekking op koopovereenkomsten waarbij tastbare goederen tegen betaling van een prijs in geld worden geleverd aan de consument' (emphasis added, MBML). See also *Kamerstukken* II 2021/22, 35 940, no. 3, p. 40.

〔61〕 *Kamerstukken* II 2021/22, 35 734, no. 3, p. 5: 'De richtlijn heeft betrekking op aspecten van overeenkomsten waarbij digitale inhoud of een digitale dienst tegen betaling van a) een prijs, b) een digitale weergave van waarde, of c) in ruil voor persoonsgegevens wordt geleverd aan de consument'.

〔62〕 *Kamerstukken* II 2021/22, 35 734, no. 3, p. 40.

言和解释性说明书都表明,只有在国家法律承认加密钱币为"价款的数字表现"的情况下,才能将其视为"价款的数字表现"(迄今为止,荷兰法律还没有这样的规定)。这种对"价款的数字表现"概念的限制性做法并不符合《数字内容和数字服务合同指令》第 2 条第 7 款的规定,也不符合《民法典》的第 7 卷第 50aa 条第 f 款规定。此外,我也认为这是不对的。显然,加密货币是否可以被视为货币,立法者有发言权。但是,如果它不是货币,就应该被视为一种替代性的支付手段,就像电子券被视为替代性的支付手段一样(当然,前提是消费者和商家都同意以这种支付方式履行消费者的支付义务)。此外,如果当事人同意这种支付方式,并且用加密货币支付不会被视为价款意义上(《数字内容和数字服务合同指令》第 2 条第 7 款的意义上的)或"价款的数字表现"意义上(在《民法典》第 7 卷第 50aa 条第 f 款的意义上)的支付的话,这意味着以加密货币付款换取商品、数字内容或数字服务的合同将不属于消费者销售、数字内容或数字服务法的范围。这样一来,以加密货币付款换取商品、数字内容或数字服务的合同根本不受监管,消费者可能无法依赖商品销售或数字内容和数字服务供应的强制性法律的保护。

(四)以提供个人数据为交换条件的合同

1. 以个人数据作为对价

DCD 并没有规定,提供个人数据是否被视为对提供数字内容或数字服务的真正对价,也没有规定在消费者不提供个人数据或者提供错误个人数据(如提供虚假地址)的情况下,消费者是否应承担责任或商家是否可以终止合同。同样,DCD 也没有规定撤回对个人数据处理的同意是否会被视为消费者单方面终止数字内容合同,或是否使得商家有权以相对方不履行为由终止合同,这些问题将留待成员国自己处理。[63] 在实践中,消费者当然会向销售者提供对其有价值的东西,以获得数字内容或数字服务。从经济学角度看,个人数据确实可以被看作提供给消费者的数字内容或数字服务的对价。荷兰立法者也是这样看待消费者向商家提供个人数据的义务的。[64]

虽然之前没有对此事进行规范,但对荷兰法律来说这似乎不是一个新立场。早在 2017 年,经济事务部长在回答议会的问题时就表示,[65] 为了刺激创新和经济增长,应该提高消费者用个人数据进行支付的可能性,但是,前提是消费者在接受交换之前必须充分了解情况,并适用如今由《通用数据保护条例》(GDPR)管辖的隐私保护规则。[66] 此外,在文献中可以看到,消费者用个人数据"付费"的合同并不是什么新鲜事:只要消费者的交易方对所提供的个人数据有商业利益,这种合同也可以在《服务指令》[67]、《电子商务指令》[68] 和《电信法典》[69] 的适用范围内。[70] 事实上,在议会程序中,政府表示,消费者在同意处理其个人数据的情况下被提供数字内容或数字服务已经是一种惯例,因此,消费者有权获得一个功能正常的产品。在政府看来,转化 DCD 的法案(仅仅是)确保,在对违反合同内容的法律救济方面,消费者是否以货币、"价款的数字表现"或提供个人数据的方式为数字内容或数字服务付费都不重

---

[63] Cf. Karin Sein and Gerald Spindler, 'The new Directive on Contracts for the Supply of Digital Content and Digital Services – Scope of Application and Trader's Obligation to Supply – Part 1', (2019) 3 ERCL 257 (265).

[64] *Kamerstukken* II, 2020/21, 35 734, no. 3, p. 10.

[65] Aanhangsel van Handelingen II 2016/17, 2669.

[66] Regulation (EU) 2016/679, OJ 2016, L 119/1.

[67] Directive 2006/123/EC, OJ 2006, L 376/36.

[68] Directive 2000/31/EC, OJ 2000, L 178/1.

[69] Directive (EU) 2018/1972, OJ 2018, L 321/36.

[70] Esther van Schagen, 'De kwalificatie van de overeenkomst tot levering van digitale diensten en inhoud in het Europese recht', (2021) 3 TvC 137 (145).

要。[71] 从这个角度看,引入《民法典》第 7 卷第 50ab 条第 1 款第 b 项并不令人惊讶。《民法典》第 7 卷第 50ab 条第 1 款第 b 项规定将数字内容条款的范围扩大到消费者通过向提供者提供个人数据而为数字内容或数字服务"付费"的合同,但这在荷兰文献和议会程序中没有引起太多的关注。

2. 同意处理个人数据和同意的撤销

尽管荷兰国内的立法已经相对明确地接受了去规范消费者通过向商家提供个人数据来"支付"数字内容或数字服务的合同,但仍有一些批评意见,特别是荷兰数据保护局(AP),它建议政府在《民法典》第 7 卷第 50ab 条第 1 款第 b 项中表达出这一点,第 7 卷第 50ab 条第 1 款第 b 项表明,用个人数据付款应被视为同意处理个人数据。[72] 政府回应说,这不是指令的要求,并且在转化指令的法案中引入额外规则也不符合政府政策。[73] 在我看来,这里是否需要一个明确的法律规定似乎是值得怀疑的。在这种情况下适用一般合同法将得出这样的结论,即确实存在这样的同意,因为要获得消费者的同意来处理其个人数据,所以首先要求其提供个人数据,并且消费者不可能不知道这一点。除非消费者同意处理其个人数据(如在方框内打勾),否则不能签订合同,但这一事实并不妨碍同意的意思表示是自由的,因为消费者可以决定不签订合同[74](在数字内容或数字服务的情况下,这并不是错觉,因为该销售者及其竞争对手都可以在不同的条件下提供相同或类似的内容或服务,例

---

[71] *Kamerstukken* Ⅱ, 2020/21, 35 734, no. 3, p. 10.

[72] AP, Advice of 16 April 2020, *Kamerstukken* Ⅱ, 2020/21, 35 734, annex to no. 3, p. 9.

[73] *Kamerstukken* Ⅱ, 2020/21, 35 734, no. 3, p. 4.

[74] Cf Hans Graux, 'Privacybescherming op sociale netwerken: heeft u nog een privéleven', in Peggy Valcke et al. (eds.), Sociale media. Actuele juridische aspecten (2013), 1 (10 – 11).

如支付适度的货币价款)。

不过,消费者仍然有权根据 GDPR 第 7 条第 3 款撤销对其个人数据处理的同意。此外,在消费者表示同意之前,销售者必须告知其这一点。[75] 这意味着在提供数字内容或数字服务以换取个人数据的合同中,必须在合同签订前告知消费者其有权撤回其同意。《民法典》第 7 卷第 50ab 条第 5 款指出,对于消费者没有(同时)承诺支付价款的数字内容合同,消费者撤回同意应被理解为消费者不再受合同约束。因此,撤回同意意味着数字内容合同的单方面终止。[76] 消费者不需要返还已经从商家那里收到的任何给付履行的内容。政府对此的解释是,GDPR 关于给予和撤销同意的规定旨在保护个人数据被处理的个人,而返还已经从商家那里收到的任何履行的内容将破坏 GDPR 对消费者的保护。[77]

那么问题是,反过来是否也成立:消费者向销售者表达他决定终止合同的声明[78]时,此声明是否也应该被解释为包括其对处理个人数据的同意的撤回? 应该注意的是,GDPR 和《数字内容和数字服务合同指令》都没有规定消费者如何撤回对个人数据处理的同意:GDPR 第 7 条第 3 款只是指出撤回同意必须像给予同意一样容易,其措辞表明消费者需要对销售者采取行动。如何撤回同意的

---

[75] Art. 7(3) and 13(2)(c) GDPR.

[76] *Kamerstukken* Ⅱ, 2020/21, 35 734, no. 3, p. 11. See in this sense also AP, Advice of 16 April 2020, *Kamerstukken* Ⅱ, 2020/21, 35 734, annex to no. 3, p. 4.

[77] *Kamerstukken* Ⅱ, 2020/21, 35 734, no. 3, p. 12.

[78] 在一些情况下,消费者可以任意终止数字内容合同:(1) 作为不履行合同的补救措施。在销售者即使收到通知后也没有提供数字内容的情况下,允许销售者有一个最后期限,即在收到通知后的合理时间内履行其义务(《民法典》第 7 卷第 50ah 条第 1 款);(2) 作为不适约的补救措施,如果消费者无权要求销售者使数字内容或数字服务适约,或者销售者不能或不愿意在合理期限内,在不给消费者造成重大不便的情况下纠正不适约的情况,或者不符合规定的情况证明有理由立即终止合同(《民法典》第 7 卷第 50ai 条第 4 款);(3) 如果数字内容合同将在一段时间内持续履行,当销售者改变数字内容或数字服务的程度超过了使数字内容或服务适约所需的程度,并且这种改变对消费者获取或使用数字内容或数字服务产生了负面的、不可忽视的后果(《民法典》第 7 卷第 50al 条第 2 款)。

问题由国家法律决定。荷兰的数据保护法没有这方面的明确规定,但一般财产法有:《民法典》第 3 卷第 37 条第 3 款规定,可以以任何形式作出声明。换句话说,对于消费者撤回对信息处理的同意的方式,不存在正式的要求。[79] 解释性说明书对此进行了确认,即对撤回同意[80]的形式不作正式要求,并补充到消费者在终止合同时不需要单独撤回对处理其个人数据的同意。[81] 由此可见,消费者的终止通知应被解释为包含撤销该消费者对处理其个人数据的同意。

3. 对未能提供(正确)个人数据及其处理不承担责任

荷兰立法者证实,根据 GDPR,消费者有权随时撤回同意。因此消费者撤回同意后,其不会因违约而承担责任。[82] 然而,在这种情况下,不能指望销售者继续履行合同项下的义务,并且,销售者还有权阻止消费者访问数字内容或数字服务。[83]

如果消费者既没有撤回对处理其个人数据的同意,也没有终止数字内容的合约,他当然需要履行合同项下的义务。问题是,如果消费者没有提供承诺的个人数据或者提供虚假数据,销售者是否有权获得救济。在我看来,消费者可以随时撤回同意并因此终止数字合同,并且无须承担损害赔偿责任,这一事实表明,消费者不提供

---

[79] 根据《民法典》第 3 卷第 37 条第 1 款,其也适用于财产法领域之外,因为这种适用既不违背撤回同意的法律行为的性质,也不违背销售者和消费者之间关系的性质。

[80] *Kamerstukken* Ⅱ, 2020/21, 35 734, no. 3, p. 11 – 12. The website of the Dutch regulator for data protection, the AP, contains model letters showing consumers how to actually withdraw consent, https://autoriteitpersoonsgegevens. nl/nl/zelf-doen/voorbeeldbrieven-privacyrechten (last accessed on 1 February 2022).

[81] Cf. *Kamerstukken* Ⅱ, 2020/21, 35 734, no. 3, p. 14. See in this sense also AP, Advice of 16 April 2020, *Kamerstukken* Ⅱ, 2020/21, 35 734, annex to no. 3, p. 4.

[82] *Kamerstukken* Ⅱ, 2020/21, 35 734, no. 3, p. 12 and 46.

[83] *Kamerstukken* Ⅱ, 2020/21, 35 734, no. 3, p. 12.

(正确的)个人数据也不会导致其承担责任。[84] 尽管如此,这并不意味着在此种情况下,销售者还必须履行合同项下的义务。数据保护法可能会妨碍消费者承担责任,但消费者不履约的特殊性质并不能证明销售者也将被剥夺因不履约而终止合同的权利。

4. 穷人支付更多——用他们的隐私

在给政府的建议中,荷兰数据保护局还指出了这样一种风险,那些没钱花的人可能会受到不当的影响,从而使得他们自己的基础性权利[85]被侵犯,而且不平等的谈判地位和过于宽泛的同意范围可能会严重削弱对个人数据的保护。[86] 因此,荷兰数据保护局建议《货物销售和数字内容供应指令实施法》应指定同意的形式,这些同意形式将构成对数字内容和数字服务供应的对待履行。因为如果对同意的形式的限制,这些数字内容与数字服务就可能被推定为不可接受的,从而导致消费者有可能援引合同无效条款。荷兰数据保护局认为,由于关于合同效力的规则尚未统一,各成员国仍有可能保留或引入这方面的规则。[87]

然而,政府认为,由于存在提供个人数据以"换取""免费"玩具车、网球和验孕盒的情况,仅对数字内容和数字服务供应合同的撤回进行规范并不妥当。这个问题应该更大范围地解决,而不是在本法案之内,因为这超出了正确执行指令的界限。[88] 以个人数据为交换条件提供"免费"数字内容和数字服务的频率比提供"免费"玩具车、网球和验孕盒的频率要高得多,而且前者滥用个人数据的风

---

[84] Cf. Carmen Langhanke and Martin Schmidt‐Kessel, "Consumer Data as Consideration" (2015) 6 EuCML 218 (221-222).

[85] AP, Advice of 16 April 2020, *Kamerstukken* II, 2020/21, 35 734, annex to no. 3, p. 15.

[86] Ibidem, p. 7.

[87] Ibidem, p. 6.

[88] *Kamerstukken* II, 2020/21, 35 734, no. 3, p. 14.

险也高得多,但政府忽视了这一点。然而,政府确实宣布,它将考虑"国家和欧洲层面的可能解决方案的方向",并向议会通报。[89]

(五)合约性和不合约的补救措施

1. 混合合约期、举证责任的倒置和通知的义务

关于合约性、举证责任的倒置和通知义务,立法者选择尽可能少地改变关于消费者商品销售的现有规则,并严格遵循指令的文本。这意味着货物合格期不再以货物交付后的 2 年为上限;所以,在商品的整个经济寿命周期内都可以采取补救措施。当然,作为平衡,消费者通知不符合合同要求的义务继续适用,而且举证责任的倒置的时间也不会比《货物买卖合同指令》的要求更长。

因此,合格期不以货物交付后的 2 年为上限,在商品的整个经济寿命期内,都可获得救济。政府认为,将责任限制在交付后的 2 年内与议会在讨论指令时提出的高水平的消费者保护的要求不符。此外,政府还争辩说,这一决定符合荷兰转化欧洲指令的法律传统,即不对法律作进一步的修改,而只作适当转化指令所需的修改。[90]

为了平衡消费者与经营者之间的权利与义务,立法者选择将《货物销售和数字内容供应指令实施法》适用于消费者在发现产品不合格后的一段时间内通知缺陷义务。[91] 消费者和市场管理局(ACM)在给政府的建议中,曾建议重新考虑接受通知义务的决定。在最近的判例中,最高法院认为,如果销售商没有因为违反通知义

---

[89] *Kamerstukken* II 2020/21, 35 734, no. 7, p. 14 and 15. The report was said to be sent to parliament in the autumn of 2021. However, enquiries with the Ministry of Justice and Security revealed that the report will not be sent to parliament until around the summer of 2022.

[90] *Kamerstukken* II 2020/21, 35 734, no. 3, p. 21.

[91] Cf. art. 12 SGD.

务而遭受任何损失,那么仅仅是违反义务并不会自动导致消费者因不符合规定而失去所有救济措施。相反,最高法院要求对卖方和买方的共同利益进行权衡。消费者和市场管理局指出,根据这一判例法,消费者商品销售合同的通知义务要么应该被废除,要么只在满足某些(未指定的)条件时才保留。[92] 政府只是重复了其先前的论点,即通知义务是荷兰合规性制度的一个重要支柱,有必要在买卖双方的利益和不同经济寿命的商品出现不合约性的开放期要发挥正常功能之间作出权衡。[93]

荷兰立法者还选择不(进一步)将举证责任倒置期间从交货后1年延长到2年。[94] 消费者和市场管理局在给政府的建议中曾提议政府采用此方案,因为根据该局的说法,消费者特别是弱势消费者,在产品不合格的情况下很难维护自己的权利,消费者和市场管理局本身在执行《消费者保护执行法》时也遇到了证明产品在交付后不合格的困难。如果将举证责任倒置的时间延长至2年,将使消费者和市场管理局更容易适用《消费者保护执行法》。[95] 相比之下,政府认为,对有缺陷的商品、数字内容和数字服务规定统一的举证责任倒置期间,将为消费者和销售者提供明确性和法律确定性——正如上文提到的纳入动物销售合同的问题。[96] 在这方面,政府认为,对于数字内容和服务,也就是《数字内容和数字服务合同指令》第12条第1款编入《民法典》第7卷第50a条第3款第b项,应当将其举证责任的倒置期间限制在交付后1年内,且成员国也没

---

[92] Advice ACM, p. 3, published as attachment to *Kamerstukken* II 2020/21, 35 734, no. 3.

[93] *Kamerstukken* II 2020/21, 35 734, no. 3, p. 20.

[94] Cf. art. 11 (1) and (2) SGD.

[95] Advice ACM, p. 2 – 3, published as attachment to *Kamerstukken* II 2020/21, 35 734, no. 3. In the report of parliament's standing committee on Justice and Security, some political parties supported this suggestion whereas other parties opposed it, cf. *Kamerstukken* II , 2020/21, 35 734, no. 6, p. 4 – 6.

[96] *Kamerstukken* II 2020/21, 35 734, no. 7, p. 6, 11 – 12.

有可能引入或保留更长的期限。此外,政府认为,将举证责任倒置的期间推定延长至 2 年对销售者来说是不合适的,这将扰乱保护消费者和销售者义务之间的平衡。[97] 在这个特殊的案例中,我对政府选择统一的举证责任倒置期间表示同情。在这方面,应该指出的是,DVD、U 盘、记忆卡和其他完全作为数字内容载体的有形耐用媒体并不属于消费者商品销售的监管范围,而是属于数字内容和数字服务的监管范围。似乎很难向消费者和销售者解释,为什么消费者购买 CD 音乐或从网站下载音乐文件时,举证责任只需 1 年,而消费者购买黑胶唱片时,举证责任则需 2 年。

对于数字内容和数字服务,由于《数字内容和数字服务合同指令》不允许成员国引入或保留通知义务,因此,荷兰的国内法有必要去解释这个稍微不同的制度。《民法典》第 7 卷第 50ap 条第 2 款规定,一般合同法(《民法典》第 6 卷第 89 条)规定的通知义务不适用于数字内容或数字服务的供应合同。为此,立法者为所有基于不符合合同的索赔和抗辩规定了一个时效期,即交货后 2 年,除非消费者不知道也不需要知道不符合合同的情况,且在任何情况下都要考虑到价格或价款的数字表现以及消费者对数字内容或数字服务的使用期限的合理预期(《民法典》第 7 卷第 50ag 条第 2 款)。[98] 实际上,这意味着有缺陷的数字内容或有缺陷的数字服务的责任也不以 2 年为上限。此外,这一规定也是为了让《数字内容和数字服务合同指令》第 11 条第 3 款与在一段时间内持续供应的合同相衔接,以防止不符合合同的情况出现在合同期内。[99] 最后,这一规定还涉及由于商家为了使数字内容或数字服务符合合同规定,或者为了改善其功能性、互操作性或兼容性而提供的有缺陷的更新或升级所导致的不符合合同的情形,因为在提供更新或升级之前,消费者不

---

[97] *Kamerstukken* Ⅱ, 2020/21, 35 734, no.3, p.7-8, 20.
[98] See *Kamerstukken* Ⅱ 2020/21, 35 734, no.3, p.51, 69.
[99] See *Kamerstukken* Ⅱ 2020/21, 35 734, no.3, p.69.

可能发现任何此类缺陷。立法者没有说明当这种隐性缺陷表现出来时,时效期从何时开始,但似乎符合逻辑的是,该时效期将从消费者发现或应该发现隐性缺陷的时刻开始。

2. 更新

《民法典》第 7 卷第 18 条第 4 款以及第 50ae 条第 4 款规定关于数字内容和数字服务销售者必须提供包括安全更新在内的必要更新,以确保在消费者可能的合理预期的时间内与合同保持一致,并告知消费者这些更新的可用性。《货物销售和数字内容供应指令实施法》解释性说明书指出,这些条款转化了《货物买卖合同指令》第 7 条第 3 款和《数字内容和数字服务合同指令》第 8 条第 2 款。其明确指出,更新应被视为提供了额外的数字内容,这是确保货物、数字内容或数字服务至少继续保持在其最初交付或者提供之时所具有的功能所必需的。除非合同另有约定,否则商家无须提供更新以改善商品、数字内容或数字服务的功能,使其超出合同要求的范围,例如提供升级到新版本的操作系统。[100]

在向议会提交转化《货物买卖合同指令》和《数字内容和数字服务合同指令》的法案之前,在互联网上公布了一份(几乎相同的)草案以征求意见。[101]《民法典》草案第 7 卷第 18 条第 4 款遭到了商界的一致反对。商业组织(以及商业个体)都强调,把这样的义务强加给销售者(或者数字内容的提供者,视情况而定)而不是数字内容的开发者是错误的:销售者并不参与开发和提供更新;没有能力确保数字内容的开发者提供更新;没有被开发者告知更新情况;而且(特别是在商业场所签订的合同)往往甚至都没有消费者

---

[100] *Kamerstukken* Ⅱ 2021/22, 35 734, no. 3, p. 7.

[101] The consultation draft, as well as the consultation memorandum and the responses thereto are available (in Dutch) via https://www.internetconsultatie.nl/verkoop_goederen_levering_digitale_inhoud (last accessed on 3 February 2022).

的正确联系方式,因此即使销售者想履行这一义务,也无法做到。有商业组织明确指出,只要销售者负责提供更新,就应该规定数字内容的开发者有义务在有更新时通知销售者。[102]

立法者承认,在实践中,数字内容的销售者或提供者更新数字内容的义务要求销售者与第三方(可能是商品或数字内容的生产者或提供这种更新的第三方)签订合同。然而,政府也指出了另一个方向:销售者也有援用《民法典》第7卷第18条第6款和《民法典》第7卷第50a条第6款相应的条款来完全排除其提供更新的义务的可能性,但条件是他们必须明确告知消费者并且消费者必须明确并单独接受该免责条款。在这种情况下,政府明确表示,如果不提供更新导致商品、数字内容或数字服务就不再正常运行,也不构成不符合合同。[103] 荷兰监管负担咨询委员会(Adviescollege toetsing reseldruk, ATR)[104]在给政府的建议中提到,如果销售者都这么做,比如因为生产者不想对更新作出任何承诺,而消费者又同意这种更新义务的排除,这将对消费者产生重大影响。根据荷兰监管负担咨询委员会的说法,更新义务可能会成为"纸面上的现实"。[105]

事实上,情况可能更糟。如果选择了逃避发送更新的义务,销售者甚至可能不对违反合同负责,因为为了能够持续使用商品、数字内容或数字服务而不产生对商品、数字内容、数字服务或属于消费者的其他货物或数字内容造成损害的风险,进行安全更新是必要的,特别是如果不符合合同是在交付后1年后才表现出来,此时消费者需要证明安全风险在最初交付时就已经存在了——这对消费者来说几乎是不可能的。

---

[102] See the response by Techniek Nederland.
[103] *Kamerstukken* II 2021/22, 35 734, no. 3, p. 7.
[104] 荷兰监管负担咨询委员会是一个独立的外部咨询机构,向政府和议会提供关于如何最大限度地减少监管负担的建议。
[105] Advice ATR, p. 3, published as attachment to *Kamerstukken* II 2020/21, 35 734, no. 3.

此外，相对于通过传统商店经营的销售商（在许多情况下是中小企业），这也为在线销售者提供了一种（在消费者的背后的）竞争优势。通过网店交易的销售者可以开发一种程序，让消费者在网上购买带有数字元素、数字内容或数字服务的商品时可能会遇到不会提供更新的警告，并要求他们在继续订购想购买的产品之前，明确和单独地接受排除条款。这一程序或多或少与接受标准条款的适用程序大致相同——每个人都知道，消费者除勾选表示接受的方框外，实际上没有其他选择。在商业场所进行交易的销售者，即在实体店提供电子产品的公司，更不可能以这种方式排除更新义务，也不可能获得并保存消费者明确表示接受的证据。

3. 数字元素商品更新的耐用性和可持续性

欧洲立法者选择将更新义务强加给该销售者，甚至允许销售者或供应者完全排除这一义务，从可持续发展的角度看这也是令人遗憾的，特别是就具有数字元素的商品而言。更新义务的目的是延长商品的经济寿命，要求销售者更新数字内容的方式，以弥补已经发现的任何漏洞，从而使消费者能够安全地继续使用它们。当更新（不再）提供时，消费者会发现自己可能被迫购买新的商品，尽管从技术上来说，旧商品（暂时没有）任何问题。但是，这是一种宝贵资源的浪费，而这种浪费本来是可以轻易避免的。

此外，由于销售者通常不能自己提供更新，他将不得不依赖数字内容的开发者或第三方提供更新（无论销售者是否知道有更新提供，也无论他是否为这种更新签订了明确的合同）。由于商品的销售者有提供更新的结果义务，如果数字内容的开发者未能提供更新，他将对不符合合同承担责任。这个时候消费者也可以要求更换、终止、减价或赔偿，但维修（这是商品销售中最持久的补救措施）在没有具备相关知识的第三方的帮助下是难以实现的，因为带有数字元素的商品的销售者通常不能自己提供更新。如果消费者选择维修而不是更换,根据《民法典》第 7 卷第 21 条第 4 款和《货物买卖合同指令》第 13 条第 2 款的规定,这将给销售者带来过高的费用,因此他可以在考虑到所有情况(包括是否可以在不给消费者造成重大不便的情况下提供更换服务)的前提下拒绝消费者的选择。此外,如果在对销售者来说维修费用可能很高,但是与其义务相称的时候,就算消费者有权进行维修,在销售者拒绝提供更新的情况下主张这一权利也是不切实际的:这实际上会迫使消费者诉诸法庭。在这种情况下,消费者更有可能接受销售者提出的更换建议,或者干脆终止合同,从另一个销售者那里获得更换的货物——如果有必要,还可以将第一个销售者告上法庭,要求其偿还销售价格:这至少可以为消费者节省再次获得商品的时间。但是,这也意味着,那些可能很容易通过更新而被"修理"的商品将被简单地扔掉,或者最多退回给原销售者。

4. 生产者的责任

欧洲立法者在生产者对有缺陷的数字内容的责任没有作出规定。当然,由于《货物买卖合同指令》和《数字内容和数字服务合同指令》都没有对这个问题进行规定,成员国可以自由地对数字内容的开发者规定提供更新的义务。事实上,《数字内容和数字服务合同指令》序言中的第 13 条甚至请成员国规定,如果该开发者不是消费者的数字内容供应商,则消费者可以对开发者提出责任索赔。引入这样的义务将带来一个与 1985 年《产品责任指令》基本一致的制度。[106] 不幸的是,荷兰立法者并没有引入这样的解决方案。

然而,这种责任可能是通过后门引入的,因为《数字内容和数字服务合同指令》是否以及在何种程度上适用并不总是很清楚。例如,如果消费者购买了带有数字元素的商品,但只有在其随后同意

---

[106] Council Directive 85/374/EEC, OJ 1985, L 210/29.

由商品生产商或数字内容生产商提供的最终用户许可协议（EULA）的条款时才能使用的话，会发生什么情况呢？显然，与销售者订立的合同是消费者商品销售合同，但最终用户许可协议呢？我曾经论证过[107]，如果在签订最终用户许可协议的过程中，消费者被要求提供个人数据，比如其电子邮件地址，那么《数字内容和数字服务合同指令》也应该适用于这种合同。生产者强迫消费者签订最终用户许可协议，根据《民法典》第 7 卷第 50ae 条第 4 款的规定，生产者必须向消费者提供更新信息，而不是让消费者为了生产商提供的此类更新服务不得不继续和数字要素商品的销售者抑或数字内容、数字服务的供应商续约。如果生产者未能在可以预期的情况下提供更新，以保持商品或数字内容或数字服务的合约性，消费者就可以援引合同法向生产者寻求救济。

5. 关于"普通"货物的耐用性和可持续性

尽管帕维荣（Pavillon）在对互联网上流传的《货物销售和数字内容供应指令实施法》草案[108]的答复中提出质疑，但政府仍然没有对可持续问题进行彻底的审议，"因为转化指令的法案本身并不倾向于广泛地处理可持续问题"。[109] 政府只是说，在《民法典》第 7 卷第 18 条第 2 款的范围内，耐用性是指商品继续适合使用的能力，因此与对可持续环境的贡献无关。然而，政府认为，确保商品在第 7 卷第 18 条第 2 款的意义上更具有可持续性，这对于实现更可持续的消费模式和循环经济是很重要的。不过，政府表示，努力延长产

---

[107] Marco Loos, 'Not good but certainly content. The proposals for European harmonisation of online and distance selling of goods and the supply of digital content', in: Ignace Claeys et al. Terryn (eds.), Digital contents & Distance sales. New developments at EU level (2017), 3 (32).

[108] Charlotte Pavillon, Reactie op de internetconsultatie (2020).

[109] *Kamerstukken* Ⅱ 2020/21, 35 734, no. 3, p. 24：'De implementatiewet leent zich er niet voor om uitgebreid op het aspect duurzaamheid in zijn algemeenheid in te gaan'.

品的使用寿命的意义上的耐用性并不是《货物买卖合同指令》的目标。[110]

令人遗憾的是,政府对帕维荣的回应反应勉强,因为她提出的关于耐用性的观点值得更多的实质性考虑。帕维荣指出,政府应该关注其政府范围内的循环经济计划[111]。根据这一计划,政府应该严格确定现有的对不符合标准的救济措施是否符合可持续性目标。她承认耐用性(或可持续性,如果你愿意)本身并不是《货物买卖合同指令》的目标,但这些指令对从线性经济向循环经济的转变有重要影响和贡献。在这方面,她指出了消费者保护目标和可持续性目标在(消费者)商品销售条款中的协调程度问题。她特别指出,首先,政府应该详细说明荷兰目前的制度,也就是较长的责任期限;其次,政府要明确在发现不符合合同要求后应履行短时间内的通知缺陷的义务;最后,如果不符合合同要求的情况在交付后1年内表现出来,就要适用举证责任倒置,这三点是能否使消费者保护和可持续发展目标达到最佳协调的重要标准。[112]

帕维荣的观点完全符合荷兰转化法律的目标,也就是成员国在确定销售者责任与对销售者进行限制之间作出最佳平衡时还保留某种回旋的余地。此外,从可持续发展的角度来看,政府所取得的平衡其实一点都不差。在不符合合同的救济措施方面,情况可能有所不同,因为《货物买卖合同指令》相比于修理,更倾向于更换,而且《消费者商品和担保指令》则允许消费者在更多的情况下直接解除合同。然而,由于国内立法者受到欧洲层面的约束,因此随着转化条款的内化,可持续性的考量在国内法下并不会有不同的结果。

---

[110] Ibidem.

[111] The report Nederland circulair in 2050. Rijksbreed programma Circulaire Economie was published on 14 September 2016 and is available at https://www.rijksoverheid.nl/documenten/rapporten/2016/09/14/bijlage-1-nederland-circulair-in-2050 (accessed on 18 January 2022).

[112] Charlotte Pavillon, Reactie op de internetconsultatie (2020).

(六)结论

将《货物买卖合同指令》和《数字内容和数字服务合同指令》转化为荷兰国内法花了很长的时间。究其原因不难发现,最终提交给议会的法案几乎是1年前在互联网上公布的咨询草案的翻版。此外,立法者选择了尽可能少地修改现有的法律,并且不使用指令提供的任何选项,除非有必要使用这些选项来避免修改原有的法律或者将适用范围扩大到购买商品、数字内容或数字服务的非消费者。遗憾的是,荷兰立法者也没有注意到《数字内容和数字服务合同指令》序言第13条的规定。该条规定,当该开发者不是消费者的数字内容供应者时,由成员国针对开发者的赔偿责任进行规范。只要没有签订最终用户许可协议,或者最终用户许可协议不会导致签订单独的数字内容供应合同,消费者就只能就卖方数字内容或数字服务提供者的无效更新义务享有权利。

从欧洲的角度来看,荷兰转化过程的结果可能有些令人惊讶。消费者商品销售规则完全适用于二手商品和动物的销售,销售者不能从交付后2年的责任期限中获益。此外,销售者可以以消费者违反通知不符合合同的义务为由提起诉讼,而举证责任倒置的期限仅限于交付后1年。并且,令人遗憾的是,荷兰立法者错过了从可持续发展的角度讨论这些问题的机会,但允许在货物整个经济寿命期间提出合约性的要求,这一选择似乎又特别符合可持续发展的考虑。有鉴于此,其实也可以引入数字内容生产者的责任制度,将其与含有数字元素的商品的销售者的责任制度并列。事实证明,消费者商品销售规则适用于动物销售是最有争议的。最终,议会接受了此类销售合同受《货物销售和数字内容供应指令实施法》管辖,前提是政府将提交一项法案,将出售活体动物的举证责任倒置期限制在交付后 6 个月。

关于数字内容和数字服务合同的规定被放在《民法典》的一个新标题下,但基本上与关于消费者商品销售的规定相同。例外的是通知义务,因为《数字内容和数字服务合同指令》不允许在数字内容和数字服务方面保留这一义务。相反,对于不符合合同的救济措施的 2 年时效期从交付时开始,但在交付时无法发现的缺陷除外。由此推断,只有发现或应当发现缺陷时,时效才开始起算。这一规则也将适用于持续提供数字内容或数字服务的合同,以及提供给消费者的更新或更新中的缺陷。立法者似乎也找到了一种方法,将"用个人数据支付"的概念纳入适用范围。尽管和往常一样,这一做法有待实践检验,特别是两个指令中的更新义务。我担心其效果并不明显。

六、数字消费者合同法与新技术
——《数字内容和数字服务合同指令》在奥地利的实施情况

[奥地利]布里吉塔·佐赫林－犹德*

本报告论述了《数字内容和数字服务合同指令》《货物买卖合同指令》在奥地利的实施情况。本文旨在总结当前将指令转化为国内法的立法进展，以及担保条例和消费者保护条例的国内法现状。最后，本文介绍并讨论了奥地利关于实施前述指令的草案的部分内容。

---

* 布里吉塔·佐赫林－犹德（Brigitta Zöchling－Jud），维也纳大学法律系的私法教授。原文载于《知识产权、信息技术和电子商务法期刊》2021年第12卷第2期，第221—228页。本报告是由爱沙尼亚研究委员会资助的 PRG124 "数字单一市场中的消费者权利保护——合同方面"研究项目的一部分。本译文介绍了欧盟成员国奥地利对 DCD 和 SGD 两个指令的国内立法转化情况，包括总体的实施现状、实施两个指令的初步考虑、司法部的计划、《消费者担保法（草案）》等内容，有助于认识奥地利关于提供数字内容、数字服务的合同法律关系中消费者保护的规定，也可为我国数字领域中消费者权益保护的完善带来一定启发。

(一)立法进展的现状

《数字内容和数字服务合同指令》(DCD)[1]和《货物买卖合同指令》(SGD)[2]的同步实施给奥地利立法者带来了一定的挑战。我们必须考虑到,两项指令的实施状况在一定程度上受到了新冠疫情的影响,尚未取得司法部最初计划的进展[3]。

2020年春夏季,由多位大学教授、奥地利商会、消费者信息协会、律师协会和司法机构等不同利益相关者组成的一个工作组对实施上述两项指令的部分草案展开了讨论并作出了相应调整。该草案于2020年9月通过,但它既未对外公布,也没有在政治上达成一致。因此,以下的报告仅限于讨论其内容的主要特点,当然,最终的立法或将有所不同。

(二)奥地利的实施现状

为理解司法部的实施计划,首先必须考虑奥地利目前的立法情况。奥地利的消费者保护立法主要见于民法总编即奥地利《民法

---

[1] 2019年5月20日,欧洲议会和欧盟理事会《关于提供数字内容和数字服务的第2019/770号指令》[2019] OJ L136/1。原文是 Digital Content Directive,但实际为第2019/770号指令。为便于全书翻译的统一和读者理解,译者翻译为《数字内容和数字服务合同指令》。

[2] 2019年5月20日,欧洲议会和欧盟理事会《关于货物买卖合同特定方面的第2019/771号指令,修订第(EU)2017/2394号指令和第2009/22/EC号指令,并废除第1999/44/EC号指令》[2019] OJ L136/28。

[3] 本报告以2020年11月的立法进程情况为基础。

典》(ABGB)或《消费者保护法》(KSchG)[4],后者于 1980 年生效,此后经过多次修改。导致修改的一个特别原因就在于欧盟消费者保护指令[5]的实施。应当注意的是,《消费者保护法》(KSchG)并没有对消费者保护法规进行全面编纂,仅对民法一般性条款中有利于消费者的强制性条款进行明确、修正和规定。这意味着,奥地利《民法典》(ABGB)也与消费者有关。此外,还有一些具体适用于远程和非现场订立的合同的消费者法案,如《分时度假法》[6]、《套餐旅游法》[7]或《远程和非现场合同法》[8]。特别是近几年,欧盟层面上协调一致的消费者保护指令主要是在这些具体的消费者保护法案中得以实施。

奥地利《民法典》(ABGB)第 922 条对担保进行了规定,即将其作为债法的一部分[9]。因此,担保并非针对个别类型的合同,而是在一般原则上予以适用,并不考虑合同的类型[10]。适用担保只要

---

[4] Bundesgesetz vom 8. Mirz 1979, mit dem Bestimmungen zum Schutz der Verbraucher getroffen werden (Konsumentenschutzgesetz – KSchG), BGBl Ⅰ 140/1979 idF 58/2018.

[5] Brigitta Zöchling – Jud, 'Die Richtlinienvorschläge der Kommission über digitale Inhalte und Fernabsatzkaufverträge aus österreichischer Sicht' in Christiane Wendehorst and Brigitta Zöchling – Jud (eds), Ein neues Vertragsrecht für den digitalen Binnenmarkt? (Manz 2016) 10; Nikolaus Forgó and Brigitta Zöchling – Jud, 'Einleitung' in Nikolaus Forgó and Brigitta Zöchling – Jud (eds), Das Vertragsrecht des ABGB auf dem Prüfstand: Überlegungen im digitalen Zeitalter (Manz 2018)103.

[6] Bundesgesetz über den Verbraucherschutz bei Teilzeitnut-zungs-und Nutzungsvergünstigungsverträgen (Teilzeitnut-zungsgesetz 2011 – TNG 2011), BGBl Ⅰ 8/2011 idF 50/2016.

[7] Bundesgesetz über Pauschalreisen und verbundene Reise-leistungen (Pauschalreisegesetz – PRG), BGBl Ⅰ 50/2017.

[8] Bundesgesetz über Fernabsatz-und außerhalb von Geschäftsräumen geschlossene Verträge (Fern-und Auswärts-geschäfte – Gesetz – FAGG) BGBl Ⅰ 33/2014 idF 83/2015.

[9] Rudolf Welser and Brigitta Zöchling – Jud, *Bürgerliches Recht*, vol 2 (14th edn, Manz 2015) 68.

[10] Rudolf Welser and Brigitta Zöchling – Jud, *Bürgerliches Recht*, vol 2 (14th edn, Manz 2015) 68; Brigitta Zöchling – Jud, ' § §922 – 9336 ABGB' in Andreas Kletecka and Martin Schauer (eds), ABGB – ON: *Kommentar* (2nd edn, Manz 2016) para 6.

求有付款或其他形式的对待履行,因此捐赠行为不适用担保。[11]

个别类型的合同(若法律有此规定)仅适用一般担保法的补充或修改条款;例如,服务合同只适用奥地利《民法典》(ABGB)[12]第922条。这一体系的好处在于,合同的性质与适用担保条款基本无关,如此一来,混合合同或新类别的合同无疑可以纳入适用担保条款的范围。

此外,众所周知,奥地利《民法典》(ABGB)第285条对于货物的定义颇为广泛[13],尤其是未规定其物理形态,且包括权利。鉴于此,无论个案中的合同性质如何(如销售合同、服务合同、租赁合同

---

[11] Rudolf Welser and Brigitta Zöchling–Jud, Bürgerliches Recht, vol 2 (14th edn, Manz 2015) 68; Brigitta Zöchling–Jud, '§922–9336 ABGB' in Andreas Kletecka and Martin Schauer (eds), ABGB–ON: Kommentar (2nd edn, Manz 2016) para 6; Brigitta Zöchling–Jud, 'Internet der Dinge' in Nikolaus Forgó and Brigitta Zöchling–Jud (eds), Das Vertragsrecht des ABGB auf dem Prüfstand: Überlegungen im digitalen Zeitalter (Manz 2018) 275.

[12] Rudolf Reischauer, '§1167 ABGB' in Peter Rummel (ed), ABGB–Kommentar (3rd edn, Manz 2000) para 1; Robert Rebhahn and Christoph Kietaibl, 'S 1167 ABGB' in Michael Schwimann and Georg Kodek (eds), ABGB: Praxiskommentar (4th edn, Lexis Nexis 2014) para 1; Rudolf Welser and Brigitta Zöchling–Jud, *Bürgerliches Recht*, vol 2 (14th edn, Manz 2015) 299; Brigitta Zöchling–Jud, '§§922–9336 ABGB' in Andreas Kletecka and Martin Schauer (eds), ABGB–ON: Kommentar (2nd edn, Manz 2016) para 30; Michael Bydlinski, '§1167 ABGB' in Helmut Koziol, Peter Bydlinski and Raimund Bollenberger (eds), Kurzkommentar zum ABGB (6th edn, Verlag Österreich 2020) para 1; Andreas Kletecka, '§1167 ABGB' in Andreas Kletecka and Martin Schauer (eds), ABGB–ON: Kommentar (4th edn, Manz 2020) para 1.

[13] Johannes Stabentheiner, '§285 ABGB' in Attila Fenyves, Ferdinand Kerschner and Andreas Vonkilch (eds), Klang Kommentar (3rd edn, Verlag Österreich 2011) para 1; Rudolf Welser and Andreas Kletecka, Bürgerliches Recht, vol 1 (15th edn, Manz 2018) 264; Elisabeth Helmich, '§285 ABGB' in Andreas Kletecka and Martin Schauer (eds), ABGB–ON: Kommentar (4th edn, Manz 2018) para 1; Moritz Zoppel, '§285 ABGB' in Michael Schwimann and Georg Kodek (eds), ABGB: Praxiskommentar (5th edn, Lexis Nexis 2019) para 1.

等)[14],提供者对消费者有偿获取的数字内容通常会承担担保义务。关于数字内容担保的判例法可以追溯到20世纪80年代。[15]

最后,必须考虑到2002年《消费者商品和担保指令》(CSD),即1994/44/EC指令[16]的实施。当时,奥地利立法者决定在奥地利《民法典》(ABGB)中原则性地实施该指令,即修改一般担保条款[17]。奥地利《民法典》(ABGB)规定了缺乏合约性的定义、举证责任倒置、法律救济、诉讼时效和经营者的补救措施。在《消费者保护法》(KSchG)中只落实了有利于消费者的一般担保义务的强制性规定以及一些具体内容,如货物的错误安装或约定担保的要件。[18]

因此,奥地利可能已经过度实施CSD:无论是否存在消费者合同,无论合同具体类型如何,无论合同涉及动产或不动产,也无论该财产的物理性质如何,这些规定都可以被适用[19]。这意味着,根据

---

〔14〕 C. f. Thomas Rainer Schmitt, Gewdhrleistung bei Vertrdgen fber digitale Inhalte (Verlag Osterreich 2017) 71; Brigitta Zochling – Jud, 'Internet der Dinge' in Nikolaus Forgo and Brigitta Zochling – Jud (eds), Das Vertragsrecht des ABGB auf dem Prnfstand: U berlegungen im digitalenZ eitalter (Manz 2018) 276; Cf Thomas Rainer Schmitt, Gewdhrleistung bei Vertrdgen fber digitaleI nhalte (Verlag Osterreich 2017) 71.

〔15〕 udolf Reischauer, '§ 923 ABGB' in Peter Rummel and Meinhard Lukas (eds), ABGB – Kommentar (4th edn, Manz 2018) para 17; 1 Ob 531/77; 8 0b 625/87; 5 Ob 504/96.

〔16〕 Directive 1999/44/EC of the European Parliament and of the Council of 25 May 1999 on certain aspects of the sale of consumer goods and associated guarantees [1999] Ol L171/12.

〔17〕 Rudolf Welser, 'Das neue Gewährleistungsrecht' [2001] ecolex 420; Brigitta Zöchling – Jud, ,Das neue Europäische Gewährleistungsrecht für den Warenhandel [2019] GPR 115; Wolfgang Faber, 'Neues Gewährleistungsrecht und Nachhaltigkeit (Teil I) [2020] VbR 4.

〔18〕 Rudolf Welser and Brigitta Zöchling – Jud, Bürgerliches Recht Ⅱ (14th edn, Manz 2015) 96.

〔19〕 Brigitta Zöchling – Jud, 'Die Richtlinienvorschläge der Kommission über digitale Inhalte und Fernabsatzkaufverträge aus österreichischer Sicht' in Christiane Wendehorst and Brigitta Zöchling – Jud (eds), Ein neues Vertragsrecht für den digitalen Binnenmarkt? (Manz 2016) 10 – 11; Brigitta Zöchling – Jud, '§ 922 – 9336 ABGB' in Andreas Kleteëka and Martin Schauer (eds), ABGB – ON: Kommentar (2nd edn, Manz 2016) para 5.

奥地利现行法律，获取异常的数字内容会受到一般担保条款的约束。

（三）实施《数字内容和数字服务合同指令》和《货物买卖合同指令》的初步考虑

当 DCD 和 SGD 的发展在欧洲越发引人注目时，奥地利已经初步考虑如何实施这两项指令。当然，若和 CSD 一样将指令落实到奥地利《民法典》（ABGB）中，将会过度施行两个指令[20]。再次重申，为所有人和事制定一部统一的担保法是极具诱惑力的。在此意义上，目前的政府方案也以避免法律碎片化为目标，在现有法律中实施欧盟法案，尤其是 SGD 和 DCD[21]。

（四）司法部的计划

然而，司法部的计划则指向一个完全不同的发展方向。它计划制定一个独立的《消费者担保法》（VGG），以落实 SGD 和 DCD 的规定。为避免与计划中的《消费者担保法》（VGG）相抵触，奥地利《民法典》（ABGB）中的条款将只作小幅调整。与此相对应，DCD 中有关数字内容提供和延迟提供的法律后果的条款将在《消费者保护法》（KSchG）中得以落实，KSchG 的立法要旨是将这些条款与

---

〔20〕 Nikolaus Forgó and Brigitta Zöchling – Jud, 'Einleitung in Nikolaus Forgó and Brigitta Zöchling – Jud（eds）, Das Vertragsrecht des ABGB auf dem Prüfstand: Überlegungen im digitalen Zeitalter（Manz 2018）105.

〔21〕 Austrian Government Programme 2020 – 2024，Aus Verantwortung für Österreich" 31.

《欧盟消费者权利指令》[22]的相应实施条款进行合并,因为它们曾被教条式地归入延迟法而非担保法。这同样适用于《消费者保护法》(KSchG)关于合同约定担保的规定,只需根据新指令的要求进行适当调整。

尽管司法部的计划在一定程度上造成了法律的碎片化,但笔者认为其整体上是值得肯定的。以下是支持制定独立的《消费者担保法》(VGG)[23]的几项理由。

首先,应当意识到这两个指令是在欧盟层面上协调一致的,因此成员国一般不得偏离其规定。该指令在内容和措辞使用上大大限制了成员国将其转化为国内法的范围[24]。如果成员国转化法案的措辞偏离了指令的措辞,该国家立法者就必须向欧盟委员会解释理由,在极端情况下甚至会产生侵权诉讼的风险。广泛而详细的指令只能通过一般条款来实施,这是适用这一规则的典型情形。因此,我们毫不意外地看到,近年来奥地利的立法者,相当务实地开始在特别法案中以几乎相同的措辞转化指令,正如关于分时度假、套餐旅游以及远程和非现场合同的做法[25]。

---

〔22〕 2011年10月25日欧洲议会和欧盟理事会《关于消费者权利的第2011/83/EU号指令,修订欧洲议会和欧盟理事会第93/13/EEC号指令和第1999/44EC号指令,并废除欧洲议会和欧盟理事会的第85/577/EEC号指令和第97/7/EC号指令》[2011] L304/64。

〔23〕 See also Nikolaus Forgó and Brigitta Zöchling – Jud, 'Einlei-tung' in Nikolaus Forgó and Brigitta Zöchling – Jud (eds), Das Vertragsrecht des ABGB auf dem Prüfstand: Überlegungen im digitalen Zeitalter (Manz 2018) 105 – 107.

〔24〕 Nikolaus Forgó and Brigitta Zöchling – Jud, 'Einleitung' in Nikolaus Forgó and Brigitta Zöchling – Jud (eds), Das Vertragsrecht des ABGB auf dem Prüfstand: Überlegungen im digitalen Zeitalter (Manz 2018) 105; Brigitta Zöchling – Jud, 'Beweislast und Verjährung im neuen europäischen Gewährleistungsrecht' in Johannes Stabentheiner, Christiane Wendehorst and Brigitta Zöchling – Jud (eds), Das neue europäische Gewährleistungsrecht (Manz 2019) 213.

〔25〕 Nikolaus Forgó and Brigitta Zöchling – Jud, 'Einleitung' in Nikolaus Forgó and Brigitta Zöchling – Jud (eds), Das Vertrags-recht des ABGB auf dem Prüfstand: Überlegungen im digitalen Zeitalter (Manz 2018) 103 – 104.

如果我们仔细研究这些指令的措辞,可以发现其特点在于囊括多类定义和详细规定,这与奥地利《民法典》(ABGB)的实施相矛盾。一般担保法仅由 10 个部分组成(还有一些针对动物的附加担保条款)。尽管不应低估担保和数字化的重要性,但若要在奥地利《民法典》(ABGB)中突然增加 50 个或更多的条款,会显得十分奇怪。如此一来,风格上的断裂将是不可避免的[26]。

此外,无论是在欧盟委员会层面还是在奥地利层面,对所谓的"镀金"(过度执行指令)的某种政治阻力正越发显著[27]。

最后,必须考虑到,指令中的许多规定似乎不适合在消费者领域以外实施,如"非合约性"的定义,尤其是违背合同合约性的客观要求[28]。

总之,司法部计划制定一个独立的《消费者担保法》(VGG)以实施这两个指令,原则上是值得支持的。

---

[26] 关于与《消费者保护法》(KSchG)的实施相矛盾的原因,参见 Nikolaus Forgó and Brigitta Zöchling – Jud, 'Einleitung' in Nikolaus Forgó and Brigitta Zöchling – Jud (eds), Das Vertragsrecht des ABGB auf dem Prüfstand: Überlegungen im digitalen Zeitalter (Manz 2018) 106; Explanatory notes to the Consumer Warranty Act Draft 4。

[27] Frank Burmeister and Erik Staebe, 'Grenzen des sog Gold Plating bei der Umsetzung europäischer Richtli-nien in nationales Recht' [2009] EuR, 444, 456; Doris Lieb-wald, 'Europäische Rechtsbegriffe und österreichische Rechtssprache: Die Transformation von EU – Richtlinien in nationales Recht' [2013] JRP 294, 306; Commission, 'Commu-nication from the Commission to the European Parliament, the Council, the European Economic and Social Committee and the Committee of the Regions' COM(2015) 215 final 8; Commission, 'Communication from the Commission to the European Parliament, the Council, the European Economic and social Committee and the Committee of the Regions' COM(2016) 855 final 11; Barbara Postl, 'Deregulierung von Gold Plating' [2020] ecolex 150, 151 – 153.

[28] See also Brigitta Zöchling – Jud, 'Verträge über digitale In-halte' in Nikolaus Forgo and Brigitta Zöchling – Jud (eds), Das Vertragsrecht des ABGB auf dem Prüfstand: Überlegungen im di-gitalen Zeitalter (Manz 2018) 212; Brigitta Zöchling – Jud, 'Ver-tragsmäßigkeit von Waren und digitalen Inhalten – (recht-zeitige) Bereitstellung digitaler Inhalte' in Markus Artz and Beate Gsell (eds), *Verbraucherverstragsrecht und digitaler Binnenmarkt* (Mohr Siebeck 2018) 123 – 128; Brigitta Zöchling – Jud, 'Das neue Europäische Gewährleistungsrecht für den Warenhandel' [2019] GPR 115, 121; See Herbert Weißenstei-ner, 'Der Mangelbegriff der WarenkaufRL' [2019] ZfRV 202 – 203.

(五)《消费者担保法(草案)》

1. DCD 和 SGD 的合并和系统化

如果我们仔细研究《消费者担保法(草案)》,会注意到这一法案同时实施了两个指令,即 DCD 和 SGD。这有可能填补欧洲法律的一个缺陷;合并两个指令中的平行条款,不仅大大地缩减了文本篇幅,还使规范条款系统化[29]。

《消费者担保法》(VGG)分为四章[30],第一章("总则")不仅规定了范围、定义及其强制性,也合并了两个指令中所有关于合同合约性的规定。在此领域,两个指令的内容非常相似,因此适合合并。

第二章和第三章专门规定了 SGD 和 DCD 中的具体要求("货物买卖的担保"和"数字性能的担保与变更")。这两章包含了两项指令各自对担保的一般原则的规定,如诉讼时效和举证责任倒置以及各种补救措施;在这些方面,两项指令之间的差异过大以至于无法进行统一规定。

此外,两项指令都包含了无法在另一项指令中找到对应条款的规定,例如 DCD 中关于赔偿的规定及其关于变更数字内容和数字服务的规定,SGD 中关于包含数字要素的商品的许多特殊规定。

最后,第四章("诉讼时效和最终条款")规定了关于生效、过渡性法律、强制执行以及时效期限的最终条款。这些条款将合并统一规定在货物和数字内容买卖中。

通过这一系统化的方式,《消费者担保法》(VGG)根据两个指

---

[29] Explanatory notes to the Consumer Warranty Act Draft 4 f.
[30] Explanatory notes to the Consumer Warranty Act Draft 5.

令的54条规定制定了30条规定,以此尝试在语言表达上有所简化。例如,在草案中,"数字内容"和"数字服务"并非总是单独出现,而是合并统一为"数字性能"(digitale Leistungen)这一术语[31]。

2.《消费者担保法》(VGG)的适用范围及其未包含的其他担保条款

《消费者担保法》(VGG)的主客体适用范围都与两个指令的要求相对应[《消费者担保法(草案)》第1条第1款][32]。因此,《消费者担保法》(VGG)只涉及购买商品(包括尚未生产的商品)的消费者合同以及提供数字服务的合同。就对价而言,应当基于对方所付价款或依DCD关于提供个人数据的要求来提供数字服务。[33][《消费者担保法(草案)》第1条第1款第2项]。

当然,这种狭窄的适用范围意味着在《消费者担保法》(VGG)之外还应存在许多其他担保条款。一方面,奥地利《民法典》(ABGB)中的一般担保条款适用于所有B2B和C2C合同,以及所有不属于《消费者担保法》(VGG)实质适用范围的合同(包括

---

[31] Explanatory notes to the Consumer Warranty Act Draft 8.

[32] 相比之下,《消费者保护法》(KSchG)第1条对"消费者"一词的定义更广泛,还包括为准备开展业务而签订合同的自然人,以及(不经营业务的)法人实体。Heinz Krecji,'§1 KSchG' in Peter Rummel and Meinhard Lukas(eds),ABGB – Kommentar(3rd edn,Manz 2002)para 7;Peter Apathy,'§1 KSchG' in Michael Schwimann and Georg Kodek(eds),ABGB:Praxiskommentar(4th edn,Lexis Nexis 2015)paras 8,15;Rudolf Welser and Brigitta Zöchling – Jud,Bürgerliches Recht,vol 2(14th edn,Manz 2015)317;Georg Kathrein and Thomas Schoditsch,'§§ 1 – 42 KSchG' in Helmut Koziol,Peter Bydlinski and Raimund Bollenberger(eds),Kurzkommentar zum ABGB(6th edn,Verlag Österreich 2020)paras 7 – 8.

[33] See Brigitta Zöchling – Jud,'Daten als Leistung' in Nikolaus Forgó and Brigitta Zöchling – Jud(eds),Das Vertragsrecht des ABGB auf dem Prüfstand:Überlegungen im digitalen Zeitalter(Manz 2018)243;Brigitta Zöchling – Jud,'Vertragsmäßigkeit von Waren und digitalen Inhalten –(rechtzeitige)Bereitstellung digitaler Inhalte' in Markus Artz and Beate Gsell(eds),Verbrauchervertragsrecht und digitaler Binnenmarkt(Mohr Siebeck 2018)139.

B2C),主要涉及房地产买卖合同或真正的服务合同。根据立法计划,与 SGD 处于"同一法律位阶"的奥地利《民法典》(ABGB)中的条款将有所调整。例如,以"终止合同"替代术语"Wandlung"(actio redhibitoria),并将修改诉讼时效期间的规定。此外,ABGB 还将保留关于经营者补救措施的规定(奥地利《民法典》第 933b 条),并在内容上进行调整。

另一方面,《消费者保护法》(KSchG)中的特别法律规范将继续存在。就笔者看来,这种法律碎片化是可以避免的。《消费者保护法》(KschG)第 9 条将得以保留,该条款规定了有利于消费者的一般担保条款的强制性。该条款适用于不属于《消费者担保法》(VGG)实质适用范围的合同。同样的情形存在于《消费者保护法》(KSchG)第 9b 条,该条规定了担保的特别规范,并将根据 SGD 的要求进行调整。就笔者看来,至少最后一点应当重新考虑。

3.《消费者担保法》(VGG)中的部分问题

鉴于制定中的《消费者担保法》(VGG)基本上与两个指令的规定相一致,如合同合约性的定义(包括结合主客观要求)、举证责任的规定、消费者的补救措施,本文将不再详细介绍其具体内容。相反,我们强调以下三点,它们在一定程度上代表了奥地利的特殊性。

(1)数字性能和个人数据的提供

众所周知,根据 DCD,在消费者支付价款时,或者在其向经营者提供作为对价的个人数据时,经营者对瑕疵数字服务的担保义务生效(DCD 第 3 条第 1、2 款)[34]。该种情况下,除了 DCD 的规定,

---

[34] Thomas Rainer Schmitt, Gewährleistung bei Verträgen über digitale Inhalte (Verlag Österreich 2017) 168 – 179 Brigitta Zöchling – Jud, 'Daten als Leistung' in Nikolaus Forgó and Brigitta Zöchling – Jud (eds), Das Vertragsrecht des ABGB auf dem Prüfstand: Überlegungen im digitalen Zeitalter (Manz 2018)241.

还必须考虑到《通用数据保护条例》(GDPR)[35]对个人数据的保护，该条例的效力不受 DCD 影响，因此在法律适用上具有优先权。因此，DCD 并不影响以下规定，例如，消费者有权随时撤回对处理其个人数据的同意、消费者的同意应当出于自愿、消费者有权删除其个人信息。当然，这关系到消费者撤回同意后的法律后果问题，特别是在这种情况下，是否同样应当赋予经营者终止履行其义务的权利。该指令似乎给予了成员国实施的自由裁量权。

对此，DCD 序言第 40 条规定："消费者撤回对处理其个人数据的同意时，所涉合同的法律后果不应当由本指令规定，而仍应由所在国国内法规定。"

司法部现计划将此任务交给司法机关。关于同意的自愿性，GDPR 第 7 条第 4 款规定，如果合同约定消费者撤回处理数据的同意将产生对其不利的法律后果，则该合同无效。因此，如果合同约定，"消费者撤回对数据处理的同意的，经营者可以不承担任何责任"，则该合同可能无效。然而，消费者撤回同意对合同产生的法律后果，必须由司法机关根据各合同的具体情况逐一审查。目前尚无法律法规规定诸如"经营者特别终止权"等条款[36]，因为即使在一定程度上涵盖各种可能的案件情况，在一般意义上为所有这些案件

---

〔35〕 Regulation (EU) 2016/679 of the European Parliament and of the Council of 27 April 2016 on the protection of natural persons with regard to the processing of personal data and on the free movement of such data, and repealing Directive 95/46/EC (General Data Protection Regulation) [2016] OJ L119/1.

〔36〕 相比之下，德国实施 DCD 的草案（Entwurf eines Gesetzes zur Änderung des Btirgerlichen Gesetzbuches und des Einftihrungsgesetzes zum Burgerlichen Gesetzbuche in Umsetzung der EURichtlinie zur besseren Durchsetzung und Modernisierung der Verbraucherschutzvorschriften der Union [https://www.bmjv.de/sharedDocs/Gesetzgebungsverfahren/Dokumente/RefE_BereitstellungdigitalerInhalte_2.pdfjsessionid = FA444FDBB2F7EAEB08E4D5544F01EA1.2_cid324?_blob = publicationFile&v = 2] 3 November 2020）在 BGB 第 327q 条中规定，如果消费者撤回对数据处理的同意，经营者有权终止合同。如果不能合理地期望经营者继续维持合同关系，直到合同依约定终止或直到合同或法定终止期限届满，则经营者不受终止期限的约束。

找到适当和平衡的解决方案也是不可行的[37]。因此，在这一重要问题上，必然会出现法律的不确定性。

（2）耐用性[38]

SGD 第 7 条第（1）款第（d）项将耐用性作为货物合约性的客观要求之一，这是消费者可以合理预期同类商品通常具有的属性。根据第 32 条，经营者对货物耐用性的责任，与其说是对个别消费者的保护，不如说是促进消费者养成更可持续消费习惯的一般目标[39]。欧盟特别商品立法将会对经营者的耐用性担保义务进行补充规定，该项立法尚在进程中[40]。

对此，奥地利联邦政府也在其政府计划中设立了促进商品的可持续性以及避免过时的目标，并明确提到实施 SGD 和 DCD 是实现这一目标的手段[41]。因此，《消费者担保法》（VGG）特别强调耐用性也就不足为奇。首先，《消费者担保法（草案）》第 2 条第 11 款采用了 SGD 第 2 条第 13 款的定义：“耐用性”是指商品在正常使用情况下保持其必要功能和性能的能力。根据《消费者担保法（草案）》第 6 条第 2 款第 5 项，耐用性是商品的客观质量要求之一。

然而，实践中对于某些类型的商品，过时的问题非常普遍，《消费者保护法》（KSchG）和《远程和非现场合同法》（FAGG），即实施

---

[37] Explanatory notes to the Consumer Warranty Act Draft 9.

[38] See in detail Wolfgang Faber, 'Neues Gewährleistungsrecht und Nachhaltigkeit (Teil 1)' [2020] VbR 4, Wolfgang Faber, 'Neues Gewährleistungsrecht und Nachhaltigkeit (Teil II)' 2020 VOR 57.

[39] Elize Rudloff, 'Der Vorschlag einer Warenhandels – Richtlinie der EU – Fortschritt auf dem Weg zu mehr Nachhaltigkeit?' [2018] VuR 323; Brigitta Zöchling – Jud, 'Das neue Europäische Gewährleistungsrecht für den Warenhandel' [2019] GPR 115, 122 – 123; Wolfgang Faber, 'Neues Gewährleistungsrecht und Nachhaltigkeit (Teil 1)' [2020] VbR 4.

[40] Brigitta Zöchling – Jud, 'Das neue Europäische Gewährleis-tungsrecht für den Warenhandel' [2019] GPR, 115, 122; Wolfang Faber, 'Neues Gewährleistungsrecht und Nachhaltigkeit (Teil II) [2020] VbR 57, 59.

[41] Austrian Government Programme 2020 – 2024 „Aus Verantwortung für Österreich" 31.

CSD 的特别法案,规定了具体的通知的先合同义务。

其次,根据《消费者保护法》(KSchG)第 5a 条第 1 款第 5 项和第 4 条第 1 款第 1 项的规定,经营者必须在签订包含数字要素的商品或纺织服装的合同前,告知消费者商品在正常使用中的最低耐用性。根据 SGD 的要求,这种先合同信息明确了消费者的合法期望,简单地说,成为合同的标的[42]。

最后,《消费者担保法(草案)》第 10 条第 5 款延长了商品(包括包含数字要素的商品)的担保期间。虽然经营者通常必须对交付后 2 年内出现的商品瑕疵承担担保责任(《消费者担保法(草案)》第 10 条第 1 款),但对于在正常使用情况下耐用性远超 2 年的货物,则适用 5 年的担保期间。因此,如商品在 5 年内出现明显瑕疵,经营者应当承担责任。相关的典型规定是挪威《消费者商品销售法》第 27 条。

在不对该提案作进一步评论的情况下,可以说该草案至少在技术上是可以改进的,因为目前它提出的问题多于解决的问题[43]。因为奥地利的贸易正受到严重歧视的威胁,草案在法律政策方面也存在疑问。同样,鉴于制造商通常在国外,为所有包含数字要素的商品确定最低耐用日期的义务似乎并不合适[44]。然而,政府始终未作出政策性决定。

(3)担保和诉讼时效期间

最后一点要讨论的是担保期间和诉讼时效期间。《消费者担保法》(VGG)首先遵循了指令的规定,区分了商品显现了非合约性而要求经营者承担责任的期限和消费者通过诉讼行使其权利的期限。

---

〔42〕 Wolfgang Faber, 'Neues Gewährleistungsrecht und Nachhaltigkeit (Teil I)' 〔2020〕VbR 4, 5.

〔43〕 C. f. Wolfgang Faber, 'Neues Gewährleistungsrecht und Nachhaltigkeit (Teil II)' 〔2020〕VbR 57, 60.

〔44〕 Wolfgang Faber, 'Neues Gewährleistungsrecht und Nachhaltigkeit (Teil II)' 〔2020〕VbR 57, 59.

第一个期限被称为担保期间,而第二个期限则被称为诉讼时效期间[45]。除了已经提到的耐用性瑕疵,《消费者担保法(草案)》对担保期间采用了两个指令的规定,即第二章第 10 条中关于商品的规定和第三章第 17 条中关于数字服务的规定[46]。

关于时效期间,第四章第 27 条就商品和数字服务的期间统一规定,消费者的担保权利在各自的担保期间结束的 6 个月后失效。

对于一次性或单独提供的商品和数字服务,经营者的责任期限延长至交付商品或提供服务后的 2.5 年。对于长期提供的数字服务,经营者的责任期限为提供义务结束后的 6 个月。

将诉讼时效期间延长至 2.5 年主要基于以下理由:如果瑕疵出现在担保期间届满之前,那么在极端情况下,在将近 2 年之后,消费者仍有足够的时间通过提起诉讼行使权利。此时,立法采用了有效解释原则(principle of effet utile)。在笔者看来,两项指令并不要求作出这样的期限延长[47],然而,尽管指令在欧盟层面上已经协调统一,但是它们这一做法仍很有可能成为政治讨论的主题。

(六)总结

总而言之,第一,司法部关于实施 SGD 和 DCD 的计划,原则上是值得肯定的。计划的法律体系,特别是制定单独的《消费者担保法》也同样值得肯定。第二,应当重新考虑在《消费者保护法》

---

[45] Brigitta Zöchling – Jud, 'Das neue Europäische Gewährleis-tungsrecht für den Warenhandel' [2019] GPR 115, 131; Brigitta Zöchling – Jud, 'Beweislast und Verjährung im neuen europäischen Gewährleistungsrecht' in Johannes Stabent-heiner, Christiane Wendehorst and Brigitta Zöchling – Jud (eds), Das neue europäische Gewährleistungsrecht (Manz 2019) 207.

[46] 所有权瑕疵另作单独规定。

[47] Brigitta Zöchling – Jud, 'Das neue Europäische Gewährleis-tungsrecht für den Warenhandel' [2019] GPR 115, 132.

(KSchG)中同时保留特别担保条款的做法,特别是关于合同担保的规定。第三,司法部的提案还包含了有争议的法律政策问题,这必将成为奥地利政治讨论的主题。

七、数字内容和数字服务合同下个人信息的新功能

[塞尔维亚]斯洛博达·米多罗维奇

米洛斯·塞库利奇*

本文探讨了最近通过的《数字内容和数字服务合同指令》(以下简称DCD),重点关注其主要创新之处,即消费者可能通过提供个人数据来代

---

* 斯洛博达·米多罗维奇(Sloboda D. Midorovic),任教于诺维萨德大学法学院民法学系,著有 Disposing of the Joint Parts of the Building and the Land Needed for Its Use by the Future Condominium Owners in Favor of the Investor When Concluding Purchase and Sales Agreement 等;米洛斯·塞库利奇(Milos B. Sekulic),诺维萨德大学民法学系博士生,著有 Personal Data Protection from the Criminal Law Perspective、Different concepts of strict liability: The draft common frame of reference and the principles of European Tort Law as role models for Serbian Law? 等。原文载于诺维萨德大学法学院论文集第 53 卷第 3 期,第 1145—1166 页,并发表于 2019 年 10 月 3 日至 4 日在诺维萨德大学法学院举行的国际科学会议"法律传统与新的法律挑战"上。

本文探讨了《数字内容和数字服务合同指令》(DCD)的主要创新之处,即允许消费者通过提供个人数据来代替支付价款以换取数字内容或数字服务,本文分析了 DCD 与 GDPR 的关系,并探讨了塞尔维亚法律体系中适用 DCD 的理由和立法建议,为塞尔维亚提供一个参考模型,帮助其调整和完善国内法律,亦可供其他欧洲国家的数字法领域发展借鉴。

替支付价款以换取数字内容或数字服务。虽然这种现象实践中早已有之,但 DCD 是欧盟将该实践制度化的第一个文件,专门针对此类合同履行设计了法律架构。在 DCD 通过之前,主要的关注点是如何协调围绕个人数据而产生的矛盾:一方面,个人数据权利是一项基本人权;另一方面,在数字化环境中,这些数据被作为合同对象来使用的情况日益增多。鉴于协调个人数据这两个方面的需求,欧盟委员会对 DCD 提案进行了一些修改。这些修改明确参考了《通用数据保护条例》(GDPR)中在欧盟层面现存个人数据的保护制度。除了 DCD 的相关解决方案,本文亦要探讨塞尔维亚法律体系中适用 DCD 的理由,并提出最合适的立法建议。

(一)引论

互联网、信息技术和电子通信的膨胀是现代社会的坐标。在此种情况下,人们越来越依赖电脑、手机和其他电子设备来处理事务、组织日常工作、满足个人需求。同时,人们所需要的数据和服务(数字服务)也越来越多地以数字形式(数字内容)出现。[1] 例如,以前的纸质书籍和杂志现在都有了电子版本(如亚马逊提供的数字内容),音乐和电影之类的视听内容也可在互联网上获取(如YouTube、Deezer 和 HBO 提供的数字内容),还有许多平台提供地理定位的数字服务(如谷歌地图)。此外,社交网络(如 Facebook、Twitter)提供的数字服务也很普遍,同时,使用手机几乎离不开应用

---

〔1〕 根据欧盟统计局进行的一项调查,2018 年,在欧盟内部,89%的家庭可以上网,而在塞尔维亚,这一比例为 73%。同一调查显示,在这一年中,超过 50%的欧盟公民在网上订购了某些产品或服务,而在塞尔维亚,这一比例超过了 30%。关于此调查的更多信息,详参见 Eurostat, Community survey on ICT usage in households and by individuals, https://ec. europa. eu/eurostat/statistics-explained/index. php? title = Digital-economy_and society statistics-households and individuals, accessed 07. 09. 2019。

程序等数字内容,而云计算服务[2](如 Google Drive)的使用频率也不断增加。[3]

从"模拟"世界向"数字"世界的过渡必然会影响个人数据的隐私性和重要性。个人数据(如姓名、个人住所、电子邮箱地址等)对个人具有价值,提供数字内容和数字服务的公司对这些数据也有很高的需求。为了提高服务质量、确定用户情况、根据用户的习惯和需求定制内容、制作广告等,它们也需要大量的个人数据。对数字内容和数字服务提供者来说,数据往往比金钱本身更有价值,这导致了对个人数据的大规模处理,并在全球范围内形成了庞大的数据集合[4]。数字内容和数字服务供应合同这一新的商业模式,恰恰要求经营者以一种"用数据付费"的形式收集消费者的个人数据,该收集行为的频率之高已不容忽视[5]。在这种形式下,消费者为看似免费的服务支付了一定对价。[6]

---

[2] 有关云计算概念的更多信息,see:Sanja Radovanovid,„Upotreba ra~unarskog programa u Cloud Computing-u",Zbornik radova Pravnog fakulteta u Novom Sadu,3/2013,343-344.

[3] 关于数字内容和数字服务的形式,see:Marco B. M. Loos et al.,„Digital Content Contracts for Consumers",Journal of Consumer Policy,Vol.36,1/2013,39 and Lilian Mitrou,„The General Data Protection Regulation:A Law for the Digital Age",in:Tatiana-Eleni Synodinou et. al(ed.),EU Internet Law:Regulation and Enforcement,Springer 2017,20.

[4] Andrej Diligenski,Dragan Prija,Dra~en Cerovi6,Pravo zastite podataka《通用数据保护条例》,Beograd 2018,7.

[5] Axel Metzger et al.,„Data-Related Aspects of the Digital Content Directive",Journal of Intellectual Property,Information Technology and E-commerce Law Vol.9,1/2018,93.

[6] In addition to being described as having economic value as money payable to the trader,personal data is very often an integral part of the service provided by the trader. For example,it is impossible to provide a service for measuring one's physical activity without the data on the location of the consumer,because then one would not know the distance he/she has travelled. See:Natalie Helberger,Frederick Zuiderveen,Agustin Reyna,„The Perfect Match:A Closer Look at the Relationship between EU Consumer Law and Data Protection Law",Common Market Law Review,Vol.54,5/2017,1430.

欧盟已对此作出回应,通过 2019 年 6 月 11 日生效的 DCD[7]对此类合同的某些方面作了规范。根据 DCD 的规定,欧盟成员国必须协调其国内立法,并从 2022 年 1 月 1 日起适用这些规定[8]。DCD 引发了大量争议,焦点在于从数据保护权的角度规范此类合同的合理性问题,即欧盟将个人数据货币化以及合法化是否偏离了将个人数据作为一项基本人权进行全面保护的初衷[9]。只有对整个问题进行全面分析,并研究 DCD 与作为欧盟个人数据保护权利基础的 GDPR[10](2018 年 5 月 25 日实施)的关系[11],才能回答这个问题。对这些问题的分析论证,将回答塞尔维亚法律是否有必要采用 DCD 这一解决方案这一问题。

(二)欧盟和塞尔维亚法律下的个人数据

在欧盟法下,个人数据保护的权利主要包含在 GDPR 中。该法规取代了此前的《数据保护指令》[12],因后者无法充分应对技术发展和日益泛滥的非法数据处理问题[13]。

---

[7] Directive 2019/770 of the European Parliament and of the Council of 20 May 2019 on certain aspects concerning contracts for the supply of digital content and digital services, Official Journal of the European Union, L 136/1, 22.05.2019.

[8] Art. 24 of the DCD.

[9] 《欧盟基本权利宪章》第 8 条规定了保护个人数据的权利,2012/C/326/02, Official Journal of the European Union, C 326/391, 26.10.2012。

[10] 2016 年 4 月 27 日欧洲议会和理事会第 2016/679 号条例,关于在个人数据处理和此类数据自由流通方面保护自然人,并废除指令 95/46/EC,欧盟官方公报,L 119/1,2016 年 5 月 4 日。

[11] 《通用数据保护条例》第 94 条。

[12] Directive 95/46/EC of the European Parliament and of the Council of 24 October 1995 on the protection of individuals with regard to the processing of personal data and on the free movement of such data, Official Journal of the European Union, L 281, 23.11.1995.

[13] A. Diligenski, D. Prlja, D. Cerović, op. cit, 11.

GDPR 能够确保个人数据的规则的统一适用[14],是因为它统一了该领域下的各国立法,而且可以直接适用于所有欧盟成员国,所以在个人数据处理方面达到了高度的法律确定性(legal certainty)。概言之,GDPR 可以说是对技术和社会现象的有效回应,而此前的《数据保护指令》则未能实现这一效果。[15]

除篇幅不少的序言之外,GDPR 有约束力的部分包含主体、目标、适用范围的相关规范,其规定了数据处理的原则和合法性、个人权利、隐私保护设计、默认保护隐私、处理活动记录、数据处理安全、隐私风险评估、数据保护影响评估、个人信息泄露报告、数据保护官的授权对象等。GDPR 还包含大量开放性条款,这为各成员国国内立法者对具体问题作出规定留下空间。[16]

GDPR 适用于全部或部分以自动化手段处理的个人数据,以及构成或可能构成存档系统的一部分非自动化手段处理的个人数据。但是,它不适用于以下个人数据处理情况:(1)不属于欧盟法律管辖的活动范围;(2)成员国在开展《欧盟条约》第五篇第二章范围内的活动;(3)自然人的纯粹个人或者家庭活动的过程;(4)主管当局出于预防、调查、侦查或起诉刑事犯罪或执行刑事处罚的目的,包括保障和预防对公共安全的威胁;(5)欧盟各机构、团体、办事处和代理机构;(6)中介服务提供商的责任规则。[17]

关于地域适用范围,GDPR 适用于数据控制者或数据处理者进行的与在欧盟境内的营业地有关的个人数据处理行为,无论这些数据的处理行为是否在欧盟境内发生。此外,它还适用于任何在欧盟

---

[14] Irene Loizidou Nicolaidou, Constantinos Georgiades, The GDPR: New Horizons", in: Tatiana - Eleni Synodinou et. al. (ed.), EU Internet Law: Regulation and Enforcement, Springer 2017, 6.

[15] L. Mitrou, op. cit, 20.

[16] For a review of open clauses, see: A. Diligenski, D. Prlja, D. Cerovi6, op. cit, 17 - 21.

[17] Art. 2 of the GDPR.

境内没有营业地的数据控制者或者数据处理者与如下情形有关的个人数据处理行为:(1)该个人数据的处理行为与向欧盟的数据主体提供商品或者服务有关(无论数据主体是否被要求付费);(2)监控在欧盟的数据主体在欧盟内发生的行为。[18]

根据 GDPR,个人数据是指与已识别或可识别的自然人("数据主体",data subject)有关的任何信息。可识别的自然人是指可以直接或间接识别的自然人,尤其是通过姓名、身份号码、位置数据、通过参照在线识别符等,或者通过参照该自然人一个以上的身体、生理、遗传、精神、经济、文化或社会身份等要素可识别的人。[19] 不难发现,这种个人数据的定义极为宽泛。

此外,GDPR 的序言说明了网络语境之下个人数据的含义,并在该部分明确自然人的身份也可以通过网络标识符来识别。因此,自然人可能与其设备、应用程序、工具和协议提供的在线标识符相关联,如互联网协议地址、Cookie 标识符或其他标识符,如射频识别标签(radio frequency identification tags)。用户在网络平台留下的痕迹(即所谓"数字脚印")可用于创建自然人档案、识别自然人身份,[20]尤其是在服务器与收到的唯一标识符和其他信息相结合时。

欧盟内部有其他立法对隐私权和个人数据保护作出规定,其中值得一提的是《电子隐私指令》[21],该指令涉及通过欧盟公共通信网络提供的公共电子通信服务领域个人数据的处理和隐私权的保

---

[18] Art. 3 of the GDPR.
[19] Art. 4.1 of the GDPR.
[20] Recital 30 of the GDPR.
[21] Directive 2002/58/EC of the European Parliament and of the Council of 12 July 2002 concerning the processing of personal data and the protection of privacy in the electronic communications sector, Official Journal of the European Union, L 201/37, 31.07.2002.

护。欧盟的这一立法将来可能会被一项已起草完毕的条例取代。[22]

在塞尔维亚立法方面，新的《个人数据保护法》[23]于 2018 年 11 月 21 日生效，自 2019 年 8 月 21 日起适用，其规定与 GDPR 几乎完全相同。如此一来，塞尔维亚在这一领域获得了一项现代法规（received a modern regulation），但实际执行情况如何还有待观察。

（三）欧盟关于提供数字内容和数字服务的法律制度

1.《欧洲共同销售法(草案)》和数字化单一市场战略

制定 DCD 并非欧盟在规范数字内容或数字服务供应合同方面的唯一立法项目。从某种程度上说，DCD 是对早在 2011 年提出了《欧洲共同销售法(草案)》[24]（以下简称 CESL 草案）的修改。

CESL 草案是为制定单一的欧洲合同法[25]而采取的第一个具体举措，其原本是欧盟公民抵制国家法律束缚的第一项提议[26]。

---

[22] Proposal for a Regulation of the European Parliament and of the Council concerning the respect for private life and the protection of personal data in electronic communications and repealing Directive 2002/58/EC, https://eur-lex.europa.eu/legal-content/EN/TXT/ PDF/? uri = CELEX：52017PC0010&from = EN, accessed 07.09.2019.

[23] Personal Data Protection Act, Official Gazette of the Republic of Serbia, no.87/2018.

[24] Proposal for a Regulation of the European Parliament and of the Council on a Common European Sales Law, https：//eur-lex.europa.eu/legal-content/EN/TXT/? uri = CELEX / 3A52011 – PC0635, accessed 07.09.2019.

[25] Thalia Prastitou Merdi,同前注, The Proposed New Digital Single Market Contract Law Directives：A New Start for Digital European Contract Law,同前注, in：Tatiana – Eleni Synodinou et al.（ed.）, EU Internet Law：Regulation and Enforcement, Springer 2017, 126。26 Christian von Bar, Evropski razmisljati o privatnom pravu, Evropski pravnik, Vol. 13, 1/2015, 13。

[26] Christian von Bar, Evropski razmisljati o privatnom pravu", Evropski pravnik, Vol.13, 1/2015, 13.

此外，它还被认为是一种选择性适用法律（optional instrument），只有在当事人约定的情况下才适用于跨国贸易。[27] 因此，它适用的前提是当事人自愿，并在成员国国内法现有规范之外建立另一种法律制度。[28] 有人认为，CESL 草案适用于销售合同、数字内容提供合同（无论消费者是否完成支付）以及数字服务合同中（无论是否规定对价）[29]的具体问题[30]，且其不仅适用于商家与用户之间的合同（B2C 合同），而且还适用于企业与企业之间的合同（B2B 合同）。[31]

根据该提案，CESL 草案被视为统一不同国家规则（包括数字内容供应规范）的工具，但由于没有得到欧盟理事会的支持，该项目被放弃了。[32]

由于跨境货物贸易的障碍主要存在于网络空间并且阻碍了消费者和经营者从数字经济中获益，导致单一市场的运作难以为继，因此欧盟委员会于 2015 年推出数字化单一市场战略（DSMS）[33]来取代 CESL 草案。[34] DSMS 涉及许多问题，其中包括欧洲版权

---

〔27〕 Art. 3 of the CESL Proposal.

〔28〕 Recital 9 of the CESL Proposal.

〔29〕 Art. 5 of the CESL Proposal.

〔30〕 《欧洲共同买卖法（草案）》省略了合同无效、所有权从卖方转移到买方等问题。参见 Marco B. M. Loos, Not Good But Certainly Content: The Proposals for European Harmonisation of Online and Distance Selling of Goods and the Supply of Digital Content, in: Claeys Ignace, Terryn Evelyne (ed.), Digital Content and Distance Sales: New Developments at EU Level, Intersentia Ltd, Cambridge – Anrwerp – Portland 2017, 12。

〔31〕 A rt. 7 of the CESL Proposal.

〔32〕 除其他事项外，欧盟成员国并没有对建立一个与国家法律制度平行的法律制度或对《经济、社会和文化权利公约》的内容表现出特别的热情，因其性质并没有使人相信缔约方将其作为适用对象。此外，提议的解决方案会使监管变得过于复杂，参见 Marco B. M. Loos, op. cit, 2017, 13。

〔33〕 欧盟委员会致欧洲议会、理事会、欧洲经济和社会委员会以及区域委员会的决定：欧盟数字化单一市场战略，https://eur-lex. europa. eu/legal-content/EN/TXT/PDF/? uri = CELEX:52015DC0192&from = EN，accessed 07. 09. 2019。

〔34〕 Johanna Hoekstra, Aysem Diker – Vanberg, The Proposed Directive for the Supply of Digital Content: Is it Fit for Purpose?, International Review of Law, Computers & Technology, Vol. 33, 1/2019, 103.

法改制、协调与电子商务有关的合同法条款、审查视听媒体规则、互联网地域屏蔽、跨境销售和在线平台、欧盟电信规则改革、数字服务、个人数据处理以及建立安全的数据驱动型经济。[35]

　　DSMS 指出,欧盟委员将在 2015 年底前提出一份修订后的提案。该提案涵盖统一的欧盟数字内容在线购买规则,以及允许经营者依据以一系列重点突出的欧盟合同权利为基础而制定的国内法[36],对有形商品进行国内和跨境在线销售。欧盟正是在这一规定的基础上起草了 DCD 提案,该提案随后生效并开始适用。此外,欧盟委员会还起草了《在线销售指令》[37](OSD)的草案,该草案尚未生效。

2. 作为协调手段的 DCD

　　欧盟委员会将 DCD 和 OSD 作为实现 DSMS 目标的工具,即 DCD 被作为统一数字内容和数字服务供应领域国家法规的工具,而 OSD 作为协调在线和其他远程销售商品(数字内容和数字服务除外)领域的工具。[38]

　　就 DCD 而言,它包含了一套有利于最大限度统一的精准法律

---

　　[35]　Ibid, 103.

　　[36]　DSMS, 4.

　　[37]　欧洲议会和欧洲理事会关于网上和其他远程货物销售合同某些方面的指令提案, https://eur-lex. europa. eu/legal-content/EN/TXT/PDF/? uri = CELEX: 52015PC0635& from = EN,07.09.2019。

　　[38]　在对 DCD 提案的解释中,欧盟委员会阐述了为什么选择使成员国可以自由地根据其国内立法调整实施,而不必包含这种详细规则(例如,成员国自己决定提供数字内容和数字服务的合同是否被归类为销售、服务、租赁或某类特殊合同),与条例不同,因为它是直接适用的,因此可能损害国家法律制度的一致性。参见 European Commission, Proposal for a Directive of the European Parliament and of the Council on certain aspects of contracts for the supply of digital content and digital services, https://eur-lex. europa. eu/legal-content/EN/ TXT / PDF / rush = CELEX: 52015PC0634 & from = EN, 07. 09. 2019。

制度[39]。这意味着欧盟成员国既不能制定不同于 DCD 内容的规则,也不能制定低于或高于 DCD 所规定的消费者保护水平的规则。[40] 这些规则主要针对提供数字内容或数字服务的 B2C 合同的某些方面,或其他欧盟立法未规范的具体问题。因此,DCD 对以下方面作出了规定:(1)数字内容或数字服务是否符合合同约定;(2)不符合合同约定或未能提供数字内容或数字服务时的救济途径,以及行使这些救济途径的方式;(3)数字内容或数字服务的修改。[41]

因此,DCD 通过详细的规则填补了《欧盟消费者权利指令》(CRD)存在的空白。[42] 它补充了规范数字内容和数字服务供应合同的法律框架,主要内容包括:《欧盟消费者权利指令》[43]主要规范订约前的信息需求(precontractual information requirements)和撤回权;《电子商务指令》[44]对电子合同进行部分规范;《消费者合同中的不公平条款指令》[45]中关于不公平控制的通用条款。

---

[39] 关于最小和最大协调程度之间的差异,参见 Simon Geiregat and Reinhard Steennot, Proposal for a Directive on Digital Content: Scope of Application and Liability for a Lack on Conformity, in: Claeys Ignace, Terryn Evelyne (ed.), Digital Content and Distance Sales: New Developments at EU Level, Intersentia Ltd, Cambridge – Anrwerp – Portland 2017, 98。

[40] Art. 4 of the DCD.

[41] Art. 1 of the DCD.

[42] The Commission, 3.

[43] 2011 年 10 月 25 日,欧洲议会和欧洲理事会指令 2011/83/EU,关于消费者权利,其修订了欧洲议会和理事会指令 93/13/EEC 和指令 1999/44/EC,废止欧洲议会和理事会指令 85/577/EEC 和指令 97/7/EC,欧盟官方公报,L 304/64, 2011 年 11 月 22 日。

[44] 2000 年 6 月 8 日,欧洲议会和欧洲理事会第 2000/31/EC 号指令,关于内部市场中信息社会服务,特别是电子商务法律,欧盟官方公报,L178/1,2000 年 7 月 17 日。

[45] 1993 年 4 月 5 日,欧洲理事会关于消费者合同中不公平条款的第 93/13/EEC 号指令,《欧洲联盟官方公报》,L 95/29,1993 年 4 月 21 日。

鉴于上述情况，DCD 的重要性及其积极影响是毋庸置疑的。[46] 这是欧盟第一部（也是唯一一部）专门针对数字内容和数字服务的供应的法规。DCD 认识到数字时代产品的价值以及将其供应置于法律框架下的必要性，这使法律更契合现有社会现实，包括其数字形式。如果欧盟没有通过 DCD，那么并非所有欧盟成员国都会对数字内容或数字服务的供应合同作出规定。即使它们对这一事项进行了规范，它们的规则也可能彼此不同。

尽管如此，DCD 仍受到了专家和公众的批评。最大限度统一法律的反对者认为，DCD 会导致一些国家降低消费者保护标准，[47] 使国家法律体系支离破碎，并依据其他法律削弱消费者保护之力度。[48]

（四）适用 DCD 的动机

有形商品的消费者几十年来一直受到特殊保护，与此不同，数字消费者的概念直到最近才引起立法者的更多关注。尽管数字市

---

〔46〕 目前，只有两个欧盟成员国对数字内容和数字服务供应合同有具体规定，即英国和荷兰。例如，在德国，通过对比，适用于有形货物的一般法律规则被适用，而在法国则并非如此，此类合同不受任何方式的管制。See: European Parliament, Briefing EU Legislation in Progress: Contracts for suply of digital content to counsumers. http://www.europarl. europa. eu/RegData/etudes/BRIE/2016/581980/EPRS - BRI%/282016%/29581980_EN. pdf, pp. 3 - 4, accessed 07. 09. 2019; Rosa Mila Rafel, 同前注, The Directive Proposals on Online Sales and Supply of Digital Content (Part 1): will the new rules attain their their objective of reducing legal complexity?, 同前注, IDP Revista D'Internet Dret i Politica, 23/2016, 10 - 11。

〔47〕 T. P. Merdi, 130 - 131.

〔48〕 Gert Straetmans, Shana Meys, „The New Proposals for Directives Concerning Digital Content and Online/Distance Sales: What Impact on Consumer Protection?", in: Claeys Ignace, Terryn Evelyne (ed.), Digital Content and Distance Sales: New Developments at EU Level, Intersentia Ltd, Cambridge - Anrwerp - Portland 2017, 353 - 354.

场在相当长的一段时间内呈现明显的扩张态势,但监管没有跟上市场发展的步伐。[49] 事实上,数字技术的迅猛发展似乎在许多方面已经将应对社会现实的法律监管抛之脑后——用个人数据代替金钱"支付",以获取要求越来越高的数字内容和数字服务,是一种非常普遍的现象。消费者表示同意允许经营者出于商业目的处理其个人数据,这就引发了一个问题:这类消费者是否应像"普通"消费者(即支付价款的消费者)一样受到保护?这一问题首次将传统上分离的个人数据保护规则和消费者保护规则纳入同一领域。[50]

毋庸置疑,个人数据具有巨大的创收潜力,因为这些数据可用于各种商业目的,如广告、优化现有产品或开发新产品、根据消费者的偏好定制数字内容和服务等,以期获得更多消费者的关注,从而获得更高利润;还可以将一个市场参与者已有的个人数据出售给另一个市场参与者,以促进与潜在用户和(或)买家的交易。个人数据可被视为经济资产(economic asset),由此可推,建立在同意处理这些数据以换取数字内容或数字服务基础上的交易不能被视为无偿。[51] 也就是说,一项服务或物品不要求任何对价即可获得,则被视为是无偿的。一旦消费者有义务同意经营者对个人信息的处理,相对而言(vis a vis)经营者就有义务使消费者能够获取数字内容或提供数字服务,那么在此情况下,就不存在无偿(gratuitous)关系,而只存在交换(quid pro quo)关系。因此,将此类服务宣传为免费服务应被视为不正当的商业行为,其目的是欺骗潜在消费者,诱

---

[49] Natali Helberger et al,„Digital Content Contracts for Consumers",Journal of Consumer Policy,Springer 2013,38;Chris Jay Hoofnagle,Jan Whittington,„Free:Accounting for the Costs of the Internet's Most Popular Price",UCLA Law Review Vol.61/2014,611.

[50] N. Helberger,F. Zuiderveen Borgesius,A. Reyna,op. cit,2017,1427,1428.

[51] Carmen Langhanke,Martin Schmidt - Kessel,,,Consumer Data as Consideration',Journal of European Consumer and Market Law,6/2015,219.

使他们在没有充分了解与之相关的所有风险的情况下进行交易。[52]

事实上,新时代的商业模式依赖于对用户个人数据的处理,将其作为一种"替代货币"(an alternative currency),或者说是货币的替代品。[53] 这些新的商业模式督促立法者提供一个法律框架,以确保其消费者享有权利和一系列法律救济途径。[54] 此外,在合理预期方面,也没有理由对这两类消费者区别对待,认为提供个人数据的消费者在数字内容和数字服务的质量和功能方面的预期应当低于支付价款的消费者。[55] 金钱与个人数据均体现一定的价值,因此没有理由对这两类消费者区别对待。[56]

这两类消费者的平等化(equalisation)使有资格获得 DCD 保护的消费者总量大幅增加。这一发展可以说是纠正了以往法规对于数字内容和数字服务的广大非付费用户群体的忽视,尽管这些群体可能无意识地泄露了自己的个人隐私。虽然消除这两类消费者之间的歧

---

[52] Ibid, 218.

[53] Romain Robert, Lara Smit, „The proposal for a directive on digital content: a complex relationship with data protection law", ERA Forum 2018, 160, 161.

[54] M adalena Narciso, „'Gratuitous' Digital Content Contracts in EU Consumer Law", Journal of European Consumer and Market Law 5/2017, 198.

[55] N. Helberger, F. Zuiderveen Borgesius, A. Reyna, op. cit, 1448; A. Metzger et. al,同前注,91; M. Narciso, op. cit, 198。关于相反观点,参见 Marco et. al, Analysis of the applicable legal frameworks and suggestions for the contours of a model system of consumer protection in relation to digital content contracts, University of Amsterdam, Centre for the Study of European Contract Law (CSECL), Institute for Information Law (IViR), Amsterdam Centre for Law and Economics (ACLE), Final Report Comparative analysis, Law & Economics analysis, assessment and development of recommendations for possible future rules on digital content contracts, (publication year not available in the Internet source),180。https://dare.uva.nl/search? identifier = 7d3d806d - 8315 - 4aa6 - 8fb6 - 1fc565d2b557 accessed 20.10.2019。

[56] 欧洲数据保护专员公署, Opinion 4/2017 on the Proposal for a Directive on certain Aspects concerning contracts for the supply of digital content, 14 March 2017, 12. https://edps.europa.eu/sites/edp/files/publication/17 - 03 - 14 _ opinion digital content en.pdf, 6.12.2019。

视性待遇是 DCD 要达到的主要目的之一,但支付价款与提供个人数据这两种不同的合同履行方式,本身就无法保证这两类消费者享有完全相同的权利和法律补救措施——这一点将在下文详细阐述。

(五)从草案到终稿

尽管提供个人数据以代替金钱来交换各种数字内容和数字服务的做法已经司空见惯,但在通过 DCD 之前,这种现实情况并没有在法律中得到解决。这就是该创举不仅引发了大量的学术争论,而且引起欧盟当局反应的原因,其中欧盟数据保护监管机构(the European Data Protection Supervisor,EDPS)的反应最为突出。讨论的中心内容是要把个人信息的保护作为基本人权与个人数据作为商品这两个方面予以同等考虑。确切地说,目前亟待回答的问题是,如何在个人信息应作为基本人权保护与社会中出现的消费者愈加愿意同意经营者处理其个人信息以获得数字内容或数字服务之间找到平衡。根据法律专家和专业机构提出的意见,DCD 的最终措辞作了一些修改,其中一部分仅涉及概念表达,另一部分则影响 DCD 的实质内容。

EDPS 指出了一个重要的术语问题。在考虑到提供个人数据而不是金钱这一现有社会现象,[57] EDPS 敦促欧盟立法者在涉及个人数据时使用"对偿"(counter-performance)这一术语,以便与个人数据的货币化保持距离,即避免将个人数据降格为单纯的消费者利益。在 EDPS 的坚持下,DCD 删除了"对偿"这一表达。然而,这种术语上的变化是否真的提高了 DCD 的立法质量,仍存争议。虽然 EDPS 的动机在某种程度上是合理的,但很难断言这种改变会给双

---

[57] European Data Protection Supervisor, op. cit, 3, 7, 10.

务合同的结构带来任何实质性的变化。该合同的定义是,合同一方的履约与合同另一方的对偿之间存在一种关系。因此,这种变化似乎并没有改变消费者与经营者之间关系的结构。[58] 一方履行合同的事实在提供个人数据的意义上具有一定特性,但这并不意味着可以否认它本身仍属履约的性质。

关于建议解决方案的实质内容,最突出的意见之一不是 EDPS 提出的,而是审查草案的所有法学专家。根据该意见关于最初建议的条款,只有在消费者"主动将其个人数据"提供给经营者的情况下,DCD 才能适用。这一表述隐含地将主动提供个人数据的反面——被动提供个人数据——排除在 DCD 的适用范围之外。这种解决方式受到了严重批评,具体有以下几个原因:首先,这种区分站不住脚,并且在现行有效的个人数据保护法规中也找不到任何依据;其次,没有合理的理由解释为什么那些被秘密跟踪、个人信息被用于谋利的消费者不能与主动提供个人信息的消费者享有同等保护。因此,这种基于收集个人信息的方式而区分消费者反过来只会鼓励经营者依赖被动的个人数据收集方法来规避 DCD 的适用,从而导致消费者的个人信息被滥用。[59] 这一建议影响了 DCD 在最终术语上的抉择,故而目前的 DCD 只提及"个人数据"这一概念。

(六)将提供个人数据作为合同义务的客体

承诺同意处理个人数据以换取数字内容或数字服务并不违反

---

[58] See Art. 3 of the DCD.

[59] R. Robert, L. Smit, op. cit, 166; European Law Institute, Statement of the European Law Institute „On the European Commission's Proposed Directive on the Supply of Digital Content to Consumers", COM(2015)634 final, 15; European Data Protection Supervisor, op. cit, 12; A. Metzger et. al. op. cit, 94, 96; N. Helberger, F. Zuiderveen Borgesius, A. Reyna, op. cit,1447.

现行法律规定。换句话说,没有任何规则(无论是《欧盟基本权利宪章》还是 GDPR)禁止消费者授权另一合同方(即经营者)将个人数据作为合同义务的客体进行处理。因此,这种同意可以作为合同义务的有效客体。[60] 尽管法律并不阻止这种做法,但在通过 DCD 之前,欧盟的任何法律渊源都没有明文规定这种可能性。此外,在欧盟层面通过的软法(soft law),如《欧盟合同法原则》[61]和《欧洲示范民法典草案》[62],也没有明确规定这种可能性。考虑到这两种监管模式都是在数字市场发展初期制定的,就不足为奇了,因为当时数字市场的发展还在初始阶段,人们难以预见到个人数据处理在今天的重要性。

然而,只有在基于其他法律依据不能处理个人数据的情况下,经营者才需要取得此种同意。如果经营者根据其他现行有效的法律有权处理其消费者的个人数据,且该处理是"履行数据主体为一方当事人的合同所必要的数据处理"或者"为履行数据控制者的法定义务所必要的数据处理"[63],那么经营者就不会浪费时间去征得消费者的同意。相反地,如果不存在此类法律依据,或者如果处理的范围超出了法律依据所允许的限度,经营者就有义务获得消费者同意。

提供数字内容和数字服务合同中的同意受到法律的约束,它的同意应符合 GDPR 第 7 条的所有要求。[64] 此外,撤销对个人数据

---

[60] C. Langhanke, M. Schmidt – Kessel, op. cit, 218.

[61] Ole Lando, Hugh Beale (ed.), Principles of European Contract Law, Kluwer Law International, The Hague, I – II, 2000; III, 2003。

[62] Christian von Bar, Eric Clive (ed.), Principles, Definitions and Model Rules of European Private Law – Draft Common Frame of Reference (DCFR), Sellier European Law Publishers, Minchen 2009。

[63] See Art. 6 of the GDPR.

[64] Accordingly the „ consent shall be presented in a manner which is clearly distinguishable from other matters, in an intelligible and easily accessible form, using clear and plain language. Prior to giving consent, the data subject shall be informed of the possibility to withdraw it at any time. The consent also needs to be freely given。

处理同意的权利也适用于本合同。这说明消费者不能放弃撤回同意的权利，但是又因为消费者随时都可以撤回同意，所以就又涉及消费者履行行为法律性质的问题。[65] 消费者可以随时撤回同意，意味着经营者不再有继续处理消费者的个人数据的权利，亦没有机会在诉讼前获得消费者的同意。消费者对经营者的义务不可强制执行，这使部分学者得出结论，认为这种义务可以定性为某种不完全义务（imperfect obligation），即自然之债（natural obligation）。[66] 消费者在同意处理其个人数据时所作承诺的法律基础可能在合同履行过程中随时消失，有鉴于此，我们不禁要问，在如此程度的固有风险（inherent risk）下，为什么经营者愿意接受这种履约方式。撤回同意并无溯及力（ex nunc），那么经营者的利益实际上在于期望在撤回同意之前尽可能多地通过处理消费者个人数据获得经济利益。[67] 令人惊讶的是，DCD 并未对撤回同意的法律效果作出规定。相反，它将其留给了成员国国内法予以规制。[68] 这也说明撤回同意并不一定导致合同的终止。然而，除终止合同之外，很难想象撤回同意能带来什么必然的法律效果。

（七）个人数据价值与第三方问题

即使在现阶段，建立一套无论是精确的还是粗略的价值评估系统都绝非易事。评估个人数据的价值在目前有一些阻碍因素，一些在订立合同时就很重要，另一些在合同履行中才初见端倪，还有一些则是在合同解除时才会出现。当一个人决定是否签订

---

[65] C. Langhanke, M. Schmidt-Kessel, Ibid, 220, 221.
[66] Ibid, 220, 221.
[67] European Data Protection Supervisor, op. cit, 18.
[68] Recital 39, 40 of the Preamble of the DCD.

合同时,他或她应该事先知道所交换的是什么。[69] 平等互惠原则（a principle of an equal value of mutual prestations）,即民事法律关系中的对等原则（principle of equivalence in civil-law）,是双务合同的基本条件之一。然而,考虑到消费者并不知道处理其个人数据会产生什么价值,他是否在充分知情的情况下决定订立合同与否,这就值得怀疑了。[70] 事实上,我们可以提出这样一个问题:如果消费者知道处理其数据的目的和方式,他们是否还会同意处理其数据呢？此外,消费者通常不知道经营者采取了哪些安全措施（如果有的话）来防止消费者的数据被泄露（例如,通过潜在的黑客攻击）。[71] 这证明了消费者和经营者之间存在严重的信息不对称。

此外,无法评估个人数据的价值也会对已交付的数字内容或数字服务不符合要求以及合同终止的情况产生影响。也就是说,有些法律救济途径是专门针对传统支付方式的。举个例子,当交付的数字内容或数字服务不符合要求时,其法律救济（如降价）只适用于支付了价款的消费者。这意味着,提供个人数据的消费者与支付价款的消费者相比,实际上少了一种法律救济。在某种程度上消费者得到了补偿,因为无论违反合同的严重程度如何,此时都有权终止合同。相对的,支付价款的消费者只有在经营者严重违约时才可以终止合同。[72]

无法确定个人数据确切价值的另一个后果在合同终止时显而易见。在消费者已支付价款的情况下,经营者应返还消费者根据合同支付的所有价款。[73] 众所周知,恢复原状是合同终止的必然结果。按照通常理解,如果消费者已向经营者提供了个人数据,那么

---

[69] European Data Protection Supervisor, op. cit, 9.
[70] N. Helberger, F. Zuiderveen Borgesius, A. Reyna, op. cit, 1443.
[71] C. J. Hoofnagle, J. Whittington, op. cit, 606, 611, 645.
[72] See recital 67 and Art. 14 para. 6 of the DCD.
[73] Art. 16 para. 1. of the DCD.

就不可能恢复原状。因此,在这种情况下,GDPR 中的访问权(GDPR 第 15 条)、数据持续控制权(GDPR 第 20 条)和被遗忘权(GDPR 第 17 条)均可适用。[74] 从逻辑上讲,GDPR 的规定适用于个人数据。考虑到这一点,这些规则可能无法适用于被视为归属于特定自然人的数据。因此,如果消费者提供了个人数据以外的数据,或者这些数据是通过使用已提供的数字化内容或数字服务而产生的,除非另有规定,否则经营者应避免使用这些数据。[75] 这一规定是为了防止产生所谓的"锁定效应"(lock-in effect)[76],这种效应可能会在其他方面阻碍消费者终止合同。

(八)DCD 和 GDPR 的关系

尽管 DCD 草案得到了学术界的普遍支持,但因其偏离了 GDPR 和《电子隐私指令》已经建立起来的个人数据保护框架,所以也遭到了严厉的批评。目前尚不清楚 DCD 是否将要引入一套全新且平行适用的个人数据权利制度,如果引入的话,这套制度将会对因其特别法的地位而对现行规则的适用范围产生负面影响。从最初的措辞来看,个人数据权利制度似乎没有注意到个人数据保护制度已经存在的事实,所以引入了一些在 GDPR 中已有规定的权利。例如,消费者在合同终止时检索数据的权利以及供应商不使用所提供的数据作为对待义务[77],与 GDPR 中所规定的数据持续控制权和访问权相当。[78]

---

〔74〕 Art. 16 para. 2 of the DCD.

〔75〕 Art. 16 para. 3 and 4 of the DCD.

〔76〕 A. Metzger et. al, op. cit, 101.

〔77〕 Art. 13(2)(b)i(c) of the Proposal for a DCD od 9. 12. 2015, COM(2015)634 final, 2015/0287(COD).

〔78〕 European Data Protection Supervisor, op. cit, 3, 19.

修订后,DCD 的最终版本明确规定,所有与个人数据有关的事项均受 GDPR 的约束。此外,如果 DCD 与 GDPR、《电子隐私指令》存在冲突,则优先适用后者。[79] 换言之,GDPR 已经实现的保护水平不会因为 DCD 的实施而降低或受到任何损害。[80] 如前所述,同样的结论也适用于同意处理个人数据的情况,只有满足这些条件,该同意才能被视为合同关系下的有效依据。

(九)关于提供数字内容和数字服务的塞尔维亚法律现状概述

与欧盟立法者不同,塞尔维亚立法者尚未以适当的方式规范数字内容或数字服务的供应合同。塞尔维亚《消费者保护法》[81](CPA)除了对数字内容作了一个狭隘且不充分的定义以及规定了数字内容合同供应交易中合同解除权的一项豁免,几乎没有任何其他具体的规定,甚至没有提及任何类型的数字服务,只是在一个非常宽泛的异地交易合同概念下处理了这一问题。此外,《消费者保护法》(CPA)对消费者为从经营者收到的数字内容提供其个人数据的情况也未作规定。如果我们的现行法律没有为这种合同的当事人提供一套详细的权利和义务规则,那么这种合同是否可以被视为塞尔维亚法律中的有名合同就仍然存疑。这意味着现有的规范是不够的。因此《消费者保护法》(CPA)现有条款仍需进一步完善,特别是要考虑到塞尔维亚的消费者已经像其他国家消费者一样越来越频繁地通过网络获取数字内容以及使用数字服务。

---

〔79〕 See Recital 37,38,48,69,Art. 3,point 8,Art. 16 of the DCD.

〔80〕 European Data Protection Supervisor, op. cit, 20;A. Metzger et. al, op. cit, 94.

〔81〕 Consumer Protection Act, Official Gazette of the Republic of Serbia, no. 62/2014, 6/2016 – new law and 44/2018 – new law.

（十）结论

综上所述，我们认为，塞尔维亚应当参考 DCD 的解决方案对数字内容和数字服务的供应合同进行立法保护，特别是在提供个人数据是消费者合同的履行客体的情况时。这样做有几个原因。第一，由于塞尔维亚希望加入欧盟。所以入欧过程中，塞尔维亚的法律规则必须与欧盟现行法（acquiscommunautaire）相一致。第二，DCD 条款的质量——欧盟立法者没有对经营者更偏好消费者的个人数据而非价款这一新的商业惯例视而不见。事实上，DCD 通过规定一系列权利和法律补救措施，使这种实践合法化（legalised）。第三，国内消费者的信息技术平不断提高。因此，在塞尔维亚，提供个人数据以换取数字内容和数字服务亦成为一种社会现实，这需要适当的立法回应。

在确认塞尔维亚的法律体系中纳入 DCD 的必要性之后，下一个问题就是它们在法律中应该被放在什么位置。虽然债法（the Law on Obligations，LoO）是规范合同义务的主要法律依据，但其并未涵盖消费者合同，因为消费者合同的出现比 LoO 的最后一次修改要晚得多，而且其已受 CPA 的规制。考虑到消费者合同的特点，塞尔维亚立法者倾向于在特别法规则（lex specialis）中对其进行规范，而不是将其纳入《消费者保护法》（CPA）。有鉴于此，我们认为提供数字内容和数字服务的合同在仍然受 CPA 规制的基础上，应当对该类合同作出更详细的规定，除了数字内容，还要规定数字服务的提供。同时，合同应明确规定，消费者可以提供个人数据来代替金钱给付。目前的规定认为该合同只是异地交易合同的一种，这不够全面，因为它的主要特征并不是当事人双方距离遥远。相反，它的核心特征包括其标的——数字形式提供内容和服务及其可能的给付——提供个人数据信息而不是支付价款。

第三编 《数字内容和数字服务合同指令》的适用

八、《数字内容和数字服务合同指令》《货物买卖合同指令》对数字要素商品的适用

[爱沙尼亚]卡琳·桑*

(一)简介

目前的趋势是开发越来越多的交互式的或"智能的"商品,如智能汽车、智能手机、智能手表、可穿戴设备、笔记本电脑或其他智能设备,比如亚马逊智能音箱。这些商品要么包含数字内容(如软件),要么使用数字服务来实现某些功能(如智能汽车的导航系统)。2017 年春末新通过的《数字

---

* 卡琳·桑(Karin Sein),塔尔图大学的民法学教授。这篇文章背后的研究得到了爱沙尼亚研究委员会的拨款项目 PRG124 的支持。本译文介绍了就含有数字要素的商品而言,DCD 和 SGD 的适用范围的划分问题,以免费开源软件作为"数字要素"的智能商品的特殊情况,《货物买卖合同指令》下的"数字要素"的法律后果,以及以数字服务为合同主体的商品和数字服务供应合同的适用范围问题。加深了对智能产品(分为有形商品和嵌入式数字软件两部分)的认识,对数字时代我国销售者、生产者的责任划分及消费者保护的研究有参考价值。

内容和数字服务合同指令》[1]（DCD）和《货物买卖合同指令》[2]（SGD）共同引起了如何区分这两个指令适用范围的问题："智能商品"或指令[3]中所说的"具有数字要素的商品"是否只适用于DCD,而不是适用于新的SGD？又或者可能同时适用？这个问题是普遍存在的,比如,智能手机是一个商品,也就是一个有体物[4],它当然属于 SGD 的适用范围。然而,它的操作系统包括数字内容,这就导致了能否适用 DCD[5]的问题。

这个适用范围划分问题之所以出现,是因为 DCD 为这一特定法律客体(即数字内容、数字服务)创造了新的合同法制度。又因为该特定的法律客体可以被整合到另一个法律客体(商品)中或与之发生联系,所以一个产品的数字内容部分和该产品其他部分可能受到不同法律制度的约束。[6] 传统的欧洲国家民法典以及欧洲合同法文书都是基于特定的合同类型(以当事人的特定义务为特征)而不是合同的客体来确定适用的法律。正如弗洛里安·浮士德教授所说,我们有销售合同、租赁合同和服务合同,但是没有汽车合同、冰箱合同或健达奇趣蛋合同。[7] 然而,在 DCD 通过后,我们确

---

[1] Directive (EU) 2019/770 of the European Parliament and of the Council of 20 May 2019 on certain aspects concerning contracts for the supply of digital content and digital services [2019] OJ L 136/1.

[2] Directive (EU) 2019/771 of the European Parliament and of the Council of 20 May 2019 on certain aspects concerning contracts for the sale of goods [2019] OJ L 136/28.

[3] See SGD art 2(5) and DCD art 2(3).

[4] See SGD art 2(5).

[5] See DCD art 2(1) and 3(1).

[6] Karin Sein, 'What Rules Should Apply to Smart Consumer Goods? Goods with Embedded Digital Content in the Borderland Between the Digital Content Directive and "Normal" Contract Law (2017) 8 (2) JIPITEC 97; Karin Sein and Gerald Spindler, 'The New Directive on Contracts for the Supply of Digital Content and Digital Services-Scope of Application and Trader's Obligation to Supply-Part 1' (2019) 15(3) ERCL 269. – DOI: https://doi.org/10.1515/ercl-2019-0016.

[7] Florian Faust, Digitale Wirtschaft-Analoges Recht, Braucht das BGB ein Update? Gutachten zum 71. Juristentag (C. H. Beck 2016)9.

实专门有了关于数字领域健达奇趣蛋的消费者合同法,无论是对其销售、租赁,还是创造。DCD 毋庸置疑地提高了欧盟的消费者保护水平,为所有数字内容相关的消费者合同设定了强制性的消费者合同规范。但是,这也导致了指令范围的确定变得非常复杂,特别是在包含数字要素的商品领域。

这些问题中最复杂的是所谓的多主体情形,即涉及带有附属数字服务的商品(如内含 Netflix 和 YouTube 应用程序的智能电视、带有数字导航系统的智能汽车或以应用程序控制的圣诞灯)会出现的情况。消费者从销售者处购得这些有形商品,并就其中数字内容和数字服务的使用与数字内容提供者签订了额外的许可合同。[8] Netflix 由此引发的问题就是,消费者是否有权终止销售合同或请求降低新智能电视的价格?并且,如果智能手机上的应用程序或智能汽车的导航系统不能正常运行怎么办?

(二)DCD 与 SGD 就包含数字要素的商品的划分

1. 包含数字要素的商品的概念和主要政策选择

DCD 与 SGD 的适用规则被规定在 DCD 第 3 条第 4 款和 SGD 第 3 条第 3 款以及相应的说明中。[9] 根据这些条款,包含数字要

---

[8] On the situation before the adoption of the new directives and suggestion to employ the concept of connected contracts, see Piia Kalamees and Karin Sein, 'Connected Consumer Goods: Who Is Liable for Defects in the Ancillary Digital Service?' (2019) 8(1) EuCML 13ff;Ivo Bach;Server-und Infrastrukturzugänglichkeit als Qualität in Martin Schmidt-Kessel and Malte Kramme (eds), Geschäftsmodelle in der digitalen Welt (JWV2017) 233ff and three possible regulation models suggested by C Wendehorst, 'Hybride Produkte und hybrider Vertrieb. Sind die Richtlinienentwurfe vom 9. Dezember 2015 fit für den digitalen Binnenmarkt?' in Christiane Wendehorst and Brigitta Zöchling-Jud (eds), Ein neues Vertragsrecht für den digitalen Binnenmarkt-Zu den Richtlinienvorschlägen der Europäischen Kommission vom Dezember 2015 (IMANZ 2016) 60ff.

[9] Recitals 21 and 22 DCD and recitals 13, 15, and 16 SGD.

素的商品适用新的 SGD。指令意义上的"数字要素"包括嵌入的数字内容和附属的数字服务：根据 SGD 第 2 条第 5 款和相应 DCD 第 2 条第 3 款，包含数字要素的商品又被定义为有形的可移动物，这种有形的可移动物通过数字内容或数字服务二者的合力或相连接以发挥作用，以至于如果没有该数字内容或数字服务，商品就无法实现其功能。这些商品属于 SGD 的适用范围（SGD 第 3 条第 3 款），但不在 DCD 的适用范围之内。[10]

我们看到，指令的主要政策是让商品的销售者（而不是数字服务提供商）对硬件和嵌入式数字内容以及相互连接的数字服务的缺陷承担责任。[11] 从一个普通消费者的角度来看，将计算机固件等嵌入式数字内容的商品置于消费者商品销售规则之下是完全合理的：一个智能商品，即使它是智能的，也仍然属于商品的一种。如果汽车刹车的防抱死软件不能发挥作用，就显然违反了合约性。也就是说，即使汽车销售商自己没有生产该软件也应该对此负责。这种情况与商品的其他（非数字）部分导致的不适约没有什么不同：销售者不能因为所售产品的缺陷部分是其他人制造的而逃避责任。[12]

尽管嵌入式数字内容的构成要素已经大致明了，但是从广义上来讲，它仍然是集成在商品中的软件，其交互性或辅助性数字服务的概念需要进一步解释。SGD 的序言中列举了以下关于交互性的这种相互连接数字服务的例子：智能电视的应用程序、智能手机的标准化预装应用程序、云计算环境中提供的软件（即服务解决方

---

[10]《数字内容和数字服务合同指令》第 3 条第 4 款规定：本指令不适用于第 2 条第 3 款意义上的包含在商品中或与商品相互连接的数字内容或数字服务，并且也不适用于与商品一起提供的有关商品的销售合同，无论这些数字内容或数字服务是由卖方还是由第三方提供的。另见 Klaus Tonner, 'Die EU – Warenkauf – Richtlinie：auf dem Wege zur Regelung langlebiger Waren mit digitalen Elementen' (2019) VuR 367。

[11] Sein and Spindler (n 7); Dirk Staudenmayer, 'Kauf von Waren mit digitalen Elementen – Die Richtlinie zum Warenkauf (2019) NJW 2889.

[12] Staudenmayer (n 12) 2889 也提出了这个论点。

案)、导航系统中交通数据的持续供应,以及智能手表中适合个人的训练计划的持续供应。[13] 上述例子通常不是商品的销售者,而是第三方(数字内容提供商,通常是软件生产商)向消费者提供数字服务。然而,此时消费者往往与数字服务提供者签订单独的许可协议,甚至有时还为这些服务付费。

不过,指令的出发点是只要共同满足两个条件,商品的销售者就要对这种辅助、相互连接的数字服务的缺陷负责:(1)数字服务与商品以某种方式相互连接,即如果没有该数字服务,商品就无法发挥其功能(SGD 第 2 条第 5 款第 b 项);(2)数字服务是根据销售合同与商品一起提供的(SGD 第 3 条第 3 款)。以下各部分将更仔细地分析这两个前置条件。

2. 条件一:没有辅助性的数字服务将妨碍商品功能的发挥

适用销售者责任的第一个条件涉及商品的功能,即在没有数字服务的情况下,商品是否能够发挥其功能。应该指出的是,该指令并不要求商品的"主要功能"受到影响,[14] 只要是商品功能的瑕疵履行就行。第一个问题是,如何确定智能产品的功能,因为某些功能(例如,在智能电视上使用 YouTube 应用程序)是以存在数字服务为前提的。

第一步,根据合同确定智能产品的必备功能(即主观符合标准)。根据 SGD 第 6 条第 a 款和 CRD 第 6 条第 5 款的规定,这取决于合同订立阶段的商品信息以及合同条款内容。如果智能电视在销售者的主页上被宣传为具有"webOS 3.5"、"Alexa 内置"和

---

[13] 14 Recitals 14 and 15 SGD.
[14] 参见欧盟委员会关于《货物买卖合同指令》提案的第 13 条,该提案仍然使用"主要功能"的概念。此外,在智能产品(或者说在许多智能产品)的情况下,定义主要功能往往也很复杂:智能手机的主要功能是否只有打电话,或者,智能手机的主要功能是否只有上网。

"谷歌助手集成",那么销售者就要对操作系统以及 Alexa 和谷歌助手服务的功能实现负责。关于 Netflix,有一则广告称:"智能功能让你可以访问你最喜欢的应用程序和内容","需要互联网连接和 Netflix 订阅"。在这种情况下,销售者只对 Netflix 的连接负责而不对其本身的运作负责。

同样,如果诺基亚智能手机的广告宣称"基于 2 年内的每月软件更新和 2 次免费的安卓号码更新,谷歌安卓人工智能确保你的手机随着时间的推移不断变得更好",那么销售者不仅要对某一操作系统负责,还要对承诺的更新负责(SGD 第 6 条第 d 款)。[15]

第二步,这些合同功能协议必须根据客观的合约性标准进行测试;但是因为数字产品的发展和变化很快,所以应用客观功能的测试复杂异常,这也导致几乎难以在判例法中制订客观的合约性标准。[16] 要确定一个正常的消费者可能期望智能汽车、智能电视或者智能冰箱具备哪些功能并不容易。SGD 第 7 条第 3 款合同承诺的更新方面也出现了同样的问题,合同承诺的更新不得低于消费者根据客观合约性标准可合理预期的更新标准。[17] 很难想象,判例法可以就如何确定合理预期的更新数量制订统一的标准。

3. 销售合同项下附属于商品的交互式数字服务

销售者对相互连接的数字服务承担责任的第二个条件是,数字

---

〔15〕 On the updating obligation of the seller, see Staudenmayer (n 12) 2890 - 2891; Christiane Wendehorst, Aktualisierungen undAndere digitale Dauerleistungen in: Johannes Stabentheiner, Christiane Wendehorst, Brigitta Zöchling – Jud (eds), Das neue europäische Gewährleistungsrecht: zu den Richtlinien (EU) 2019/771 über den Warenkauf sowie (EU) 2019/770 über digitale Inhalte und digitale Dienstleistungen (Manz 2019)120 et seq.

〔16〕 See Michael Grtnberger, Verträge Überdigitale Gütter (2018) 218AcP 259. – DOI: https://doi.org/10.1628/acp–2018–0011.

〔17〕 Karin Sein and Gerald Spindler, 'The New Directive on Contracts for Supply of Digital Content and Digital Services-Conformity Criteria, Remedies and Modifications-Part 2' (2019) 15(4) ERCL 370. – DOI: https://doi.org/10.1515/erl–2019–0022.

服务是"根据销售合同与商品一起提供的"[18],或者简单地说,商品和数字服务是"一起出售的"。SGD 第 3 条第 3 款确定了一个解释规则,即在对提供相互连接的数字服务是否构成销售合同的一部分存在疑问时:数字服务应被推定为销售合同的一部分。把第一个和第二个条件放在一起,我们可以作出一个法律推定,那就是智能产品的销售者不但对有形产品和嵌入式数字软件负责,而且在即使消费者是为了获益才与数字服务提供商签订了额外许可合同的情形下,销售者也要对这种交互式数字服务负责。[19] 卡瓦略举了一个例子,消费者购买了一辆已经安装了 GPS 的汽车,在这个例子中,GPS(包括后来销售者承诺的更新)也被涵盖在销售合同中,因而要遵守 SGD。[20]

乍一看,这似乎为销售者创设了一个相当苛刻的责任制度,因为他们往往无法控制数字内容提供者的行为。然而,只要深入研究这些指令的序言,就会发现其为当事人的自主权留下了很大的空间,可能导致实践中出现刚好完全相反的情况。

首先,SGD 序言第 15 条强调,相互连接的数字服务是否构成销售合同的一部分取决于销售合同的内容。此外,只要消费者签订的数字内容或数字服务的供应合同不构成带有数字要素的商品销售有关的合同的一部分,那么即使销售者作为该第二份合同的中间人与第三方供应商合作,该合同也不应被视为商品销售合同的一部分,但是可能属于 DCD 的适用范围。[21] 在前文所述卡瓦略提出的例子中,如果消费者买的是一辆没有安装 GPS 程序的汽车,后来通过互联网才购买了最新版本的 GPS,那么就存在两个合同,一个(关

---

[18] See SGD art 3(3).
[19] Recital 15 SGD.
[20] Jorge Morais Carvalho, 'Sale of Goods and Supply of Digital Content and Digital Services-Overview of Directives 2019/770 and 2019/771' (2019) 8(5) EuCML 197.
[21] Recital 16 SGD.

于汽车)适用 SGD,另一个(关于 GPS 应用程序)适用 DCD。[22] DCD 序言第 15 条还引用了一个容易理解的例子,消费者从应用商店下载一个游戏用到智能手机上:此处的游戏应用供应合同与智能手机本身的销售合同是分开的。因此,如果符合 SGD 的其他要求,在这种情况下 SGD 就只规范与手机相关的销售合同,而游戏程序相关问题落入《数字内容和数字服务合同指令》管辖范围。(对此作出解释的一点是,)销售者在交付智能手机时没有机会控制或评估消费者决定下载什么样的应用程序以及与之相关的风险。[23]

然而,在 SGD 序言第 16 条引用的另一个例子中,这种判断变得更加复杂。该序言描述了这样一种情况并作出明文规定:消费者购买没有特定操作系统的智能手机并随后与第三方签订了一份提供操作系统的合同。此时,单独购买的操作系统同样不构成销售合同的一部分。因此,它不适用 SGD,但如果符合 DCD 的其他适用条件,则可能适用 DCD。以智能手机为例,智能手机的销售是否属于以及在多大程度上属于 SGD 的范围,并且据此销售者能不能以及能在多大程度上对手机的操作系统负责在很大程度上都取决于销售合同的内容。有鉴于此,指令允许一些商业模式的介入,销售者只负责销售商品的硬件部分,然后引导消费者在交货后与单独的数字内容提供商签订许可合同。这种模式的应用既存于智能汽车[24]等商品中,也可能正在扩大到带有数字要素的其他商品上。同样是这个例子:即使一个普通的消费者通常可能期望销售者对包括操作系统在内的整个智能手机负责,但如果智能手机的销售者在销售合同中明确约定其不提供操作系统或谷歌助手服务,消费者必

---

〔22〕 See Carvalho(n 21)197.

〔23〕 预装应用程序的情况会有所不同,因为它们应被视为与手机本身一起出售和交付。In this sense, see also Carvalho(n 21)197.

〔24〕 E. g. the Mercedes Meconnect service, at < www. me. mercedes-benz. com/passengercars/being-an-owner/mercedes-meconnect/mercedes-me-connect-services. module. html >.

须从谷歌那里单独获得,那么销售者就不对这些数字服务负责。智能手机合同订立阶段所产生的信息也是如此(根据 CRD 第 6 条第 5 款[25]将成为销售合同的一部分),比如其中包含的"用专门的谷歌助手按钮管理你的生活——需要单独订阅谷歌"这种声明。SGD 序言第 16 条关于智能手机操作系统的例子表明,销售合同中的明确约定可能会推翻消费者的合理预期:因为如果没有操作系统,塑料或金属外壳就完全不起作用,所以一个正常的消费者通常会期望他购买的不仅是智能手机或智能电视的塑料或金属外壳,还包括操作系统。[26] 此外,根据《消费者合同中的不公平条款指令》[27],排除销售者对智能手机操作系统责任的条款不能被认定为不公平和不具约束力的,因为它反映了强制性的合同法规定,故而属于《消费者合同中的不公平条款指令》的豁免范围。[28]

为了保护消费者的合理预期,法院应为排除销售者对交互性数字服务承担责任的"明确约定"制订严格标准,特别是该种排除超出理性消费者的预期[29]。尽管 SGD 序言第 16 条"明确约定"的语义可能比 SGD 第 7 条第 5 款意义上的"明确并排他地接受差异"要更窄一些,但在我看来仅仅在标准条款和条件中表明销售者不对操

---

〔25〕 2011 年 10 月 25 日欧洲议会和理事会关于消费者权利的指令 2011/83/EU,修正欧洲议会和理事会的理事会指令 93/13/EEC 和指令 1999/44/EC,并废除欧洲议会和理事会的理事会指令 85/577/EEC 和指令 97/7/EC〔2011〕OJ L 304/64。

〔26〕 In this sense, see also Klaus Tonner, 'Die EU – Warenkauf – Richtlinie: auf dem Wege zur Regelung langlebiger Waren mit digitalen Elementen' (2019) VuR 367. Another example would be a washing machine where the washing programmes are stored in a cloud of a digital content provider. See Christiane Wendehorst: 'Hybride Produkte und hybrider Vertrieb. Sind die Richtlinienentwürfe vom 9. Dezember 2015 fit für den digitalen Binnenmarkt?' in Christiane Wendehorst and Brigitta Zöchling – Jud (eds), Ein neues Vertragsrecht für den digitalen Binnenmarkt – Zu den Richtlinienvorschlägen der Europäischen Kommission vom Dezember 2015(MANZ 2016)54.

〔27〕 Council Directive 93/13/EEC of 5 April 1993 on unfair terms in consumer contracts〔1993〕OJ L 95/29.

〔28〕 Article 1(2) of the Unfair Contract Terms Directive.

〔29〕 See Sein and Spindler (n 7) 19.

作系统负责达不到"明确"的标准。同样,文·威斯特法伦在 SGD 的提案中也认为,"明确接受"要求不仅要关注一般合同条款的内容,还应要求有一个单独协商的合同条款。[30] 无论怎样,我们都必须避免消费者不受任何法律保护情形的发生。如果消费者只能根据 DCD 对数字内容提供商(如谷歌)的操作系统缺陷进行补救,那么由于现实障碍,消费者对欧盟以外的大型数字公司采取这些补救措施往往是不可能的。并且,即使确定了数字内容提供商的责任,要求终止合同或减价也不会给消费者带来任何好处,因为数字内容提供商没有收到消费者的付款,所以消费者也无法根据 DCD 向数字内容提供商索赔。

(三)以免费开源软件作为数字要素的智能商品

如果商品的"数字要素"(如智能电视或智能手机的操作系统)是免费开源软件,情况就变得更加复杂。[31] 回顾一下,SGD 序言第 16 条允许以明确约定的形式将数字要素排除在销售合同之外,但如果符合 DCD 的适用条件,还是可以受 DCD 约束。然而,如果消费者不支付任何费用而商家基于提高软件的安全性、兼容性或交互性而完全处理其提供的个人数据时,免费开源软件就被排除在 DCD 适用范围之外。在这些情况下,"单独购买"的数字内容甚至不属于 DCD 的范围[32],此时就产生了无论是根据 SGD 还是根据

---

〔30〕 Friedrich Graf von Westphalen,'Some Thoughts on the Proposed Directive on Certain Aspects Concerning Contracts for the Sales of Goods'(2018)7(2)EuCML 70.

〔31〕 For in-depth material on open-source software, see Till Jaeger and Axel Metzger, Open Source Software. Rechtliche Rahmenbedingungen der Freien Software (5th edn, C. H. Beck 2020).

〔32〕 这种法律关系受制于适用的国家法律,该国家法律可能允许有损于消费者的协议。

DCD,经营者都不对数字内容负责的尴尬局面。

虽然 Android 操作系统(尽管是以开源模式运行)很可能不会被排除在 DCD 的范围之外,因为谷歌不会专门为了提高特定软件的安全性、兼容性或互操作性而处理个人数据,但其他数字元素的情况可能会有所不同。因此,在某些情况下,指令转换后消费者的处境会更加糟糕:虽然目前法院倾向于将操作系统有缺陷的智能手机视为有缺陷的商品,但在操作系统是基于自由和开源软件的情况下,根据指令消费者有可能得不到任何补救措施。如果销售者在合同中明确表示他只对手机的硬件负责而不对操作系统负责,就像 SGD 序言第 16 条所规定的那样,那么消费者就不能对操作系统供应商寻求任何救济措施,因为免费开源软件不属于《数字销售指令》的适用范围。

(四)《货物买卖合同指令》项下"数字要素"的法律后果

本部分分析在售商品数字要素属于 SGD 适用范围的情况下对销售者产生的法律后果。销售者当然要对商品承担一般责任,包括更新的义务。[33] 但是,将商品的数字要素置于 SGD 之下也会产生其他具体的法律后果。其合约性的判断须按照 SGD 的规则来进行而不是 DCD。为什么仅仅因为某项数字服务与某种商品相互连接,就要对其合约性进行不同的评估,坦率地说,这一点解释起来并不容易。例如,将 SGD 适用于相互连接的数字服务,这就意味着作为客观合约性标准的"设计隐私"和"默认隐私"原则并不适用。用实际的例子进一步说明:如果一个消费者购买了一个侵犯其隐私的

---

[33] Articles 10(1) and 7(3) SGD.

文本处理软件,DCD[34]将认为不具有合约性,在严重的情况下,消费者可以终止合同并要求退还为该软件支付的金额。然而,如果消费者发现电视只是在监视他,那么这就不是明文规定的缺乏合约性,因为 SGD 没有类似于 DCD 第 48 条的规定。尽管有人肯定会主张说这样的商品不符合 SGD 第 7 条第 1 款第 d 项规定的消费者合理预期,但结论也是相同的。

致力于实现最大限度统一性(maximum harmonisation)的 DCD 禁止国内法[35]规定任何的通知义务,与此相反,SGD 序言第 12 条将通知义务条款保留给了成员国,由其自行决定。因此,如果交互式数字服务受 SGD 约束,那么在一些成员国中,消费者只有在通知了缺陷的情况下才能寻求补救措施。[36] 这就造成了法律上的不确定性,特别是跨境情形下,消费者和经营者都不清楚在智能商品有缺陷时消费者获得救济的可能性是否取决于事先通知。

对成员国来说,还有另一些可供行使选择权可能会导致不同的国家法律对智能产品的数字要素有不同的处理。[37] 例如,SGD 第 10 条第 6 款允许成员国预见,在买卖二手商品的情况下销售者和消费者可以商定一个比其他适用条款更短的责任期,但是该更短的责任期不短于 1 年。值得注意的是,SGD 第 10 条第 6 款也涉及了 SGD 第 10 条第 2 款的内容,这意味着连续性的数字服务(例如健

---

[34] 《数字内容和数字服务合同指令》序言第 48 条。欧洲法律协会建议将"设计隐私"和"默认隐私"作为《数字内容和数字服务合同指令》的客观合格标准;见"关于欧盟委员会向消费者提供数字内容的拟议指令的声明"COM(2015)634 final。

[35] Recital 11 DCD.

[36] 例如,爱沙尼亚法律规定,消费者有义务在发现缺陷后的 2 个月内通知销售商。关于这一点,见 Paul Varul, Irene Kull, Villu Kõve, Martin Kaerdi, and Karin Sein, Vtlatigusseadus IL Kommenteeritud vajaanne(Juura 2019)114。

[37] See also on this Kåre Lilleholt, 'A Half-built House? The New Consumer Sales Directive Assessed as Contract Law' (2019) Juridica International 3. – DOI: https://doi.org/10.12697/ji.2019.28.01; see Klaus Tonner (n 27) 367. 这一点尤其对销售指令来说至关重要。Ivo Bach, 'Neue Richtlinien zum Verbrauchsgüterkauf und zu Verbraucherverträgen über digitale Inhalte' (2019) NJW 1711.

身追踪器的应用程序或汽车导航系统)也有缩短责任期的可能。成员国还可以选择比 2 年更长[38]的责任期,或适用隐性缺陷理论(vices cacher)。[39]

如果商品规则适用于嵌入式数字内容或辅助数字服务,那么经营者无权根据 DCD[40]第 19 条进行修改。因此,如果健身追踪器的应用程序属于商品规则的适用范围,则经营者有义务根据 SGD 第 7 条第 3 款提供更新,但无权对应用程序进行修改。并且,此处成员国也可以在国内法中规定这样的规则。

如果数字要素受制于 SGD,那么因为成员国可以将举证责任期限延长为 2 年,销售者也可能面临更长的举证责任倒置期。[41] 诚然,这只适用于嵌入式数字内容,而不适用于辅助的数字服务(即销售合同规定在一段时间内持续提供数字内容或数字服务),因为后者适用另一个不同的规则,该规则规定相关期限为整个合同期限。[42]

最后,为了确保责任期间的统一起算点(关于商品的实体部分和数字部分),责任期和举证责任倒置期从交付数字内容开始(而

---

〔38〕 Article 10 (3) SGD. 诚然,根据《数字内容和数字服务合同指令》第 11 条第 2 款(与隐藏缺陷有关的)、第 3 条第 10 款、序言第 12 条第三句话来看,这也是可能的。

〔39〕 Article 3 (7) SGD. 关于智能商品中的责任期,see also Carvalho (n 21) 199。

〔40〕 On this, see Ignace Claeys and Jonas Vancoillie, 'Remedies, Modifications of Digital Content and Right to Terminate LongTerm Digital Content Contracts' in Ignace Claeys and E Terryn (eds), Digital Content and Distance Sales (Intersentia 2017) 220. – DOI:https://doi.org/10.1017/9781780686035.

〔41〕 Article 11(2) SGD.

〔42〕 Article 11(3) SGD. 这里的关键问题是,如何限定一次性供应的数字内容和相互连接的数字服务。智能手机或智能电视的操作系统是嵌入式数字内容,因此到底是一次性合同[art 11(2) SGD]还是规定在一段时间内持续供应的服务[art 11(3) SGD]? 我认为是第一种,但在某些情况下,划分变得非常复杂。Jasper Vereecken 和 Jarich Werbrouck 认为,智能电视软件是数字内容或数字服务的持续供应,带有嵌入式数字软件的商品:Consumer Protection 2.0 in Times of Digital Content? (2019) 30 Indiana International and Comparative Law Review 76. – DOI:https://doi.org/10.18060/25064。

不是从商品本身的早期交付开始)起算,对于硬件的缺陷也是如此。[43] SGD 序言第 30 条解释说,销售者应当致力于让消费者获取或更方便获取数字内容或者数字服务,或者通过任何其他合适的方式使得数字内容或者数字服务进入消费者的可控制的领域内,并且销售者无须采取进一步的行动,消费者就可以按照合同使用数字内容或数字服务(如提供链接或下载选项)。这里的关键问题在于数字内容何时交付给消费者,也就是数字内容何时"到达消费者的领域,并且销售者不需要采取进一步行动就能使消费者使用该数字内容或数字服务"。[44] 当消费者把新的智能电视带回家时,智能电视的操作系统是否已经进入了消费者的领域[即使他以后还需要接受最终用户许可协议(EULA)]?销售者是否还需要做些什么?最有可能的是,销售者不再需要采取任何行动,因此,举证责任倒置的期限就从商品交付时开始计算。不过,重要的是要评估智能商品的整个安装过程以确定正确的安装是否只取决于消费者(及其互联网连接等),还是确实需要销售者采取行动。考虑到电视屏幕上的瑕疵问题,如果销售者[45]还需要激活账户等,那么交付只能发生在激活账户之后。[46] 如果智能产品的安装过程需要销售者采取一些行动,那么销售者就会面临消费者推迟安装的风险,因此也会推迟交付时间以及影响举证责任期间以及责任期间结束的时间。

总的来说,不仅是一般责任本身,而且是所有的法律后果都明确激励销售者将数字要素排除在销售合同之外。通过这样做,数字要素的缺陷将不会导致消费者行使降低智能产品价格或者终止合

---

[43]　Article 11(1) and recital 39 SGD. See also Staudenmayer(n 12) 2892.

[44]　As stated in recital 39 SGD.

[45]　该指令没有澄清这里的卖方概念是否也包括数字服务提供者。SGD 序言第 39 条中的"卖方还应向消费者提供或访问数字内容或数字服务"强调性用语暗示了一个肯定的答案。

[46]　如果卖方还提供安装,那么相关的时间点就是安装结束的时间。See Staudenmayer(n 12)2893.

同的权利。当然人们可能会问,如果国内法将销售合同和相互连接的数字服务合同视为经济上有联系的合同,那么导致数字内容合同终止的数字要素的缺陷是否会对国内法规定的销售合同产生一些影响。鉴于 DCD 和 SGD 是最大限度的协调指令[47]并明确规定了在这些情况下由数字内容提供者承担责任,所以任何成员国的国内法[48]应该都没有让消费者承担额外责任的空间。

然而,如果销售者也对商品的数字要素负责,若数字要素不符合合同约定,消费者就有可能行使减价权[49],甚至终止整个销售合同,前提是这种不合约性在整个销售合同中很重大。[50] 在减价或终止合同之前,销售者通常有权利进行补救,即使在某些特定的严重情况下也可以先采取这些补救措施。

(五)以数字服务为合同主体的商品和数字服务供应合同

当合同约定既提供商品又提供数字服务,而且数字服务是合同的主要标的时,也会产生适用范围的问题。举例来说,就是在某合同项下,电信供应商承诺提供非常便宜的电视机(有形商品)和数字电视服务。[51] 在这种合同中,数字电视服务显然是合同的主体。如果我们采用欧盟法院在 Schottelius 案中制订的检验标准,那么整个合同将超出该指令的范围。在 Schottelius 案中,一份包括水泵交付在内的游泳池翻新合同被认定为受国内合同法的约束,而非《关于消费者商品销售及其担保的某些方面的指令》。因为与提供服务

---

[47] 至少在原则上;see Article 4 DCD and Article 4 SGD。
[48] See Sein and Spindler (n 7) 19.
[49] Article 13(4) and 15 SGD.
[50] Article 13(5) SGD.
[51] 数字电视服务显然属于 DCD 的适用范围;see recital 31 DCD。

相比,商品的销售只是次要的。[52] 然而,DCD 序言第 33 条明确指出了在同一合同下提供数字电视服务和设备的情况:

> 数字内容或数字服务通常与提供商品或其他服务相结合,并在同一合同中提供给消费者,该合同包括一系列不同的要素,例如数字电视的提供和电子设备的购买。在这种情况下,消费者和经营者之间的合同包括数字内容或数字服务供应合同的要素,但也包括其他合同类型的要素,如商品销售或服务合同。本指令只适用于整个合同中包含提供数字内容或者数字服务的内容。合同的其他要素应受国内法中适用这些合同的规则管辖,或者在适用之时受到特定部门或者主题事项的其他联盟的法律的管辖。

因此,当合同既包括商品供应又包括数字服务且数字服务构成合同的主要标的的情况下,两项指令都适用:合同的数字电视服务部分受 DCD 的管辖,而电视机部分受新的 SGD 的管辖,尽管与数字服务相比,电视机的销售可以仅被视为是附属的。综上,在 Schottelius 案[53]中制订的检验标准不再适用于合同一部分包括数字内容或者数字服务的情况。

(六)结论

2019 年新消费者合同法一揽子方案的适用引发了一个关于指令范围界定的问题:"带有数字要素的商品"是在 DCD 还是在新的

---

[52] Case C-247/16, Heike Schottelius v Falk Seifert [2017] 44-46.
[53] See Carvalho (n 43). Further on this, see Lorenzo Bertino, 'Service Contracts and EU Directive 1999/44 on Consumer Sales' (2018) EuCML 211ff.

SGD 的范围内，或者两者兼而有之？作为起点，指令的规则创造了一个法律推定，智能商品的销售者不仅对有形商品和嵌入式数字软件负责，而且对交互式数字服务负责。即使消费者为了从数字服务中获益而与数字服务提供商签订了额外的许可合同也应该如此。但是，深入研究这些指令就会发现，当事人自治有很大的自主空间，结果可能与实践背道而驰。指令的序言表明，销售合同中的明示协议甚至可以限制销售者对智能商品操作系统的责任，从而推翻消费者的合理预期。为了避免这样的结果，法院应该对消费者和销售者之间的这种"明示协议"设定高标准。

当商品的"数字要素"是免费开源软件时，对消费者来说，情况就变得更加复杂了。在这些情况下，"单独购买"的数字内容甚至不属于 DCD 的范围，其结果是销售者根据 SGD 对数字内容不承担责任，数字内容提供者根据 DCD 不承担责任，此时消费者就无法根据这些指令得到救济。总而言之，带有数字要素的商品的销售者显然被激励将数字要素排除在销售合同之外。通过这样做，他们可以避免对数字要素承担责任。例如，如果数字内容或数字服务存在缺陷，消费者将无法要求减价或终止销售合同。由于新指令旨在最大限度地协调这些情况，并明确规定了数字内容提供者在这些情况下的责任，因此根据国内法（例如根据关联合同的概念），销售者也不承担责任。所以，新合同法的一揽子方案并没有像最初看起来那样提高消费者保护的水平。

最后，在消费者合同规定提供商品和数字服务并且数字服务是合同主体的情况下，也会出现范围适用问题。DCD 序言第 33 条表明，在 Schottelius 案中提出的检验标准不能适用于这些案例，导致的结果是虽然有形部分可以被视为数字服务的附属部分，但 SGD 仍然只适用于有形部分。

九、汽车数字化与新的数字消费合同法

[德]彼得·罗特*

汽车是商品数字化的典型。因此,本文以智能汽车为例,说明《货物买卖合同指令》和《数字内容和数字服务合同指令》的新规则,如何适用于带有数字元素的商品,以及由商家或第三方提供集成和相互关联的数字内容或服务的商品。本文划定了这两项指令之间的界限,并讨论了智能汽车不满足适约性的潜在原因。然后,本文重点讨论了商品所嵌入和相互连接的数字内容或数字服

---

* 彼得·罗特(Peter Rott),德国奥尔登堡卡尔-冯-奥西茨基大学的教授。本文的部分内容是作者在比利时根特大学担任客座教授期间完成的。罗特教授想要感谢 Christina Kirichenko 对初稿提出的宝贵意见。原文载于《知识产权、信息技术与电子商务法杂志》2001 年第 12 卷第 2 期,第 156—168 页。罗特教授在奥尔登堡卡尔-冯-奥西茨基大学工商管理、经济和法律系工作,从事民法研究,重点是欧洲和德国消费者法。本译文以智能汽车为例,介绍了《货物买卖合同指令》和《数字内容和数字服务合同指令》如何适用于带有数字元素的商品,以及由商家或第三方提供集成和相互关联的数字内容或数字服务的商品,并重点讨论了相应救济措施的特殊性,为数字时代下新的数字消费合同法提供了重要的认识。

务,可能对消费者可采用的救济措施产生的影响。本文还简要提及了损害赔偿问题,该问题在实践中可能具有重要意义,但上述两项指令并未解决该问题。文章的结论是,虽然将责任分配给卖方似乎会使消费者的生活更轻松,但《货物买卖合同指令》中针对硬件以及数字内容和服务的不同规则,可能会导致问题复杂化。在消费者分别购买硬件和数字内容、服务的情况下,《货物买卖合同指令》和《数字内容和数字服务合同指令》的并行适用会加剧这一问题。反之亦然,如果只是出于网络安全的考虑,对于减少第三方(制造商除外)参与到汽车中,卖方似乎也具有切身利益。

(一)引言

新的《货物买卖合同指令》[1](SGD)以及《数字内容和数字服务合同指令》[2](DCD)的主要目标之一,就是通过引入或明确相关消费者权利,使欧盟消费者合同法适应数字市场[3]。

鉴于很大一部分买卖法诉讼案件与汽车有关[4],而这也不仅是从大众柴油丑闻才出现的,本文将重点论述这两项指令对汽车行业的影响,以及反之对购买汽车的消费者的影响。由于汽车是商品数字化及商品与第三方内容和服务相互连结的典型,数据保护方面的律师对相关的数据流展开激烈的讨论[5],因此在事故中,汽车数

---

[1] [2019] OJ L 136/28.

[2] [2019] OJ L 136/1.

[3] See recital (5) SGD and recital (5) DCSD. 另一个目标是可持续性,但在实际规则中不太明显;see Klaus Tonner, 'Die EU-Warenkauf-Richtlinie: auf dem Wege zur Regelung langlebiger Waren mit digitalen Elementen' (2019) Verbraucher und Recht 363.

[4] See only Peter Rott, 'German case law two years after the implementation of the Directive 1999/44/EC' (2004) German Law Journal 237.

[5] See, for example, Alexander Rofnagel and Gerrit Hornung (eds), Grundrechtsschutz im Smart Car (Springer, 2019).

据的获取和证据价值,是一个重要问题。[6]

然而,本文的主题并不是数据保护,而是处理各种故障情形下涉及的问题;尽管汽车也可能因为其向卖方或第三方传输的个人数据超过了必要的和消费者同意的范围,而不符合合同约定。在介绍了当今汽车数字化的各种方式之后,本文首先论证了两个指令适用范围的划分,二者沿用相同的概念,但在细节上有所不同。其次,文章讨论了不合约的各种情况,并分析了适用两个指令时的相关救济措施,同时利用旧指令下的德国判例法来说明问题和可能的解决方案,因为该判例法内容丰富。本文在提出一些结论之前,为了完善分析,在这两项指令都未规定救济措施的情况下,寻找了它们之外的解决方案。

(二)汽车的数字化

汽车数字化由来已久。汽车的基本内部功能如控制引擎和各种辅助系统,如停车辅助,都使用了软件。消费者还可以通过如具有遥控功能的汽车钥匙等小配件与汽车进行互动,最近制造商还开发了一些系统,通过这些系统,消费者可以借助互联网上的应用程序(前提是消费者和汽车都能访问)或汽车内置的人机界面(HMI)与汽车进行互动。[7] 通过导航系统,汽车与外部世界的联系已经长期建立,而导航系统则依靠于 GPS 数据。如今的汽车还必须配

---

[6] See, for example, Daniela Mielchen, 'Verrat durch den eigenen PKW-wie kann man sich schützen?' (2014) Straβenverkehrsrecht (SVR) 81; Thomas Balzer and Michael Nugel, 'DasAuslesen von Fahrzeugdaten zur Unfallrekonstruktion im Zivilprozess' (2016) Neue Juristische Wochenschrift 193; Christian Armbrüster, ' Automatisiertes Fahren-Paradigmenwechsel im Straβenverkehrsrecht?' (2017) Zeitschriftfür Rechtspolitik 83, 85.

[7] See Truiken Heydn, ' Internet of Things: Probleme und Vertragsgestaltung ' (2020) MultiMedia und Recht 503.

备紧急呼叫系统,在发生严重事故时,该系统会自动拨打紧急电话。[8] 或多或少自动化或者具备自动驾驶功能的汽车已经迎来了高潮[9],这些汽车的内部数据系统(即所谓的远程信息处理箱)不断与外部系统进行互动,并将数据传入和传出汽车。据联合国欧洲经济委员会(UNECE)称,如今的汽车包含有多达150个电子控制单元和大约1亿行软件代码。[10]

值得注意的是,汽车数字化可能涉及众多参与者。传统上,大众市场上的汽车都是通过独立的汽车贸易商(即卖方)分销的,而消费者与制造商之间并没有合同关系。特斯拉是一个例外,它在线上向消费者销售汽车,并与每位客户签订合同,合同内容包括特斯拉提供更新的义务。对于在线服务,情况则有些变化。此类数字服务经常以服务包的形式出售,并通常由制造商自己直接分销。例如,宝马的ConnectedDrive系统、梅赛德斯-奔驰的Mercedes me connect系统和大众汽车的We Connect系统。[11] 当涉及导航系统等非必要功能或"信息娱乐"元素时,其他第三方供应商可能会直接或间接地参与其中。

在销售或交付汽车时,不是所有的数字功能都一定提供。我们可以想象新的功能,比如通过应用程序来控制座椅加热,而这些座椅在后期才安装到汽车上。数字服务也是如此:汽车在交付时可能

---

〔8〕 See Regulation (EU) 2015/758 concerning type-approval requirements for the deployment of the eCall in-vehicle system based on the 112 service, [2015] OJ L 123/77.

〔9〕 关于不同程度的自动化 see, for example, Paul T. Schrader, 'Haftungsrechtlicher Begriff des Fahrzeugführers bei zunehmender Automatisierung von Kraftfahrzeugen' (2015) Neue Juristische Wochenschrift 3537, 3540; Keri Grieman, 'Hard Drive Crash' (2018) JIPITEC 294。

〔10〕 联合国欧洲经济委员会的联合国网络安全和软件更新条例,为联网车辆的大规模推广铺平道路, https://www.unece.org/info/media/presscurrent-pressh/transport/2020/un-regulations-on-cybersecurity-and-software-updates-to-pave-the-way-for-mass-roll-out-of-connected-vehicles/doc.html。

〔11〕 See Elisa May and Justus Gaden, 'Vernetzte Fahrzeuge' (2018) Zeitschrift zum Innovations-und Technikrecht 110,111.

基本只提供导航系统或信息娱乐系统的连接性,而消费者可以自己选择供应商,给汽车添加相关系统。[12] 在下文分析新指令及其在汽车行业的适用时,将考虑这些不同的情况。

(三)不同指令的适用范围

欧洲委员会非常重视这两个相互排斥的指令在适用范围上的划分。[13] 正如我们将在下文中看到的,这种划分对消费者至关重要。

1. 含有数字元素的商品

《货物买卖合同指令》显然适用于汽车本身。根据《货物买卖合同指令》第 2 条第 5 款第 b 项的规定,该指令也适用于"商品"概念下的"含有数字元素的商品"。含有数字元素的商品被定义为"集成或关联数字内容或数字服务的有形动产,而缺乏该数字内容或数字服务将使商品无法发挥其功能"。具有数字引擎控制技术或导航系统等元素的汽车显然仍是一种商品。即使在《货物买卖合同指令》通过之前,也没有人会怀疑这一点。

2. 集成和相互关联的数字内容或数字服务

然而,还存在数字元素自身分类的问题,《货物买卖合同指令》

---

〔12〕 但通常情况下,没有这种选择,连接的服务通常由汽车制造商提供。

〔13〕 关于此种划分的立法历史,参见 Jasper Vereecken and Jarich Werbrouck, 'Goods with Embedded Software: Consumer Protection 2.0 in Times of Digital Content?' (2019) 30 Indiana International and Comparative Law Review 53, 67 f. On alternative proposals by academic authors see Karin Sein and Gerald Spindler, 'The new Directive on Contracts for the Supply of Digital Content and Digital Services – Scope of Application and Trader's Obligation to Supply – Part 1' (2019) European Review of Contract Law 257, 269 ff。

第 3 条第 3 款第 2 句就在解决该问题。根据该句规定,《货物买卖合同指令》也适用于"第 2 条第 5 款第 b 项意义上的商品所集成和相互关联的数字内容或数字服务,而这些数字内容或者数字服务依据买卖合同与商品一起提供,无论这些数字内容或者数字服务是由卖家还是第三方提供"。这与大多数成员国的现行法大相径庭,特别是在某些国家,数字服务被服务合同涵盖,通常只有过错责任。[14]

(1) 发挥商品功能的必要条件

《货物买卖合同指令》第 2 条第 5 款第 b 项的规定意味着,只有在"缺乏该数字内容或数字服务将使商品无法发挥其功能"的情况下,集成和相互关联的数字内容或数字服务,才属于该指令的适用范围。

当我们所讨论的商品(这里指汽车)因没有操作系统而根本无法运行,或者当无实体钥匙的汽车的数字钥匙无法使用时,这一点就显而易见了。

那么导航系统呢?实际上汽车在没有导航系统的情况下仍然可以运行,信息娱乐系统也是如此。因此,我们必须仔细研究该定义及其立法史。在《货物买卖合同指令》2015 年的第一份提案[15]以及 2017 年的修正提案[16]中,欧洲委员会仅在序言第 13 条中提及了这一问题,根据该序言规定,拟议的指令"应适用于嵌入家用电器或玩具等商品中的数字内容,而该数字内容的嵌入方式是,其功能从属于商品的主要功能,并且它作为商品的一个组成部分运行"。

---

[14] 例如,德国法,见 Heydn,同注 7,第 508 页。
[15] COM(2015) 635.
[16] COM(2017) 637.

有学术著作批评"主要功能"和"从属地位"的标准不明确。[17]例如,导航系统是否属于汽车的主要功能就存在争议。[18]尽管现在一些司机和乘客可能不会使用传统地图,但是现在这些标准已经不再存在于含有数字元素的商品的定义中了。由此得出的第一个结论是,"发挥其功能"的概念并不要求这些功能是商品主要功能。[19]此外,具有数字元素的商品的定义表明,一种商品可能需要发挥不止一种功能(*发挥他们的功能*)。[20]

那么,汽车必须具备哪些功能呢?可以在指令中找到答案:(1)双方当事人约定的功能(见《货物买卖合同指令》第 6 条 a 项和第 b 项),[21]同类商品通常所具备或消费者可以合理预期(《货物买卖合同指令》第 7 条 a 项、第 d 项),且当事人没有明确排除的(《货物买卖合同指令》第 7 条第 5 款)功能。[22]《货物买卖合同指令》序言第 14 条和第 15 条也证实了这一结论,前者指出的是合同约定的功能,后者指出的是消费者可以合理预期的商品通常所具备

---

[17] See, for example Michael Grünberger, 'Verträge über digitale Güter' (2018) 218 Archiv für civilistische Praxis 213, 287; European Law Institute, Statement on the European Commission'sProposed Directive on the Supply ofDigital Content to Consumers (2016), available at https://europeanlawinstitute。eu/fileadmin/user _ upload/peli/Publications/Unlocking_ the_Digital_Single_Market.pdf, See also the comments of the Dutch Senate of 29 March 2016, Council doc. ST 7757 2016 INIT.

[18] See also Pia Kalamees and Karin Sein, 'Connected Consumer Goods: Who is Liable for Defects in the Ancillary Service?' (2019) Journal of European Consumer Markets Law 13, 14.

[19] See also Karin Sein, "Goods with Digital Elements" and the Interplay with Directive 2019/771 on the Sale of Goods' (2020), available at https://ssrn. com/abstract = 3600137, 3.

[20] 斜体为新增内容。

[21] See also Tonner, n 3, 367.

[22] See also Sein and Spindler, n 13, 272; Gerald Spindler and Karin Sein, 'Die endgültige Richtlinie über Verträge über digitale Inhalte oder Dienstleistungen' (2019) MultiMedia und Recht 415, 416; Sein, n 19, 4; Lea Katharina Kumkar, 'Herausforderungen eines Gewährleistungsrechts im digitalen Zeitalter' (2020) Zeitschrift fur die gesamte Privatrechtswissenschaft 306, 321。

的功能,以及对商品及其数字特征的公开声明。

因此,根据《货物买卖合同指令》第 3 条第 3 款第 2 句的规定,如果汽车在销售时提供了导航系统或在广告中对此进行了宣传,相关的数字内容和数字服务就属于《货物买卖合同指令》的适用范围。新型智能产品仍存在一些不确定性,因为其"通常"功能在某种程度上是动态的。[23]

然而,导航系统(尤其是对于自动驾驶汽车)不仅需要硬件和数字内容来处理外部传入的数据,还需要外部数据本身。因此,《货物买卖合同指令》第 3 条第 3 款第 2 句也提到了与商品相互关联的数字内容或数字服务(缺失这些数字内容或数字服务,商品将无法履行其功能)。这将包括如导航系统所需的交通数据,正如《货物买卖合同指令》序言第 14 条所确认的那样。换言之,卖方必须确保数据流动,以及输入的数据符合合同约定。

(2)依据买卖合同和商品一起提供

此外,《货物买卖合同指令》第 3 条第 3 款还要求数字内容或数字服务"依据买卖合同和商品一起提供"。

同样地,数字特征也不一定需要在合同中明确约定,它们可以客观地构成合同的一部分。因此,商品的合约性客观标准(《货物买卖合同指令》第 7 条)会影响该指令的适用范围。如前所述,《货物买卖合同指令》序言第 15 条指的是消费者可以合理预期的商品通常功能,以及对商品及其数字特征的公开声明。

此外,《货物买卖合同指令》还可适用于以下情况:集成和相互关联的数字内容或数字服务不是由商品卖方自己提供的,而是由第三方基于买卖合同提供的。重要的是,数字内容或数字服务的提供构成了合同的一部分,而消费者可能必须接受第三方许可协议(最

---

[23] See also Sein and Spindler, n 13, 272; Spindler and Sein, n 22, 417; Kumkar, n 22, 318.

终用户许可协议)这一事实并不会对此有所妨碍(见《货物买卖合同指令》序言第 15 条)。因此,导航系统的数字元素是由汽车销售商提供,还是由汽车制造商、其他第三方提供并不重要。[24] 将第三方提供的数字内容和数字服务纳入与商品卖方的合同关系中,也许是该指令最重要的特征,因为这意味着卖方要对数字内容和数字服务的运作承担责任,而消费者无须和不同的供应商打交道。[25] 例如,产品责任法中众所周知的一站式机制。然后,卖方可以通过《货物买卖合同指令》第 18 条规定的救济权,或依据其与第三方的具体合同安排,向可能对不符合同约定情形负有最终责任的第三方追偿。[26]

最后,《货物买卖合同指令》序言第 14 条明确,实现合同约定功能的数字内容是预装的还是事后安装的并不重要。这是为了防止商家规避关于非合约性及其救济措施的指令规定。因此,卖方不能通过在买卖合同中添加条款来规避其责任,即根据该条款,一旦合同签订,消费者就可以从制造商的网站上下载相关功能。

除此以外,事后安装的全新附加功能以及相关数字内容和数字服务,不属于原始合同的范围。《货物买卖合同指令》序言第 16 条提到,消费者从应用商店下载游戏应用程序到智能手机上的例子。就汽车而言,例如新开发的自动停车辅助系统可以通过消费者智能手机或汽车人机界面上的应用程序被使用。汽车销售商当然不会因为消费者单方面添加的数字元素所产生的故障而被追究责任。[27] 在这种情况下,这些数字内容和数字服务可能适用《数字内容和数字服务合同指令》进行规范。

---

〔24〕 关于后一种情况,即雷诺汽车和 TomTom 提供的导航系统,参见 Kalamees and Sein, n 18, 14.

〔25〕 See also Dirk Staudenmayer, Kauf von Waren mit digitalen Elementen – Die Richtlinie zum Warenkauf (2019) Neue Juristische Wochenschrift 2889; id., 'Die Richtlinie zu den digitalen Verträge' (2019) Zeitschrift für Europäisches Privatrecht 663, 672 f.

〔26〕 关于救济权利的思考见 Vereecken and Werbrouck, n 13, 71f.

〔27〕 See also Spindler and Sein, n 22, 417; Sein, n 19, 5.

最复杂的情况是，买卖合同中提到了某些功能，并且商品也提供了其与这些功能的连接性，但合同规定这些功能需要向第三方服务提供商单独购买。原则上，《货物买卖合同指令》允许这种分离，欧盟立法者在《货物买卖合同指令》序言第16条中举出的第二个例子就说明了这一点：双方可以协议消费者购买一部没有特定操作系统的智能手机，然后消费者再与第三方签订一份提供操作系统的合同。事实上，消费者可能对于挑选操作系统兴致盎然。根据《货物买卖合同指令》序言第16条，这种单独的合同甚至可以由卖方作为第三方服务提供商的中介来签订。这将使数字服务脱离买卖合同的范围，从而也脱离了《货物买卖合同指令》的适用范围。那么数字服务可能会归入《数字内容和数字服务合同指令》的适用范围，对希望避免为数字内容和数字服务承担责任的卖方来说，这会是一个理想的解决方案。

显然，该规则与《货物买卖合同指令》第21条明确的指令强制性之间存在矛盾。将第三方提供的数字内容和数字服务排除在买卖合同之外应具有特殊性质，这要求此种分离必须是"真正的"分离，而不是为规避《货物买卖合同指令》"一站式"理念原则而进行的人为合同分离。

例如，如果消费者需要在制造商的网站上注册内置服务包以免费获得服务，就可以看到一种人为合同分离。只凭消费者可以免费获得服务这一事实就表明，服务的提供构成了买卖合同的一部分。这甚至适用于服务仅暂时免费，之后消费者仍必须为服务付费的情况。

同样地，在买卖合同中已经预先确定了数字内容或者第三方服务提供商，消费者无法进行选择的情况下，合同的分离似乎也是人为的。这种解释与欧盟消费者法的其他领域是一致的。例如，根据《消费者信贷指令》，[28]"挂钩信贷协议"的概念旨在防止对构成一

---

[28] [2008] OJ L 133/66.

个"商业单位"的合同进行人为分离。[29] 根据《欧盟消费者权利指令》,[30] 即使附属商品或服务由第三方提供,"附属合同"[31]也与主合同命运与共。

3. 单独购买的数字内容或服务

由于《数字内容和数字服务合同指令》和《货物买卖合同指令》是互斥的,《数字内容和数字服务合同指令》仅对不属于《货物买卖合同指令》第3条第3款第2项的数字内容和数字服务进行适用(参见《数字内容和数字服务合同指令》第3条第4款)。具体而言,这是指买卖合同中没有预先安排、消费者单独购买的第三方数字内容和数字服务。[32] 同样地,可以以导航系统或信息娱乐系统为例。

如果(真正的)新附加功能和相关数字内容及数字服务是与商品一起提供的(如取代原座椅的可加热座椅),那么其当然受《货物买卖合同指令》规范;即便消费者需要签订新的买卖合同,而且有可能是与新的卖家签订。

4. 为何要明晰这一问题?

尽管欧洲委员会已努力梳理两个指令的相关规则,但是其结果

---

[29] 挂钩信贷协议的定义是,下列情况中的信贷协议,有关信贷专门用于为供应特定商品或提供特定服务的协议提供资金,从客观角度看,两项协议构成一个商业单位。在供应商或服务提供商为消费者提供信贷融资的情况下,或者在由第三方提供贷款,同时债权人在签订或准备贷款协议时使用了供应商或服务提供商的服务,或贷款协议中明确规定了特定商品或特定服务的提供的情况下,商业单位应被视为存在,参见《第2008/48/EC号指令》第3条第n项,关联合同的影响参见《第2008/48/EC号指令》第15条。

[30] [2011] OJ L 304/64.

[31] 附属合同的定义是,消费者据以获得远程合同或场外合同相关商品或服务的合同,而这些商品或服务由商家提供,或由第三方依据其与商家之间的约定提供,见《欧盟消费者权利指令》第2条第15款。

[32] See Tonner, n 3, 367.《数字内容和数字服务合同指令》不适用于免费的应用软件和开放源码软件(因为《货物买卖合同指令》第3条第1款要求支付价格),而后者也不太可能与汽车相关。

是不同的规则仍可能适用于同一问题,如导航系统故障。[33] 然而,欧盟委员会和理事会(与欧洲议会的立场相反)[34]经过深思熟虑后决定,将嵌入式软件及其所嵌入的商品一并由货物买卖规则进行规范。[35]

原则上,这两项指令遵循相同的框架结构,它们在合约性和救济措施方面安排了几乎相同的规则。[36] 不过,两个指令之间也存在一些差异。例如,只有《货物买卖合同指令》让成员国自行选择是否维持或者采用通知期限,也只有《数字内容和数字服务合同指令》明确了商家修改数字内容或数字服务的权利。[37]

然而,如上所述,最关键的一点是确定救济措施可能的相对方。适用《货物买卖合同指令》,消费者只能就所有问题与卖方联系,而在《货物买卖合同指令》(适用于汽车)和《数字内容和数字服务合同指令》(适用于附加的数字内容和数字服务)同时适用的情况下,消费者可以向不同的合同相对方寻求救济。如果附加的数字内容或数字服务是由欧盟以外的商家提供的,《数字内容和数字服务合同指令》的适用可能会特别麻烦,这也是必须防止《货物买卖合同指令》被规避的另一个原因。[38]

---

〔33〕 See Staudenmayer, 'Die Richtlinie zu den digitalen Verträgen', n 25, 667 f.
〔34〕 参见欧洲议会第 A8‑0375/2017 号文件,第 100 页。
〔35〕 参见理事会 2018 年 5 月 24 日第 9261/18 号政策说明,第 4 页。
〔36〕 See also Ivo Bach, 'Neue Richtlinien zum Verbrauchsgüterkauf und zu Verbraucherverträgen über digitale Inhalte' (2019) Neue Juristische Wochenschrift 1705. For a thorough analysis of the Digital Content and Services Directive see Sein and Spindler, n 13; id., 'The new Directive on Contracts for the Supply of Digital Content and Digital Services – Conformity Criteria, Remedies and Modifications – Part 2' (2019) European Review of Contract Law 365. See also Dirk Staudenmayer, 'Auf dem Weg zum digitalen Privatrecht Verträge über digitale Inhalte' (2019) Neue Juristische Wochenschrift 2497.
〔37〕 关于差异的分析,见 Tonner, n 3, 369; Sein, n 19, 8。
〔38〕 另见 Sein,同注 19,第 6 页。

(四)不符合同约定的类型

我们可以想到由汽车数字元素引发的各种各样的问题。显然,最严重的情况是自动化或自动驾驶汽车的软件发生故障并导致事故。事故也可能是由黑客攻击造成的。[39] 导航系统地图有误,可能会使得(疏忽大意的)驾驶员开进运河而不是在公路上行驶,或者使其错过一个重要的约会。在隐私和经济利益方面,汽车可能会未经驾驶员或车主同意向第三方传输数据,从而使这些第三方能够实现保险费率个性化或追踪驾驶员的行踪。此外,第三方还可以利用软件从外部锁上汽车(例如,用汽车担保账单的支付)。甚至可以操作软件去欺骗型式认证机构,而汽车可能并没有达到相关的法律标准,例如氮氧化物排放标准。

简而言之,《货物买卖合同指令》与《数字内容和数字服务合同指令》在合约性问题上都适用主观和客观标准。与《关于消费者商品买卖及其担保的某些方面的指令》相比,《货物买卖合同指令》与《数字内容和数字服务合同指令》的客观标准得到了加强,即只有消费者被特别告知商品的某一特点偏离了合约性的客观要求,并且消费者在签订买卖合同时也明确地单独地同意了这种偏离,双方才能协议排除该客观标准(《货物买卖合同指令》第7条第5款与《数字内容和数字服务合同指令》第8条第5款)。

上述所有数字化问题都与汽车的合约性有关。接下来,本文在

---

[39] 关于黑客控制汽车的各种方式,参见 Hervais Simo, Michael Weidner and Christian Geminn,'Intrusion Detection – Systeme für vernetzte Fahrzeuge – Konzepte und Herausforderungen für Privatheit und Cybersicherheit' in ßofnagel and Hornung (eds), n 5, 311, 320 ff; Manuela Martin and Kathrin Uhl,'Cyberrisiken bei vernetzten Fahrzeugen – (Produkt –) Haftungsrechtliche Fragestellungen im Zusammenhang mit Hackerangriffen' (2020) Recht – Automobil – Wirtschaft 7, 8。

简要论述《货物买卖合同指令》与《数字内容和数字服务合同指令》的双重适用之前,将探讨具有数字元素的汽车完全适用《货物买卖合同指令》的情形。

1.《货物买卖合同指令》下汽车不符合合同约定的情形

(1)影响汽车主要功能的缺陷

很明显,有缺陷的汽车操作系统会破坏汽车的合约性。重要的是,消费者无须证明汽车到底哪里出了问题,只须证明汽车或汽车的某项功能因什么情形无法运作就足够了:这可能是硬件缺陷,也可能是软件缺陷。[40] 在《消费者商品和担保指令》第5条第3款规定举证责任倒置的背景下,这一观点在汽车起火的法伯尔案[41]中得到了确认。法院的结论是,消费者无须证明汽车为什么会着火,而只须证明汽车确实着火了这一简单事实,就说明了汽车的缺陷。[42]

(2)减效装置

减效装置是一种汽车软件,其在实际驾驶条件下会干扰或禁用汽车排放控制系统,即使车辆通过了正式的排放测试。在过去几年中,减效装置,特别是大众汽车集团使用的减效装置,在许多成员国的判例法中占有显著的位置。法院认定装有减效装置的汽车不符合合同约定的判决数不胜数。重要的是,这不仅因为承诺的所谓更清洁的柴油车的环保优势不存在,而且因为车辆存在可能被撤销上

---

[40] See, for example, OLG köln, 12 December 2006 – 3 U 70/06 (2007) Neue Juristische Wochenschrift 1694。See also Jorge Morais Carvalho,'Sale of Goods and Supply of Digital Content and Digital Services – Overview of Directives 2019/770 and 2019/771'(2019) Journal of European Consumer and Markets Law 194, 200.

[41] 欧盟法院,2015年6月4日 – C – 497/13 Froukje Faber v. AutobedrjfHazet Ochten BV,ECLI:EU:C:2015:357。

[42] For more details, see Peter Rott,'Improving consumers' enforcement of their rights under EU consumer sales law:Froukje Faber'(2016) Common Market Law Review 509.

路许可的法律风险。[43]

(3)安全保障

汽车必须安全。在这方面,遵守法律和技术标准尤为重要,这一点在《货物买卖合同指令》第 7 条第 1 款第 a 项中得到了确认。值得注意的是,新的《型式认证法规》((EU)2019/2144)[44]所要求的一系列数字安全功能在 2022 年变为强制,比如驾驶员打瞌睡和分心(如驾驶时使用智能手机)警告、智能车速辅助系统、利用摄像头或传感器的倒车安全装置,以及发生事故时的数据记录仪("黑匣子")。

安全也一直是合约性的一个要素。[45]《货物买卖合同指令》第 7 条第 1 款第 d 项明确规定了安全是合约性的客观要素之一。尤其包括网络安全[46],这意味着,汽车或其软件必须能够抵御意图控制汽车的第三方黑客攻击。[47]

在这种情况下,《货物买卖合同指令》第 7 条第 3 款规定的通知消费者更新事项并向其提供更新(包括安全更新)的义务,就发挥了重要作用,该义务对于保持汽车合约性是必要的。事实上,软件可能在汽车交付时是安全的,但由于技术的发展,过后就变得不安

---

[43] 参见德国联邦最高法院,8 January 2019 – Ⅷ ZR 225/17 (2019) Neue Juristische Wochenschrift 1133。

[44] [2019] OJ L 325/1.

[45] See also Benjamin Raue, 'Haftung für unsichere Software' (2017) Neue Juristische Wochenschrift 1841, 1843; Sebastian Rockstroh and Christopher Peschel, 'Sicherheitslücken als Mangel' (2020) Neue Juristische Wochenschrift 3345, 3348; Thomas Riehm and Stanislaus Meier, 'Rechtliche Durchsetzung von Anforderungen an die IT – Sicherheit' (2020) MultiMedia und Recht 571, 573; Thomas Söbbing, 'Security Vulnerability: Ist eine Sicherheitslücke in einer Software ein Mangel i. S. v. § 434 BGB?' (2020) IT Rechtsberater 12.

[46] See also Staudenmayer, 'Kauf von Waren mit digitalen Elementen', n 25, 2891.

[47] 黑客的另一个目标可能是个人数据,参见 Maria Fetzer and Peter Hense,"Ein Auto, ein Computer, ein Mann" – Connected Cars zwischen infantiler Vision und Consumer Privacy' (2020) Datenschutz – Berater 144。

全了。

此外的细节还很不清楚。例如,消费者是否有理由期待绝对安全[48],或者他们是否能预见软件是"可破解的",这些问题一直存在争议。[49] 此外,消费者可能并不清楚汽车在哪个时间点需要安全更新,进而也不清楚更新是否提供得太晚。正确的答案似乎是,消费者可以期待合理的安全水平。汽车工程师协会(SAE)与国际标准化组织(ISO)[50]合作制订的行业标准(ISO/SAE 21434 – 道路车辆 – 网络安全工程)可作为最低标准,至少就该标准通过后出售的汽车而言是如此。

此外,2020 年 6 月,联合国欧洲经济委员会通过了两项新的联合国网络安全和软件更新条例。[51]

(4)数字砖

除了黑客,卖方也可以通过所谓的数字砖的方式来干扰汽车使用。[52] 例如,数字砖可以使卖方远程关闭数字设备,以强制实现对消费者(所谓的)索赔。在杜塞尔多夫地方法院审理的一起案件中,德国萨克森州消费者中心成功地对 RCI Banque S. A. 公司向消费者出租汽车电池的合同条款提出了质疑。[53] 该条款允许 RCI Banque S. A. 公司在自行终止与消费者的合同时停止重新加载电池。同样地,人们可以设想这样一种软件,即如果消费者不支付汽

---

[48] 参见 Raue,同注 45,第 1843 页。

[49] 关于后一种问题,参见科隆高等法院最近的判决 30 October 2019 – 6 U 100/19 (2020) Multi Media und Recht 248,尽管案件涉及的是一部廉价智能手机。该案并非买卖法案件,而是涉及卖方是否遗漏了向消费者提供《不公平商业行为指令》2005/29/EC 第 7 条所规定的重要信息的问题。See also the critique by Thomas Riehm and Stanislaus Meier,'Anmerkung'(2020) Multi Media und Recht 250。

[50] 参见 Martin and Uhl,同注 39,第 9 页。

[51] 详见联合国欧洲经济委员会,同注 10。

[52] See also Christiane Wendehorst,'Die Digitalisierungund das BGB'(2016) Neue Juristische Wochenschrift 2609, 2612.

[53] LG Düsseldorf, 11 December 2019 12 0 63/19 available at http://www.justiz.nrw.de/nrwe/lgs/duesseldorf/lgdues seldorf/j2019/12_0_63_19_Urteil_20191211.html.

车联网服务订购费,汽车制造商就可以利用该软件关闭汽车。如果这样的系统在未经消费者同意甚至消费者不知情的情况下出现在汽车上,就会使该汽车与合同约定不相符。

(5)非法的数据输出

最后,未经驾驶员或车主同意,汽车向第三方传输数据的情况,似乎首先是数据保护法上的问题。不过,这种情况也在买卖法的情境下进行过讨论。在 2015 年的一项判决中,哈姆高等法院认为,原则上,在汽车中加入一个装置来向保险公司传输未经授权的数据,会使汽车具有缺陷(尽管在该案中,法院裁定并不存在这种装置)。[54]

《数字内容和数字服务合同指令》明确地解决了这一问题。根据《数字内容和数字服务合同指令》序言第 48 条,"如果情况未符合《通用数据保护条例》规定的要求,包括数据最小化要求、设计阶段即数据保护和默认数据保护等核心原则,那么根据案件情况,此时数字内容或数字服务可能被认为也不符合本指令规定的合约性主观或客观要求"。《数字内容和数字服务合同指令》序言第 48 条提出的一个例子是,线上购物应用程序的经营者没有采取《通用数据保护条例》规定的措施来保障消费者个人数据处理的安全性,结果导致消费者的信用卡信息被恶意软件或间谍软件获取。根据欧盟立法者的说法,这种失误也可能成立《数字内容和数字服务合同指令》意义上数字内容或数字服务不符合合同约定的情形,因为消费者会合理地预期,此类应用程序通常具有防止支付信息泄露的特性。

虽然《货物买卖合同指令》没有对此进行相应的说明,但消费者对嵌入式软件的数据安全或对《货物买卖合同指令》下的数字内容的合理预期没有理由会与《数字内容和数字服务合同指令》有任

---

[54] OLG Hamm, 2 July 2015 – 28 U 46/15 (2016) Zeitschrift für Datenschutz 230.

何不同。两个指令的差异并不是刻意选择的结果[55],似乎只是《货物买卖合同指令》下的相应情况被忽略了。

(6)现实问题

一个现实问题是,非合约性一开始必须在交付时就存在(《货物买卖合同指令》第 10 条第 1 款)。然而,如果对于含数字元素的商品,买卖合同规定在一段期间内持续提供数字内容或数字服务,情况就不一样了。这种情况下,在交付含数字元素的商品后的 2 年内,对于数字内容或者数字服务发生或者明显出现的任何非合约性,卖家也应当承担责任(《货物买卖合同指令》第 10 条第 2 款)。[56] 因此,缺陷是在数字内容或数字服务上,还是在硬件上,就卖方责任而言非常重要。

例如,我们假设刹车失灵导致了汽车碰撞并烧毁。消费者该如何查明是刹车装置的物理特性出了问题,还是相关软件出了问题呢?

当然,举证责任倒置期限延长至 1 年是有帮助的,即现在的《货物买卖合同指令》第 11 条。[57] 与《消费者商品和担保指令》第 5 条第 3 款规定的旧的 6 个月期限相比,该规则无疑对消费者更加友好。重要的是,如上所述,法院在法伯尔案的判决中转而反对狭义解释该规则。消费者仅须证明商品与合同规定不符,而这在汽车烧毁后相当容易,因为汽车本不应该着火。然后,卖方应证明在交付时汽车内并不存在起火原因。

如果缺陷在 1 年多以后才显现,而买卖合同规定的是在一段期限内持续提供数字内容或数字服务,则举证责任仍由卖方承担。然而,举证责任倒置只涉及数字内容或数字服务的合约性,而不涉

---

[55] 另见 Sein and Spindler,同注 36,第 372 页,谁能看出"这背后没有真正的政策原因"。

[56] 详见 Vereecken and Werbrouck,同注 13,第 73 页。

[57] 同上,第 77 页。

商品。因此，明确不符合合同约定的潜在原因，以及必须由谁证明问题是物理因素所致还是数字因素所致，再次变得有意义。

根据民事诉讼法的传统规则，应由消费者来证明在这两种规则中应适用哪一种。在信息娱乐系统故障的情况下，这可能很容易，但在汽车数字化操作部分故障的情况下就非常困难了。因此，进一步延伸法院在法伯尔案中的逻辑似乎是合理的，即卖方必须证明软件仍然具有合约性，故问题是由硬件或消费者造成的。这对卖方来说应当是可能的，因为软件不易磨损。如果经营者成功证明软件在1年期届满后仍具有合约性，消费者就必须证明硬件在交付时不符合合同约定。

2.《数字内容和数字服务合同指令》下的非合约性

如上所述，《货物买卖合同指令》与《数字内容和数字服务合同指令》对合约性的要求基本相同。因此，上文所提到的判断数字内容和数字服务不符合同约定的相关考量因素也适用。

从实践角度来看，如果不清楚类似汽车被黑客攻击的情形为什么会发生，那么就可能产生问题。原因在于汽车原有的嵌入式数字内容或该数字内容与汽车的连接性，还是在于第三方后来根据单独合同添加的数字内容呢？在汽车原有嵌入的数字内容出现问题的情况下，将举证责任倒置作为解决方法似乎是可行的，而在有两份单独合同的情况下，消费者必须选择向合适的被告进行索赔，这就比较复杂了。消费者肯定需要咨询（费用昂贵的）专家。

因此，从消费者的角度来看，其有充分的理由不去选择由不同的供应商提供汽车相关数字内容和数字服务，尽管这种情况当然也可能被汽车销售商或制造商利用以收取更高的价格。

(五)救济措施

两个新指令基本上保留了《消费者商品和担保指令》中的救济措施,并将其进一步具体化,而且使救济措施的分级对各成员国具有强制性。[58] 此外,在数字化的背景下,对于具有数字元素的商品,《货物买卖合同指令》第7条第3款和《数字内容和数字服务合同指令》第8条第2款规定了一项义务,要求确保向消费者告知更新信息并提供更新内容,包括安全更新,以保持这些商品的合约性,而义务的细节则根据协议约定有所不同。[59]

1.《货物买卖合同指令》规定的救济措施

根据《货物买卖合同指令》第13条第2款,如果汽车(包括其数字元素以及嵌入商品或与商品相互连接,并依据买卖合同与商品一起提供的数字内容和数字服务)与合同约定不符,卖方必须修理或更换汽车。

(1)修理

修理汽车意味着更新相关软件,对此卖方可能做不到,但制造商应该可以做到。[60] 当然,即使卖方既不能自行修理软件,即更新软件,也不能仅以不可能做到为由进行抗辩;相反,正如《货物买卖合同指令》第7条第3款所规定的,卖方必须确保(制造商或其他第三方)向消费者提供相关更新。因此,作者建议卖方应促使制造商

---

[58] For details, see Vereecken and Werbrouck, n 13, 78.
[59] For details, see Pia Kalamees, p. 156 in this volume; Robert Schippel, 'Die Pflicht zur Bereitstellung von Software, Updates and Upgrades nach der Richtlinie über digitale Inhalte und Dienstleistungen (2020) Kommunikation &Recht 117.
[60] 另见 Schippel,同注59,第119页。

与消费者签订一份与软件更新有关的附加合同;[61]但这并不意味着卖方免除了自己的义务。

最后,如果第三方出于某种原因不提供所需的更新,汽车制造商也不提供,而卖方自己开发更新则通常在目标与成本上不相称,卖方有权根据《货物买卖合同指令》第 13 条第 3 款拒绝维修。[62]

(2)更换

是否可能更换取决于问题的性质。当然,卖方可以更换整辆汽车,但如果所有同类型汽车都使用相同的缺陷软件,这样做就没有用了。单独更换与其他功能整合程度不深的导航系统似乎是可行的,因为市场上有多种导航系统,而更换被整合的泊车辅助系统可能是不能实现的。

(3)减价和终止合同

如果卖方未能修理或更换汽车,或拒绝修理、更换,消费者将在减价和终止合同之间作出选择(《货物买卖合同指令》第 13 条第 4 款),而只有在认为缺陷并不轻微的情况下,消费者才有可能终止合同(见《货物买卖合同指令》第 13 条第 5 款)。

《消费者商品和担保指令》中已经讨论过哪些缺陷属于轻微缺陷,而《货物买卖合同指令》并未对此进一步阐明。就汽车而言,与安全相关的因素,如刹车装置有缺陷或泊车辅助软件存在缺陷,其实都不属于轻微缺陷。在非基本功能存在缺陷的情况下,则需要采用其他标准。就导航系统缺陷而言,科隆地区高等法院将重点放在导航系统及其维修或更换的成本与汽车价格的关系上。在该案中,导航系统的费用为 2390 欧元,加上维修费用,超过了汽车购买价格的 5%,因此该缺陷不被认为是轻微缺陷。[63] 与此相反,杜塞尔多夫地区高等法院认为信息娱乐系统方向盘的遥控器缺陷,只是轻微程度上不符合

---

[61] 见 Heydn,同注 7,第 508 页。
[62] 另见 Kalamees and Sein,同注 18,第 14 页;Sein and Spindler,同注 36,第 376 页。
[63] 科隆地区高等法院,同注 40。

同约定,因为驾驶员仍可能通过其他位置的按钮来控制信息娱乐系统。因此,驾驶的安全性只会受到轻微的影响;因为遥控器显然只是为了让驾驶员在使用信息娱乐系统时不用把目光离开路面。[64]

就减效装置而言,在销售商或制造商提供软件更新的情况下,这一问题也进行了充分的讨论。起初一审法院在该问题上存在分歧。[65] 然而,随着时间的推移,包括高级法院在内的各级法院,倾向于将其归入非合约性中的非轻微类型,因为软件更新对油耗和其他排放的负面影响使法院产生了担忧。此外,受影响的汽车也存在市场价值损失。[66]

2.《数字内容和数字服务合同指令》规定的救济措施

《数字内容和数字服务合同指令》第 14 条规定的救济措施与《货物买卖合同指令》第 13 条规定的救济措施相类似,即可以通过更新或更换软件的方式使数字内容符合合同约定。当然,不能要求单纯的数字内容提供商更换硬件,因此也不能要求其更换汽车或汽车部件。在其他情况下,则可以要求减价和终止合同,就像《货物买卖合同指令》一样。

(六)损害赔偿

1. 买卖法规定的损害赔偿

缺陷软件相关的风险之一是发生事故的风险,因此有可能导致

---

〔64〕 杜塞尔多夫高等法院,2007 年 1 月 8 日 – I U 177/06 (2008) Neue Juristische Online – Zeitschrift 601。

〔65〕 参见 Carl – Heinz Witt,'Der Dieselskandalund seine kauf-und deliktsrechtlichen Folgen'(2017) Neue Juristische Wochenschrift 3681,3684 中的参考文献。

〔66〕 For an overview Kolja van Lück,'Kaufrechtliche Ansprüche des Käufers im Diesel – Abgasskandal'(2019) Verbraucher und Recht 8, 10 f.

超出车辆本身的损害。与《消费者商品和担保指令》一样,两个新指令也不规范因商品、数字内容或数字服务的缺陷而产生的损害赔偿,而是将这一问题留给各成员国自行规定。原因仅是,各成员国有关损害赔偿的法律差异巨大,以至于找到共同点的机会被认为是微乎其微。最重要的差异与过错有关。例如,英国法律规定,原则上即使是涉及损害赔偿,卖方也要承担严格责任;而德国法律规定,由买卖法规定的损害赔偿责任,以过错为基础(即使要求卖方证明自己不存在过失行为)。[67]

以过错为基础的法律制度具有明显的影响。只有一个普通的、勤勉的卖方在同样的情形下应当知道缺陷或发现该缺陷,卖方才对其违反合同义务,即未交付具有合约性的商品需承担责任。但是,根据现有的德国判例法,零售商如果只是转售从生产商或其他供应商处取得的商品,则没有义务对商品进行检验或测试。[68] 只要卖方没有理由怀疑该商品不具备同类商品通常的质量,就不存在过失行为。卖方也不对供应商乃至生产商的作为或不作为承担替代责任,因为它们并不是代理人。[69]

不同于制造商,当涉及与汽车相关的嵌入式或相互连接的数字内容或数字服务时,卖家很少会承担损害赔偿责任。[70]

2. 数字内容或者数字服务造成的损害

如果损害是由数字内容或数字服务造成的,而这些数字内容或者数字服务并非嵌入汽车中,此时首要问题在于其涉及什么类型的

---

〔67〕 参见《德国民法典》第 280 条第 1 段。

〔68〕 参见德国联邦最高法院, 25 September 1968 – Ⅷ ZR 108/66 (1968) Neue Juristische Wochenschrift 2238。

〔69〕 参见德国联邦最高法院, 21 June 1967 – Ⅷ ZR 26/65 (1967) Neue Juristische Wochenschrift 1903;德国联邦最高法院, n. 45, 2239;德国联邦最高法院, 18 February 1981 – VIII ZR 14/80 (1981) Neue Juristische Wochenschrift 1269。

〔70〕 另见 Rockstroh and Peschel,同注 45,第 3350 页。

合同。从这个意义上说,关于数字内容和数字服务的合同分类这个陈旧而激烈的争议,很可能在各国内盛行,其曾促使欧洲立法者引入了分类中性的救济制度[71]。

根据《数字内容和数字服务合同指令》,数字服务被确定地归类为服务,而服务的损害赔偿责任则通常以过错为基础。至于在线提供的数字内容如何归类,各成员国迄今为止采取了不同的路径,其归类从买卖合同到服务合同各有不同。[72]

而即使根据《货物买卖合同指令》,将商品、其嵌入式软件,以及嵌入商品和连接商品的数字内容和数字服务作为一个整体归于买卖法,该归类也不一定适用于各国有关损害赔偿的制度。与其相反,其中一些要素很可能会被归类为服务,原因在于,即使在买卖法对损害赔偿适用严格责任的成员国,对服务部分的赔偿责任仍可能以过错为基础。

(七)更广阔的视角

卖方的责任(及其限制)只是问题的一部分。在卖方不承担损害赔偿责任或卖方破产时,后者正如德国一些主要汽车贸易商因大众汽车丑闻而破产的情况,其他参与者——汽车制造商和提供数字内容或数字服务的第三方——的潜在责任又显现了。相关的法律领域是产品责任法和一般侵权法,而其中与数字内容和数字服务相关的许多内容仍不明确。

---

[71] 参见《数字内容和数字服务合同指令》序言第19条。

[72] See Marco B. M. Loos et al., Analysis of the applicable legal frameworks and suggestions for the contours of a model system of consumer protection in relation to digital content contracts (2011), available at https://op.europa.eu/de/publication-detail/-/publication/4fee0cc7-5f4d-46c5-897b-48844f07f027.

特别是，对于软件是否属于《产品责任指令》(85/374/EEC 号指令)[73]第 1 条和第 2 条所指的产品，存在争议，而如果软件在原则上被视为产品，那么这是也适用于在线传输的软件，还是仅仅适用于软件即服务模式下的远程应用软件？[74] 当然，这个问题多年前就已为人所知[75]，但欧洲委员会仍未提出一项《产品责任指令》的修正案。[76] 在国家层面上，成员国可以通过具体实施《产品责任指令》或将产品责任制度扩展到《产品责任指令》未完全涵盖的事项，从而将其产品责任法适用于软件。不过，许多成员国还尚未就此问题采取明确立场。

除产品责任法外，一般侵权法为缺陷软件所造成的损害提供了更为灵活的解决办法，但其通常以过错为基础。此外，在涉及多个参与者的情况下，消费者还面临着确定合适被告的问题。

(八) 总结

《货物买卖合同指令》规定商品不合约的责任由卖方承担，卖

---

〔73〕 根据《第 85/374/EEC 号指令》(修订版) 第 2 条的规定，产品是指所有动产，即使是与另一动产或不动产结合在一起。

〔74〕 最近对讨论的概述见 Charlotte de Meeus, 'The Product Liability Directive at the Age of the Digital Industrial Revolution: Fit for Innovation？' (2019) Journal of European Consumer and Markets Law 149；Peter Rott, 'Produkthaftung im Zeitalter der Digitalisierung' in Anja Hentschel, Gerrit Hornung and SilkeJandt (eds), Mensch - Technik - Umwelt: Verantwortung für eine sozialverträgliche Zukwnft, Festschrift für Alexander Roßnagel (Nomos, 2020) 639；二者均附有进一步的参考资料。

〔75〕 例如，参见委员会关于《产品责任指令》适用情况的第五次报告，COM(2018) 246, 2, 以及工作人员对新兴数字技术的责任工作文件，SWD(2018)137, 第 9 页。

〔76〕 有关欧盟委员会的最新想法，请参见其关于人工智能、物联网和机器人技术的安全和责任内涵的报告，COM(2020) 64；其中请参阅 Friedrich Graf von Westphalen, 'Produkthaftungsrechtliche Erwägungen beim Versagen Kinstlicher Intelligenz (KI) unter Beachtung der Mitteilungder Kommission COM (2020) 64 final' (2020) Verbraucherund Recht 248；Astrid Seehafer and Joel Kohler, 'Ktünstliche Intelligenz: Updates für das Produkthaftungsrecht？' (2020) Europäische Zeitschrift für Wirtschaftsrecht 213。

方承担责任的不合约对象也包括嵌入商品的数字内容,以及包含在商品中或与商品相互连接,并依据买卖合同与商品一起提供的数字内容和数字服务。这甚至适用于第三方提供的数字内容或数字服务。就汽车而言,这似乎涵盖了大部分数字内容和数字服务。这样做的好处是,消费者只有一个诉请的对象,而该对象必须与制造商或其他第三方一起解决问题,尽管硬件和数字内容及数字服务适用不同规则,可能使救济措施的实现复杂化。此外,消费者与第三方之间没有合同关系,这可能不利于其请求损害赔偿。制造商可以通过瑕疵担保被纳入合同关系,而这显然对消费者有利。

尽管存在责任风险,但向汽车提供有限的数字内容,并仅与第三方的数字内容相连接(从而减少销售商的责任),似乎并不是一种有前景的营销策略,因为消费者似乎偏好至少拥有来自同一供应商的基本数字内容。同时,在非因销售商造成不符合合同约定的情况下,由第三方提供数字内容似乎增加了汽车销售商的责任风险。例如,在有安全漏洞的情况下,销售商必须明确合适的索赔对象。因此,销售商理应尽量减少第三方的参与,最好只涉及制造商。实际上,这就是目前普遍的情况,即消费者仅在汽车制造商提供的不同服务套餐之间进行有限的选择。其他第三方主要涉及的是那些在生产时没有安装相关数字功能的旧款车。[77] 这反过来可能会对汽车数字内容和数字服务的提供商之间的竞争产生负面影响,进而在价格水平上不利于消费者。因此,新的责任制度也很可能影响智能汽车的市场结构。

---

[77] 例如,请参阅德国电信提供的的汽车互联,https://www.telekom.de/hilfe/mobilfunk-mobiles-internet/carconnect/was-ist-carconnect? samchecked = true。

十、智能合约和新的数字指令：
一些初步想法

[德]安德烈·杨森*

　　智能合约符合《数字内容和数字服务合同指令》的规定，亦符合《货物买卖合同指令》的规定。关于智能合约及这两个指令，人们众说纷纭。然而，缺少文章去明确解决上述两个指令是否真的"智能合约准备就绪"（smart contracts ready）这一问题。本文旨在填补这一空白，并激励人们进一步深化研究该主题。

---

　　* 安德烈·杨森（Andre Janssen），荷兰奈梅亨拉德堡德大学民法和欧洲私法讲座教授。这项工作是爱沙尼亚研究理事会资助的研究项目"PRG124 数字单一市场中的消费者权利保护——合同方面"的一部分。原文载于《知识产权、信息技术与电子商务法杂志》2021 年第 12 卷第 2 期，第 196—203 页。杨森教授主要研究领域为欧洲民法、消费者保护法、国际商法等，国际消费者协会会员、德国仲裁协会会员、德国比较法学会会员、荷兰比较法学会会员和意大利比较法学会会员，并曾获欧盟委员会玛丽·居里奖。本译文介绍了智能合约的定义、潜在应用领域、区块链技术在其中的作用，并借助虚拟的智能合约场景，阐明《货物买卖合同指令》《数字内容和数字服务合同指令》背景下智能合约的两个问题，即包含虚拟货币支付义务的智能合约是否受《货物买卖合同指令》规范，以及智能合约应否被视为《货物买卖合同指令》下出售商品的数字元素，为两个数字指令应如何适用于智能合约提供了重要认识。

(一)引言

本文讨论的是数字指令背景下的智能合约;更确切地说,是《数字内容和数字服务合同指令》以及《货物买卖合同指令》背景下的智能合约。[1] 这颇具挑战,原因如下:第一,关于智能合约[2]和这

---

[1] 本文以作者在 2020 年 11 月 26 日和 27 日举行的"数字消费者合同法与新技术"线上会议的发言为基础。会议由 Karin Sein 教授(爱沙尼亚塔尔图大学)和 Martin Ebers 教授(爱沙尼亚塔尔图大学)组织。此次活动是"PRG124 数字单一市场中的消费者权利保护——合同方面"项目的一部分,该项目由爱沙尼亚研究理事会资助。讲座形式基本保留。

[2] See for example C. Buchleitner & T. Rabl, 'Blockchain und Smart Contracts' (2017) ecolex, 4 – 14; A. J. Casey & A. Niblett, 'Self – Driving Contracts' (2017) 43 Journal of Corporation Law, 1 – 33; M. Durovic & A. Janssen, 'Formation of Smart Contracts', in Larry A. DiMatteo, Michel Cannarsa, Cristina Poncibò (eds.), The Cambridge Handbook of Smart Contracts, Blockchain Technology and Digital Platforms, Cambridge (Cambridge University Press) 2019, pp. 61 ff.; M. Durovic & A. Janssen, 'The Formation of Blockchain-based Smart Contracts in the Light of Contract Law' (2018) European Review of Private Law (ERPL), 753 – 772; N. Guggenberger, 'The Potential of Blockchain for the Conclusion of Contracts', in R. Schulze, D. Staudenmeyer & S. Lohse (eds.) Contracts for the Supply of Digital Content: Regulatory Challenges and Gaps (Nomos 2017), 83 – 97; A. Janssen, 'Demystifying Smart Contracts', in C. J. H. Jansen, B. A. Schuijling, IV. Aronstein (eds.), Digitalisering en onderneming (Wolters Kluwer 2019), 15 – 29; M. Kaulartz & J. Heckmann, 'Smart Contracts Anwendung der Blockchain – Technologie' (2016) Computer und Recht (CR), 618 – 624; M. Kaulartz, 'Herausforderungen bei der Gestaltung von Smart Contracts' (2016) Zeitschrift zum Innovations-und Technikrecht (InTeR), 201 – 206; E. Mik, 'Smart Contracts: Terminology, Technical Limitations and Real World Complexity' (2017) 10 Journal of Law, Innovation and Technology (JLIT), 269 – 300; M. Raskin, 'The Law and Legality of Smart Contracts', (2017) 1 Georgetown Technology Review, 305 – 341; J. M. Sklaroff, 'Smart Contracts and the Cost of Inflexibility' (2017) 166 University Pennsylvania Law Review, 263 – 303; T. F. E. Tjong Tjin Tai, 'Smart contracts en het recht' (2017) 93 Nederlands Juristenblad, 176 – 182; K. Werbach & N. Cornell, 'Contracts Ex Machina' (2017) 67 Duke Law Journal, 313 – 382.

两个重要指令[3]的文章已经浩如烟海,以至于我们有可能证实卡尔·瓦伦丁(Karl Valentin)的说法,他曾讽刺地声称"一切都已被说出来,只是不是被所有人"[4]。所以最初我的问题是,是否可以为整个讨论增添一些新的内容,而非重复太多已知的内容。下面的论述将有望证明,这个问题能得到肯定的回答。第二,出人意料地,写这篇文章时几乎没有关于智能合约如何与两个指令相关联的具体解释,这也是挑战之一。所以,可以发现,关于这两个指令在多大程度上是"智能合约准备",以及未来就这一点而言我们需要期待或解决什么问题,几乎是一片空白。

本文意在阐明该主题的某些方面,而非全面阐释。下文第(二)部分简要介绍了智能合约的世界;第(三)部分为了进一步阐明问题提出了一个虚构的智能合约场景;第(四)部分用这个场景来研究两个数字指令背景下智能合约可能出现的两个问题,关注点大部分在《货物买卖合同指令》,小部分在《数字内容和数字服务合同指令》;第(五)部分是一个简短的总结结尾。

---

[3] See for example I. Bach, Neue Richtlinien zum Verbrauchsgüterkauf und zu Verbraucherverträgen über digitale Inhalte (2019) Neue Juristische Wochenschrift (NJW), 1705 - 1711; J. Morais Carvalho, 'Sale of Goods and Supply of Digital Content and Digital Services - Overview of Directives 2019/770 and 2019/771', (2019) Journal of European Consumer and Market Law (EuCML), 194 - 201; L. K. Kumkar, 'Herausforderungen eines Gewährleistungsrechts im digitalen Zeitalter', (2020) Zeitschrift für die gesamte Privatrechtswissenschaft (ZfPW), 306 - 333; J. Lommatzsch, R. Albrecht/P. Prüfer, 'Zwei neue EU - Richtlinien zum Vertragsrecht - ,,Revolution" im Verbraucherrecht?', (2000) Gesellschafts-und Wirtschaftsrecht (GWR), 331 - 339; D. Staudenmayer, 'Die Richtlinien zu den digitalen Verträgen', (2019) Zeitschrift für Europäisches Privatrecht (ZEuP), 663 - 694; D. Staudenmayer, 'The Directives on Digital Contracts: First Steps Towards the Private Law of the Digital Economy', (2020) European Review of Private Law (ERPL), 219 - 249; J. Vanherpe, 'White Smoke, but Smoke Nonetheless: Some (Burning) Questions Regarding the Directives on Sale of Goods and Supply of Digital Content', (2020) European Review of Private Law (ERPL), 251 -273.

[4] See https://www.zitate.eu/autor/karl-valentin-zitate/177935.

(二)对智能合约的简短介绍

如果想要充分掌握两个数字指令可能产生的法律问题,对智能合约进行介绍似乎是无可避免的。因此,本部分将简要定义"智能合约"这一一般术语(the general term),随后表明区块链技术对智能合约发展的重要性,最后总结智能合约潜在应用的一些领域。[5]

1. 智能合约的定义

智能合约引起了关于其法律属性的有趣质疑。通常而言,现有的智能合约不是特别智能,甚至并不构成严格意义上的具有法律拘束力的合同。[6] 任何关于智能合约的讨论一定始于对概念的界定。[7] 关于智能合约是什么的定义数不胜数。[8] 它们经常将智能合约定义为一种特殊协议,旨在没有第三方干涉时以一种可追踪和不可逆的方式参与、验证,或者执行合同的谈判、履行。[9] 智能合

---

[5] 本章包含以前公开发表的内容:A. Janssen,'Demystifying Smart Contracts', in C. J. H. Jansen, B. A. Schuijling, I. V. Aronstein(eds.), Digitalisering en onderneming (Wolters Kluwer 2019), 16 – 21 and M. Durovic A. Janssen, 'Formation of Smart Contracts', in Larry A. DiMatteo, Michel Cannarsa, Cristina PoncibÒ(eds.), The Cambridge Handbook of Smart Contracts, Blockchain Technology and Digital Platforms, Cambridge(Cambridge University Press) 2019, pp. 61 ff。

[6] S. Bourque & S. Fung Ling Tsui, A Lawyer's Introduction to Smart Contracts (Lask:Scientia Nobilitat, 2014), p. 4; R. O'Shields, 'Smart Contracts:Legal Agreements for the Blockchain'(2017) 21 North Carolina Banking Institute, 177 – 178.

[7] For more details M. Durovic & A. Janssen, 'The Formation of Blockchain-based Smart Contracts in the Light of Contract Law'(2018) European Review of Private Law (ERPL), 754 ff.

[8] A good overview over the difference smart contracts definitions gives M. Finck, 'Grundlagen und Technologie von Smart Contracts', in M. Fries & B. P. Paal (eds.), Smart Contracts (MohrSiebeck 2019), 1 – 12.

[9] See e. g. T. Söbbing, 'Smart Contracts und Blockchain:Definitionen, Arbeitsweise, Rechtsfragen'(2018) IT – Rechts – Berater (*ITBR*), 43 – 46.

约的定义可追溯到尼克·萨博(Nick Szabo),他在20世纪90年代首次将智能合约定义为一种:"执行合同条款的计算机化交易协议。智能合约设计的主要目标是满足常见的合同条件(比如支付条款、留置权、保密性和执行等),减少恶意和偶然的例外情况,以及降低对诸如银行或者其他类型代理人的可信中介的需求。"[10]

智能合约的相关经济目标包括,减少因欺诈造成的损失、执行的成本,或者其他交易成本。智能合约被认为能够带来交易的完全透明化,同时赋予交易主体高度的隐私。[11] 萨博的定义可以简化理解为一个计算机代码,创建的计算机代码将在遇到"触发事件"(作为"数字先决条件")[12]时自动履行合同义务,或者理解为约定自动化履行的协议,该履行通常由一个计算机程序执行。[13] 我们可以提炼出一个达成最低限度共识的定义:智能合约是一种自我执行和自我强制的计算机代码。[14] 因为目前的智能合约是在没有自我学习系统的情况下工作的,所以必须强调的是,它们既不需要人

---

[10] N. Szabo, 'Smart Contracts', http://www.fon.hum.uva.nl/rob/Courses/InformationInSpeech/CDROM/Literature/ LOTwinterschool2006/szabo.best.vwh.net/smart.contracts.Html.

[11] C. Buchleitner & T. Rabl, 'Blockchain und Smart Contracts' (2017) *ecolex*, 4, 5; N. Guggenberger, 'The Potential of Blockchain for the Conclusion of Contracts', in R. Schulze, D. Staudenmeyer & S. Lohse (eds.) Contracts for the Supply of Digital Content: Regulatory Challenges and Gaps (Nomos, 2017), 83, 94.

[12] P. Paech, 'The Governance of Blockchain Financial Networks', (2017) 80 Modern Law Review, 1072, 1082.

[13] M. Raskin, 'The Law and Legality of Smart Contracts', (2017) 1 Georgetown Technology Review, 305, 306.

[14] A. Börding, T. Jüilicher, C. Röttgen & M. von Schönfeld, 'Neue Herausforderungen der Digitalisierung für das deutsche Zivilrecht: Praxis und Rechtsdogmatik' (2017) Computer und Recht (*CR*), 134, 138; E. Mik, 'Smart Contracts: Terminology, Technical Limitations and Real World Complexity' (2017) 10 Journal of Law, Innovation and Technology (*JLIT*), 269, 269; R. O'Shields, 'Smart Contracts: Legal Agreements for the Blockchain' (2017) 21 North Carolina Banking Institute, 177, 179.

工智能,也不需要深度学习。[15]

毋庸置疑,智能合约的法律概念存在许多争论和困惑。对于本文中即将讨论的基于区块链的智能合约,我们可以在智能合约代码和智能法律合同之间进行有益的二分法,前者是在区块链中储存、验证和执行的计算机代码,后者是应用这种技术的法律合同的补充(甚至可能是替代)。[16]"智能法律合同"实质上是"智能合同代码"和传统法律用语的结合。[17] 智能合约是以计算机可以理解的方式,用"如果这样的情形发生,那么将会发生"的语言来运行的计算机代码。一旦经过验证,它将通过识别触发事件并相应地分配资产来实现自我执行和自我强制。[18]

显然,智能合约这个术语是一个误称。[19] 智能合约,正如我们所知,它现在独立于适用法(applicable law),因为它并非法律意义上的合同。对一个自我执行和进行计算机编码的协议,在概念上选择这样的名称是不恰当的,因为它加剧了混乱。然而,在智能合约和法律合同之间存在一些理论上的相似之处,它们都是调整不同主体之间交流互动的准则。[20]

对于智能合约在实践中如何运作以及怎样推断出这个结论,萨博使用了他著名的售货机类比理论(vending machine analogy)[21]。

---

[15] M. Kaulartz & J. Heckmann, 'Smart Contracts – Anwendung der Blockchain – Technologie' (2016) Computer und Recht (*CR*), 618, 618.

[16] J. Stark, 'Making Sense of Blockchain Smart Contracts', Coindesk, Jun 4 2016, www.coindesk.com/making-sense-smart-contracts/.

[17] M. Kaulartz, 'Herausforderungen bei der Gestaltung von Smart Contracts' (2016) Zeitschrift zum Innovations-und Technikrecht (*InTeR*), 205.

[18] T. F. E. Tjong Tjin Tai, 'Smart contracts en het recht' (2017) 93 NederlandsJuristenblad, 177.

[19] C. Buchleitner & T. Rabl, 'Blockchain und Smart Contracts' (2017) ecolex, 6.

[20] C. Lim, T. J. Saw & C. Sargeant, 'Smart Contracts: Bridging the Gap Between Expectation and Reality', 11 July 2016, Oxford Business Law Blog, www.law.ox.ac.uk/business-law-blog/blog/2016/07/smart-contracts-bridging-gap-between-expectation-and-reality.

[21] N. Szabo, 'Formalizing and Securing Relationships on Public Networks' *First Monday*, 2 (9), https://doi.org/10.5210/fm.v2i9.548.

售货机获得硬币,然后根据显示的价格找零和发放产品。一旦投入硬币,就不需要进一步的人工来干预合同的订立和随后的履行。和智能合约类似,通过售货机订立的合同原则上也是不可改变和自我执行的。即使一个人是被迫从售货机处购买东西,机器仍将向这个人交付商品,而不考虑实际上交易从一开始(ex tunc)就因胁迫而在法律上无效。此外,理论上不论合同当事人的民事行为能力如何,只要他们有硬币,就都可以与售货机进行交易。智能合约更进一步之处在于"建议将合约嵌入各种类型的财产中,只要这些财产具有价值并且可以用数字工具进行控制"[22]。基本上,一旦双方当事人签订智能合约,智能合约的履行就脱离了他们的控制。

2. 区块链技术是智能合约的驱动力

智能合约并不必然需要区块链技术。[23] 然而,毫无疑问,智能合约越来越重要的主要原因是区块链技术的兴起,因为区块链技术能够使智能合约充分发挥其自动化潜能。比特币让区块链技术的应用猛增,最终使以太坊得以建立,成为一个复杂和重要的区块链平台,允许进行虚拟货币转移以外的更加复杂的交易(也就是智能合约)。[24] 同时,其他几个以区块链为基础的智能合约平台也已经进入了市场,比如 Hyperledger Burrow、Hyperledger Fabric、Open Transactions 以及 Quorum。区块链技术展现了如何建立一个计算机网络,以便交易一旦开始,计算机网络就可以在没有任何一方当

---

[22] N. Szabo, 'Formalizing and Securing Relationships on Public Networks' *First Monday*, 2 (9), https://doi.org/10.5210/fm.v2i9.548.

[23] 区块链(技术)有时也被称为分布式账本(技术)或共享账本(技术)。虽然这三个概念仍在不断变化(有些作者认为它们指代的是不同形式的技术),但为简单起见,本文将只使用区块链(技术)一词。

[24] See more detailed T. F. E. Tjong Tjin Tai, 'Smart contracts en het recht' (2017) 93 NederlandsJuristenblad, 176, 177.

事人或者其他中介机构直接干预的情况下自动输出。[25] 因为这个特征,人们常说缔约双方不需要相互信任,他们可以依靠整个系统进行交易,也知道对方不能干扰预期结果的实现。区块链不仅能够通过节点(链上的计算机)核查每个交易,而且可以通过在一个区块中储存合同并将区块发送到每个节点进而自动履行交易,并且该种履行原则上不可改变。因此,智能合约凭借履行的确定性使得信任数字化,并且通过移除中介机构以及他们带来的交易成本来创造效率。[26] 这些特点可能使以区块链为基础的智能合约具有最大的吸引力。

通过以太坊的运作过程,可以很好地描述智能合约形成的实际过程。[27] 首先,用户使用以太坊的编码语言"Solidity"编写(type out)合同[28],为此用户不得不下载以太坊的软件,并加入其网络。随后,他将通过在系统中提供具体的合同进行"提议"并将通过在系统中提出特定合约来使其可用。这个合同将在系统中拥有它自己的识别码,并作为系统中一个自治实体(autonomous entity)予以运作。然后另一个用户可能通过交流来接受这个被提出的合同。例如,他通过支付的方式来进行沟通,通常是用以太币——以太坊的虚拟货币。在与另一方交流后,该智能合约将开始自动履行。值得注意的是,在以太坊这个区块链平台上进行一次交易或者履行一份合同,用户需要支付计算费用"Gas"。[29] Gas 是用叫作"Gwei"的以太坊的小额单位来进行计价的,并且被用来分配以太坊虚拟机(EVM)的资源,由此智能合约等去中心化的应用程序最终才能够

---

[25] Clifford Chance, 'Smart Contracts. Legal Agreements for the Digital Age', html https://www. cliffordchance. com/briefings/2017/06/smart _ contracts _ - legalagreementsforth. html.

[26] J. I‐H Hsiao, 'Smart Contract on the Blockchain – Paradigm Shift for Contract Law' (2017) 14 US‐China Law Review, 685, 687.

[27] https://ethereum.org/.

[28] See https://solidity.readthedocs.io/en/develop/.

[29] See more detailed https://www.investopedia.com/terms/g/gas-ethereum.asp.

以一种安全但是去中心的方式自动履行。这个费用将支付给矿工，作为其挖矿交易，将交易数据放入区块链中的报酬。[30] Gas 的准确价格是由网络矿工之间的供给和需求决定的。如果 Gas 的价格不能达到他们要求的门槛同时获得寻求处理能力的网络用户认可，他们就可以拒绝处理交易。

3. 智能合约的一些(潜在)应用领域

智能合约有许多的潜在应用领域。除了著名的智能冰箱的例子(冰箱依据事先签订的配送智能合约自动地"订购"食物或者饮料)，"依据驾驶情况支付的原则"是现在保险行业讨论的话题。[31] 这里投保人和保险公司达成了一份汽车保险(智能)合约。这个合约包含了"依据驾驶情况支付的条款"，这意味着投保人驾驶风险越高，保险费就越高。为了收集数据，投保人的汽车有一个区块链接口，以区块链为基础的(保险)智能合约会依据投保汽车的驾驶方式自动调整应付保费的数额。一个类似的想法是"付多少开多远"，也就是一辆汽车只能行驶到支付保费所对应的距离。如果没有支付保费，以区块链为基础的智能保险合约会用汽车的智能锁来阻止进一步使用车辆。[32] 还有一个想法，连接智能合约和智能仪表，以便在账单未支付的情况下自动切断天然气、水和电的供应。[33]

---

〔30〕 无论交易成功与否，用户都要为计算付费。即使交易失败，矿工也必须验证和执行你的交易，这会消耗计算能力。因此，用户必须像成功交易一样，为计算付费。

〔31〕 C. Buchleitner & T. Rabl, 'Blockchain und Smart Contracts' (2017) ecolex, 4, 7; M. Kaulartz & J. Heckmann, 'Smart Contracts – Anwendung der Blockchain – Technologie' (2016) Computer and Recht (*CR*), 618, 618.

〔32〕 F. Hofmann, 'Smart contracts und Overenforcement', in M. Fries & B. P. Paal (eds.), Smart Contracts (Mohr Siebeck 2019), 125, 128.

〔33〕 F. Hofmann, 'Smart contracts und Overenforcement', in M. Fries & B. P. Paal (eds.), Smart Contracts (Mohr Siebeck 2019), 125, 128.

(三)虚拟的智能合约场景

现在让我们转向虚拟的智能合约场景,本文将其作为示例展开进一步讨论。我将避免提出一些技术上的复杂性,因为它们对法律问题的解决似乎并不重要。让我们假设一下,一个顾客想要从一位专业卖家那里购买一辆新汽车,这辆汽车有一个集成智能锁,即一个智能设备。为此,双方达成一份基于以太坊的智能合约。消费者用以太币,也就是以太坊的虚拟货币,按月分期付款。只要消费者完成了每月的分期付款,汽车的智能锁将正常打开,允许消费者不受限制地使用汽车。然而,如果消费者拖欠分期款项,智能合约将自动锁上汽车的智能锁,未付款前将不能使用汽车。在我们的小示例中,消费者按时支付了每月分期款,但是由于以太坊的智能合约软件中一个程序错误(卖方端并无输入错误),智能合约锁住了汽车的智能锁。因此,消费者不能再使用这辆汽车。

(四)在新数字指令背景下两个与智能合约有关问题的讨论

正如前面介绍中已经提到的,现在将利用提出的例子来说明两个数字指令背景下智能合约可能出现的两个问题。重点主要集中在两个与新消费者指令(《货物买卖合同指令》)适用有关的问题领域,而数字内容指令(《数字内容和数字服务合同指令》)也一并被讨论到。

1. 一个包含虚拟货币支付义务的智能合约是否受《货物买卖合同指令》规范?

在所提出的例子中,适用《货物买卖合同指令》可能是有问题的,因为双方没有约定以欧元或者美元等常规货币进行支付,而是以虚拟货币(这里是"以太币")进行交付。这个问题不一定只在智能合约中出现,因为"普通非智能合约"也可以用虚拟货币提供支付。然而,目前的情况是,这个问题主要出现在智能合约中,这是为什么似乎有理由认定这主要是一个"智能合约问题"。

但是,《货物买卖合同指令》和虚拟货币"支付"间的问题到底是什么?让我们仔细看一下该指令的规定。《货物买卖合同指令》第3条第1款规定"该指令将适用于消费者和卖方之间的买卖合同"。《货物买卖合同指令》第2条第2款对术语"买卖合同"定义如下:"'买卖合同'是指卖方向消费者转移或者承诺转移商品的所有权,而消费者支付或者承诺支付价款的任何合同。"当然,价款的支付包括以常规货币进行的支付。但是"虚拟货币合同下的商品"是否也受《货物买卖合同指令》规范呢?根据《货物买卖合同指令》第2条第2款,指令本身对什么是"价款的支付"并没有提供进一步的解释。就目前来看,立法史和文献也没有对解决这个问题提供有效的帮助。

如果这还不是理解《货物买卖合同指令》的一个重要问题,那么在看到《数字内容和数字服务合同指令》时,情况就变得更加混乱了。这两个指令被认为是孪生指令(twin directives),其中《货物买卖合同指令》的规范领域涵盖商品,包括具有数字元素的商品,而《数字内容和数字服务合同指令》则调整数字内容和数字服务的提供。依据《数字内容和数字服务合同指令》第3条第1款第1项,该指令适用于"经营者向消费者提供或者承诺提供数字内容或者数字服务,而消费者支付或者承诺支付价款的任何合同"。然而,不同于《货物买卖合同指令》,《数字内容和数字服务合同指令》在第2条第7款对术语"价格"进行了定义。依据该规定,"价格"是指为了换取数字内容或者数字服务应付的金钱或者以数字方式呈现的价值。《数字内容和数字服务合同指令》序言第23条进一步阐明了将

"以数字方式呈现的价值"纳入《数字内容和数字服务合同指令》中的背景,以及这到底意味着什么。依据该序言:"……以数字方式呈现的价值应被理解为也包括虚拟货币……支付方式的不同可能引发歧视,并不合理地激励企业倾向于在消费者将数字方式呈现的价值作为支付方式时提供数字内容或数字服务。"

因此,《数字内容和数字服务合同指令》清晰明了地指出,该指令的适用范围涵盖了"使用虚拟货币支付"的情形,并给出了一个令人信服的理由。毕竟,随着虚拟货币作为一种支付工具日益普及,这是避免企业通过向消费者要求"虚拟货币支付"来逃避《数字内容和数字服务合同指令》规制的唯一途径。如果我们的示例是关于数字内容或者数字服务的供给而不是关于商品(含数字元素),那么这将毫无疑问地纳入《数字内容和数字服务合同指令》的适用范围。为什么欧盟在虚拟货币支付方面明显追求两种不同的路径,或者至少在《货物买卖合同指令》中引入大量的解释不确定性,这是不明确的,也逃避了更深层次的逻辑。当然,企业也有相同的动机,通过要求支付虚拟货币以逃避《货物买卖合同指令》的适用,从而破坏与《数字内容和数字服务合同指令》一样的保护标准。归根结底,这正是未来消费者商品销售领域会增加使用虚拟货币的原因。

总的来说,虚拟货币支付问题的结果可以说是令人失望的。因为《货物买卖合同指令》似乎存在一个漏洞,而这个漏洞使企业有可能系统地破坏该指令的保护标准。[34] 一方面,这个问题甚至可能成为欧洲法院在回答是否必须将"虚拟货币合同下的商品"视为《货物买卖合同指令》下"买卖合同"时的一个潜在初始问题。另一方面,尽管欧盟成员国可以自由地将《货物买卖合同指令》的适用

---

[34] 到目前为止,许多公司仍不愿意这样做,因为许多虚拟货币的价值波动仍然太大。不过,已经有一些虚拟货币的价值被证明是相对稳定的,比如"Tether"。

范围扩大到包括用虚拟货币购买商品的合同,但似乎也错失了以一种有意义的方式去进一步协调欧盟现行法的机会。不过,就这一点而言,关于两个数字指令的明确的解决方案更为可取。

2. 是否应将智能合约视为《货物买卖合同指令》下出售商品的数字元素?

现在假设,在我们的例子中,目前的合同毫无疑问是《货物买卖合同指令》意义上的一个"买卖合同",因为可能的支付方式是欧元而非虚拟货币。依据《货物买卖合同指令》第3条第1、2款和第2条第5款,它是一个"含数字元素的商品"[35]的销售,这个出发点是毋庸置疑的。依据《货物买卖合同指令》第2条第5款,被销售的汽车是一个与数字内容或者数字服务(这里是指具有数字功能的智能锁)结合或者相互关联的有形动产,这种结合或者连接的方式是,如果没有数字内容或者数字服务,商品(这里指汽车)将不能发挥其功能。因此,《货物买卖合同指令》适用于这辆汽车本身,并包括其智能锁。

当然,被忽略的严重事实是,《货物买卖合同指令》是否也涵盖了以太坊智能合约(作为汽车的"数字要素")的(有缺陷的)部分,最终在示例中导致消费者无法再使用汽车。换言之,这个缺陷的智能合约组件受《数字内容和数字服务合同指令》规制吗?这个指令最终的目的在于规范数字内容或者数字服务的提供。在考虑到法律后果时,决定哪个指令规制智能合约组件的重要性就很明显了。如果人们认为《货物买卖合同指令》也涵盖有缺陷的智能合约组件,那么消费者将因为智能合约组件不符合合同约定对卖家享有直接的权利。卖家的责任风险将因此增加,即便依据《货物买卖合同指令》第18条,在消费者对卖家索赔后,卖家还有权向以太坊寻求

---

[35] 引文中的着重号为作者所加。

救济。[36] 此外,如果《数字内容和数字服务合同指令》适用于智能合约组件,那么消费者将不得不直接求助于以太坊,因为这个数字内容来自数字服务提供者自身。在此情形下,卖家不应对有缺陷的智能合约要素承担责任。

总的来说,更好的论点似乎支持将智能合约要素作为数字要素归于《货物买卖合同指令》,而非《数字内容和数字服务合同指令》的适用范围。《货物买卖合同指令》第 3 条第 3 款第 2 项、第 2 条第 5 款的措辞足够宽泛,可以证明这样的解释是合理的。可以说,汽车是以这样的方式和智能合约相互连接的,即没有智能合约将无法使用汽车。最后,在这个例子中,如果没有一个无懈可击的智能合约,汽车也将不能使用。智能合约要素来自第三方(在这个例子中就是以太坊)而不是卖家的事实无关紧要。[37] 此外,《货物买卖合同指令》第 3 条第 3 款第 2 项的广义解释也能够合理说明,在买卖合同下运行智能合约的数字服务是和汽车一起提供的。

然而,必须承认,《货物买卖合同指令》第 3 条第 3 款第 2 项、第 2 条第 5 款的措辞也允许进行另一种更狭义的解释。因此,将智能合约组件作为"数字要素"纳入《货物买卖合同指令》适用范围最强有力的理由似乎是为了有效保护消费者。因为如果从消费者的角度来看,消费者通常显然不可能或至少很难去弄清楚购买的商品为什么不能使用。在我们的例子中,消费者怎么可能明白智能锁为什么打不开?最后,他将无法识别是智能锁自身有缺陷,还是智能合约方面出现问题。无论如何,不能让消费者负担这样一种调查的义务,特别是在消费者通常缺乏必要的专业知识的情况下。《货物买卖合同指令》的目标在于,在商品、数字内容和数字服务的边缘领域为消费者建立一个"一站式"政策,以确保有效保护消费者。如果

---

[36] See for the right of redress Art. 18 of the New Consumer Sales Directive.

[37] See Art. 3(3)2 of the New Consumer Sales Directive.

真要实现这个目标,智能合约要素应该受到《货物买卖合同指令》的规制。这导致卖家要为第三方提供的有缺陷的数字内容或者数字服务承担扩张的责任。如前所述,此种扩张的责任相对于《货物买卖合同指令》并非格格不入,而是其概念的一部分。[38] 最后,可以引用《货物买卖合同指令》第3条第3款,作为将智能合约组件纳入《货物买卖合同指令》适用范围的"终极论据"。根据该规定,"在不确定提供集成或者相互关联的数字内容或者数字服务是否构成买卖合同的一部分时,应当推定数字内容或者数字服务为买卖合同所涵盖[39]"。

(五)结论

本文表明智能合约和两个数字指令之间的关系并非没有问题。令人遗憾的是,不同于《数字内容和数字服务合同指令》,《货物买卖合同指令》没有明确地接受"虚拟货币支付"(目前尤其是和智能合约结合的情形)作为该指令意义上的"价格支付"。长远来看,这可能诱使企业坚持要求虚拟货币支付来逃避新《货物买卖合同指令》的适用。本文讨论的另一个问题是,如果智能合约通过智能设备,比如智能锁,共同对购买的商品的功能或失败负责,那么智能合约是否可以被视为《货物买卖合同指令》意义上的"数字元素"。在我看来,有更好的论据来支持将这些智能合约要素纳入《货物买卖合同指令》,而不是《数字内容和数字服务合同指令》的适用范围。最后,这篇文章只是一个小小的开胃菜,希望它能激起许多读者的胃口进而更加深入地研究这个提出的话题。

---

[38] See Art. 3(3)2 of the New Consumer Sales Directive.

[39] In quoto by the author.

第四编　数字内容和数字服务的适约性

十一、货物与数字内容和数字服务的适约性

[英]克里斯蒂安·特威格-福莱斯纳*

（一）引言

本文重点关注《货物买卖合同指令》(SGD)[1]和《数字内容和数字服务合同指令》(DCSD)[2]中有关适约性的要求。早在1999年，《消费者商品买卖

---

* 克里斯蒂安·特威格-福莱斯纳（Christian Twigg-Flesner），英国华威大学法学院国际商法教授，奥地利维也纳大学欧盟法研究中心理事，曾任英国赫尔大学法学院教授，主要研究领域为国际商法、英国商法、消费者保护法和合同法。原文载于《新数字模式下的私法》(2020年)。本译文主要介绍了《货物买卖合同指令》和《数字内容和数字服务合同指令》这两项新指令中适约性的具体要求。本文论述了规定适约性要求的原因以及适约性的具体要求，同时指出新指令为实现欧盟最大限度的立法统一而限制了成员国的创造性立法，显得有些过于传统守旧，缺乏创新性等具体问题，为适约性要求和消费者保护的发展带来了进一步的思考。

[1]《关于货物买卖合同特定方面的第2019/771号指令》(《货物买卖合同指令》)；(2019) OJ L 136/28。

[2]《关于提供数字内容和数字服务第2019/770号指令》(《数字内容和数字服务合同指令》)；(2019) OJ L 136/1。DCSD即为DCD，指《数字内容和数字服务合同指令》。——译者注

和担保指令》(CSD)[3]就首次引入了货物适约性的要求,[4]然而,当时该指令只适用于货物销售合同而不适用于软件/数字内容。上述两项新的指令于2019年5月正式通过,将于2022年1月1日生效,是欧盟数字单一市场进程[5]中的一部分。这两项新的指令旨在促进欧盟数字单一市场的建立,因此成为欧盟数字单一市场建设的重要基石。然而,这两项指令也是最初构建《欧盟合同法》这一雄心勃勃的项目中最微不足道的遗留物,[6]构建《欧盟合同法》这一项目已经被压缩为《欧洲共同销售法》(CESL)的提案[7],并且在2014年12月被驳回。[8]《欧洲共同销售法》事实上是对1999年通过的《货物买卖合同指令》第二次改革的尝试。早期的改革建议被包含在欧盟《欧盟消费者权利指令》(CRD)的提案之中,[9]但有关销售合同的条款在立法过程中被删除,所以根本没有出现在

---

[3] 《关于消费者商品买卖及其担保的某些方面的指令》,(《消费者商品和担保指令》);(1999)OJ L 171/12。

[4] 关于欧洲法律中的"适约性"有趣讨论,参见 FRANCISCO DE ELIZALDE, "Should the implied term concerning quality be generalised? Present and future of the principle of conformity in Europe" (2017) 25 European Review of Private Law 71。

[5] EUROPEAN COMMISSION, Communication on a Digital Single Market Strategy for Europe COM (2015) 192 final。

[6] 关于《欧盟合同法》的文献非常多,但对于总体概述(略显过时)可参见 LUCINDA MILLER, The Emergence of EU Contract Law – Exploring Europeanization (Oxford University Press, 2011) 或 CHRISTIAN TWIGG – FLESNER, The Europeanisation of Contract Law, 2nd edition (Routledge, 2013)。

[7] COM (2011) 635 final, 11 October 2011, 参见如, MARTIN SCHMIDT – KESSEL (ed.), Ein einheitliches europäisches Kaufrecht? (Sellier, 2012); HANS SCHULTE – NÖLKE, FYRDERYK ZOLL, NILS JANSEN AND REINER SCHULZE (eds.), Der Entwurf für ein optionales europäisches Kaufrecht (Sellier, 2012)。

[8] 欧盟委员会,《2015年工作计划——新的开始》,COM (2014) 910 final, Annex II, p.12。

[9] COM (2008) 614 final. 参见 CHRISTIAN TWIGG – FLESNER "Fit for purpose? The proposals on Sales" in GERAINT HOWELLS and REINER SCHULZE (eds.) Modernising and Harmonising Consumer Contract Law. (Sellier, 2009); JULES STUYCK, "The provisions on consumer sales" in HANS SCHULTE – NÖLKE and LUBOS TICHY (eds.), Perspectives for European Consumer Law (Sellier, 2010)。

《欧盟消费者权利指令》[10]的最终版本之中。

指令中有关适约性要求的规定也说明了这些指令中存在几个更为广泛的问题。这两项指令都采最高统一性标准,不仅禁止欧盟成员国偏离指令所规定的消费者保护水平,[11]而且要求欧盟成员国在确立货物质量、数字内容和数字服务方面的消费者权益之时采用特定的方法,没有给成员国留下任何创新的余地。[12] 令人遗憾的是,两个指令都采用了相对传统的方法。事实上,在通过《消费者商品和担保指令》之前,"适约性"这一概念就已经被写入许多法律制度之中,欧盟在《消费者商品和担保指令》中采用这一概念是因为其是"不同国家法律制度的共同概念"。[13] 这一点尤为重要,因为对《消费者商品和担保指令》的起草有一定影响的《联合国国际货物销售合同公约》(CISG)也对适约性的要求进行了规定。[14] 简单地以成员国"共同"为由,采用这一概念,不仅表明欧盟在制定专门的消费者保护规则方面缺乏创造性,也体现了欧盟的目标是不惜一切代价建立欧盟共同规则,而不是制定一个极具现代化和创新性

---

〔10〕 《关于消费者权利的第 2011/83 号指令》(《欧盟消费者权利指令》);(2011) OJ L 304/64。

〔11〕 《数字内容和数字服务合同指令》第 4 条;《货物买卖合同指令》第 4 条。

〔12〕 这种对于合同或者私法完全统一的反对意见已经存在了 20 年:参见 THOMAS WILHELMSSON, "Private law in the EU: harmonised or fragmented Europeanisation?" (2002) 10 European Review of Private Law 77。

〔13〕 《关于消费者商品买卖及担保的某些方面的指令》第 7 条。值得注意的是,过去(以及现在)并非所有地方都是这种情况;英国法律使用的是默示条款的概念,即商品必须具有"令人满意的质量"(2015 年《消费者权益法》第 9 条)。爱尔兰法律仍然使用较早的"适销质量"概念(1893 年《货物销售法》第 14 条第 2 款)。

〔14〕 STEFAN GRUNDMANN, "Consumer Law, Commercial Law, Private Law: How can the Sale Directive and the Sales Convention be so similar?" (2003) 14 European Business Law Review 237。关于潜在冲突的讨论,参见 BJÖRN SANDVIK, "The Battle for the Consumer: On the Relation between the UN Convention for the International Sale of Goods and the EU Directive on Consumer Sales" (2012) 20 European Review of Private Law 1097。

的消费者保护法。[15] 这两部新指令仍然假定交易模式是经营者和消费者之间订立的双务合同,同时"适约性"的前提是合同当事人就合同大部分内容进行谈判并且达成一致。然而,毫无疑问,经营者和消费者之间就合同达成完全一致的这一想法很大程度上是一种想象,因为通常大多数的合同条款都是经营者拟定的。尽管经营者会受到各种旨在保护消费者的法律规则的引导和限制(如《消费者合同中的不公平条款指令》[16]),但是这并没有改变消费者的境遇,即消费者对交易细节几乎或者完全没有任何影响。因此,尽管我们假定消费者和经营者就经营者提供的货物、数字内容或者数字服务的质量达成适当的协议,大多数消费者交易的实际情况与该假设并不相同。诚然,指令采用欧盟法律体系中已知的概念有相对的优势,即有利于其在成员国中被采纳以及适用,但是这也导致指令错过了一个创造更有针对性的消费者交易制度的机会,特别是针对那些跨境交易。[17]

这两个新指令的另一个特点是,适用于货物的适约性要求与适用于数字内容和数字服务的适约性要求十分相似。首先,撇开对适用"适约性要求"的担忧不谈,在这两个指令中"适约性"的概念十分相似。这样的规定既可能导致类似交易适用该两个指令以产生高度一致的结果而被称赞,也可能因为没有充分考虑到数字内容和数字服务的独特性而被批评。为了确定这两种观点哪一个更有说服力,需要对货物、数字内容或者数字服务各自适约性要求的要素进行一个细致的分析。本文重点在于对新指令适约性条款进行批

---

[15] 参见 GERAINT HOWELLS, CHRISTIAN TWIGG – FLESNER and THOMAS WILHELMSSON, Rethinking EU Consumer Law (Routledge, 2018), esp. 40 – 42 and pp. 340 – 343。

[16] 《关于消费者合同中不公平条款的第 93/13 号指令》(《消费者合同中的不公平条款指令》);(1993) OJ L 95/29。

[17] CHRISTIAN TWIGG – FLESNER, A cross-border only regulation for consumer transactions in the EU (Springer, 2012)。

判性分析。在此之前,探讨指令在消费者交易中规定"适约性"概念的原因和可能的(制度)设计。

(二)为何需要"适约性"要求?

在分析两个新指令关于适约性要求的细节之前,应当退一步考虑为何要在法律中确立"适约性"要求或者类似的要求。

如果没有任何类型的法律对适约性作出相关的规定,消费者和经营者就有必要在每次缔结新合同之时就货物或者数字内容、数字服务的质量和其他方面达成一致。[18] 这显然是不切实际的,如果每次消费者想购买东西都要进行重新谈判,这是对时间和资源的浪费。尽管在某些特定的情况之下进行协商是可行的,但是消费者可能缺乏对货物、数字内容或者数字服务的了解,以及向消费者提供的大多数产品的质量只有通过使用[19]才能确定,这导致每次协商都变得十分困难。

在交易之中,大多数普通消费者鲜有可以进行适当协商的机会。因此法律规范适约性要求的目的是规定货物必须满足的最低质量和适用性的最低要求,并且这些要求不需要进行任何单独谈判。[20] 由于这种要求需要涵盖十分广泛的货物、数字内容或者数

---

[18] 虽然这是普通法的历史立场[*Chandelor v. Lopus* (1603) Cro. Jac. 4],但是它在很久以前就被放弃了,转而承认对货物可销售的最低期望[在 *Gardiner v Gray* (1815) 4 Camp. 144, Lord Ellenborough 说过一句著名的话"不能认为购买者购买货物是为了把它们放在地堡里"(第 145 页)]。

[19] GILLIAN HADFIELD, ROBERT HOWSE and MICHAEL TREBILCOCK, "Information-based principles for rethinking consumer protection policy" (1998) 21 Journal of Consumer Policy 131.

[20] GEORGE AKERLOF 在一篇开创性的论文中提出了这一观点"The market for 'lemons': quality uncertainty and the market mechanism" (1970) 84 Journal of Law and Economics 488。

字服务,所以它需要取得以下平衡,即既要制定合理的具体要求也要保持足够的灵活性,并且顾及货物、数字内容或数字服务的性质以及交易时的具体情况。[21]

就其实质性要求而言,法律适约性要求应当建立一个基准线标准,为涉及货物、数字内容或数字服务供应的每项交易提供一个客观的标准。我们期望货物、数字内容、数字服务至少要符合这一基准线标准。假设已经建立这一基准线标准,那么问题就是应允许合同各方在多大程度上通过商定不同的标准来偏离这一标准。因此在建立一个适约性的客观标准作为法律的基准线标准后,对于允许合同各方在多大程度上主观地修改该标准,就需要作出选择。这个问题的答案取决于,客观的基线标准是否只是提供了一个默认标准,该标准是在当事人没有对货物、数字内容、数字服务的质量作出特殊规定之时作为填补空白的手段,还是说客观的基线标准是一个不能通过当事人之间的任何协议来降低的"强制性"的最低要求。如果它是一个默认标准,合同当事人就可以在合同中约定货物、数字内容、数字服务可以低于或者高于法律的基准,即优先考虑仅由合同条款决定的适约性的主观标准。然而,如果其被认为是一个强制性的最低要求,那么双方只能在合同条款中约定更高的质量水平,即合同中的适约性主观标准提高了货物、数字内容、数字服务在合同条款下必须达到整体质量水平。

适约性的客观标准以及主观标准分别应当发挥多大作用,通常取决于它们所适用的交易类型。当合同的当事人是议价能力相当的商业主体之时,只要将客观的基线标准作为默认规则就足够了,可以通过合同条款提高或者降低相关要求(可能要对苛刻的条款进

---

[21] 换言之,必须在具体规则和灵活标准之间取得平衡。关于这一点,参见 LOUIS KAPLOW, "Rules versus Standards: an Economic Analysis" (1992) 42 Duke Law Journal 557。

行一些远程控制）。[22] 相反,当交易发生在经营者和消费者之间,这一客观基准应当是一个强制性的最低要求,只能将其向上修改提高适约性的要求,不能向下修改低于该最低要求。[23] 这样做的原因之一是,很少有消费者具备专业知识和技能来与商家协商货物、数字内容、数字服务的质量水平。另一个更有力的理由是,许多情况下,消费交易根本不涉及协商,甚至没有协商的机会,例如就网上购物而言,消费者只能决定是否购买网站提供的任何东西。

因此,一般来说,经营者和消费者之间交易的所有货物、数字内容、数字服务都必须符合一个客观的最低法律标准。然而,如前所述,这种标准必须保留一定程度的灵活性,允许存在一些变化以反映货物的性质(例如如果货物是全新的或者是二手的)以及特殊交易环境下的相关因素。如果没有这样的灵活性,该客观性最低标准会过于严格。此外,如果向消费者提供的特定物品有特殊的缺陷或其他缺点,而这类缺陷或者缺点通常不会出现在这类货物之中,那么就应当允许经营者在订立合同之前向消费者披露这一情况,从而在考虑货物适约性时排除这一缺陷或者缺点。

对适约性的不同概念的简短讨论,为新指令中适约性要求的实质内容的讨论提供了背景,这也是本文剩余部分的重点。

(三)新指令中的适约性要求

在这一部分,我们将详细讨论《货物买卖合同指令》和《数字内

---

[22] 应将向下修改的可能性与虽没有合同约定却完全排除法律基准的情况区分开来。

[23] 要确定在私人之间的交易是否应当有某种最低法律标准是困难的。而如果有的话,该标准是应当与适用于商家与消费者之间交易的最低法律标准相同,还是应当受到更多的限制,也是难以确定的。这个问题在此无须进一步考虑。

容和数字服务合同指令》中的适约性要求。在讨论适约性具体内容前,首先应该对这些适约性要求所处的背景进行一些一般性的说明,并强调一些普遍关注的领域。

1. 一般性的说明

(1)调整最大限度的统一性(maximum harmonisation)

两个指令都采取了最大限度的统一性标准,[24]然而《消费者商品和担保指令》与之相反。[25] 这就意味着,除非一项指令对某一具体条款进行特别规定,否则欧盟成员国不能偏离这些指令中规定的要求。虽然这些新的适约性要求比之前的更为详细,并期待涵盖更广泛的情况,但两个指令中的最大统一性要求使得成员国不能在适约性要求中增加额外的内容。

然而,即使指令中没有明确提及与确定是否可以根据特定合同提供与货物或数字内容有关的因素,也可以通过对适约性的标准之一进行解读,将提供相关因素包含在内,因为指令在适约性要求的不同方面保留了一定程度的灵活性。如下所述,适约性要求的一些方面是开放的,旨在根据合同的特定情况而予以适用。

(2)范围

有必要就《货物买卖合同指令》的特定适用范围进行一些简短的说明。《货物买卖合同指令》仅适用于"消费者和经营者之间的

---

[24] 《货物买卖合同指令》第 4 条;《数字内容和数字服务合同指令》第 4 条。
[25] 消费者法向最大限度统一的转变一直受到一定程度的抵制:例如,参见 MICHAEL FAURE, "Towards maximum harmonization of consumer contract law?!?" (2008) 15 Maastricht Journal 433; PETER ROTT, and EVELYNE TERRYN, "The proposal for a directive on consumer rights: no single set of rules" (2009) 17 Zeitschrift für Europäisches Privatrecht, 456, and HANS MICKLITZ and NORBERT REICH "Crónica de una muerte annunciada: the Commission proposal for a 'directive on consumer rights'." (2009) 46 Common Market Law Review 471。但参见 EWOUD HONDIUS, "The proposal for a European directive on consumer rights: a step forward" (2010) 18 European Review of Private Law 103。

销售合同"。[26] 如果"经营者转让或者承诺转让货物的所有权给消费者",作为对价,消费者将支付这些货物的价款,则该合同为销售合同。[27]《消费者商品和担保指令》的情况与之相同,"制造或者生产货物"[28]的合同是在"销售合同"的概念之下的。这种将指令的适用范围限于某种类型供应合同的做法令人遗憾,但是这也表明指令的做法是较为保守的。特别令人惊讶的是,指令将涉及临时货物供应(即租用或租赁)的合同排除在外。之所以关注租用或者租赁合同,不仅是因为考虑到以共享为基础的商业模式的发展,也因为关注到循环经济[29]以及"服务业化",[30]还因为这种替代性的供应模式对那些经济情况有限的消费者来说尤为重要。

此外,《货物买卖合同指令》的适用范围仅限于经营者和消费者之间的合同,这还可能影响可以采用的救济措施,特别是在网络上购买另一个成员国的货物时,这些都进一步表明该指令缺乏创造性。欧盟一再回避考虑扩展责任形式,如共同生产者责任[31]甚至某种形式的网络责任。[32] 虽然《货物买卖合同指令》序言第23条

---

[26]《货物买卖合同指令》第3条第1款。"消费者"和"卖方"的定义分别见于《货物买卖合同指令》第2条第2款以及第3款。针对的是术语"卖方"而不是常见的术语"经营者"(在《数字内容和数字服务合同指令》中使用)似乎令人惊讶。

[27]《货物买卖合同指令》第2条第1款。

[28]《货物买卖合同指令》第3条第2款。

[29] 参见 EUROPEAN COMMISSION, Communication: Closing the loop – An EU action plan for the Circular Economy COM（2015）614 final, and Report on the implementation of the Circular Economy Action Plan COM（2019）190 final。

[30] VANESSA MAK and EVELYN TERRYN, "Circular Economy and Consumer Protection: The Consumer as a Citizen and the Limits of Empowerment through Consumer Law"（2020）43 Journal of Consumer Policy（forthcoming）.

[31] 欧盟委员会在其"关于《消费者商品和担保指令》执行情况(包括对引入直接生产者责任的案例分析)"的通报中拒绝了生产者责任,COM（2007）210 final, p. 12。赞成的论点例如, MARTIN EBERS, ANDRE JANSSEN and OLAF MEYER（eds.）, European Perspectives on Producer Liability（Sellier,2009）。

[32] ROBERT BRADGATE and CHRISTIAN TWIGG – FLESNER, "Expanding The Boundaries of Liability for Quality Defects"（2002）25 Journal of Consumer Policy 342 – 377.

提示在某些情况下网络服务平台提供者可能成为卖方,但其只有在作为"消费者的直接合同伙伴"时才是卖方,这不过是在陈述一个显而易见的事实,丝毫没有偏离经营者和消费者之间的合同这一唯一重点。此外,虽然指令的执行条款仅提及"适约性",但《货物买卖合同指令》序言第 25 条明确指出,"任何提及适约性的地方……都应是指货物销售合同的适约性",这进一步强调了指令传统的做法。

有必要对适用范围作出进一步说明,但是此处是为了指出一个新情况:《货物买卖合同指令》既适用于既定意义上的货物("任何有形动产"[33]),也适用于"具有数字元素的货物"。这一适用范围的扩大反映了这样一个事实,即许多货物依赖于数字内容或者数字服务并通过与之互动来实现其功能。具有数字元素的物品被定义为"包含数字内容或数字服务或者与之相互连接的物品",即如果没有数字内容或者数字服务,货物将无法发挥其功能。[34] 这不包括纯粹作为承载数字内容的有形媒介的货物,[35] 但包括智能货物和需要数字内容才能运行的货物。[36] 具有数字元素的货物仅能适用《货物买卖合同指令》来进行规制,所以如果因包含的或相互连接的数字内容或者数字服务出现问题而导致其不适约,则货物被视为不具有适约性。[37]

(3)适约性的主观标准和客观标准

从《消费者商品和担保指令》到《货物买卖合同指令》《数字内容和数字服务合同指令》,对适约性要求的规定有明显的进步,那就

---

〔33〕 《货物买卖合同指令》第 2 条第 5 款第 a 项,限量或定量出售的水、燃气和电都属于本定义的范围。

〔34〕 《货物买卖合同指令》第 2 条第 5 款第 b 项。

〔35〕 《货物买卖合同指令》序言第 13 条。《数字内容和数字服务合同指令》适用于携带数字内容的有形媒介。

〔36〕 参见《货物买卖合同指令》序言第 14 条和第 15 条。

〔37〕 关于这方面的困难,参见 KARIN SEIN, "What Rules should apply to smart consumer goods?"(2017)8 JIPITEC 96。

是将适约性要求分为主观标准和客观标准。关于数字内容,指令相较于最初提案有重大的进展。[38] 该指令最初提案规定了一个纯粹主观的质量标准,遭到了诸多批评。并且在最终版本的《数字内容和数字服务合同指令》中,适约性的主观标准和客观标准的结合与《货物买卖合同指令》规定的内容相同。新版本的适约性要求也放弃了《消费者商品和担保指令》第2条第2款采取的推定适约性,转而规定在所有的情况下商品都必须符合设定的标准。

正如我们看到的,适约性的主观标准涵盖了消费者与卖方/经营者之间的合同具体约定的有关货物或者数字内容、数字服务的事项。例如消费者已经表明所需货物或者数字内容、数字服务是用于特定的目的,而卖方/经营者已经接受该目的的情况。然而,每项指令都规定了客观标准,即在任何情况下都必须满足的要求。即使在消费者与卖方/经营者之间的合同中没有约定或者没有在合同中写入任何具体内容,也需要满足该客观标准。

两项指令中,适约性的主观标准都先于适约性的客观标准被提及。然而,这并无实质性的意义,因为适约性的客观标准是货物或者数字内容、数字服务在任何情况下都必须符合的要求,而适约性的主观标准则是对适约性客观标准的补充。这两项指令对它们的排序可能会让人误解,即指令颠倒了适约性主客观标准的重要性,但事实显然并非如此。

《货物买卖合同指令》序言第25条表明,适约性要求有必要"明确消费者对货物的合理预期以及卖方在未按预期交付货物的情况下应当承担的责任"。接下来将看到的是,消费者的"合理期待"是适约性要求的一个重要方面。然而,有关货物质量的法律规定的

---

[38] 有学者讨论了这一发展,例如 KARIN SEIN and GERHARD SPINDLER,"The new Directive on Contracts for Supply of Digital Content and Digital Services – Conformity Criteria, Remedies and Modifications – Part 2"(2019)15 European Review of Contract Law 365 at pp. 367 – 378。

真正目的是明确法律对货物的期望。尽管如此,《货物买卖合同指令》序言第 26 条强调了适约性主观标准的重要性。适约性同时包含主观标准和客观标准的理由是"保障销售合同双方的合法权益",[39]但是其并未详细说明各方的合法权益为何。

(4)货物与数字内容和数字服务之间适约性要求的并行性

以下的讨论将表明,货物和数字内容、数字服务之间的适约性要求在结构和实质方面都有着高度的相似性。[40] 适约性的概念是在货物销售的背景下确立的,虽然数字内容、数字服务[41]的供应交易有着一些不同的特点,但是有充分的理由将货物和数字内容、数字服务一起讨论,因为两者都可以被定性为是一种具体的东西,尽管它们并非都是有形物。[42] 然而,这种做法也可能表明了一种特殊的政策选择,即欧盟支持促进法律内部的一致性[43],而不是制订有针对性的解决方案,而后者更适合解决数字环境带来的具体法律问题。因此,数字内容可能需要更有针对性的适约性要求,而不是对适用于货物的适约性要求稍作调整后的适约性要求。[44]

2. 适约性的时间

在确定经营者对货物或数字内容、数字服务的适约性义务之

---

[39] 《货物买卖合同指令》序言第 25 条,最后一句。

[40] 这也是英国 2015 年《消费者权益法》采取的方法。

[41] STOJAN ARNERSTÅL, "Licensing digital content in a sale of goods context" (2015) 10 Journal of Intellectual Property Law and Practice 750。

[42] SARAH GREEN, "Sales Law and Digitised Material" in DJAKHONGIR SAIDOV (ed), Research Handbook on International and Comparative Sale of Goods Law (Elgar, 2019)。

[43] 例如,参见 ROGER BROWNSWORD, "After Brexit: Regulatory-instrumentalism, Coherentism and the English Law of Contract" (2017) 34 Journal of Contract Law 139, 它将一致性优先与监管干预主义并列。

[44] 参见 REINER SCHULZE, "Supply of Digital Content – A new challenge for European Contract Law" in ALBERTO DE FRANCESCHI (ed.), European Contract Law and the Digital Single Market (Intersentia, 2016)。

时,有必要确定评估该义务遵守情况的时间点。这两项指令都将经营者向消费者提供货物或者数字内容、数字服务的时刻为参照点。因此,在《货物买卖合同指令》[45]的规定之下,货物必须具有适约性的相关时间点是经营者将货物交付给消费者的时刻。同样,根据《数字内容和数字服务合同指令》[46],相关时刻是经营者向消费者提供数字内容、数字服务的时刻。《货物买卖合同指令》中没有对"交付"进行定义,而是将其委托给国内法[47]进行详细规定,尽管《欧盟消费者权利指令》第18条第1款与此相关:该条文将交付描述为"将货物的实际占有或者控制权转移给消费者"。虽然这并非严格意义上的定义,但是第18条第1款规定了经营者交付货物必须做的事情,所以应当将这一规范中的描述视为对交付的定义。

同样,《数字内容和数字服务合同指令》中也没有对"提供"进行定义,但是第5条第2款中规定经营者为了履行提供数字内容或者数字服务的义务必须做的事情。因此,为提供数字内容,经营者必须向消费者或者向消费者为此选择的"实体或者虚拟"[48]的相关设施提供"数字内容或者任何适合于访问或者下载数字内容的手段"[49]。如果消费者或其选择的虚拟或者实体设施可以访问数字服务,此时视为经营者已经提供了数字服务。[50] 因此,消费者需要完成至关重要的最后一步,就是将数字内容下载到消费者的设备上或者获取数字内容或者数字服务。[51] 在货物和数字元素混合的情形下,相关的时间点是实体货物交付给消费者和提供必要的数字内

---

[45] 《货物买卖合同指令》第5条。
[46] 《数字内容和数字服务合同指令》第6条。
[47] 《货物买卖合同指令》序言第38条。奇怪的是,该指令没有交叉引用《欧盟消费者权利指令》(《2011/83/EU号指令》)第18条第1款。
[48] 《数字内容和数字服务合同指令》第5条第2款第a项。
[49] 《数字内容和数字服务合同指令》第5条第2款第a项。
[50] 《数字内容和数字服务合同指令》第5条第2款第b项。
[51] 参见《数字内容和数字服务合同指令》序言第41条。

容或者数字服务之时。[52]

尽管交付和提供的标准是分别以货物和数字内容或者数字服务的具体性质来表述的,但是它们之间具有可比性,因为二者都侧重于经营者让消费者控制货物(通过转移实际占有)或者数字内容、数字服务(通过使得其可访问)的时间点。

3. 货物的适约性

如前所述,《货物买卖合同指令》对适约性要求作出了主观标准和客观标准的区分。现在将依次探讨这些要求。[53]

(1) 适约性的主观标准

《货物买卖合同指令》第 6 条规定了适约性主观标准的要素内容。如前所述,只有在销售合同中包含了这些要素,这些要素才可能是有关联的。《货物买卖合同指令》第 6 条似乎只要求卖方遵守销售合同中的明示条款。

① 特定目的(用途)的适用性

对于《消费者商品和担保指令》[54],我们熟悉"特定目的的适用性"这一要求。[55] 如果一个消费者为了某一特定的目的需要货物,并且卖方在订立销售合同之前已经知晓该特定目的,[56]那么这些

---

[52]《货物买卖合同指令》序言第 39 条。

[53] 本文没有讨论《货物买卖合同指令》第 9 条和《数字内容和数字服务合同指令》第 10 条中关于第三方权利对商品或数字内容或者服务的适约性分别产生的影响的规定。这两条都将由第三方权利引起的限制等同于(货物、数字内容或服务)不符合合同,但在这种情况下,如果国内法规定了撤销或者使合同无效的救济措施,则应当遵从国内法。

[54] 参见《关于消费者商品买卖及担保的某些方面的指令》(《消费者商品和担保指令》)第 2 条第 2 款第 b 项。

[55]《货物买卖合同指令》第 6 条第 b 项。

[56]《货物买卖合同指令》第 6 条第 b 项的短语是"最迟在缔结销售合同时",它指的是消费者必须使商家了解特定目的以使其成为主观适约性要求的最晚时间点。

货物就必须符合该特定目的。前提条件是卖方必须已经接受[57]货物适用于该已知特定目的这一条件。但这并没有说明消费者必须在多大程度上准确地解释其需要这些货物的预期目的。如果这一目的非比寻常,且后来发现货物不能实现该目的,这时预期目的的解释就会变得尤为重要。卖方可能已经"接受"货物需要符合该目的的条件,但该判断可能受到消费者提供有关目的的信息的详略影响。如果不符合特定目的是卖方对该特定目的没有充分了解造成的,那么卖方不应当对所谓的货物不适约承担责任。因此似乎需要在这一要求的基础之上补充一条规定,即卖方接受该特定目的,必须是在卖方了解消费者该特定目的的所有相关重要信息的基础上接受的。[58] 消费者提供的信息详细程度存在差异,取决于消费者需要该货物目的用途的罕见程度。如果该目的用途并不罕见,那么消费者需要提供的细节就比较少。在这一点上,可能存在一个灰色地带,即如果消费者需要货物的目的是更为普遍的,那么这一要求属于适约性主观标准的要素,还是属于适约性客观标准的要素:《货物买卖合同指令》第 7 条第 1 款第 b 项规定,适约性的客观标准的一个方面是货物"适合于同一时间的货物通常使用的目的",因此消费者提到的一个并不罕见的特定用途是应当被视为货物的"通常使用"(纳入适约性客观标准的范畴),还是必须让卖方知道并被卖方接受(纳入适约性主观标准的范畴),这可能存在分歧。

②描述、类型、数量和质量

除此之外,《货物买卖合同指令》第 6 条还提到了其他一些与销售合同要求或者规定有关的方面。因此,根据第 6 条第 a 项的规

---

[57] 《货物买卖合同指令》第 6 条第 b 项中的措辞("卖方已经接受的")是相当尴尬的,而且不必要的冗长。

[58] 例如,英国法律要求消费者必须依赖卖方的技能或判断(参见英国 2015 年《消费者权益法》第 10 条第 4 款),如果卖方没有获得行使其技能或判断所需的重要信息,这种依赖就是不合理的。

定,货物必须"符合销售合同所规定的描述、类型、数量和质量"。
"描述"在《消费者商品和担保指令》的适约性要求中并不陌生。[59]
这可能也是适约性要求最基本的方面,因为它主要要求交付给消费
者的货物是合同中描述的货物。"描述"是包括与货物有关的所有
描述性词语,还是只包括界定货物关键特征的词语,这可能是一个
值得讨论的问题。在这方面,必须牢记,根据《欧盟消费者权利指
令》[60]的规定,在订立合同之前,消费者必须获得有关"货物主要特
征"的信息。如果在非现场签订的合同或者远程的合同中,此类信
息应当成为合同的组成部分。[61] 同时这些信息是货物描述的一部
分,因此,如果经营者不遵守,消费者就可以获得货物不适约之时的
救济措施。[62] 然而,第 6 条第 a 项中的"描述"是否不仅针对货物
的"主要特征",尚不清楚。即使是这样,对于哪些词语属于相关的
描述性词语,仍须有一定的外部限制,以避免消费者在货物不符合
某些充其量只是略带描述性的词语时声称货物不具有适约性。

"类型"这一词又引发了另一个问题,除不同于"描述"之
外,[63]其可能的含义尚不明确。"类型"通常是指具有共同特征的
一类事物(或人)。例如,胡萝卜是一种蔬菜、紧身牛仔裤是一种裤
装。这个词的难点在于,在适约性要求的背景下,应当如何宽泛地

---

〔59〕 《关于消费者商品买卖及担保的某些方面的指令》(《消费者商品和担保指令》)第 2 条第 2 款第 a 项。

〔60〕 分别见第 5 条第 1 款第 a 项和 6 条第 1 款第 a 项。

〔61〕 《欧盟消费者权利指令》第 6 条第 5 款。

〔62〕 比较英国 2015 年《消费者权益法》的规定:第 11 条第 4 款将 2013 年《消费者合同(信息、取消和附加费用)条例》(执行《欧盟消费者权利指令》)所要求的"商品的主要特征"的相关信息纳入商品必须符合其描述的要求,从而在商品与信息不相符合时提供不符合同情形的补救措施(第 19 条第 1 款)。其他信息项目不被视为适约性要求的一部分,商家的不适约只会引起消费者对由此产生的费用请求偿赔偿的权利(第 19 条第 5 款)。

〔63〕 参见 ROBERT BRADGATE and CHRISTIAN TWIGG – FLESNER, Blackstone's Guide to Consumer Sales and Associated Guarantees (Oxford University Press, 2003), pp.60 – 61。

理解类型：胡萝卜也是一种植食性食物，同时紧身牛仔裤也是一种服装。因此货物是否属于正确的"类型"可能取决于具体的情况——尽管就适约性主观标准而言，"类型"应当与合同中的约定一致。

（指令）明确提及"数量"是对适约性要求的一个新的但是有益的补充。如果交付的货物数量有误，消费者可以采用针对货物不适约时大部分的救济措施，尽管依据《货物买卖合同指令》第 13 条第 5 款的限制性规定，当（货物）不符合合同约定情形仅为"轻微"之时，消费者无权终止合同。对消费者来说，实际的补救办法是确保卖方交付正确的数量，或者补足短缺的数量，或者去除多余的数量。在这种情况下，困难可能在于确定应当将（该行为）视为"修理"还是"更换"，尽管这两种救济办法直观上似乎都没有抓住卖方必须做的事情。[64]

此外，指令还新增了"合同要求的……质量"的提法。然而，这并不意味着所要求的质量水平完全由合同来决定，因为质量也是适约性客观标准的一个方面。[65] 因此，就适约性要求的主观标准而言，只有在合同要求的质量水平超过适约性的客观标准的质量水平之时，合同要求的质量才可能是有意义的。如果合同要求的质量低于适约性的客观标准，那么后者无论如何都会有效取代合同要求的质量。

③功能性、兼容性、互操作性和其他特点

《货物买卖合同指令》第 6 条第 a 项还规定，货物必须"具有功能性、兼容性、互操作性和其他特点"以及销售合同可能要求的其他特征。这些特殊要求较为新颖，反映了现在许多货物与其他货物以

---

[64] 由于这两种补救措施的目的都是使得货物符合合同要求（参见《货物买卖合同指令》第 13 条第 2 款），其在任何情况下这都不会产生特别大的问题。英国 2015 年的《消费者权益法》（第 25 条）包含一项专门条款来处理交付数量错误的问题。

[65] 参见《货物买卖合同指令》第 7 条第 1 款第 d 项。

及软件、数字内容交互的事实（因此，"具有数字元素的货物"被纳入了《货物买卖合同指令》的适用范围）。《货物买卖合同指令》和《欧盟消费者权利指令》中都有对这三个术语的定义。"功能性"，是指根据货物的目的，货物能够执行其功能。[66]"兼容性"，是指"在不需要对货物、硬件或者软件进行改变的情况下，货物与同类型货物通常使用的硬件或软件一起运作的能力"。[67]"互操作性"，是指货物与"不同于同类货物通常使用的硬件或软件一起运行的能力"。[68]这三个术语的定义都有其客观的参照点（"目的"和"通常使用"），但就适约性主观标准方面而言，必须将它们理解为针对合同中约定的目的或者用途，无论这些目的或者用途是否属于"通常使用"，因为这三个术语也是适约性客观标准的组成部分。[69]因此，与上文提及的"质量"类似，在这种情况下，关于功能性、兼容性和互操作性的任何合同要求，既可以规定在任何情况下什么是货物的"通常使用"（但要更加明确），也可以规定货物的功能性、兼容性和互操作性超出"通常使用"范围的情况。最后，还提到了合同可能要求的"其他特征"。"其他特征"这个术语无法被定义，并且有可能需要给予它一个更广泛的含义，使其能够覆盖《货物买卖合同指令》第6条所提及的其他要素无法覆盖的货物其他方面。

除了这些适约性主观标准方面的要求，指令还要求货物必须"连同所有附件说明书（包括安装说明）一并交付"[70]，并且根据销售合同"提供更新"[71]。

---

[66]《货物买卖合同指令》第2条第9款；《数字内容和数字服务合同指令》第2条第11款。

[67]《货物买卖合同指令》第2条第8款；《数字内容和数字服务合同指令》第2条第10款。

[68]《货物买卖合同指令》第2条第10款；《数字内容和数字服务合同指令》第2条第12款。

[69] 参见《货物买卖合同指令》第7条第1款第d项。

[70]《货物买卖合同指令》第6条第c项。

[71]《货物买卖合同指令》第6条第d项。

(2)适约性的客观标准

《货物买卖合同指令》第 7 条规定了适约性的客观标准,即不论合同条款本身是何规定,每个销售合同都必须满足的要求。实质上,《货物买卖合同指令》第 7 条规定了法定最低质量水平。正如我们看到的,这一最低水平并不低,并且为确保货物满足适约性的客观标准,卖方必须履行详细的义务。《货物买卖合同指令》第 7 条是对《消费者商品和担保指令》第 2 条第 2 款中适约性要素的发展,在早期版本的基础上增加了几个方面。

①通常使用的适用性

适约性的客观标准的第一个方面是货物必须"合于同类货物通常使用的目的"[72]。当货物用于数个预期目的(用途)之时,应当明确指出如果交付的货物只合于其中一个目的是不够的。为了明确货物必须适合的目的,《货物买卖合同指令》第 7 条第 1 款第 a 项中指的是"同类型货物"通常的使用目的。"类型"的含义已经在上文探讨适约性的主观标准之时讨论过了。

这一要求的视角似乎是用户,即消费者而非供应商。[73] 在某些情况下,这一点可能很重要:消费者使用该商品的目的可能与原定的目的不符,这种情况并不少见。螺丝刀就是一个典型的例子,螺丝刀常常被用来打开油漆罐,尽管这并非螺丝刀预期的用途之一。如果消费者经常将商品用于并非原定目的的用途,但提供给消费者的某件商品不适合用于这种用途,则该商品可能违反了适约性的客观标准(除非卖方作出某种明确的免责声明)。然而,第 7 条第 1 款第 a 项包含了一个补充内容,这一补充内容并不属于《消费者

---

[72]《货物买卖合同指令》第 7 条第 1 款第 a 项。

[73] 对比英国《消费者权益法》第 9 条第 3 款第 a 项,后者提到了"通常提供"货物的目的。在这里,重点是供应商的视角,有关的目的是指供应商(或者说,制造商)提供货物的目的。

商品和担保指令》[74]中的相应条款。根据该条款,应考虑到"任何现行的欧盟和国家法律、技术标准,或在没有此类技术标准的情况下,适用的特定行业的行业行为准则"[75]。显而易见,所有这些内容都是站在供应商或者制造商的角度,而不是站在消费者的角度。可能会有法律规定、技术标准或者特定行业的规范来说明货物可能投入的预期用途。因为在确定交付给消费者的货物是否适合通常供应的目的之时,需要考虑这些因素,所以第 7 条第 1 款第 a 项的主要重点似乎最终是从供应商的角度出发,尽管此项从语义上似乎选择了消费者的视角。也就是说,我们可以假定,无论如何,消费者通常都会将商品用于其预期的目的。因此,也可以将第 7 条第 1 款第 a 项解释为既包括商品的预期使用目的,也包括消费者通常使用这些商品的目的,即便这些目的并非立法、技术标准或者行业准则中规定的通常目的。从保护消费者的角度来看,这是对本项规范较为妥当的解释,尽管这可能会招致一些反对意见,认为这将使得卖方对货物不符合非预期目的而产生的不适约情形承担责任。虽然情况似乎确实如此,但是有两点可以限制卖方在这方面的风险。第一,消费者使用商品的目的必须是"通常使用",这表明这种使用必须是普遍和广泛的。因此无论是销售商还是制造商都应当意识到这一点,如果货物不符合上述目的,承担合同违约的风险是可以预见的。第二,由于消费者可能将这些商品用于普遍和广泛的目的,销售方和制造方都应当知晓,因此卖方可以在订立销售合同之时向消费者明确说明,商品不适合用于这种常见但非预期的目的。[76]

---

[74] 《关于消费者商品买卖及担保的某些方面的指令》(《消费者商品和担保指令》)第 2 条第 2 款第 c 项。

[75] 《货物买卖合同指令》第 7 条第 1 款第 a 项。

[76] 参见《货物买卖合同指令》第 7 条第 5 款,从客观适约性要求中删除了"货物的特征……偏离了客观要求……"见下文。

②与样本或模型的对应关系

适约性的客观标准的第二个方面[77]适用于订立销售合同之前,即卖方向消费者提供样品或模型的情况。在此情形下,交付给消费者的货物必须具有与样品或模型相同的质量,并与样品或模型的描述相符。在许多日常消费交易中都可能使用样品。例如,一个消费者想为自己的客厅购买新窗帘,通常会根据卖家出示的布料色样来决定是否购买。家庭装饰用的油漆的经营者通常向消费者提供小"试色罐",以便消费者能够看到想要的油漆在房间里的效果。适约性的客观标准这方面要求强调的是最终提供的产品的质量和描述必须与样品相同。以油漆为例,提供给消费者的油漆的色调应当与样品色调相同,而不是不同的色调。

③附件、包装、说明书

适约性的客观标准的第三个方面是全新的。它要求货物交付之时必须附带"附件,包括包装、安装说明或者其他说明"。[78] 应按消费者的合理期待来判断需要采取哪些措施来满足这一项要求。[79] 该项要求的措辞有些奇怪,因为它似乎将包装和各种形式的说明视为"附件"。不过,这很可能是法律起草不善导致的。尤其是将"包装"与消费者的合理期望联系起来似乎并不常见。当然,要求包装可以确保商品在预期的状态下交付到消费者手中,且商品没有损害,这一点是更有意义的。[80] 当然,这也是消费者在任何情况下都可以有的合理预期,因此在实践中可能不会有太大的差别。事实上,将包装与消费者的合理期望联系起来可能意味着包装不仅要确保将商品安全地送到消费者手中的要求,还要涵盖类似包

---

[77] 《货物买卖合同指令》第 7 条第 1 款第 b 项。
[78] 《货物买卖合同指令》第 7 条第 1 款第 c 项。
[79] 参见《货物买卖合同指令》第 7 条第 1 款第 c 项的最后一句话。
[80] 参见《联合国国际货物销售合同公约》第 35 条第 2 款第 d 项,其中提到了"足以保存和保护货物的方式"。

装是否可以被回收等问题。

就错误安装的情况而言,安装说明已成为《消费者商品和担保指令》的特征,[81]成为在《货物买卖合同指令》第 7 条第 1 款第 c 项中增加的一个方面,因为适约性的客观标准的评估目前包含了先询问货物交付时是否附有安装说明。因此,如果要求消费者在使用商品前需要对商品做些什么,但是没有提供任何说明指导消费者,这可能会导致货物与合同约定不符。加入"其他说明",包含用户指南和警告等内容,这也是一种有益的补充。

④货物正常以及合理预期内的质量和特征

第 7 条第 1 款第 d 项中关于适约性的第四个方面包含了广泛的因素。这里的主要要求是商品必须"具有消费者可以合理预期的……以及同类商品正常的数量、质量和特征"。需要注意的是,在这种情况下提及数量似乎是不同寻常的,尤其是将数量和消费者正常合理预期联系到一起。数量已经是适约性主观标准的一部分,因为数量通常是消费者选择的,因此也是卖方和消费者之间协议的一部分。所以将数量放置在适约性主观标准项下似乎是更为合理的。

该条款的核心是,商品必须具有同类商品的正常质量和特征,并且达到消费者可以合理预期的质量和特征标准。这一方面的适约性客观标准是一个灵活的检验标准,用以确定交付给消费者的货物是否符合消费者对其质量和特征的合理预期。这一判定将取决于每个特定销售合同的具体情况,在确定货物的质量和特征是否符合消费者的合理期待时,可以考量更多因素。第 7 条第 1 款第 d 项明确提到了一些质量和特征:耐用性、功能性、兼容性和安全性。对"功能性"和"兼容性"的定义已经在前面适约性的主观标准的部分讨论过,那也是它们第一次被提到。[82]与第 6 条第 a 项不同的是,

---

[81] 参见《关于消费者商品买卖及担保的某些方面的指令》(《消费者商品和担保指令》)第 2 条第 5 款。

[82] 见上文。

第 7 条第 1 款没有提及"互操作性",表明它并不是适约性客观标准的特征。然而,第 7 条第 1 款第 d 项提到的质量和特点也并不是详尽无遗漏的:在提到这些质量和特点之前有"包括与……有关的"字样,这表明这些是指示性的质量和特征,并不能排除存在其他相关质量和特征的可能性。事实上,决定哪些质量和特征与之相关的首要因素有以下两个检验标准:一是同类商品的正常情况;二是消费者的合理预期(稍后讨论)。

在欧盟的适约性制度中新的规定明确提及"耐用性"。[83] 将其包括在内至少一定程度上是为了促进更加可持续的消费和循环经济。[84] "耐用性"是指"商品在正常使用过程中保持其所需功能和性能的能力",[85] 评估时参考了同类商品的正常情况和消费者的合理预期。这种评估可能会受到合理维护和清理需要的影响。[86] 此外,订立合同之前经营者关于耐用性的任何具体声明都是与该项要求相关的;欧盟法律中关于耐用性的产品规则也与该项要求相关。[87] 对适约性而言,"耐用性"是一个值得欢迎和亟待补充的内容。

如前所述,在确定商品必须具备哪些相关品质和特征才能满足适约性的客观标准之时,有两个检验标准。第一,要考虑哪些质量和特征是"同类商品的正常质量和特征"。前面已经讨论了确定什么是"同类"货物的难度,而在目前的情况下,要确定一个合适的类型作为必要的参照物就更加困难了。

第二,询问消费者合理预期的货物质量和特征。这是一个客观

---

〔83〕 参见《关于消费者商品买卖及担保的某些方面的指令》(《消费者商品和担保指令》)第 2 条第 2 款,其中没有提到耐用性。自 1994 年《商品和服务供应法》对 1979 年《商品销售法》进行修改以来,"耐用性"一直是英国"令人满意的质量"要求的一部分。现参见 2015 年《消费者权益法》第 9 条第 3 款第 e 项。

〔84〕 序言第 32 条。

〔85〕 《货物买卖合同指令》第 2 条第 13 款。

〔86〕 序言第 32 条。

〔87〕 同上注。

的检验标准，正如《货物买卖合同指令》序言第 24 条所确认的，"合理性应当根据合同的性质和目的以及案件的具体情况以及当事人的习惯和做法来客观确定"。该条还确认，这一检验标准的应用要视具体情况而定，不能仅仅作为抽象的工作来进行，而是要客观地评估在有争议的销售合同的具体情况下，什么是合理的。

除了这些一般因素，为了确定消费者的合理预期，第 7 条第 1 款第 d 项首先提到了商品的性质，其次提到了公开声明即"由卖方、卖方代表，或者包括生产者在内的交易链前面环节中其他人所作的任何公开声明，特别是在广告或标签上所作的公开声明"。这一点在《消费者商品和担保指令》第 2 条第 2 款第 d 项中首次被提及。需要认识到广告可以对消费者在商品质量和特点方面的合理预期产生重大影响。虽然 20 年前通过《消费者商品和担保指令》时，这已经是影响消费者合理期待的一种重要因素，但是由于数字技术和数字商业模式（尤其是社交媒体平台），新的广告渠道兴起，广告变得更加重要。此外，利用与消费者相关的个人数据，针对特定个人进行广告宣传，进一步加强了广告在影响消费者合理预期方面可能发挥的作用。

然而，与《消费者商品和担保指令》的规定一样，在确定消费者合理预期之时，考虑公开声明的范围是有限的。因此《货物买卖合同指令》第 7 条第 2 款规定，如果卖方可以证明存在下列情况，公开声明就不在适约性的客观标准评估之列：一是卖方不知道也不应当知道有关的公开声明；二是在订立合同之时，该公开声明得到更正，并且更正的方式与作出该声明的方式相同或者相当；三是消费者购买商品的决定不可能受到公开声明的影响。

《消费者商品和担保指令》已经规定了这三个排除因素，因此会产生类似的问题。第 7 条第 2 款"卖方不受……公开声明的约束"这一开头语立刻引起了一个问题，即《货物买卖合同指令》第 7 条第 1 款第 d 项中提到的公开声明在何时对卖方具有约束力。毕竟,该项规范从语义上看没有暗示卖方将受到这些公开声明的约束。相反,可以参考公开声明,以确定消费者对商品质量和特征的合理预期。虽然说卖方一般会更多地受到适约性客观标准的约束是正确的,公开声明也与确定特定销售合同下卖家义务的实质相关,但并不一定意味着卖方必然受到这些公开声明的"约束"。说卖方"受约束",是指这些公开声明成为销售合同的一部分,但并不意味着卖方必然受到这些公开声明的"约束",这并不是第 7 条第 1 款第 d 项的效果。因此更为简洁(和正确)的表述应当是:"如果卖方能够证明……在确定消费者合理预期什么时,公开声明的内容没有被考虑进去。"这样可以更清楚地说明这些排除情形的目的是什么。

指令的重点是只要求卖方对货物的适约性负责并且坚守合同义务,那么由此第一种豁免情况就是一种不可避免的结果。考虑到公开声明在第 7 条第 1 款第 d 项中的作用,这也是不合逻辑的。其表面上的理由是,如果交易链条中更高级别的主体发表了公开声明,而卖方既不知道也不应该知道,那么这种公开声明不应与适约性客观标准的适用有关。这可能是合理的,因为如果卖方知道该声明,卖方可以在与消费者签订合同之前更正或者澄清该公开声明。然而,(这种情形)是否应该被放在首位值得商榷,因为公开声明仅与评估消费者合理期待有关,而如果消费者的预期至少部分受到了与商品相关的公开声明的影响,那么似乎就没有理由根据一个与消费者的合理期待完全无关的标准来破坏这种期望。消费者没有渠道去了解卖方是否可能知道公开声明,而无论卖方是否知晓,消费者的预期都会受到该公开声明的影响。

相比之下,另外两个豁免情形与消费者的合理预期有关。公开声明可能包含不准确的内容,或者导致对相关商品的质量或者特点产生不正确的印象。作出公开声明的人可以采取措施澄清或者更正。如果作出了更正,那么不正确的公开声明就不应当再与确定消费者对商品的合理期望有关。当然,不能肯定看到原来公开声明的消费者也会知道更正的内容。因此《货物买卖合同指令》第 7 条第 2 款第 b 项提供了一个适当平衡的解决方案:只要更正的方式与原来发布的方式相同(如通过更新的广告明确说明更正内容),那么无论消费者是否看到该更正,原声明都不再适用。也可以用与首次公开声明"相当的方式"来更正声明。这必然引起争论,即哪些更正公开声明的方式可以与最初作出声明的方式相当呢?例如,首次公开声明是通过社交媒体发布的广告。更正可以通过使用相同社交媒体的另一个广告来实现("以相同的方式"),或者在该社交媒体上发布包含更正内容的帖子("相当的方式")。人们可能期待欧盟法院通过初步裁决进一步厘清这一问题。

最后,如果卖方能够证明,消费者购买货物的决定不可能受到公开声明的影响,那么该公开声明也就与确定消费者合理预期无关。同样,该豁免情形关注的也是错误的问题,因为它首先考虑的是消费者购买商品的决定,而不是消费者依据公开声明对商品质量和特点的合理预期。相反,这种豁免情形应适用于公开声明不可能影响消费者对商品质量和特点合理预期的情况。这种情况可能是公开声明明显夸大其词,不是为了传达产品质量的真实情况(如一辆被颠倒驾驶的汽车)。还有一种情况是,卖方能够证明消费者实际上根本没有看到或者听到公开声明,那么在这种情况下,公开声明就不会影响消费者的合理预期(实际上也不能影响其签订合同的决定)。[88]

上文指出的第 7 条第 2 款的问题主要是由于第 7 条第 1 款第 d 项和第 7 条第 2 款之间的不一致。第 7 条第 1 款第 d 项提到在确

---

〔88〕 应注意的是,这些排除性因素可以追溯到《有关不公平商业行为的第 2005/29 号指令》(《不公平商业行为指令》)[(2015) OJ L 149/22]通过之前的一段时间,其对公开声明中可接受内容的判断有影响,而这也可能影响最终标准的适用(《货物买卖合同指令》第 7 条第 2 款第 c 项)。

定消费者合理期待之时应当考虑公开声明，而第 7 条第 2 款的出发点是公开声明本身有效地成为合同的一部分，而不仅是通过适约性的客观标准而间接成为合同的一部分。这种不一致不仅是法律制定不完善的问题。相反，这似乎是欧盟立法者对如何理解适约性检验标准缺乏认识而导致的。

⑤更新以保持货物的适约性

第 7 条第 3 款为适约性的客观标准引入了一个新的方面，其仅仅适用于具有数字元素的商品。这类商品依靠数字内容或数字服务来实现其功能。由于数字内容或数字服务经常需要更新以修复漏洞或者处理安全问题，因此引入更新义务以确保货物的各方面符合合同的约定。必须指出的是，第 7 条第 3 款只涉及"为使得货物具有适约性"所需的更新，因此不涉及可能引入交货时不存在的并且依据合同条款也不能预设的额外功能的任何更新。[89]

卖方的义务是确保消费者知晓更新的存在并提供商品保持适约性所需的更新信息，或者自己提供更新，也没有义务在消费者的数字环境中安装这些更新。由于具有数字元素的商品的数字内容、服务通常由第三方提供，因此卖方有义务确保有关更新的信息和更新本身能够到达消费者。卖方应当能够履行这一义务，例如通过向消费者发送电子邮件的方式告知消费者更新的存在，并提供可下载更新的网站链接。然而，在实践中，更有可能的是，在数字内容、数字服务中有自动安装更新的选项，或者通过数字内容或者数字服务本身的通知让消费者了解是否有更新。

这一规定的意义在于确定提供更新是一项必须的合同义务，以便消费者能够在设想的任何时间内使用商品。事实上，第 7 条第 3 款规定的卖方义务是一项持续性义务，该义务的持续时间可通过以

---

〔89〕 序言第 30 条确认了这一点。另见《货物买卖合同指令》第 6 条第 d 项，该条将"合同规定的更新"作为主观适约性要求的一部分。这既包括定期更新以提高性能，也包括任何承诺增加功能的更新，如果这已经规定在合同中的话。

下两种方式确定。首先,如果数字内容或者数字服务是通过一次性行为提供的,[90]那么只要消费者有合理预期,就必须提供更新。[91]这些合理预期是基于商品和数字元素的类型和用途以及销售合同的情况和性质而确定的。这就允许灵活评估卖方根据第7条第3款承担义务的期限长度,而不是规定一个固定的期限。然而,这必须与《货物买卖合同指令》第10条第1款一并解读。《货物买卖合同指令》第10条第1款规定了一个一般性限制,即卖方的责任仅限于自交付货物之日起2年内出现的不适约的情形。因此,再通过一次性行为提供商品的数字内容或数字服务要素时,消费者的合理预期似乎不能超过2年。

如果销售合同规定持续提供数字内容或者数字服务,那么情况就会有所不同。[92] 在这种情况下,卖方更新商品以保持其适约性的义务与卖方一般对所提供商品不符合合同约定情形承担的责任期限相关联。具有数字元素的商品默认期限也是2年;[93]但是,如果销售合同约定的供货期限超过4年,则卖方的责任期限将延长至合同约定的供货期。[94] 因此,卖方确保消费者知晓并提供更新,以保持商品适约性的义务也将延长至合同约定的供货期。

如前所述,卖方只需要确保向消费者提供了更新,而无须确保消费者安装了这些更新的内容。从《货物买卖合同指令》第7条第4款中可以看出,安装更新的责任应当由消费者承担,这就限缩了卖方在消费者未能在合理期限内安装任何更新之时的责任。如果在(消费者)没有进行该更新的情况下,货物不再符合合同的规定,卖方将不对由此造成的违约承担责任;但是,只有在消费者未安装

---

〔90〕 如下载的电子书(《数字内容和数字服务合同指令》序言第56条)。
〔91〕 《货物买卖合同指令》第7条第3款第a项。
〔92〕 如两年的云存储服务订购,或者无期限的社交媒体平台会员资格:《数字内容和数字服务合同指令》序言第57条。
〔93〕 《货物买卖合同指令》第10条第2款,第一句。
〔94〕 《货物买卖合同指令》第10条第2款,第二句。

更新是货物不具有适约性的唯一原因之时,卖方才不承担责任。在这种情况下,卖方免于承担违约责任的前提条件是,卖方已经告知消费者可以进行更新以及消费者不安装更新。[95] 虽然《货物买卖合同指令》第 7 条第 4 款第 a 项的语义没有明确说明这一点,但是在这种情况下,其后果可能是货物不再具有适约性。该免责条款的第二个要求是由消费者根本没有安装更新程序或者没有正确安装更新程序,不是由卖家提供的安装说明不清晰导致的。[96]

⑥排除适约性要求的情况

适约性的客观标准的最后一个要素是《货物买卖合同指令》第 7 条第 5 款的排除条款。该条款针对的情况是,消费者在签订销售合同之前已经被告知("明确告知"),商品的某一方面会导致商品不符合合同约定("某一特性偏离适约性客观标准")。通常,这可能包括货物本身的某一缺陷,也可能适用于缺少通常会与货物一起提供的东西的情况(如二手货物的情况[97])。其基本原理是,如果消费者在签订销售合同之前已经知道某一事项会使得货物不符合合同约定,那么消费者就无权对该事项提出诉请。需要注意的是,消费者必须已经被"明确告知",即必须已经确定特定的缺陷或问题,而且必须已经将其告知消费者,这就将确保消费者知情这一责任牢牢地捆绑在卖方身上。

与《消费者商品和担保指令》的相应条款相比,该排除条款的范围更窄。《消费者商品和担保指令》第 2 条第 3 款排除了消费者"知道或者不应当不知道"的事项。[98] 如果卖方明确告知消费者某个问题,则意味着消费者知道存在该问题。然而,消费者也可以通

---

[95] 《货物买卖合同指令》第 7 条第 4 款第 a 项。
[96] 《货物买卖合同指令》第 7 条第 4 款第 b 项。
[97] 《货物买卖合同指令》序言第 36 条。
[98] 《关于消费者商品买卖及担保的某些方面的指令》(《消费者商品和担保指令》)第 2 条第 3 款还排除了由于"消费者提供的任何材料"导致的不符合合同规定的情况。在《货物买卖合同指令》中没有相应的内容。

过其他途径发现问题,例如,在签订销售合同前对货物进行检查,或者可能通过有关货物问题的广泛报道。而根据《货物买卖合同指令》第7条第5款的规定,这似乎不再适用。

然而,仅仅明确告知消费者某一事项会对适约性客观标准的满足产生影响是不够的,还要求消费者在签订销售合同之时必须"明确和单独地"接受这种"偏离"。[99] 这意味着消费者必须签署一份书面声明确认这种接受,尽管这会给卖方增加相当沉重的负担。然而,这似乎是没有必要的。相反,第7条第5款似乎要求消费者被告知情况,并且消费者明确确认其期望继续履行销售合同。单纯从消费者完成销售合同这一事实来推断消费者接受是不合理的;反之,必须有明确的表示(和记录)表明消费者接受影响适约性客观标准的事项。

(3)货物安装错误

《消费者商品和担保指令》中保留的适约性要求的另一个特点是《货物买卖合同指令》第8条,[100] 该条适用于货物必须安装的情况。《货物买卖合同指令》第8条的作用是,因货物安装不正确而导致的货物不符合合同约定视为货物本身就不符合合同约定。《货物买卖合同指令》中没有对"安装"进行定义。它涵盖了必须连接到某物上才能工作的货物,例如将洗衣机连接到供水系统上。然而,它似乎也包括了货物在使用前必须组装的情况。[101] 这一点可能无法立即从《货物买卖合同指令》第8条中使用的"安装"一词中看出,但是《货物买卖合同指令》德文版本可以为这种更广泛的理解

---

〔99〕 第7条第5款的最后部分。
〔100〕 参见《关于消费者商品买卖及担保的某些方面的指令》(《消费者商品和担保指令》)第2条第5款。
〔101〕 事实上,《关于消费者商品买卖及担保的某些方面的指令》(《消费者商品和担保指令》)第2条第5款有时被称为"宜家条款":DIRK STAUDENMEYER,"The Directive on the Sale of Goods and Associated Guarantees-a milestone in the European Consumer and Private Law"(2000)8 European Review of Private Law 547,at p.553。

提供一些支持,其大意是,安装和装配[102]都属于《货物买卖合同指令》第 8 条的适用范围。《消费者商品和担保指令》[103]中的相应条款已经注意到了这一含糊之处,但遗憾的是,《货物买卖合同指令》中的措辞没有得到厘清。

此外,指令也没有明确说明怎样的安装才算"不正确"。据推测,安装"不正确"应当是指安装后货物没有按照预期方式运行,或者安装后货物不符合适约性要求。

只有在以下两种情况下,因安装不正确而导致的不适约情形才会被视为货物本身不符合合同约定。第一,安装是销售合同本身的一部分,因此由卖方实施或者由卖方负责安装。根据《货物买卖合同指令》第 8 条第 a 项,卖方安装的重点是结果,即安装后货物是否与合同相符合。它不考虑卖方在进行安装之时是否以必要程度的谨慎以及技能行事。在这方面,《货物买卖合同指令》第 8 条第 a 项的要求在服务履行(即安装)方面采用比国内法更为严格的标准。[104]

安装不正确被视为货物本身不符合合同约定的第二种情况,是消费者意图进行安装并实施了安装,但是由于卖方提供的安装说明中存在缺陷导致安装不正确。假定消费者按照卖方提供的安装说明正确地进行了安装,但是安装的结果不正确,这就意味着这些由卖方提供的"说明存在缺陷"。[105] 这也应当包括以下情况,若说明

---

[102] "组装或者安装"(德语)。请注意,西班牙语版本只提到"安装",而大多数其他语言版本也只使用一个词。

[103] 参见 ROBERT BRADGATE and CHRISTIAN TWIGG – FLESNER, Blackstone's Guide to Consumer Sales and Associated Guarantees(Oxford University Press, 2003), pp. 64 – 66。

[104] 比较英国 2015 年《消费者权益法》第 49 条,该条款只要求服务以合理的注意力和技能进行。然而,请注意,《消费者权益法》第 15 条遵循了《关于消费者商品买卖及担保的某些方面的指令》或《货物买卖合同指令》的做法,将安装的正确性与货物本身的适约性联系起来。

[105] 《货物买卖合同指令》第 8 条第 b 项。

不够准确,而消费者采用多种合理的解释方式来解释这些说明后仍安装错误,那么这项规定也应该得到适用。此外,如果消费者完全忽视了安装说明,或者安装不正确不是由安装说明本身缺陷导致的,而是因为消费者没有正确地按照说明进行安装,那么这项规定大概就不适用了。

与《消费者商品和担保指令》相比,此处增加了一项新的内容,涉及具有数字元素的商品。对于这类商品,消费者可能被要求安装相关的数字内容或者数字服务。如果由于安装说明中的缺陷导致安装错误,那么也会导致商品被视为不符合合同约定。[106]

(4) 数字内容和数字服务的适约性

在详细讨论了《货物买卖合同指令》的适约性要求之后,本文将转而讨论《数字内容和数字服务合同指令》中的适约性要求。本部分的讨论将较为简短,这主要是因为《数字内容和数字服务合同指令》中对于数字内容和数字服务的适约性要求,与《货物买卖合同指令》中对货物的适约性要求相同,而且上文中提出的大多数意见也适用于《数字内容和数字服务合同指令》中的适约性要求。

①适约性的主观标准

《数字内容和数字服务合同指令》第7条涉及数字内容和数字服务适约性要求主观标准的要素。其措辞几乎与上文讨论的《货物买卖合同指令》第6条一模一样。有关《货物买卖合同指令》第6条的观点经过必要修改之后也适用于《数字内容和数字服务合同指令》第7条。这两条规定之间的一个区别是,第7条第a项没有提及数字内容或者数字服务必须属于合同所要求的"类型"。但是考虑到前面提到的"类型"这一概念的模糊性,这不会成为一个有问题的遗漏。

---

[106] 《货物买卖合同指令》第8条第b项,最后部分。

②适约性的客观标准

《数字内容和数字服务合同指令》的最初提案[107]与指令的最后版本[108]相比,对适约性的客观标准限制更多,并且优先考虑适约性的主观标准。[109]《数字内容和数字服务合同指令》第 8 条的适约性客观标准与《货物买卖合同指令》中的相应规定(上文已经讨论过)密切相关,但是也有一些变化,以反映商品与数字内容或者数字服务之间的差异。

第一,适用于正常使用。

适约性的客观标准的第一个要素是,数字内容或者数字服务应当适合于通常情况下的用途。《数字内容和数字服务合同指令》第 8 条第 1 款第 a 项的措辞与《货物买卖合同指令》第 7 条第 1 款第 a 项的措辞相同,除了"数字内容或数字服务"一词对"货物"的替换。因此,前面提出的观点也适用于这一条款。不过,实践中,消费者"通常使用"数字内容或者数字服务于其原定用途之外的情况可能较少,因为允许的用途通常会被编码在数字内容或者数字服务之中。

第二,附件和说明。

与《货物买卖合同指令》[110]中的相应条款基本相似的另一条款是《数字内容和数字服务合同指令》第 8 条第 1 款第 c 项,后者要求

---

[107] 《关于数字内容供应合同的某些方面的指令》的提案。关于提案中适约性要求的具体分析,参见 SIMON GEIREGAT and REINHARD STEENNOT, "Proposal for a Directive on Digital Content – Scope of Application and Liability for a Lack of Conformity" in IGNACE CLAEYS and EVELYN TERRYN, Digital Content & Distance Sales: New developments at EU level (Intersentia, 2017)。

[108] 参见该提案第 6 条。

[109] 参见 PAULA GILLIKER, "Adopting a Smart Approach to EU Legislation: Why Has It Proven So Difficult to Introduce a Directive on Contracts for the Supply of Digital Content?" in TATIANAELENI SYNODINOU, PHILLIPE JOUGLEUX, CHRISTIANA MARKOU, and THALIA PRASTITOU (eds.), EU Internet Law in the Digital Era (Springer, 2020), esp. pp. 311 – 313。

[110] 《货物买卖合同指令》第 7 条第 1 款第 c 项。

数字内容或者数字服务在提供之时,消费者可合理预期会收到相应的附件以及说明书。然而与《货物买卖合同指令》第 7 条第 1 款第 c 项不同,《数字内容和数字服务合同指令》第 8 条第 1 款第 c 项并没有提及包装或者安装说明。消费者会合理预期收到此类说明,虽然"说明"很容易被理解为包含"安装说明"。

第三,试用版或预览版。

数字内容或者数字服务适约性客观标准的第三个方面与商家在订立合同之前提供数字内容或者服务试用版、预览版的情况有关。在这种情况下,第 8 条第 1 款第 d 项规定,提供给消费者的数字内容或者数字服务必须与试用版或者预览版一致。从本质上说,这一规定是有关消费者在订立合同前看到货物样品或者模型规定的变通。这种变通是否合理可能还待商榷,因为试用版、预览版也可能包含消费者不需要的功能。

第四,货物的正常质量和性能特征以及相应的合理预期。

《数字内容和数字服务合同指令》第 8 条第 1 款第 b 项参照《货物买卖合同指令》第 7 条第 1 款第 d 项,规定数字内容或者数字服务须"具有……同类数字内容或者数字服务正常的以及消费者可合理预期的数量、质量以及性能特征"。一个变化是《数字内容和数字服务合同指令》第 8 条第 1 款第 b 项提到了"性能特点",而不仅仅是"特点"。在数字内容或者数字服务方面,这种提法是恰当的。还有一些指示性质量和性能特征也是针对数字内容和数字服务而制定的。它们是功能性、兼容性、可访问性、连续性和安全性。《货物买卖合同指令》第 7 条第 1 款第 d 项也提及了其中的一些(功能性、兼容性和安全性),而且两个指令对它们的定义也是一样的。这里没有提到耐用性,尽管有单独的与更新相关的条款可被理解为类似于耐用性。[111]

《数字内容和数字服务合同指令》没有对"可访问性"和"连续性"进行定义。"可访问性"被认为是指消费者可以访问数字内容或数字服务,例如,消费者在线访问数字内容或数字服务,但不是指数字内容或数字服务直接安装在消费者设备上的情况。同样地,"连续性"是指消费者在合同期内任何时候都能访问数字内容或者数字服务的能力。

在确定消费者有权合理期望的质量和性能特征之时,有必要考虑同类数字内容或者数字服务的正常情况以及消费者可能的合理期望。与《货物买卖合同指令》第 7 条第 1 款第 d 项中关于商品的规定一样,消费者的合理期待是根据数字内容或者数字服务的性质,以及卖方或其代表或者交易链条中其他人就数字内容或者数字服务所作的任何公开声明来确定的。在讨论《货物买卖合同指令》第 7 条第 1 款第 d 项中这些要素之时提出的观点在此也是适用的,无须重复。同样地,在第 8 条第 1 款第 b 项第一点到第三点规定的情况下,将不予考虑一些公开声明,这与《货物买卖合同指令》第 7 条第 2 款的规定相同;同样,上文提出的批评也适用于此处。

第五,更新。

所有的数字内容和数字服务都需要定期更新。有些更新是维持数字内容或者数字服务的正常运行和处理安全问题所必需的,而其他一些更新则可能是为了增加额外的功能或者以某种方式改进数字内容或者数字服务。《数字内容和数字服务合同指令》第 8 条第 2 款确认了更新的作用,规定了卖家有义务确保消费者了解并获得更新。实质上,当涉及数字内容或者数字服务是以一次性行为提供,商家负有更新义务时,《数字内容和数字服务合同指令》第 8 条

---

[111] 请注意,英国 2015 年《消费者权益法》第 34 条第 3 款第 d 项提到,耐用性是确定数字内容是否具有令人满意的质量的一个相关因素。

第 2 款第 b 项沿用了《货物买卖合同指令》第 7 条第 3 款第 a 项的规定。《数字内容和数字服务合同指令》第 8 条第 2 款第 a 项规定，如果数字内容或者数字服务是在一段时间内持续提供的，则该卖方的义务贯穿整个期间（可以是无限期，但通常以订购期为基础存在）。[112]

第六，适约性的其他要素。

由于数字内容或者数字服务通常不止通过一次性行为提供（与只发生一次的货物交付不同），而是在供应合同规定的期限内持续提供的，因此《数字内容和数字服务合同指令》第 8 条第 4 款规定，数字内容或数字服务必须在整个合同供应期内具有适约性。在合同供应期内，经营者对不具有适约性承担责任的期限也没有限制。[113]

此外，《数字内容和数字服务合同指令》第 8 条第 6 款规定，向消费者提供的数字内容或者数字服务必须是在订立数字内容供应合同之时可获得的最新版本。但是双方可另行协商，这并不是一个强制性的要求。

第七，排除在适约性评估之外的事项。

最后，《数字内容和数字服务合同指令》第 8 条第 5 款规定，消费者被明确告知的事项不在适约性的客观标准之列。这与前面讨论的《货物买卖合同指令》第 7 条第 5 款实质上相同。

（5）对数字内容和数字服务错误地整合

前面已经提到，就货物而言，《货物买卖合同指令》第 8 条涉及的情况是，货物在使用前需要安装，而在安装过程中出了问题，导致货物本身与合同约定不相符合。

---

[112] 在持续提供的数字内容或者数字服务的情况下，不存在责任期间，经营者将对供应期间内任何时候出现的不符合合同约定的情况负责（《数字内容和数字服务合同指令》第 11 条第 3 款）。

[113] 《数字内容和数字服务合同指令》第 11 条第 3 款。

对于数字内容和数字服务,消费者往往需要采取措施,以确保数字内容或者数字服务可以在消费者的设备上使用。虽然这通常也被称为"安装"或者"下载",但是《数字内容和数字服务合同指令》在其第 9 条使用了"整合"一词。该条款以《货物买卖合同指令》第 8 条"不正确地安装商品"为模版,对"不正确地将数字内容或者数字服务整合到消费者的数字环境中"的情况作出了规定。当出现这种情况时,在两种情境下数字内容或者数字服务将被视为不符合合同规定,这两种情境与适用于货物的两种情况相同,即数字内容或者数字服务是由商家整合或者由其负责整合的;[114] 或者消费者整合了内容,但是由于整合说明的缺陷导致了不正确的整合。[115] 由于《数字内容和数字服务合同指令》第 9 条沿用了《货物买卖合同指令》第 8 条的模式,前文对该条款的评论也适用于此。

(四)讨论与结论

前一部分对适约性要求的分析揭示了一系列问题,包括《货物买卖合同指令》和《数字内容和数字服务合同指令》对适约性要求的确切含义和范围。鉴于这两项指令最大限度的统一性,以及各国法律在确定适约性要求方面的灵活性大大降低,这些问题显得尤为重要。也就是说,两个指令中适约性的客观标准(objective conformity requirement)还是有一定的灵活性,尤其是在确定消费者可以合理预期的相关质量和特征时。[116] 适约性的客观标准的这种灵活性和视具体情况而定的特点,将是各国法院确定商品、数字内容或者数

---

[114] 《数字内容和数字服务合同指令》第 9 条第 a 项。
[115] 《数字内容和数字服务合同指令》第 9 条第 b 项。
[116] 《货物买卖合同指令》第 7 条第 1 款第 d 项和《数字内容和数字服务合同指令》第 8 条第 1 款第 b 项分别进行了规定。

字服务在具体情形中是否符合适约性的客观标准之时,援引未明确提及的因素的一个有用和重要的途径。特别是"合理预期"标准可以经常用于这一目的。

一方面,这可能是利用适约性客观标准的一个重要方法,以使指令的要求,特别是《货物买卖合同指令》的要求,与对环境和可持续性的关注保持一致。《货物买卖合同指令》序言中两次提到可持续性:首先,耐用性被描述为"对于实现更加可持续的消费模式和循环经济非常重要的一种功能特性";[117]其次,维修权"应鼓励可持续性消费,并有助于提高产品的耐用性"。虽然"非常微小",[118]但是这两点都令人鼓舞,表明可持续性的重要性在消费政策中得到了认可。然而,正如《货物买卖合同指令》序言第33条所表明的,耐用性和维修权并不意味着卖方有义务保留备件,以作为适约性的客观标准的一部分(尽管国内法可以通过其他方式规定这种义务)。这次错失良机,让我们无法迈出重要的一小步,去将消费者法的一个方面与更广泛的可持续性和循环经济问题更紧密地结合起来。有些自相矛盾的是,不对备用配件承担任何义务似乎与使用新数字技术的发展前景不一致,特别是3D打印技术,按需制造备件,会减少可能被直接丢弃的次品数量。

两项指令都将实现通过提供一套合同规则以促进数字单一市场的目标,二者最大限度的统一性将意味着,同样的实质性义务将适用于整个欧盟。如果成功的标准是制定共同规则,那么这两项指令可以说是成功的。但是如果成功的标准是制定一套符合时代要求、以消费者为中心的规则,而不是以"旧技术"为基础,那么这两项指令都是不成功的。以文义解释规则为重点最大限度统一的结

---

[117] 序言第32条。
[118] JORGE MORAIS CARVALHO, "Sale of Goods and Supply of Digital Content and Digital Servics – Overview of Directive 2019/770 and 2019/771" (2019) 8 EuCML 194 at p. 198.

果是,这些规则必须尽可能明确,以便于统一解释和适用,尤其是在没有正确执行而招来侵权诉讼和定期罚款等形式制裁的情形下。这就要求在术语和定义上严格把关。归根结底,这可能表明,在技术规则层面进行最大限度的协调统一注定要失败。

这并不是否定《数字内容和数字服务合同指令》在确保所有成员国对数字内容和数字服务的适约性和补救措施采取共同路径方面的重要性,尽管在适约性要求的实质方面可能会受到一些批评,但是这是向前迈出的重要一步。与此同时,《数字内容和数字服务合同指令》并没有解决一个长期存在的问题,即如何对涉及数字内容或者数字服务供应的交易进行归类,"此类合同是否构成销售、服务、租赁或者特殊合同等问题,应留给国内法规定"。[119] 确定此类供应交易的法律分类不会对引入适约性要求本身产生任何影响,但无论国内法采用何种分类都可能影响其他权利和义务。

归根结底,两项新指令中适约性要求有力地说明了欧盟消费者法的一些核心缺陷:一味追求最大限度的协调统一、限制成员国立法范围以及部分立法者普遍缺乏创造性思维。消费者可能会"合理地期待"更好的质量。

---

[119] 《数字内容和数字服务合同指令》序言第 12 条。

十二、关于在线销售和提供数字内容指令提案（第二部分）：适约性和缺乏适约性的补救措施

[西]罗莎·米拉·拉菲尔*

本文旨在批判性地分析欧盟委员会于2015年12月9日推出的两项指令提案：《在线销售指令》和《数字内容和数字服务合同指令》。这两项指令提案都是欧洲数字单一市场战略的一部分。它们的主要目标是消除跨境贸易的障碍之一：成员国合同法之间的差异。本文分为两部分，第二部分强调了每个拟议指令中最重要的规则，即适约性规则和缺乏适约性的补救措施。这部分还提

---

* 罗莎·米拉·拉菲尔（Rosa Milà Rafel），来自西班牙卡斯蒂利亚拉曼查大学消费者研究中心。原文载于由西班牙加泰罗尼亚开放大学（UOC）主办的《互联网、法律与政治杂志》2017年第24期，第50—63页。本译文介绍了《在线销售指令》对《消费者商品和担保指令》的改进，并分析了《数字内容和数字服务合同指令》规定的适约性规则和缺乏适约性的补救措施存在的问题，为了解欧盟近年来关于数字内容的多个指令提供了一个比较性的视角。本文的初步版本已在第12届互联网、法律和政治国际会议（构建欧洲数字空间）上提出并发表在大会论文集上，该会议由加泰罗尼亚大学组织，2016年7月7日至8日在巴塞罗那举行。

出了指令有关特定形式合理性的问题。可以得出的结论是,《在线销售指令》对《消费者商品和担保指令》进行了一些改进和澄清。这种改进和澄清,将提高或维持大多数成员国目前的消费者保护水平。然而,对一些成员国来说,《在线销售指令》无疑将导致现有保护水平下降。《数字内容和数字服务合同指令》的适约性规则和数字内容缺乏适约性时的补救措施规则也产生了一些重要问题。(因此)可以认为,有些规则需要澄清或修订。其中包括在评估数字内容适约性时,合同条款优先于客观标准的规则以及损害赔偿条款,这些条款限制了消费者为其在数字环境中遭受的损失请求赔偿的权利。

(一)引言

本文旨在批判性地分析欧盟委员会于 2015 年 12 月 9 日发布的两项拟议指令,即《数字内容和数字服务合同指令》[1]和《在线销售指令》[2]。这两项提案都是欧盟委员会 2015 年 5 月通过的欧洲数字单一市场战略的一部分。该战略旨在通过解决欧洲跨境电子商务发展的所有主要障碍,将目前 28 个国家的国内数字市场转变为欧盟数字单一市场。[3] 欧盟委员会预估,拆除这些(跨境贸易的)壁垒将使欧洲生产总值每年增加 40 亿欧元。[4]

理事会已将《数字内容和数字服务合同指令》的审议优先级置

---

〔1〕 Brussels, 9.12.2015, COM (2015) 634 final.
〔2〕 Brussels, 9.12.2015, COM (2015) 635 final.
〔3〕 European Commission (2014, p.5). 根据这份文件,欧洲数字市场的分裂和阻碍使欧洲无法充分利用其能力来领导全球数字经济。数字单一市场是"一个确保货物、人员、服务和资本自由流动的市场,个人和企业可以在公平竞争的条件下顺利加入并开展在线活动,并且在这个市场中消费者和个人数据会受到高水平的保护,不论其国籍或居住地"。
〔4〕 Explanatory memorandum OSD, p.12.

于理事会工作组正在讨论的《在线销售指令》之上。〔5〕理事会工作组和议会都积极接纳关于数字内容的提案,但仍有一些保留意见。〔6〕

文章分为两个部分,将分别发表。

——第一部分名为"新规则是否能达到减少法律复杂性的目标?"已经在上一期杂志中发表。它旨在回答一个问题,即新规则是否能够实现减少欧洲在线销售和数字内容供应相关法律复杂性的目标。首先,它简要介绍了指令的目的及其先例。其次,就每项指令而言,它讨论了指令所涵盖的合同类型,这些合同目前在欧洲是如何被规范的,以及如果新指令被通过,将对成员国的合同法有什么影响。

——第二部分名为"适约性和缺乏适约性的补救措施"在本期杂志中发表。文章强调了每个拟议指令最重要的规则,即关于适约性和缺乏这种适约性的补救措施的规则。文章还提出了关于它们特定形式合理性的问题,其中包括我认为需要澄清或修订的建议。

(二)《在线销售指令》:相较于《消费者商品和担保指令》的新要素和澄清

《在线销售指令》以现有的欧洲议会和理事会 1999 年 5 月 25

---

〔5〕 参见 Council of the European Union (2016, p. 2)。欧洲经济和社会委员会也认为"数字内容销售规则是优先事项",参见 European Economic and Social Committee (2016, conclusions and recommendations no. 1. 10)。

〔6〕 H. Beale (2016b, p. 11)。参见 Council of the European Union (2017) and European Parliament (2016a) and (2016b)。

日通过的《消费者商品和担保指令》(CSD)为基础。然而(在此基础上),该提案对《消费者商品和担保指令》进行了一些改进和澄清,这值得肯定,因为它们将使大多数成员国提高或维持当前的保护水平,尽管只涉及商品的在线销售和其他远程销售。[7] 在本部分,我将讨论《在线销售指令》的通过对成员国法律带来的最重要的变化。

1. 货物的适约性标准

根据《在线销售指令》,货物的适约性应充分结合考虑主观标准和客观标准[8],主要遵循《消费者商品和担保指令》第2条中的规则。[9]

无论如何,应根据相关的合同条款,来评估货物的适约性,这包括作为合同组成部分的任何合同前声明(pre-contractual statement)。

> 根据《在线销售指令》第4.1条,货物应:(1)"符合合同要求的数量、质量和描述……"[10];(2)"适合消费者要求的任何特定目的,前提是消费者在订立合同时已向卖方说明,卖方也已接受"。

另外,根据某些客观要求,可以提高适约性标准,这些要求构成了货物的通常期望标准(《在线销售指令》第4.2条)。[11]除非双方另有约定,否则《在线销售指令》第5、6、7条规定的这些客观要求应

---

[7] 《在线销售指令》仅适用于在网上或通过电话或邮件等任何远程通信手段订立的有形动产销售合同(见OSD第1条和第2条第e项)。

[8] OSD序言第19条。

[9] J. Smits (2016, p.9).深入分析在西班牙货物的适约性标准,参见E. Arroyo Amayuelas (2016, pp.7-11)。

[10] "……其中包括,当卖方向消费者展示样品或模型时,货物应具有该样品或模型的质量,并与该样品或模型所显示的样子相符",参见OSD第4条第1款第a项。

[11] J. Smits (2016, p.9).

当适用。具体而言,货物应:(1)符合货物的通常预期标准(《在线销售指令》第 5 条)。特别是,这种符合性应"指向相同规格货物通常应用的所有目的"(《在线销售指令》第 5 条第 a 项);附件将被视为包括"包装、安装说明或消费者可能期望收到的其他说明"(《在线销售指令》第 5 条第 b 项);货物的正常品质和性能应当是符合"同类货物通常的和消费者根据货物性质可能期望"的标准(《在线销售指令》第 5 条第 c 项)。[12] (2)商品必须得到适当的安装(《在线销售指令》第 6 条)。如果商品的不适约性是错误安装而导致的,并且错误的原因在卖方责任范围内,则无论商品是由卖方安装或卖方负责安装(《在线销售指令》第 6 条第 a 项),还是由消费者根据卖方的错误说明进行的安装(《在线销售指令》第 6 条第 b 项),都必须视为不合约(《在线销售指令》第 6 条第 b 项)。[13] (3)不受任何第三方权利的限制,包括知识产权的限制(《在线销售指令》第 7 条)。因此,《在线销售指令》明确规定了适约性不仅涵盖物理缺陷,还包括法律缺陷。

《在线销售指令》给予各方在客观适约性标准方面的合同自由。[14] 例如,如果所售货物有缺陷,当事人可以通过协议排除或限制第 5 条和第 6 条对损害消费者这种情况的效力,从而降低商品的通常预期标准。[15] 此协议仅在消费者签订合同时知道商品具体情况并明确接受该特定条件的情况下才有效(《在线销售指令》第 4.3 条)。

2. 消费者因商品缺乏适约性而享有的救济措施

(1)适约性缺乏时消费者救济措施的层次结构(Hierarchy)

关于消费者在商品缺乏适约性时的救济措施,《在线销售指

---

[12] OSD 序言第 19 条。
[13] OSD 序言第 20 条。
[14] OSD 序言第 22 条。
[15] J. Smits (2016, p.9)。

令》充分协调了其层次结构,遵循了《消费者商品和担保指令》规定的两步救济制度。目前,各国国内法对《消费者商品和担保指令》的转化只需进行最低限度的协调,导致在这一问题上分歧明显。大多数欧盟成员国,如西班牙[16],已经开始承认救济措施的层次结构。[17] 然而,少数成员国允许消费者自由选择救济措施或增加一些额外的救济措施。[18]《在线销售指令》认为这些差异是实现数字单一市场的主要障碍之一。[19]

《在线销售指令》第9条列出了消费者在适约性缺乏时的救济措施,并完全统一了消费者要求卖方实现商品适约性的权利顺序。

第一步,消费者有权选择修理或更换商品(《在线销售指令》第9.1条),除非该选项无法实现或不合法,或与其他选项相比不成比例(《在线销售指令》第11条)。卖方应在合理时间内完成修理或更换,且不能给消费者带来重大不便(《在线销售指令》第9.2条)。对合理时间的确定,必须考虑商品的性质和消费者为什么需要该商品(《在线销售指令》第9.2条)。

第二步,如果商品缺乏适约性的情况无法通过修理或更换来解决,消费者就有权要求价格减免或终止合同《在线销售指令》第9.3条)。该条款澄清了现行《消费者商品和担保指令》(的相关规则),规定如果"卖方未在合理时间内完成修理和更换"(《在线销售指令》第9.3条第b项),消费者也有权终止合同或获得价格减免。

与《消费者商品和担保指令》相比,《在线销售指令》澄清的另一个点是,它明确承认消费者有权"暂停支付任何未付的价款,直到

---

[16] 参见11月16日第1/2007号皇家法令颁布的《西班牙消费者保护法》第118条及以下条款(BOE no.287, 30.11.2007)。

[17] 根据OSD解释性备忘录第6页,"20个会员国(奥地利、比利时、保加利亚、捷克共和国、丹麦、爱沙尼亚、芬兰、德国、匈牙利、意大利、拉脱维亚、卢森堡、马耳他、荷兰、波兰、罗马尼亚、斯洛伐克、西班牙、瑞典)遵循了这一方法"。

[18] 例如,一些成员国目前承认"在较短期限内拒绝接受不符合合同规定的货物的权利"(OSD解释性备忘录,第6页)。

[19] OSD序言第5条和第26条。

卖方使商品符合合同(的约定)"(《在线销售指令》第9.4条)。目前,这个权利可以在所有成员国的国内法中找到。[20]

然而,该指令提案未能认可"消费者在交付的商品不符合合同的情况下立即退货并获得退款的权利"。目前有6个成员国(希腊、葡萄牙、爱尔兰、英国、丹麦和立陶宛)对这一权利作了规定,但这些成员国之间也存在一些差异。[21]《在线销售指令》的最终批准将导致这些成员国对消费者保护的力度大打折扣。

(2)指令规定消费者有权在商品出现轻微瑕疵的情况下终止合同

与《消费者商品和担保指令》相比,《在线销售指令》引入了一个重要的新特性,即承认消费者有权在修复或更换没有可能或已失败的情况下终止合同,即使商品只构成轻微违约。《消费者商品和担保指令》排除了消费者在商品"轻微不符合合同要求"情况下终止合同的权利(《消费者商品和担保指令》第3.6条)。《在线销售指令》的序言指出,"这将强有力地激励商家在早期纠正所有商品不符合规定的情况"。[22]当然,这个规定也将加强消费者终止合同的权利,并提高远程合同中的消费者保护水平。[23]

(3)通知终止和消费者终止合同的法律后果

关于终止合同的权利,《在线销售指令》还明确指出,为行使这一权利,消费者不论以何种形式都须向卖方发出通知(《在线销售指令》第13.1条)。尽管《消费者商品和担保指令》对这一问题没有任何规定,但是在大多数欧盟成员国中,终止合同通常是以通知的方式来进行,而在一些欧盟司法管辖区,终止必须通过法院命令

---

[20] J. Smits (2016, p. 12).

[21] 欧洲经济和社会委员会(2016, comment 4.2.5.7)注意到了这一批评意见。H. Beale (2016a, p. 19)指出,英国2015年《消费者权利法》(ss. 19 and 20)规定了这一权利,根据该法,消费者拥有立即"拒绝货物并终止合同的短期权利",而无须先要求维修或更换,也不会因使用或货物价值下降而被扣除任何费用"。

[22] OSD序言第29条。

[23] J. Smits (2016, p. 13) and H. Beale (2016a, pp. 16–17).

进行。[24]

拟议指令(proposed directive)还引入了关于部分终止的新规定。指令规定,如果在单个合同中购买多个商品,而不符合合同规定的情况仅出现在其中一些商品上,通常此时的终止只能是部分终止,除非某些商品是合同主要商品的附属品,即<u>如果没有主要商品,消费者就不会取得这些附属性商品</u>(《在线销售指令》第13.2条)。[25]

关于合同终止的主要影响,与《消费者商品和担保指令》不同,《在线销售指令》在第13.3条中明确规定了双方必须退还所收到物品或价款的义务:一方面,卖方有义务在14日内退还消费者所支付的价款;另一方面,消费者也有义务在14日内将不合格的商品退还给卖方,并由卖方承担退还的费用。最后,第13条第3款第c项和第d项规定,消费者有义务支付商品减损的价值,但仅限于超出正常使用的部分。支付的商品减损价值不得超过商品的购买价格。如果由于商品被毁坏或丢失而无法退货,则消费者应支付商品的价款,除非毁坏或丢失是商品不合约所致。[26]

(4)时限的发展

相对于《消费者商品和担保指令》的现行立场,《在线销售指令》引入了以下关于时限的重要发展。

第一,保留2年的法律期限,卖方在此期间对不符合合同要求的商品承担责任(《在线销售指令》第14条)。[27] 尽管《消费者商品和担保指令》也规定了同样的期限(《消费者商品和担保指令》第5.1条)[28],但在这一点上目前各国对转化立法存在差异。大多数

---

[24] H. Beale (2016a, p.17).
[25] OSD 序言第29条。
[26] OSD 序言第31条。
[27] 参见 OSD 第8条,关于确保货物与合同相符的相关时间。
[28] E. Arroyo Amayuelas (2016, pp.14–15)指出,现在两年的法定期限也适用于二手商品不合格和具有法律缺陷的情况。

成员国已经规定了 2 年的期限,但在一些欧盟司法管辖区,这个期限是更长的甚至是无限期的。[29] 如果《在线销售指令》(被批准)通过,《在线销售指令》将完全统一仅适用于商品在线销售和其他远程销售的 2 年期限。这一变化不会影响已实施 2 年期限的西班牙法。[30] 然而,对一些成员国来说,《在线销售指令》无疑会降低其现有保护水平。[31]

第二,将推定货物不符合合同的期限延长至 2 年(《在线销售指令》第 8.3 条)。[32] 实际上,只有在消费者实际占有有关货物时,卖方才应在货物不符合合同规定的情况下承担责任(《在线销售指令》第 8.1 条)。在这段时间内,举证责任转移到了卖方身上,卖方必须证明当时不存在不符合合同的情况。根据《消费者商品和担保指令》,举证责任倒置的最短期限为 6 个月(《消费者商品和担保指令》第 5.3 条)。这项规定在各成员国中的实施方式不同:有些国家遵循了指令中的最短期限,例如西班牙[33],而有些国家则延长了期限。《在线销售指令》将举证责任倒置的期限全面统一为 2 年,但这仅适用于商品的在线销售和其他远程销售。这个规则将提高远程合同中的消费者保护水平。[34]

(5)取消了消费者通知卖方商品缺乏适约性的义务

最后,《在线销售指令》取消了《消费者商品和担保指令》规定

---

[29] 参见 OSD 解释性备忘录,其中补充说,在另外两个成员国(爱尔兰和英国),"没有具体的法定保修期,但消费者的权利受到时效期间的限制",以及 OSD 解释性备忘录第 32 条。

[30] 《西班牙消费者保护法》第 123 条第 1 款。

[31] 参见欧洲经济和社会委员会(2016, comment 4.2.5.10),其中指出"该期限应考虑到一些成员国(芬兰、荷兰、瑞典和英国)现有的保证期,这些保证期考虑到了产品的耐用性和内在陈旧性"。

[32] OSD 序言第 32 条指出,"为了确保提高消费者的意识,并使与不合格商品有关的欧盟消费者权利规则更容易执行,本指令应将举证责任倒置的时间段与卖方对任何不符合同情形负责的时间段设置为一致"。

[33] 《西班牙消费者保护法》第 123 条第 1 款。

[34] J. Smits(2016, p.10)。

的,消费者在发现商品缺乏适约性后的一定时间内有义务通知卖方这一可选要求(optional requirement)。目前,一些国家已经将《消费者商品和担保指令》转化为国内立法,并规定了这种要求,例如《西班牙消费者法》第 123.5 条。《在线销售指令》的序言指出,取消在线销售的通知要求,是有正当理由的,特别是对于跨境交易,因为消费者可能完全不知道这一义务,并且在通知延迟或缺失的情况下很容易会失去本来有据可依的索赔权利。[35] 该规则有效地加强了消费者权益的权利,并将提高远程合同中消费者的保护水平。[36]

(三)《数字内容和数字服务合同指令》:与《在线销售指令》的主要区别

《数字内容和数字服务合同指令》以当前的《消费者商品和担保指令》为基础,但它还引入了有关提供数字内容合同的新规则。《数字内容和数字服务合同指令》的一些新规则已经在《在线销售指令》的部分有所涉及。[37] 本部分将探讨《数字内容和数字服务合同指令》引入的有关适约性和缺乏适约性时补救措施的具体规则在应对消费者在数字内容和数字服务合同中面临的问题,并解释其特定形式的合理性。

1. 数字内容的适约性标准

与《在线销售指令》一样,《数字内容和数字服务合同指令》结合主观标准和客观标准,全面协调了数字内容的适约性标准(《数字内容和数字服务合同指令》第 6 条)。然而,客观标准与主观标准

---

[35] OSD 序言第 25 条。
[36] J. Smits (2016, pp. 15 – 16)。
[37] H. Beale (2016a, p. 17)。

在两个方面有所不同。

首先,适约性标准包括与数字环境相关的特殊要求,即数字内容的功能性[38]、互操作性[39]以及其他性能特征,如可访问性、持续性和安全性。[40]

其次,根据《在线销售指令》,主观标准和客观标准是累加的(the subjective and objective criteria are cumulative),而根据《数字内容和数字服务合同指令》,合同条款(约定的主观标准)优先于客观标准。[41] 换句话说,数字内容:

(1)必须首先符合合同中承诺的内容。

> 特别是根据《数字内容和数字服务合同指令》第6.1条规定,合同要求可能涉及"数量、质量、持续时间、版本以及……功能、互操作性和其他性能特征,例如可访问性、持续性和安全性……"(《数字内容和数字服务合同指令》第6条第1款第a项)。此外,数字内容必须(能够)适用于"消费者所要求的任何特定用途,前提是在合同订立时向供应商提出并被供应商接受"(《数字内容和数字服务合同指令》第6条第1款第b项)。当合同作出规定时,数字内容必须"提供任何说明和客户支持"(《数字内容和数字服务合同指令》第6条第1款第c项),并且"(保持)更新"(《数字内容和数字服务合同指令》第6条第1款第d项)。

---

[38] "功能"是指使用数字内容的方式,包括"存在或不存在任何技术限制"(DCD序言第26条)。

[39] "互操作性"是指"数字内容在与消费者的硬件和软件交互时执行其所有功能的能力"(DCD第2条第9款)。

[40] R. Man'ko (2016, p.5); H. Beale (2016a, p.20).

[41] V. Mak (2016, p.15); H. Beale (2016a, pp.20-21).

(2)只有在合同没有约定明确标准的情况下,才必须根据客观标准评估数字内容的适约性。也就是说,它必须符合描述的相同数字内容通常应用的目的。[42]

根据《数字内容和数字服务合同指令》第6.2条,包括"……其功能、互操作性和其他性能特征,例如可访问性、持续性和安全性,应当考虑以下因素:一是数字内容是否有偿的或有非货币对价的;二是任何现有的国际技术标准,或者在缺乏这些技术标准的情况下,适用的行业行为准则和良好惯例;[43]三是供应商或交易链中上游环节的其他人或其代表所作的任何公开声明"(《数字内容和数字服务合同指令》第6.2条)。

鉴于有必要"促进数字单一市场的创新,满足数字内容快速变化所反映的技术发展"[44],《数字内容和数字服务合同指令》的序言部分说明了这个规则的合理性。然而,该规则受到了很多批评,因为它实际上会削弱对消费者的保护。

这样的规定可能意味着数字内容供应商可以在合同中通过格式条款和条件,对消费者适用非常弱的适约性标准,以避免因数字内容不符合同而承担责任。此外,该规则还规定消费者有义务仔细阅读合同条款。然而,实证研究表明,消费者并不会阅读合同条款,即使他们阅读了,由于数字内容的复杂性,普通消费者也很难完全理解合同中使用的法律和技术术语。因此,我认为《数字内容和数字服务合同指令》应该在这一点上遵循《在线销售指令》的规定,准

---

[42] DCD 序言第 25 条。
[43] DCD 序言第 28 条指出"委员会考虑推进制定国际和欧洲标准,并由行业协会和其他代表组织制定行为准则,以支持指令的统一实施"。
[44] DCD 序言第 24 条。

确平衡消费者和供应商之间的利益。[45]

（3）此外，在一些情况下，为了符合合同规定，数字内容必须满足两个额外的要求（《数字内容和数字服务合同指令》第 7 条和第 8 条）。首先，数字内容必须与消费者的硬件或软件妥善适配。如果无法适配的原因属于供应商的责任范围（《数字内容和数字服务合同指令》第 7 条），则此时数字内容将被视为不符合合同规定。其次，与《在线销售指令》相同，在《数字内容和数字服务合同指令》中，适约性不仅涵盖物理缺陷，还涵盖法律缺陷。后者对于数字内容尤其重要，因为数字内容本质上受到知识产权的规制。

（4）《数字内容和数字服务合同指令》澄清了两个点：首先，如果合同规定数字内容将在一段时间内提供（例如一段时间内允许访问云服务的情况），数字内容必须在整个合同有效期内符合合同（《数字内容和数字服务合同指令》第 6.3 条）；[46]其次，供应商必须提供"订立合同时可用的最新版本数字内容"（《数字内容和数字服务合同指令》第 6.4 条），除非双方另有约定。

2. 未能提供数字内容和数字内容不符合合同规定时消费者的救济措施

（1）消费者在供应商未能提供数字内容时可以采取立即终止合同的救济措施

除非另有约定，供应商必须在合同订立后立即提供数字内容（《数字内容和数字服务合同指令》第 5.2 条）。与《在线销售指令》不同，《数字内容和数字服务合同指令》明确规定了供应商未能按

---

[45] 欧洲联盟理事会（2016，p.10），欧洲法律研究所（2016，pp.18 - 19）和最著名的学者如 H. Beale（2016a，p.21），V. Mak（2016，p.15）和 S. Cámara Lapuente（2016，pp.28 - 30）都提出了这一观点。

[46] DCD 序言第 29 条。

时提供数字内容时的责任(《数字内容和数字服务合同指令》第10条)。[47] 在这种情况下,消费者有权立即终止合同(《数字内容和数字服务合同指令》第11条)并要求损害赔偿(《数字内容和数字服务合同指令》第14条)。[48]

供应商未能提供数字内容(的行为)严重违反了其主要合同义务,这在大多数情况下可能会导致消费者有权终止合同。然而,正如欧洲法律研究所关于拟议指令的声明所指出的那样,如果数字内容是根据消费者的要求开发的,则无论延迟的原因为何,该救济措施都可能无法适用。[49]

(2)数字内容不符合合同规定时消费者寻求救济的层次结构

关于消费者对数字内容不符合合同约定的补救措施,《数字内容和数字服务合同指令》遵循了《在线销售指令》规定的两步救济措施制度(《数字内容和数字服务合同指令》第12条)。但是,考虑到数字内容的特殊性,它作出了一些改变。

第一步,在合理时间内且不给消费者造成任何重大不便的情况下,消费者都有权请求提供的数字内容符合合同约定,这种请求是无偿的,除非这样做是不可能的、不相称的或非法的(《数字内容和数字服务合同指令》第12.1条)。与《在线销售指令》不同,《数字内容和数字服务合同指令》不涉及维修或更换,其规定供应商有权根据数字内容的技术特性选择实现数字内容适约性的具体方式。[50] 正如 Vanessa Mak 教授所认为的那样,这个规则是合理的,因为数字内容的形式多种多样,这使得实现数字内容适约性的子形式更难区分。例如,电影文件可能会被替换,但如何修复它,更难

---

[47] H. Beale (2016a, p.22).
[48] DCD 序言第35条明确指出,在长期合同中,如果数字内容的供应中断,但中断时间很短,则应适用数字内容不符合合同的补救措施。
[49] European Law Institute (2016, p.5).
[50] DCD 序言第36条。

想象。[51]

第二步,如果数字内容未能或无法符合合同规定,消费者有权获得价格减免或终止合同(《数字内容和数字服务合同指令》第12.2条)。只有数字内容是在支付价款后提供,才能够采用按比例减免价款的补救措施(《数字内容和数字服务合同指令》第12.3条)。

尽管如此,《数字内容和数字服务合同指令》规定,在供应商使数字内容符合合同之前,消费者无权拒绝支付价款。与《在线销售指令》一致,这一规则也应适用于数字内容的供应,主要是在一段时间内提供数字内容以换取价款的情况下。[52]

(3)消费者请求损害赔偿的权利

无论如何,《数字内容和数字服务合同指令》确立了消费者请求赔偿的权利,以弥补因数字内容不符合合同规定或未能供应而造成的任何经济损失(《数字内容和数字服务合同指令》第14条)。行使损害赔偿权的具体条件由成员国自行决定(《数字内容和数字服务合同指令》第14.2条)。损害赔偿的规定引人注目,在于两个原因:

首先,它确立了有关损害赔偿的规则,而作为一般规则的消费者法指令并没有规定这种救济措施,而是留给成员国的国内法处理。[53] 例如,《在线销售指令》将消费者因商品不符合合同约定而获得损害赔偿的权利完全留给成员国国内法自行规定(《在线销售指令》第1.4条)。

此外,更重要的是,指令中关于损害赔偿的规定,将损害赔偿权

---

[51] V. Mak (2016, p.24).
[52] European Law Institute (2016, p.6).
[53] V. Mak (2016, p.27).

限制于消费者在数字环境[54]中遭受的损失(《数字内容和数字服务合同指令》第14.1条)。由于指令的完全统一适用,这一条款的解释引发了严重争议。这个规则是否会阻碍成员国制定或维持相关规则,以使其他种类损失也可获得损害赔偿,例如针对其他财产损失、人身伤害和痛苦、折磨的损害赔偿? 又如,如果消费者因为导航云服务存在缺陷而在事故中受伤,他/她是否有权要求赔偿这些伤害呢?[55] 还是说,只有数字消费者在硬件和数字内容方面受到的损害,才可以得到赔偿?

限制消费者的损害赔偿权利会削弱对他们的保护。因此,最适当的解释是,《数字内容和数字服务合同指令》不影响成员国在国内法制定或维持有关损害赔偿权利的规定[56]。更重要的是,这项"权利……必须已经以一种或另一种形式存在于几乎每个成员国中"[57]。因此,该指令应明确指出,根据成员国国内法提出的损害赔偿要求不会受到任何限制[58]。

(4)排除消费者因数字内容轻微缺陷而终止合同的权利

与《在线销售指令》相比,《数字内容和数字服务合同指令》不承认消费者因数字内容存在轻微缺陷而终止合同的权利。相反,终止合同的权利仅限于数字内容不符合合同规定或不可能符合合同规定,并且该不符合合同规定的情形会损害数字内容主要性能特征的情况[59]。根据《数字内容和数字服务合同指令》第12.5条,它们包括数字内容的"功能、互操作性和其他主要性能特征……例如其可访问性、持续性和安全性"。在这种情况下,供应商需要承担举证

---

[54] 根据DCD第2条第8款,"数字环境"指"硬件、数字内容和任何网络连接,只要它们在用户的控制之下"。

[55] European Law Institute (2016, p.32).

[56] V. Mak (2016, p.28).

[57] H. Beale (2016a, p.24).

[58] 在这方面,参见 Council of the European Union (2016, p.9) 和 European Law Institute (2016, p.6)。

[59] DCD序言第37条。

责任(《数字内容和数字服务合同指令》第 12.5 条)。

(5)消费者终止合同的法律后果

关于合同终止产生的法律后果,考虑到合同中数字内容的特殊性,《数字内容和数字服务合同指令》制定了规范恢复效力的具体规则;因此,一些数字内容不能被退回(如从互联网下载的电影),除金钱给付外的其他对待给付也不能逆转。[60] 拟议指令规定了各方在合同终止时的义务:

①供应商必须在 14 日内退还价款(《数字内容和数字服务合同指令》第 13 条第 2 款第 a 项),如果对待给付的标的物是数据,则供应商必须避免再使用(《数字内容和数字服务合同指令》第 13 条第 2 款第 b 项)。[61] 此外,供应商应确保消费者提供的数据以及消费者在使用数字内容过程中产生或生成的任何数据具有可转移性。[62]

②消费者应同意在合同终止后删除数字内容或者使其不可理解以避免使用数字内容(《数字内容和数字服务合同指令》第 13 条第 2 款第 d 项和第 e 项)。如果是通过持久媒介提供的数字内容,根据供应商的要求,消费者应在 14 日内退回该媒介,并由供应商承担退回费用(《数字内容和数字服务合同指令》第 13 条第 2 款第 d 项和第 e 项)。

(6)在供应商对不合格产品的责任和举证责任的倒置方面缺乏时间限制

最后,还值得注意的是,指令在供应商对不合约产品的责任和举证责任倒置方面缺乏时间限制。

---

〔60〕 V. Mak (2016, p. 25).

〔61〕 这意味着,根据 DCD 序言第 37 条,"供应商应采取一切措施遵守数据保护规则,包括删除数据或以某种方式使供应商或任何其他人无法通过可能使用的任何手段识别消费者,以使数据匿名化"。

〔62〕 "消费者有权在合理的时间内,以常用数据格式免费检索内容,并且没有明显的不便",参见 DCD 第 13 条第 2 款第 c 项。

与《在线销售指令》不同,《数字内容和数字服务合同指令》没有规定数字内容提供时供应商对存在的任何不符合同规定情形承担责任的期限。理由在于,数字内容不会被磨损,并且通常在一段时间内(持续)提供。[63] 然而,基于数字内容缺乏适约性的索赔可能会受到各成员国内法规定的诉讼时效限制。

关于缺乏适约性预先存在的推定(presumption of the pre-existence of the lack of conformity),《数字内容和数字服务合同指令》规定了供应商对数字内容的适约性承担举证责任,且不受任何时间限制(《数字内容和数字服务合同指令》第9.1条)。鉴于数字内容的特殊性和高度复杂性,指令考虑到供应商应当比消费者更了解缺乏适约性的原因。[64] 在例外情况下,消费者有责任举证证明数字内容不符合同的情形预先存在,即当消费者的数字环境与数字内容的互操作性和其他技术要求不兼容,并且供应商事先已经告知消费者这些要求(《数字内容和数字服务合同指令》第9.2条)。

供应商责任缺少时间限制的问题已受到批评。有人认为,尽管这条规则一开始可能看似符合消费者的利益,但在实践中最终可能会在很大程度上限制指令对他们的效用。成员国可以通过设立非常短的时限来限制消费者在数字内容不符合合同时的索赔权利。此外,成员国内存在不同的时限将会对跨境贸易构成障碍,这完全违背了指令的目的。因此,修改提案中的这一点似乎是明智的,对于供应商在数字内容不符合同时承担的责任,指令应设定一个最低限制期间。[65]

---

〔63〕 DCD 序言第 43 条。
〔64〕 DCD 序言第 32 条。
〔65〕 在这方面,参见 European Law Institute (2016, p. 33), V. Mak (2016, pp. 19 and 28) 和 S. Cámara Lapuente (2016, pp. 44 – 47)。

(四)结论

本文第二部分的主要结论如下。

《在线销售指令》对《消费者商品和担保指令》进行了一些改进和阐释,这些改进和阐释将提高或维持大多数成员国当前的消费者保护水平:

——它全面协调了商品的适约性标准和消费者针对商品缺乏适约性的救济措施的层次结构;

——明确承认消费者有权中止支付任何未付货款;

——它规定了消费者在商品存在轻微瑕疵时终止合同的权利,并明确了有关合同终止后果的一些规则;

——对商品不合约的推定期限延长至2年;

——取消了要求消费者自发现缺陷一定时间内通知(卖方)的选择。

然而,在一些成员国中,《在线销售指令》无疑会导致现有消费者保护水平的降低,主要是因为该提案不允许消费者在未请求修理和更换的情况下立即终止合同,并且它将卖方对商品不符合同承担责任的法定期限完全统一为两年。

《数字内容和数字服务合同指令》对适约性以及数字内容未能提供和不符合要求时的补救措施的规定也产生了一些重大问题:

——在评估数字内容适约性时,合同条款优先于客观标准的指令规定需要再商榷。这样的规定会削弱对消费者的保护,因为它最终可能导致数字内容供应商对消费者

适用非常弱的适约性要求;

——根据《在线销售指令》,需要赋予消费者在供应商使数字内容合约之前拒绝支付价格的权利;

——应当澄清的是,根据(成员国)国内法提出的损害赔偿要求不仅限于数字消费者环境中的损害;

——最后,为了避免过短的期限对消费者产生不利后果并避免构成对跨境贸易的障碍,建议明确供应商对数字内容不合约承担责任的最短期限。

十三、数字内容或数字服务客观适约性要求的偏离：使用评估

[拉脱维亚]瓦迪姆·曼特洛夫　简尼斯－卡克林斯
伊雷娜－巴尔卡内　赞达－戴维达
萨尔维斯－卡克利斯
克里斯塔普斯－西利奥诺夫斯[*]

目前,欧洲联盟(欧盟)正在对包括消费者保

---

[*] 瓦迪姆·曼特洛夫(Dr. iur. Vadim Mantrov),拉脱维亚大学法学院民法学系讲师、法律科学研究所所长;简尼斯－卡克林斯(Dr. iur. Janis Karklins),拉脱维亚大学法学院教授、研究员;伊雷娜－巴尔卡内(Dr. iur. Irena Barkane),拉脱维亚大学法学院讲师兼研究员;赞达－戴维达(Dr. iur. cand. Zanda Davida),拉脱维亚大学法学院;萨尔维斯－卡克利斯(Salvis Karklis),拉脱维亚大学法学院;克里斯塔普斯－西利奥诺夫斯(Kristaps Silionovs),拉脱维亚大学法学院。原文载于《知识产权、信息技术和电子商务杂志》2022年第13期3卷,第323—338页。本文所呈现的研究由拉脱维亚科学委员会资助的"在数字和数据时代加强对消费者的高水平保护:将新消费者销售指令纳入拉脱维亚法律体系"项目(项目标号:lzp－2020/2－0265)下的基础与应用研究计划项目资助。本译文介绍了《数字内容和数字服务合同指令》第8条第5款规定在满足某些先决条件的基础上允许对适约性客观要求进行偏离。其后分别从偏离的六个先决条件、对线上合同展开分析、论述这种偏离未削弱对消费者的保护几个角度展开。为欧盟消费者保护提供更多的思路,也为我国数字内容和数字服务的合同发展带来一定的思考。

护法在内的不同法律领域采取重大措施,以实施数字单一市场战略,进而确保内部市场在现代经济中平稳有效运行。欧盟《数字内容和数字服务合同指令》的新政策就经营者和消费者之间关于数字内容或者数字服务供应合同的要求制定了共同规则。与此同时,该指令还允许满足指令第8条第5款明确规定的某些先决条件的基础之上,数字内容或数字服务客观适约性要求有所偏离。本文旨在结合实践中可能出现的典型案例,讨论使用这种偏离的可能性,并对发生偏离的先决条件进行批判性评估。首先,讨论为偏离适约性客观要求提供了可能性适用的条例规范。其次,根据适用条例规范下允许和不允许偏离的实例,对使用偏离的每个先决条件进行批判性评估。此外,考虑到这些先决条件的讨论,还分析了提供数字内容或者数字服务的常用形式,因为偏离数字内容或者数字服务适约性客观要求的情况最常出现在在线合同之中。最后,总结本文的讨论。

(一)引言

欧盟委员会(EC)宣布了其数字单一市场战略[1],该战略影响到包括消费者保护法、商业法[2]和著作权法(即版权)[3]等欧盟

---

[1] European Commission, 'A Digital Single Market Strategy for Europe' (Communication from the Commission to the European Parliament, the Council, the European Economic and Social Committee and the Committee of the Regions) COM(2015) 192 final < https://eur-lex. europa. eu/legalcontent/EN/TXT/? uri = celex%3A52015DC0192 > accessed 11 November 2021.

[2] European Parliament and Council Directive (EU) 2019/1151 of 20 June 2019 amending Directive (EU) 2017/1132 as regards the use of digital tools and processes in company law [2019] OJ L186/80.

[3] European Parliament and Council Directive (EU) 2019/790 of 17 April 2019 on copyright and related rights in the Digital Single Market and amending Directives 96/9/EC and 2001/29/EC [2019] OJ L130/92.

(EU)法律管辖的不同领域。就消费者保护法而言,为了改进现行法规,从 1999 年通过的《消费者商品和担保指令》[4]提案开始,欧洲立法机构就对消费品销售领域规范进行了重大修订。与此同时,欧盟立法者还考虑制定一项关于数字内容和数字服务供应的新法规。这项改革使得欧盟在 2019 年通过了两项新指令,旨在保护消费者在特定事项上的权利,即 2019 年的《消费者商品和担保指令》(CSD)[5]以及 2019 年的《数字内容和数字服务合同指令》(DCD)。[6] 这两项指令的目的是在现代经济和电子商务中,在买卖合同或者数字内容、数字服务供应合同方面,为消费者在签订和履行环节提供更好的保护。正如欧盟委员会明确承认的,"提案的一般目标是(通过这些指令。——作者注)通过创造一个真正的数字单一市场,带来更快发展的机遇,从而使得消费者和企业都能从中受益"[7]。此外,消费者法仍然侧重于保护消费品的最终购买者,现在有必要将其调整为一个保护各种类型货物和服务的用户(通常是长期用户)的体系,尤其是与数字内容有关的用户。[8]

《数字内容和数字服务合同指令》引入了一系列数字内容或数

---

[4] European Parliament and Council Directive 1999/44/EC of 25 May 1999 on certain aspects of the sale of consumer goods and associated guarantees [1999] OJ L171/12 (CSD 1999).

[5] European Parliament and Council Directive (EU) 2019/771 of 20 May 2019 on certain aspects concerning contracts for the sale of goods, amending Regulation (EU) 2017/2394 and Directive 2009/22/EC, and repealing Directive 1999/44/EC [2019] OJ L136/28 (CSD 2019).

[6] European Parliament and Council Directive (EU) 2019/770 of 20 May 2019 on certain aspects concerning contracts for the supply of digital content and digital services [2019] OJ L136/1 (DCD).

[7] European Parliament and Council, 'Proposal for a Directive on certain aspects concerning contracts for the online and other distance sales of goods' COM (2015) 635 final, chapter 1.

[8] MonikaJagielska, Monika Namyslowska, Aneta Wiewiorowska-Domagalska, 'The Changing Nature of the Consumer inthe Digital Reality' in Dariusz Szostek and Mariusz Zalucki (eds), Internet and New Technologies Law (Nomos 2021) 46–47.

字服务应当满足适约性的客观和主观标准清单。[9] 同时,《数字内容和数字服务合同指令》允许经营者偏离履行合同一致性的义务。然而,在《数字内容和数字服务合同指令》中欧盟允许偏离客观适约性的政策要求满足某些先决条件。通过宣布"确保足够灵活性"[10]的必要性,欧盟立法机构明确允许这种偏离。这种偏离要满足《数字内容和数字服务合同指令》第 8 条第 5 款规定的先决条件,下文将讨论这些先决条件的制定方式。

有趣的是,欧盟委员会最终并没有将上述规定纳入指令提案。在欧盟委员会将其转交给理事会之后,上述规定才被引入提案文本中。缺乏该规定被认为是提案表述上的一个缺陷。因此,有人建议对提案进行补充,允许缔约各方就提供不符合通常标准的数字内容或者数字服务达成一致意见。[11] 到后来,《数字内容和数字服务合同指令》第 8 条第 5 款得以通过,允许偏离客观要求。其措辞受到其他两项指令提案的启发,即《在俄销售指令》(OSD)第 4 条第 3 款和《欧洲共同销售指令提案》第 99 条第 3 款。[12] 同样,《数字内容和数字服务合同指令》第 8 条第 5 款的措辞与之前 1999 年《消费者商品和担保指令》的规定相似(尽管 1999 年《消费者商品和担保指令》并不熟悉数字内容或者数字服务,因此也没有对数字内容或者数字服务本身进行规范);也存在这样一种可能,即如果消费者知道(所提供的商品或服务)将不符合合同约定,就不能把责任归咎

---

[9] 《关于提供数字内容和数字服务第 2019/770 号指令》第 7—8 条。同样也适用于消费品销售(2019 年《消费者商品买卖担保指令》第 6—7 条)。

[10] 《关于提供数字内容和数字服务第 2019/770 号指令》序言第 49 条。同样也适用于消费品销售(2019 年《关于消费者商品买卖及其担保的某些方面的指令》序言第 36 条)。

[11] European Law Institute, 'Statement of the European Law Institute on the European Commission's Proposed Directive on the Supply of Digital Content to Consumers' (2016) 19. < https://www. europeanlawinstitute. eu/fileadmin/user _ upload/peli/Publications/ELIStatementon_DCD. pdf. > accessed 19 November 2021.

[12] Reiner Schulze, Dirk Staudenmayer, EU Digital Law:Articleby – Article Commentary (Hart Publishing, Beck, Nomos 2020)164.

于卖方。[13] 1999年《消费者商品和担保指令》是基于这样一种假设,即确保适约性的义务不可被轻易背离。在这方面,1999年《消费者商品和担保指令》本身规定,限制或者放弃赋予消费者的权利"也应当适用于暗示消费者在订立合同之时就已经知道消费品不符合合同约定的条款"[14]。因此,1999年《消费者商品和担保指令》第2条第3款以类似《数字内容和数字服务合同指令》第8条第5款的方式,规定了:就本条而言,如果订立合同时,消费者知道或者应当知道存在与合同约定不符的情况,或者与合同约定不符的情况是源于消费者提供的原材料,那么不应当认为存在与合同约定不符的情况。

因此,1999年《消费者商品和担保指令》和《数字内容和数字服务合同指令》之间的比较表明,自1999年起欧盟立法机构的政策已经允许购买的商品背离客观适约性要求,这就意味着《数字内容和数字服务合同指令》的立法目的不在于削弱对消费者的保护。《数字内容和数字服务合同指令》的不同之处在于它规范数字内容和数字服务,其性质不同于有形商品。

因此,本文旨在对偏离适约性客观标准的先决条件进行全面分析,并对在线购买协议进行分析(因为偏离数字内容或者数字服务适约性客观要求的情况最常见于在线形式)。最后,本文就《数字内容和数字服务合同指令》第8条第5款的适用是否可能削弱对消费者权利的保护得出结论。为了回答上述问题并提供分析,文章比较了不同作者在法律文献中表达的观点,同时提出了作者自己对所分析问题的看法。

---

[13] 1999年《消费者商品买卖担保指令》第2条第3款。
[14] 同上,序言部分第22条。

(二)允许偏离适约性客观要求的先决条件概述

《数字内容和数字服务合同指令》本身规定了某些先决条件,从而允许偏离(法律文献中的豁免)[15]客观适约性要求。事实上,如前所述,《数字内容和数字服务合同指令》第 8 条第 5 款(与《数字内容和数字服务合同指令》序言第 49 条一并解读)规定了这种偏离的可能性:如果在订立合同时,消费者已经被明确告知数字内容或者数字服务的某一特性偏离了第 1 款或者第 2 款规定的客观适约性要求,而且消费者在订立合同时明确单独地接受这一偏离,那么就不存在第 1 款或者第 2 款意义上的不符合合同约定的情况。

《数字内容和数字服务合同指令》第 8 条第 5 款包含六项先决条件,这些先决条件可以从该条款本身推断出来,并构成适用偏离客观要求的依据。该条款明确规定这些先决条件应当被同时满足。然而,该条款的问题是欠缺先决条件的内容。因此,对这些先决条件的解释大多应根据其与指令中其他条款的相互关系来进行,其与指令序言的相互关系最为重要。一般来说,证明满足这些先决条件的举证责任应当由商家承担。[16]正如欧洲消费者法文献所指出的,这些先决条件应当单独逐一考虑。[17]因此,本文作者对这些先决条件进行了批判性的思考,同时引用实际发生的典型案例讨论这些先决条件的实际意义。

1. 偏离可能仅与客观要求有关

可能出现的偏离也许只涉及数字内容或者数字服务适约性的

---

[15] Schulze, Staudenmayer(n 12)162 – 168.
[16] Schulze, Staudenmayer(n 12)164. 见下文第 2.2 章节的进一步讨论。
[17] 同上,第 164—167 页。

客观要求。欧洲合同法首次对主观标准和客观标准进行了区分。[18] 对这种区分正当性的论证超出了本文的讨论范围,我们只须指出,这种区分在欧洲法律文献中已经受到了批评。[19]《数字内容和数字服务合同指令》本身明确提出了这一条件,即只允许偏离客观适约性要求。事实上,《数字内容和数字服务合同指令》第8条第5款规定了:"如果……则不存在第1款或第2款所指的不符合合同情形。"施加这样一个条件的理由是显而易见的。客观适约性要求基于理解消费者对特定类型数字内容或者数字服务的合理预期(包括考量对数字内容或者数字服务所必须具备的特征的法律认识)而产生。例如,有法律文献认为,消费者购买了可以与家人分享的数字内容或者数字服务(如访问 Netflix 流媒体平台),消费者可以合理地期待也能够与朋友分享。[20] 卖家禁止消费者与朋友分享数字内容或者数字服务,应当被视为偏离了客观适约性(因为这种禁止缺乏合理的正当性)。[21] 这意味着数字内容或数字服务:必须具有预期的质量和性能,同时考量商家或者交易链条中的其他人所作的公开声明;必须附有适当的附件和说明;必须与商家提供给消费者的(而且假定消费者在订立合同前已经实际检验过的)任何试用版或者预览版相一致。[22] 可以看出,《数字内容和数字服务合同指令》对适约性客观要求采取了不同程度的概括规定,并有成功的

---

[18] Danislle Op Heij 'The Digital Content Contract in a B2C Legal Relationship from a European Consumer Protection Perspective'(2022)11(2)EuCML 53,57.

[19] Reiner Schulze and Fryderyk Zoll, European ContractLaw(3rd edn, Nomos Verlagsgesellschaft 2021)49.

[20] Karin Sein, Liliia Oprysk, 'Limitations in end-user licensing agreements: is there a lack of conformity under the new Digital Content Directive?'(2020)51(5)IIC 594,615.

[21] 同上,第606页。

[22] Hugh Beale, 'Digital Content Directive and Rules for Contracts on Continuous Supply'(2021)12(2)JIPITEC 96,97-98 <https://wwwjipitec.eu/issues/jipitec-12-2-2021/at-download/CompleteIssue> accessed 1 December 2021.

验证。这使得一些学者质疑确定客观要求的简单程度。[23]

尽管如此,如果消费者知道数字内容或者数字服务不符合合同约定,合同双方就有可能偏离法定标准(即客观适约性要求)。正如人们指出的那样,这种偏离可能性建立在诚信原则基础之上,如果消费者在订立合同之时就知道(商品或服务)与合同不符的情况,则商家不承担责任。[24]

例如,其中一项客观要求要求,数字内容或数字服务的数量、质量和性能特征,包括功能性、兼容性、可访问性、连续性和安全性方面,必须与同类数字内容或者数字服务正常的和消费者可合理预期的数量、质量和性能特征相当。[25] 假设消费者签约购买了一款在消费者手机市场上销售的手机视频游戏,但是在下载游戏之时,消费者发现游戏仅与某些手机型号兼容,其中不包括该消费者的手机型号。这种偏离意味着数字内容的兼容性是其"质量和性能特征"之一。

然而,由于该条规定源自"如果……则不存在第 1 款或第 2 款所指的不符合合同情形"这一短句,潜在的偏离不能涉及适约性客观要求(《数字内容和数字服务合同指令》的第 8 条第 1 款和第 2 款)以外的指令规定。例如,不能在提及的特定情况(《数字内容和数字服务合同指令》第 8 条第 3 款)之外,对所有未安装更新的情形适用这种偏离。上述特定情况是指商家的责任(《数字内容和数字服务合同指令》第 9 条[26])、举证责任(《数字内容和数字服务合同指令》第 10 条)或者救济措施(《数字内容和数字服务合同指令》第 13—14 条)。

---

[23] Paula Giliker 'Legislating on contracts for the supply of digital content and services: an EU/UK/Irish divide?' (2021) 2021(2) Journal of Business Law 143, 146.

[24] Schulze, Staudenmayer (n 12) 162.

[25] 《数字内容和数字服务合同指令》第 8 条第 1 款第 b 项。

[26] Schulze, Staudenmayer (n 12) 162.

同样地，也不允许偏离数据保护的要求。如果消费者向商家提供了个人数据，商家应当遵守《通用数据保护条例》(GDPR)所规定的义务。[27] 在消费者支付价款并提供个人数据的情况下，商家应当遵守这些义务。[28] 欧盟数据保护法应当完全适用于对《数字内容和数字服务合同指令》范围内任何交易的相关个人数据的处理。[29] 根据欧盟《企业社会责任尽职调查指令》(CSDD)第3条第8款，如果该指令规定与欧盟有关个人数据保护的法律相冲突，则以欧盟法律为准。

数字内容或者数字服务不符合主观或者客观的适约性要求，根据具体情况，也可能导致其不符合《通用数据保护条例》规定的要求，包括核心原则，如数据最小化需求、设计中的数据保护和默认数据保护。[30] 即使消费者没有支付费用，但向商家提供了个人数据，根据《数字内容和数字服务合同指令》第3条第1款，允许消费者援引CSDD规定的权利和救济措施，在(经营者/商家)未能提供或者提供不符合合同约定的明确规定到数字服务或者数字内容的情况下，消费者也能够继续采取相应的救济措施。[31]

应当补充的是，讨论上述先决条件的前提是偏离不应当包括适约性主观要求，因为主观要求取决于合同本身。因此，没有必要根

---

〔27〕 European Parliament and Council Regulation (EU) 2016/679 of 27 April 2016 on the protection of natural persons with regard to the processing of personal data and on the free movement of such data, and repealing Directive 95/46/EC [2016], OJ L119/1 (General Data Protection Regulation).

〔28〕 同上，序言部分第69条。

〔29〕 Dominik Lubasz, Zanda Davida, 'Consumer Personal Data as a Payment – Implementation of Digital Content Directive in Poland and Latvia' (New Legal Reality: Challenges and Perspectives II, the 8th International Scientific Conference of the Faculty of Law of the University of Latvia, University of Latvia Press 2022) 521, 528 <https://www.apgads.lu.lv/konferencu-krajumi/new-legal-reality-challenges-andperspectives-ii> accessed 11 May 2022.

〔30〕 《通用数据保护条例》序言第48条。

〔31〕 同上，序言第24条。

据合同双方的协议而偏离合同条款。因此,有观点认为,可以在合同本身中就预见到任何偏离主观适约性的标准。[32]

2. 消费者必须被"明确告知"(Specifically informed)偏离情况

《数字内容和数字服务合同指令》还规定了这样的先决条件,即只有在"消费者被明确告知"有偏离的情况下(《数字内容和数字服务合同指令》第8条第5款),才允许卖方偏离客观适约性要求。

将这一条件的表述与以前的指令草案(即委员会关于《在线销售指令》的草案第4条第3款和《欧洲共同销售法》第99条第3款)进行比较,可以得出的结论是这一条件并非欧盟法律的新规定。不过,通过比较上述指令提案的表述,可以看出其中略有不同:知情标准——"消费者知道具体情况"——修改为"告知消费者"。因此,"明确告知消费者"这一标准应当解释为商家必须主动以足够明确和透明的方式提请消费者注意有关信息。一个常见的例子就是,合同中包含一个说明偏离情况的条款(尽管该条款应当被单独接受,详见下文)。

因此,在消费者需要主动搜索信息的情况下,例如信息是在一个包含在其他超链接的超链接中,或者消费者需要在网站[33]上滚动和搜索该超链接,抑或在购买数字内容或者数字服务的框架协议中将同意作为合同条款(本文稍后讨论),则不符合这一标准。

学者们支持这样的观点,即只有在积极、直接地提请消费者注意有关具体偏离信息的情况下,才能符合《数字内容和数字服务合同指令》第8条第5款的规定,因此只有超链接是不够的。同样地,仅在商家的格式条款和条件中提及权利人的最终用户许可协议

---

[32] Schulze, Staudenmayer (n 12) 163.

[33] Schulze, Staudenmayer (n 12) 164.

(end-user licence agreement)也是不够的。[34] 众所周知,消费者在订立合同之前,不大可能查看冗长的条款和条件,更不用说仔细阅读了。不应当指望消费者通过阅读合同细则(Small print of the contract)来了解明示条款是否限定或者限制了商家的"客观"适约义务[35];相反,应当充分明确和透明地告知消费者每项偏离的情况。

在这方面,我们可以借鉴《关于保护远程合同消费者的第97/7/EC号指令》第5条第1款的规定,因为该条规定了依据有关远程合同的相关欧盟法律,信息何时被视为已经传达给消费者。[36] 在解释该条款之时,欧盟法院在"Content Service Ltd v. Bundesarbeitskammer"(C-49/11号案件)一案中指出,如果卖方网站上的信息仅通过发送给消费者链接使之获取,那么根据《关于保护远程合同消费者的第97/7/EC号指令》第5条第1款的含义,该信息既未"给予"消费者,也未被该消费者"接收"。[37]

但应当注意的是,《数字内容和数字服务合同指令》第8条第5款并没有明确规定卖方本身有义务告知消费者(有关偏离的信

---

[34] Gerald Spindler, 'Digital Content Directive And Copyrightrelated Aspects' (2021) 12(2) JIPITEC 111, 129 < https://www.jipitec.eu/issues/jipitec-12-2-2021/at download/CompleteIssue > accessed 1 December 2021.

[35] Hugh Beale, 'Scope of application and general approach of the new rules for contracts in the digital environment. In-depth analysis' (2015) Directorate General for Internal Policies. Policy Department C: Citizens Rights and Constitutional Affairs. Legal Affairs. Study commissioned at the request of the European Parliament's Committee on Legal Affairs (JURI) < http://www.epgencms.europarl.europa.eu/cmsdata/upload/4a1651c4-db0-4142-9580-89b47010ae9f/pe_536.493_print.pdf > accessed 25 December 2021.

[36] 《关于保护远程合同消费者的第97/7/EC号指令》(《第97/7号指令》)第5条第1款规定"消费者必须在合同履行过程中及时收到第4条第1款第a项至第f项所述信息的书面确认或者其他持久媒介的确认,如果不涉及向第三人交付货物,最迟应当在交货时收到,除非该信息已经在合同订立之前以书面形式或者其他持久媒介提供给消费者。无论如何,必须提供以下信息:……"

[37] Case C-49/11 Content Services Ltd v Bundesarbeitskammer [2012] ECLI:EU:C:2012:419, para 37.

息)。正如法律文献中所论证的那样,鉴于数字内容及其传播的性质,如果由第三方提供有关偏离的信息,那卖方没有进行告知似乎并不违反该条规定。[38] 例如,消费者可以在二手市场的数字应用软件发布网页访问数字内容,而实际上消费者通过访问数字内容主要提供者的网页了解到相关数字内容(如照片校正应用软件),如果后者网页在显示二手市场零售网页之前,明确告知了消费者数字内容不符合适约性客观要求,那么在这种情况下就应得出消费者被"明确告知"数字内容不具有适约性这一恰当结论。然而,在类似情况下,如果第三方告知消费者(商品或服务)不符合合同要求的情况,那么可以预见,商家很难证明这样的信息是由第三方提供的。同时,第三方提供的不符合合同的信息不应当与即将讨论的下一条标准相抵触。

还应当提及的是,根据正在讨论的条款(《数字内容和数字服务合同指令》序言第49条和第53条的最后一句),如果消费者是主动或者以其他方式(例如通过社交媒体或者互联网社区中流传的信息)了解到某一偏离,则该条款可能不适用。例如,一个广受欢迎并且其博客内容被广泛引用的博客的作者讲解某一软件程序与某一操作系统不兼容。这意味着消费者可能知道该数字内容在兼容性方面偏离了适约性客观要求。即使卖家能证明消费者知道或者本应知道该博客内容,也不足以满足"明确告知"标准,因为这方面的积极知情(来自商家提供的信息)是必要的——像1999年《消费者商品和担保指令》[39]那样不严格的知情变化被认为是不够的。[40]

---

[38] Schulze, Staudenmayer (n 12) 164.
[39] 《消费者商品和担保指令》第2条第3款规定,如果在签订合同之时,消费者知道或者不应当不知道不符合合同的情形,或者不符合合同的情形是因为消费者提供的材料导致的,则就本条而言,不应当视为不符合合同的情形。
[40] Schulze, Staudenmayer (n 12) 164.

不同于某些指令规定了向消费者提供信息的具体形式,[41]《数字内容和数字服务合同指令》没有规定在告知消费者时(商家/经营者应当)采用的具体形式,因此只要满足《数字内容和数字服务合同指令》第 8 条第 5 款的先决条件,商家就可以自行选择。

3. 必须在不迟于签订合同时提供有关偏离情况的信息

另一个先决条件涉及消费者应在何时被告知偏离情况。《数字内容和数字服务合同指令》要求卖家在"订立……合同时"将偏离情况告知消费者。(《数字内容和数字服务合同指令》第 8 条第 5 款)。从该条款可以看出,商家必须在订立合同时告知消费者偏离情况。满足这一条件的方式通常是商家向消费者提供一份单独的声明,对偏离情况作出解释。"在订立……合同时"的措辞表明,消费者在表示同意签订合同时必须被告知具体偏离情况。

但问题是,是否允许在签订合同之前告知消费者。某些法律文献认为这个问题的答案是否定的,因为合同签订之前的信息不能作为已经向消费者提供偏离信息的依据,消费者必须"在订立合同之时,而不是订立合同之前"被告知偏离情况。[42] 这一观点很难被认为是合理的。《数字内容和数字服务合同指令》本身允许商家"在订立合同之前"将偏离情况告知消费者,论据主要有两个。首先,《数字内容和数字服务合同指令》序言第 53 条最后一句明确允许在订立合同之前向消费者提供有关偏离情况的信息。该条款的表述并非一个印刷错误,因为不同语言版本(如英语、托拉维亚语、波兰

---

〔41〕 例如,2008 年《消费者信贷指令》(欧洲委员会第 2008/48 号指令)附件 2 包含了提供具体合同前信息必须遵循的格式。参见欧洲议会和理事会 2008 年 4 月 23 日关于消费者信贷协议的《第 2008/48 号指令》,并废除了《第 87/102/EEC 号理事会指令》[2008] OJ L133/66。

〔42〕 Schulze, Staudenmayer (n 12) 165.

语、德语）[43]中都有相同的表述。其次，《数字内容和数字服务合同指令》第 8 条第 5 款本身的措辞"在订立合同时，消费者被明确告知了"并不禁止在订立合同前告知消费者。换言之，《数字内容和数字服务合同指令》第 8 条第 5 款仅仅规定，消费者被明确告知的时间不应晚于合同订立时间。

此外，如前所述，该先决条件允许从第三方接收信息，这明确表明了是可以在订立合同之前将偏离情况通知消费者的。同样，有关偏离情况的信息也可以涵盖在提交给消费者的前合同信息中，因为这些信息构成了合同的一部分。如果商家在消费者签订合同之前（例如，在消费者提供信用卡数据或者按下"购买"按键完成协议签订之前）向消费者发送电子邮件，明确告知消费者偏离情况，则可以说商家履行了告知义务。因此，作者们认为《数字内容和数字服务合同指令》第 8 条第 5 款必须从广义的角度理解，而不仅局限于要求在订立合同之时提供信息。

与此同时，订立合同之前告知消费者偏离的信息不会被当作商家操纵消费者选择或者认识的工具，因为允许偏离客观要求的其他先决条件仍然适用。举例来说，如果消费者多年前就知道某项偏离客观要求的情况，而且商家可以通过网页服务器打印输出等方式证明，此时商家能否宣称其已经将偏离情况适当地告知消费者是存疑的。

---

[43] 例如，《数字内容和数字服务合同指令》序言第 53 条最后一句的英文版本规定："只有满足了本指令规定的减损适约性客观要求的条件，即只有在签订合同之前，商家明确告知消费者数字内容或者数字服务的某一特性偏离了适约性的客观要求……商家才能免除责任。"拉脱维亚版本中的同一句话规定"商家只有在符合指令中规定的适约性客观要求……之时，商家才能免除责任，即明确告知客户数字内容或者数字服务可免除的适约性客观要求……"在波兰语中，"企业家只有在满足以下条件的情况下才能免除责任，允许偏本指令规定的适约性的客观要求，即只有在签订合同之前，企业家明确告知消费者数字内容或服务的某一特性偏离了本指令的规定……"在德语中，"只有在符合本指令规定的减损合同公平性客观要求的条件之时，商家才能免除责任。这意味在合同订立之前，商家必须告知消费者数字内容或者数字服务的某一特性偏离了本指令的客观要求……"

4. 必须被指明的"特定特征"

《数字内容和数字服务合同指令》采用具体信息路径,而不是针对受偏离影响的数字内容或者数字服务特征的一般信息路径。因此,该指令要求"消费者被明确告知商品的某一特定特征偏离了客观适约性要求"(《数字内容和数字服务合同指令》第 8 条第 5 款)。"某一特定特征"这一条件的基本原理是防止商家引入某一项或者一系列一般的偏离。例如,此时合同可以规定,商家不对任何不符合合同约定的情况负责,或者商家不对任何与现有操作系统或者设备不兼容的情况负责。因此,这些条款和类似条款将与"某一特定特征"的概念相矛盾,并违反《数字内容和数字服务合同指令》。因此,正如某些法律文献所言,如果商家明确提及与客观要求的偏离,但是没有具体指明相关特征,也是不够的。[44]

同样,商家简略描述数字内容或者数字服务的相关特征也是不够的。根据《数字内容和数字服务合同指令》第 8 条第 5 款(以及《数字内容和数字服务合同指令》序言第 49 条和第 53 条),消费者必须能够理解这一特征的含义,并且能够利用这一信息作出合理和审慎的决定,以缔结合同关系。因此,商家提供的信息应当说明数字内容或者数字服务的某一特定特征偏离了客观适约性要求。消费者必须清楚地知道,之所以提到这一特征,是因为该数字内容或者数字服务没有达到预期的标准。[45]

因此,合同条款必须列出,被偏离的数字内容或者数字服务的特定特征。例如,合同条款规定某款电子游戏或者软件程序只能在平板电脑或者其他设备上使用。此外,有些应用程序只能在特定操作系统中运行,例如可以在 macOS 操作系统的计算机上运行,而无

---

[44] Schulze, Staudenmayer(n 12)165.

[45] Schulze, Staudenmayer(n 12)164.

法在 windows 的计算机上轻松地运行。例如,视频编辑应用程序 Final Cut Pro 被指定仅在 macOS 操作系统上运行,最低要求操作系统版本为 macOS11.5.1("macOS11.5.1 或者更新版本")。在这种情况下,商家必须充分说明该应用程序与特定计算机操作系统兼容。同时,此示例还强调了特定情况。也就是说,如果数字内容或者数字服务只是部分偏离了客观要求,那么剩下部分的数字内容或者数字服务必须符合客观要求。例如,商家告知消费者软件程序只能在特定操作系统下运行,如使用安卓系统的智能手机。这种情况意味着,如果软件程序被用于基于安卓系统运行的智能手机,那么所提供的软件程序必须符合合同的客观适约性(以及主观)要求。但如果消费者使用的智能手机采用不同的操作程序或者在其他设备中使用该软件程序,则这种使用需要接受对适约性客观要求的偏离。

5. 消费者必须明示地接受该偏离

最后两个先决条件是消费者明示地、单独地接受该偏离。这些先决条件源于《数字内容和数字服务合同指令》第 8 条第 5 款中"消费者明示地、单独地接受该偏离"一句,其实质上包含了这样一个原则,即对客观适约性要求的任何偏离都需要商家和消费者达成一致(而不仅是要求商家单方面将该偏离告知消费者)。此外,正如下文将进一步说明的,单独和明示接受的先决条件实际上意味着这种一致须经一种限定形式的同意,这就排除了目前通过普遍采用的协议形式(如所谓的拆封完成、盒装包装、浏览包装和签收包装协议)获得(消费者)同意的可能性。

"明示接受"这一先决条件应当结合《数字内容和数字服务合同指令》序言第 49 条进行解释,根据该条规定,消费者必须通过积极和明确的行为接受该偏离。法律要求主动和明确的接受行为意味着消费者的接受不能是默示或者暗示的,例如在商家网站上经常可以看到这样的声明,即消费者浏览网站的行为构成对其一般条款的接受,或者注册或者登录账户的行为构成对同一网页上所述或通过超链接提供的服务条款的接受。例如,在社交媒体平台注册表上的通知,规定了"注册即表示您同意我们的条款(提供的超链接)和隐私政策(提供的超链接)",这并不符合明示接受的要求,即便其规定的不是条款和隐私政策,而是具体说明了对客观适约性要求的背离。

正如法律文献所指出的那样,"明示"接受的先决条件已经在欧盟《在线销售指令》的提案中规定了,以防止该接受受制于格式条款和条件[46]。"明示接受"一词要求有单独协商的合同条款。[47] 然而,我们认为,在合同一般条款中列入偏离情况并不排除"明示接受"的可能性,而"单独协商的合同条款"的必要性则是来自"单独接受"的要求,这点将在下文中详细说明。

《数字内容和数字服务合同指令》第 8 条第 5 款要求"消费者在订立合同之时明示和单独地接受了该偏离",因此消费者的接受和偏离之间必须有明确的联系——接受需要涉及并只涵盖数字内容或数字服务的特定特征方面,偏离应当是对客观适约性要求的具体背离。[48] 因此,在商家的条款中广泛使用"按照现状"[49]或者类似条款,将不符合这一标准。这一点已经在《欧洲共同销售法》第 99 条第 3

---

〔46〕 Schulze, Staudenmayer (n 12) 165.

〔47〕 Karin Sein, 'The applicability of the digital content directive and sales of goods directive to goods with digital elements' (2021) (30) Juridica International 23, 27.

〔48〕 Schulze, Staudenmayer (n 12) 166.

〔49〕 根据"按现状"条款,买方在签订合同时,同意了接受目前的状况下的产品质量。"按现状"条款让买方承担所有风险,因此最好将其与向买方提供检验机会相结合。该条款通常被认为是适用"买者自负"原则的论据,免除了卖方对瑕疵的责任(See Robin Paul Malloy, James Charles Smith, Emanuel law outlines. Real estate (3rd edn, The Emanuel Law Outlines Series, Wolters Kluwer 2015) 50)例如,在不动产方面,"买者自负"原则被英国视为一项法律规则,但其也间接适用于不同的欧盟成员国(See Christoph Ulrich Schmid and others, 'Real property law and procedure. General Report. Final Version' (European University Institute Florence/European Private Law Forum Deutsches Notarinstitut 2005) 59 <https://www.eui.eu/Documents/DepartmentsCentres/Law/ResearchTeaching/ResearchThemes/EuropeanPrivateLaw/RealPropertyProject/GeneralReport.pdf> accessed 28 November 2021)。

款论证过了,其规定了类似但更低的偏离标准。[50] 作者同意法律文献中表达的观点,即为了保护消费者的合理期望,法院应当对免除商家责任的"明示同意"设定较高的标准,特别是在这种免除超出消费者合理预期的情况下。[51] 然而"按照现状"条款没有规定消费者的接受与偏离之间的明确联系,也不能据此断定消费者已明确同意接受这些偏离。

此外,如果商家通过使用默认选项推定消费者接受,而消费者必须拒绝这些选项才能不适用偏离(例如预先打钩的方框),则也不符合"明示接受"标准。欧盟司法和消费者总局(JUST)就《欧盟消费者权利指令》(第2011/83/EU号指令)第16条第m项所规定的"如果履约行为是在消费者事先明确同意并确认……的情况下开始的"得出了类似结论。[52] 也就是说,就第16条第m项而言,"明示"同意和确认应解释为要求消费者采取积极行动,例如在商户网站上勾选方框。消费者预先打钩方框或者接受一般条款不可能满足第16条第m项的要求。[53]

---

[50] Karin Sein, Gerald Spindler, 'The new directive on contracts for supply of digital content and digital services – Conformity criteria, remedies and modifications – Part 2' (2019) 15(4) European Review of Contract Law 365, 374.

[51] Sein (n 46) 27.

[52] European Parliament and Council Directive 2011/83/EU of 25 October 2011 on consumer rights, amending Council Directive 93/13/EEC and Directive 1999/44/EC of the European Parliament and of the Council and repealing Council Directive 85/577/EEC and Directive 97/7/EC of the European Parliament and of the Council [2011] OJ L304/64.

[53] European Union Commision's Directorate – General for Justice and Consumers (JUST), 'Guidance document concerning Directive 2011/83/EU of the European Parliament and of the Council of 25 october 2011 on consumer rights, amending Council Directive 93/13/EEC and Directive 1999/44/EC of the European Parliament and of the Council and repealing Council Directive 85/577/EEC and Directive 97/7/EC of the European Parliament and of the Council' (2014) 66 < https://ec.europa.eu/info/sites/default/files/crd-guidanceen_0.pdf > accessed 20 November 2021. Essentially the same conclusion has been stated in: European Union Commission Notice 'Guidance on the interpretation and application of Directive 2011/83/EU of the European Parliament and of the Council on consumer rights' (2021) point 5.7. < https://eur-lex.europa.eu/legal-content/EN/TXT/HTML/?uri = CELEX:52021XC1229(04)&from = EN > accessed 1 May 2022.

虽然从一开始，上述偏离客观适约性要求的先决条件和下文所述的"单独接受"先决条件已经在数字内容和数字服务市场上为消费者提供了重要的保护，因为此处偏离的正当性在于其是以私人自治为基础的，但是欧盟立法者可能间接鼓励了商家将《数字内容和数字服务合同指令》第8条第5款视为一种简单的形式。这指的是《数字内容和数字服务合同指令》序言第49条举例说明了如何满足明示和单独接受的先决条件，即"通过勾选方框、按下按钮或者启动类似功能"。

在这方面，作者同意以下观点。首先，脱离《数字内容和数字服务合同指令》第8条第5款规定的条件来考虑《数字内容和数字服务合同指令》序言第49条是不合理的。序言部分提到的"勾选方框、按下按钮或者启动类似功能"等只是例子，使用这些例子（例如勾选方框，消费者据此接受一般条款和条件）本身并不能让人有理由相信商家可以不用确保其遵守客观适约性要求。[54] 其次，商家应当遵守《消费者合同中的不公平条款指令》第5条的规定，[55]即必须以简单易懂的语言起草书面合同条款。[56]

正如休比厄教授所言，"明示地"一词应当被解释为要求经营者向消费者说明实际情况，而且也有可能适用《消费者合同中的不公平条款指令》。适用《消费者合同中的不公平条款指令》可以为消费者提供额外有益的保护，因为该指令要求商家必须使用通俗易懂的语言，即《数字内容和数字服务合同指令》第8条第5款中的"明示"同样应当被解释为要求透明度。[57] 这种解释是可取的，因

---

〔54〕 Salvis Karklis,' Jauns digitala tirgus regulejums: Nakamgad gaidamas izmainas un to piemerosanas problemas'［A New Digital Market Framework: Changes Expected Next Year and Their Application Problems］（2021）47（18）Jurista Vards18, 25.

〔55〕 Council Directive 93/13/EEC of 5 April 1993 on unfair terms in consumer contracts［1993］OJ L95/29（Unfair Contract Terms Directive）.

〔56〕 Schulze, Stadenmayer（n 12）; Karklis（n 54）25.

〔57〕 Beale（n 21）98.

为不透明(难以理解)的偏离会让人怀疑消费者同意是否确实是经营者"明示"之后的同意(根据《数字内容和数字服务合同指令》序言第49条,这需要明确的行为)。

此外,《数字内容和数字服务合同指令》第8条第5款包含的义务间接推出以通俗易懂的语言拟定有关偏离情况的协议的必要性,即必须"特别告知"消费者每项特定偏离。如前所述,该标准要求消费者提供积极的信息,这自然就意味着消费者必须能够真正理解偏离的内容。此外,如果允许卖家以普通消费者无法理解的方式在合同中写入偏离的内容,从而使得消费者无法在知情的情况下选择是否接受偏离,则很难看出《数字内容和数字服务合同指令》第8条第5款如何符合《数字内容和数字服务合同指令》"有助于内部市场的正常运作,同时为消费者提供高水平的保护"的宗旨(《数字内容和数字服务合同指令》第1条所述)。

要求以通俗易懂的语言规定偏离完全符合欧盟立法者的目标。也就是说,在规定可以偏离客观适约性要求的同时,欧盟立法者在努力确保消费者完全清楚地知道他们同意了什么以及同意到什么程度,并自主作出积极而谨慎的决定。[58] 此外,《数字内容和数字服务合同指令》第8条第5款的整个目的是,明确只有在严格的条件下才允许经营者有可能偏离第8条第1款和第2款的客观要求。

《消费者合同中的不公平条款指令》第5条规定了"透明度要求"。舒尔茨和佐尔指出,透明度原则可被视为消费者合理期望的进一步体现。合理期望是欧盟合同法的核心特征之一。合同内容只会受到消费者可预见因素的影响。这些因素必须足够明确,以便得到消费者的认可。一些欧盟指令明确规定了透明度要求,例如《欧盟消费者权利指令》第5条第1款和第6条第1款,以及《消费者合同中的不公平条款指令》第5条。透明度这一原则不仅是欧盟

---

[58] Schulze, Staudenmayer(n 12)163.

消费者法的特点,在最近的《关于促进在线中介服务企业用户的公平性和透明度的条例》第 3 条第 1 款第 a 项中也有体现,其还规定了在线中介服务提供商应当(即必须)确保其条款和条件以通俗易懂的语言起草。[59]《数字内容和数字服务合同指令》的其他条款也有透明度要求,如第 19 条第 1 款第 3 项规定数字内容或者数字服务的任何修改都必须以清晰易懂的方式告知消费者,特别是在这些修改对消费者产生负面影响的情况下,这种告知义务会被加强。[60]

欧盟法院判例法对《消费者合同中的不公平条款指令》第 5 条所规定的透明度要求进行了广泛讨论。正如 Jean – Claude Van Hove v. CNP Assurances SA 一案所确认的,[61] 为了使条款的措辞"通俗易懂",它不仅必须在字面上(形式上和语法上),而且在实质上都是可以理解的,以便消费者可以很容易地预见到该条款的后果。从欧盟法院的其他几项判决(Kdsler 案[62]、RWE Vertrieb AG 案[63] 和 RWE Bogdan Mate 案[64])中还可以推断出类似的结论。为了评估偏离的意思是否是以"通俗易懂的语言"表达的,我们必须考虑如普通消费者的关注程度等因素,普通消费者是指对信息的了解程度、观察力和谨慎程度都还是不错的[65]消费者。RWE Vertrieb AG 案指出的另一个重要方面是,"很明显,仅在一般条款

---

[59] Schulze, Zoll, (9) 51.

[60] Martim Farinha, 'Modifications on the digital content or digital service by the trader in the Directive (EU) 2019/770' (2021) 25 (2) Red – Revista Electronica De Direito 84, 92.

[61] Case C – 96/14 *Jean – Claude Van Hove v. CNP Assurances SA* [2015] ECLI: EU:C:2015:262.

[62] Case C – 26/13 *ArpddKdsler; Hajnalka Kdslernd Rdbai v. OTP Jelzdlogbank Zrt* [2014]ECLI:EU:C:2014:282.

[63] Case C – 92/11 *RWE Vertrieb AG v. Verbraucherzentrale Nord rhein – Westfalen e. V* [2013] ECLI:EU:C:2013:180.

[64] Case C – 143/13 *RWE Bogdan Matei, Ioana Ofelia Matei v. SC Volksbank Romdnia SA* [2015] ECLI:EU:C:2015:127.

[65] Geraint Howells and others, *Rethinking EU Consumer Law* (Routledge 2018) 27 – 31.

和条件中提及确定当事人权利义务的立法或者监管法案并不能满足让消费者知悉……的义务。卖方或者供应商必须告知消费者相关条款的内容"。[66] 即使商家提及强制性的法律或者监管规定,这一点也可适用[67]:若在某些情况下,消费者可以信赖客观适约性要求,这一点也同样适用。在将透明度要求适用于偏离之时,仅仅提及相应的客观适约性要求是不够的,还需要说明是如何偏离客观适约性要求的。[68]

然而,正如奥普里斯克所指出的,虽然向消费者提供明确的信息理论上可以帮助他们决定选择哪家供应商,但是如果供应不多样化,或者消费者无论如何都会被锁定在某个特定平台上,那么这种影响力实际上是有限的。[69] 如果有可行的替代品,消费者可以选择并在它们之间轻松地切换,那么透明度就会更加重要。在实践中,合同和最终用户许可协议可能仍然是要求消费者要么(全部)接受要么放弃,并没有令人满意的替代方案。[70] 因此,实践中的消费者保护水平很可能取决于具有最大网络效应和市场议价能力的卖家的偏好。[71] 因此,希望欧盟立法者今后对偏离客观适约性要求的可能性规定更多限制,以限制卖家偏离欧盟法律的客观适约性要求的可能。同样,根据《数字内容和数字服务合同指令》第 3 条第 8 款,目前偏离客观适约性要求的情况并不影响欧盟法律[72]中有关保护个人数据的规定。

---

[66] Case C-92/11 *RWE VertriebAG v. VerbraucherzentraleNordrhein Westfalen e. V* [2013] ECLI:EU:C:2013:180.

[67] 同上。

[68] Schulze, Staudenmayer (n 12) 168.

[69] Liliia Oprysk, 'Digital Consumer Contract Law Without Prejudice to Copyright: EU Digital Content Directive, Reasonable Consumer Expectations and Competition' (2021) 70(10) GRUR International 951.

[70] 同上,第 952 页。

[71] 同上,第 954 页。

[72] 参见《数字内容和数字服务合同指令》第 8 条第 1 款第 a 项。

或者欧盟立法者至少可以规定,将《产品责任指令》[73]的适用范围明确扩大到数字内容和数字服务,同时减少《产品责任指令》现行第9条第1款第b项"必须造成至少500欧元的损失才能适用"规定的限制。根据《产品责任指令》第12条的规定(并且在其序言中得到确认),不允许有任何合同减损与受害人有关的责任。如果数字内容或者数字服务没有提供消费者有权合理期望的安全,那么无论这是否属于《数字内容和数字服务合同指令》第8条第5款意义上的偏离,适用该指令都可以确保消费者得到至少部分有效的救济。正如欧盟委员会所提到的,"数字内容、软件和数据对许多产品的安全运行起着至关重要的作用,但是目前还不清楚这些无形要素在多大程度上可以被归为指令所规定的产品。因此,不清楚受害方是否总能对因软件(包括软件更新)造成的损害获得赔偿,也不清楚谁要对这种损害承担责任"。[74]

"接收或确认偏离"(leave or confirm deviation)的情况应和实际分析一起来看。例如,商家是否向其他消费者提供相同的偏离数字内容或者数字服务,向消费者提供偏离的数字内容或者数字服务是否会造成消费者不成比例的困难或者重大经济损失,或者该偏离有必然存在的客观理由。

同样,所讨论的先决条件不能脱离欧盟法律的其他部分而单独适用,特别是属于欧盟消费者保护法的其他法律。这样一来,欧盟法律不仅会影响上述允许偏离的先决条件的解释和适用,还可能与这些先决条件同步适用(applied in parallel),禁止商家规避欧盟法

---

[73] 《1985年7月25日欧盟理事会第85/374/EEC号指令》,该指令涉及成员国关于缺陷产品责任的法律、法规和行政规定的近似性[1985] OJ L210/29(《产品责任指令》)。

[74] European Commission. Inception Impact Assessment. Initiative 'Civil liability-adapting liability rules to the digital age and artificial intelligence' (Ref. Ares(2021)4266516 – 30/06/2021) < https：//ec. europa. eu/info/law/betterregulation/have-your-say/initiatives/12979 – Civil-liabilityadapting-liability-rules-to-the-digital-age-and-artificialin telligenceen > accessed 11 December 2021.

律对消费者保护的保障。

正如法律文献所指出的那样,偏离客观要求的情况不可能单方达成(《消费者合同中的不公平条款指令》第3条第2款)。同样地,它们也不属于适用格式合同条款规范的例外情况:(1)它们不是强制性的或者被其他方式规定;(2)通常与合同主要标的物的确定无关;(3)它们不涉及"价格和报酬的适当性"(《消费者合同中的不公平条款指令》第1条第2款或者第4条第2款)。[75] 从可以使用格式条款起草偏离内容的角度来看,可以说,有关起草《数字内容和数字服务合同指令》[76]的法律文献中存在对欧盟有关偏离的"批评",因为欧盟仍将合同内容留给了当事人,即实践中的卖方,这样消费者就很容易受到格式合同中不利条款的影响。[77] 然而,进一步讨论这些有关《消费者合同中的不公平条款指令》如何影响偏离客观要求起草的问题超出了本文的讨论范围,故应留待进一步研究。

6. 消费者必须"单独"接受偏离

最后,《数字内容和数字服务合同指令》遵循分离的路径,要求特定数字内容或者数字服务合同本身与消费者对偏离的接受相分离。事实上,《数字内容和数字服务合同指令》第8条第5款要求"消费者……在订立合同时单独接受该偏离"。

从《数字内容和数字服务合同指令》序言第49条可以看出,如果规定接受偏离的声明又规定在其他声明或者协议中,则不符合"单独"接受偏离的要求。后者如对格式条款和条件的同意、消费

---

[75] Schulze, Staudenmayer (n 12) 167.
[76] Paula Giliker, ' Adopting a Smart Approach to EU Legislation: Why Has It Proven So Difficult to Introduce a Directive on Contracts for the Supply of Digital Content?' in Tatiana Synodinou and others (eds), (Springer 2019) 311.
[77] 同上,第312页。

者明确承认订单意味着付款义务[78]或对处理数据的同意。因此，上述条款中"单独"一词应作限制性解释，即消费者的同意必须与合同其他任何条款分开，但这并不意味着同意必须规定在单独的文件中。因此，有法律文献认为，要满足这一条件，仅仅获得消费者对合同一般条款和条件的同意是不够的。[79]

《数字内容和数字服务合同指令》没有规定接受的具体形式，也没有排除消费者可以将接受声明交给商家以外的另一方。[80] 尽管如此，从《数字内容和数字服务合同指令》第8条第5款的文字中可以得出结论，即对于偏离客观适约性要求的每个数字内容或者数字服务特征，都需要消费者单独地接受。《数字内容和数字服务合同指令》第8条第5款的措辞表述支持了这一结论：消费者必须"被明确告知数字内容或者数字服务的某一特定特征偏离了适约性客观要求，并且消费者在订立合同时……单独接受了这一偏离"。

商家如果希望偏离任何客观适约性要求，就应该用一个简短、易懂的方框或者圆点清单，准确、明确、单独地列出那些不符合客观适约性要求的特性，并要求消费者对每一项单独进行接受。[81] 这种方法确实优于在一份单独文件中列出所有偏离情况并要求消费者整体接受。在这方面，订立合同的经典情形是，议价能力相对平等的双方当事人就各自完全了解的交易细节进行谈判，然后明示同意由此产生的条款。然而，在典型消费合同中，商家会在没有征求消费者意见的情况下起草一套格式合同条款，然后将这些格式合同条款交给消费者，消费者要么接受，要么放弃。消费者关注的是一些主要的合同条款，如产品说明和价格条款，而不会注意格式合同

---

[78] 根据《欧盟消费者权利指令》第8条第2款的规定，此确认需要作为远距离合同的正式要求之一。

[79] Schulze, Staudenmayer（n 12）163; spindler, 'Digital Content Directive and Copyright – Related Aspects'（n 33）129.

[80] Schulze, Staudenmayer（n 12）166.

[81] Karklis（n 54）25.

条款。消费者关注合同主要条款,却几乎从不阅读或者去理解格式合同条款,但消费者又会对这些格式合同条款表示同意,比如在长长的文件底部签名或者点击"我同意"按钮。[82] 如果商家将其认为偏离客观适约性要求的所有特征归纳在一份单独的文件中(例如,标题为"偏离条款"或者"附加条款"),并在该文件末尾要求消费者接受,那么就有这样一种风险,即消费者可能将这些条款也视为格式合同条款,并在没有实际阅读这些条款的情况下点击"我同意"按钮。而如果消费者必须对不符合客观适约性要求的每项特征分别进行接受,则有可能会对这些条款进行更多考量,并作出知情决策。

(三)实践中使用的典型责任限制形式的评估

考虑到上述关于偏离客观适约性要求先决条件的讨论和结论,现在可以评估一下拆封协议(shrink-wrap)、开盒协议(box-wrap)、点击完成协议(click-wrap)、浏览协议(browse-wrap)和登录协议(sign-in-wrap)这些常用的协议形式,是否满足这些先决条件。作者将首先说明每种形式的本质,然后解释其中哪些形式可以满足《数字内容和数字服务合同指令》第 8 条第 5 款规定的先决条件。

拆封协议的名称来源于包裹货物(如软件包)的透明塑料包装,通常包括一项通知,通知表明打开包装即表示购买者同意所附的条款和条件。[83] 拆封协议在商品(包括具有数字元素的商品)市

---

[82] Gregory Klass,'Empiricism and Privacy Policies in the Restatement of Consumer Contract Law'(2019)36(1)Yale Journal on Regulation 45,52 < https://openyls. law. yale. edu/handle/20.500.13051/8282? show = full > accessed 11 December 2021.

[83] Lynden Griggs and others,Commercial and Economic Law in Australia(3rd edn,Wolters Kluwer 2018)para 662;Alan Davidson,The Law of Electronic Commerce (Cambridge University Press 2019)67.

场中最为常见,但是在购买数字内容时也可能出现,例如提供给消费者的有形介质只作为数字内容的载体(《数字内容和数字服务合同指令》第3条第3款),如包含可安装的计算机操作系统或者电子游戏 USB 或 CD(有外包装)。与拆封协议类似的还有开盒协议,即打开盒子表示同意合同条款。在这两种情况下,合同都是与产品包装在一起的,[84]因此它们将受到相同结论的影响。

  点击完成协议是将条款和条件纳入在线合同的一种方法,即在互联网上订立合同。不同于拆封协议,在点击完成协议情况下,用户通过点击屏幕上的按钮来同意一系列条款,按钮标记了"同意""我接受""我同意"或类似字样。点击完成协议的优点是允许用户在同意之前阅读具体条款。[85]

  许多网站都使用"浏览协议",浏览协议认为消费者浏览网站的行为即构成对其条款的接受。[86] 这些条款和条件被置于网站的某处,可通过超链接访问,其规范双方的关系,尽管消费者可能从未见过这些条款和条件。[87] 浏览协议本质上是一种有问题的协议形式[88],并受到法院的批评,包括在第三国设立的法院。正如蒙伯格所说,在 Specht v. Netscape Communications Corp. 一案中,规定在浏览包裹合同中的仲裁条款被宣布是无法强制执行的。该案中,浏览链接显示"在下载和使用软件之前,请查看并同意网景智能下载软件许可协议的条款",但并没有要求用户点击该链接(Netscape)作

---

〔84〕 Rodrigo Momberg, 'Standard Terms and Transparency in Online Contracts' in Alberto De Franceschi, European Contract Law and the Digital Single Market. The Implications of the Digital Revolution (Intersentia 2016) 192.

〔85〕 Davidson (n 81) 68.

〔86〕 Griggs (n 81) para 662.

〔87〕 Marco Loos, Joasia Luzak, 'Update the Unfair Contract Terms Directive for Digital Services' (Study requested by the European Parliament's Committee on Legal Affairs (JURI) European Union 2021) 17 < www. europarl. europa. eu/RegData/etudes/STUD/2021/676006/IPOLSTU(2021)676006_EN. pdf > accessed 11 November 2021.

〔88〕 Momberg (n 82) 195.

为下载该软件的条件。法院裁定,用户不受网景软件许可协议的约束,因为他们没有查看过许可协议,因此他们没有同意该合同。换言之,下载软件并不意味着用户同意其按常理不会注意到的条款。[89]

签入协议与浏览协议类似。在签入协议中,用户可以通过一个按钮或者链接查看使用条款。与点击完成协议不同,这些协议没有"我接受"或者类似的方框、按钮(即不要求用户采取积极行动)。取而代之,这些协议通常包含大意如下的文字:用户注册账户或登录账户,即表示同意服务条款,用户可在登录屏幕上浏览这些条款。[90] 与浏览协议相比,登录协议实际上给消费者提供了一个阅读商家所提供条款的机会,然后消费者才被视为同意这些条款。

在所有这些协议形式中,只有点击完成协议能够满足《数字内容和数字服务合同指令》第8条第5款规定的要求。首先,拆封完成协议(和开盒协议)的问题在于,其所包含的条款对消费者具有约束力,即使在签订合同之时这些条款还不为人所知,因此不符合信息必须在不迟于订立合同之时提供给消费者的先决条件。同样,由于打开包装的行为被认为消费者同时接受了所有的条款和条件,因此这些条款和条件并没有被消费者单独地接受。此外,由于消费者不知道这些条款,因此不能确定消费者明确表示同意具体的偏离。其次,浏览协议显然不符合《数字内容和数字服务合同指令》第8条第5款规定的一些先决条件,包括"明确告知"(没有足够清楚和透明地提请消费者注意有关信息),以及"单独"和"明示接受",因为"单独"和"明示接受"要求接受与其他声明或者协议分开,并通过积极和明确的行为来进行(根据《数字内容和数字服务

---

[89] Momberg(n 82)195.

[90] Gordon Hughes, 'Enforceability of Contract Terms Displayed on Social Media' in Marita Shelly, Margaret Jackson(eds), Legal Regulations, Implications, and Issues Surrounding Digital Data(1st edn, IGI Global 2020)9.

合同指令》第 8 条第 5 款,明示接受不能以默示方式进行)。最后,登录协议不符合"明示接受"的先决条件,因为明示接受不能以默示方式表示,而登录协议下消费者甚至可能在考虑购买特定数字内容或者数字服务之前就已经登录。此外,该协议确实规定了"单独接受",其与签入列表下其他声明相分离(例如格式条款、隐私政策、Cookies 政策等)。此外,"有关偏离的信息必须在不迟于订立合同时提供"这一标准,应理解为消费者需要在签订合同前得到告知。如果因消费者在 2 年前登录了商家网站,就认为其已经被适当告知有关商家每种产品或者服务的偏离,而且认为消费者通过登录网站已经接受了这些偏离,并不符合该标准。

至于"点击完成"协议,它类似于《数字内容和数字服务合同指令》序言部分第 49 条提到的可能的偏离形式,即"勾选方框、按下按钮或者激活类似功能"。法律文献中有人指出,以前用于在合同中纳入知识产权法限制的方式,如"点击式"或"收缩式"合同,已不再适用,因为必须有明确的单独协议。[91] 实践层面上,这种说法通常是正确的,因为最终用户许可协议的草拟方式类似于一般条款和条件,不要求消费者单独和明示同意起草者(经营者/商家)就特定数字内容或者数字服务施加的限制或者约束。但从理论层面上讲,"点击完成"协议可能可以满足《数字内容和数字服务合同指令》第 8 条第 5 款包含的先决条件。

例如,商家可以在下面的文本中加入以下复选框:

> 有限责任公司"ABC"已经在计算机程序"ABC"中加入版权保护系统(技术保护措施),防止第三方复制或者转让计算机程序"ABC"。通过点击以下方框并购买计算机程序,本人同意放弃以下权利:

---

[91] Sein, Spindler(n 49)365,374.

[　]制作私人副本；

[　]制作备份副本；

[　]将程序转让(包括出售或出借)给第三方。

这个纯粹例子通常符合"明确告知"、"特定特征"和"单独接受"的先决条件。为了确保符合"明示接受"条件,这些复选框不会在消费者同意一般条款和条件时被自动"选中"或激活。根据《数字内容和数字服务合同指令》第 8 条第 5 款,上述带复选框的文字不是出现在计算机程序安装阶段,而是出现在程序购买完成之前。

这样,如果消费者想私人拷贝、备份拷贝或者将计算机程序出售给第三方(根据 UsedSoft GmbH v. Oracle International Corp[92]案件中规定的条件),但由于所采取的技术保护措施而实际上无法这样做,则不能认定不具备《数字内容和数字服务合同指令》第 8 条第 1 款和第 2 款意义上的适约性,消费者无权获得该指令(该指令将转化为国内法)规定的救济。但是,如果商家的一般条款和条件中包含同样的内容,而且需要滚动浏览,并在最后勾选"我接受"的复选框,那么消费者就有权获得救济,因为"单独接受"(与其他声明或协议分开)的先决条件没有得到满足。而如果一般条款(尤其是包含偏离的条款)包含在一个超链接中,旁边有一个"我同意"的复选框,则也不符合"明确告知"的先决条件。

因此,尽管法律文献资料中并没有对哪些获得同意的形式符合《数字内容和数字服务合同指令》第 8 条第 5 款进行详细评估,但是本文作者支持斯塔登梅尔所述观点,即"点击完成协议可以满足该条款的条件,而浏览包装协议或者拆封完成协议则不能"。[93] 然而,需要澄清的是,点击完成协议只是有可能满足《数字内容和数字

---

〔92〕 Case C – 128/11 *Usedsoft GmbH v. Oracle International Corp* [2012] ECLI:EU:C:2012:407.

〔93〕 Schulze, Staudenmayer (n 12) 166.

服务合同指令》第 8 条第 5 款规定的先决条件,其本身既不满足也不违反这些先决条件(是否满足《数字内容和数字服务合同指令》第 8 条第 5 款的所有先决条件仍有待审查)。

最后,要回答实体店商家如何根据《数字内容和数字服务合同指令》第 8 条第 5 款规定偏离情况的问题,其实质可能与点击完成协议类似——可以在合同文本中为每项偏离附加一份协议或者标注一段文字,在订立合同前需要消费者签署或以其他方式单独接受(如勾选一个方框,用手在方框上打个"√"号或"×"号)。[94] 然而,即使商家使用了这种形式,还必须符合《数字内容和数字服务合同指令》第 8 条第 5 款关于偏离内容的要求[详见上文第(二)部分]。

(四)结论

本文涉及如何理解欧盟关于偏离数字内容或者数字服务客观适约性要求的政策。欧盟的这一政策在《数字内容和数字服务合同指令》第 8 条第 5 款中作了规定,并被视为确保数字内容和数字服务与合同相符的一般规定的例外。允许使用所讨论的偏离需要基于《数字内容和数字服务合同指令》第 8 条第 5 款的六个先决条件,这些先决条件应当被同时满足,并从狭义上严格解释。这些先决条件内容如下:偏离只涉及客观要求;必须将偏离明确告知消费者;必须在不迟于订立合同时提供有关偏离的信息;必须指明偏离的特定特征;消费者必须明示接受偏离;消费者必须单独接受偏离。本文表明,商家可以很容易地在其提议和达成的交易中使用被允许的客

---

〔94〕 Haslinger/Nagele Rechtsanwilte GmbH, 'The New Warranty Law – Everything Clear?' (Haslinger/Nagele Rechtsan-wilte GmbH 2021) < www.haslinger-nagele.com/en/news/the-new-warranty-law-everything-clear/ > accessed 18 November 2021.

观要求的偏离,因为通常满足这些先决条件相对容易。同时,本文认为商家不能在所有可能的情况下使用偏离,例如不允许偏离《数字内容和数字服务合同指令》和欧盟数据保护法案规定的商家义务。如果不符《通用数据保护条例》要求,构成数字内容或者数字服务不符适约性要求,消费者可以寻求救济措施。与此同时,该条款也引起了人们对以下问题的严重关切:商家可能会滥用《数字内容和数字服务合同指令》第 8 条第 5 款所允许的偏离。为此文章分析了五种常用协议形式(拆封、开盒、点击完成、浏览和登录),以评估它们是否符合上述先决条件。本文认为只有点击完成协议可能满足《数字内容和数字服务合同指令》第 8 条第 5 款的要求,尽管并非自动地满足。本文用一个以点击完成协议为形式的声明下这一假设例子,对该结论进行了讨论,其有可能满足《数字内容和数字服务合同指令》第 8 条第 5 款规定的先决条件。然而,关于潜在的滥用问题,还要进一步就分别分析每项先决条件当前的实践状况展开研究。同样地,有必要就深入探讨与其他欧盟法律文件之间的相互关系展开进一步研究,如关于不公平合同条款或者电子商务的规则(考虑到文章主题,本文也尽可能对其特点进行了描述)。

十四、论《数字内容和数字服务合同指令》下经营者数字内容和数字服务未达合约性的责任

[罗马尼亚]胡安妮塔·戈科维奇*

在"合约性"概念的要求下,最近通过的欧盟立法对经营者向消费者提供的数字内容和数字服务所设定的法律要求受到了相关从业者的质疑。2019年5月20日《数字内容和数字服务合同指令》在实施中遇到的显著问题就是如何对"合约性"进行评估,是根据合同中规定的某些主观要求来评估,还是根据与消费者对特定类型数字内容或数字服务的一般预期有关的具体客观要求来评估。我们研究的主要目的在于,厘清若提供的数字内容缺乏合约性,经营者需承担责任的基本要素,同时确定新法规

---

* 胡安妮塔·戈科维奇(Juanita Goicovici),罗马尼亚巴贝什-玻利亚伊大学法学院博士、讲师。文章选取价值:原文载于《雅西亚历山德鲁-伊万-库扎大学科学年鉴》第16卷/补编,法律科学,2020年。本译文介绍了《数字内容和数字服务合同指令》下经营者所提供的数字内容、数字服务未达合约性之时的责任以及消费者可以采取的救济措施。同时介绍了合约性的主观要求和客观要求的具体内容并比对两者之间的关系等内容,可以为我国数字内容和数字服务合同的发展提供一些新的思考。

评估合同合约性的实质性要求。我们研究的主要目的是强调交易者对数字内容不符合的责任基础,同时确定新规定在适用于合同符合性的实质性标准方面的支柱。

(一)引论

近期,与消费者权利有关的《数字内容和数字服务合同指令》[1]和《货物买卖合同指令》这一双重指令分别问世[2],修订了欧盟第2017/2394号条例和第2009/22/EC号指令。《消费者商品和担保指令》[3]的废除,标志着整合消费者权利法规的"变革之风"盛行[4],

---

〔1〕 OJ L 302,2019年5月22日,第1—27页。成员国必须在2021年7月1日之前将DCD纳入国家法律体系,并将于2022年1月1日起适用于数字内容或数字服务的供应。

〔2〕 以下材料综合了作者在国际会议电子商务小组发言时提出的观点,"互联网视域下的司法。无处不在的虚拟空间"(网络空间法的普遍性),第4届,2020年10月31日,由亚历山德鲁-伊万-库扎大学组织。

〔3〕 OJ L 136,2019年5月22日,第28—50页。成员国必须在2021年7月1日之前将771号指令纳入国家法律体系,并将适用于2022年1月1日后订立的B2C合同。

〔4〕 See, for a general analysis and for specific features, S. Grundmann, Ph. Hacker, „Digital Technology as a Challenge to European Contract Law -From the Existing to the Future Architecture", *European Review of Contract Law*, vol. 13, 2017, p. 255 – 293; J. Morais Carvalho, „ Sale of Goods and Supply of Digital Content and Digital Services Overview of Directives 2019/770 and 2019/771 ", available at SSRN: https://ssrn.com/abstract = 3428550, visited on 14 November, 2020; M. Loos, „European Harmonisation of Online and Distance Selling of Goods and the Supply of Digital Content", *Amsterdam Law School Research Paper* No. 2016 – 27, *Centre for the Study of European Contract Law Working Paper Series* No. 2016 – 08, available at SSRN: https://ssrn.com/abstract = 2789398, visited on 14 November, 2020; A. Savin, „ Harmonising Private Law in Cyberspace: The New Directives in the Digital Single Market Context" (October 23, 2019), *Copenhagen Business School*, *CBS LAW Research Paper* No. 19 – 35, available at SSRN: https://ssrn.com/abstract = 3474289, visited on 12 November, 2020; M. Narciso, „ Consumer Expectations in Digital Content Contracts An Empirical Study" *Tilburg Private Law Working Paper Series* No. 01/2017, available at SSRN: https://ssrn.com/abstract = 2954491, visited on 12 November, 2020; C. TwiggFlesner, „ Conformity of Goods and Digital Content/Digital Services" (January 20, 2020), in E. Arroyo Amayuelas & S. Camara Lapuente (dirs.), *El Derecho privado en el nuevo paradigma digital*, Barcelona-Madrid,

增强了消费者对重要合同权利的信心,为数字内容和数字服务合同

Marcial Pons, 2020, available at SSRN: https://ssrn.com/abstract = 3526228, visited on 12 November, 2020; D. Clifford, „Data Protection and Consumer Protection: The Empowerment of the Citizen Consumer" (May 27, 2020), in *Research Handbook on Privacy and Data Protection Law: Values, Norms and Global Politics*, G. Gonzalez Fuster, R. van Brakel, P. De Hert (eds.), Edward Elgar Publishing, *ANU College of Law Research Paper* No. 11/2020, available at SSRN: https://ssrn.com/abstract = 3611436, visited on 12 November, 2020; D. Leczykiewicz, , Judicial Development of EU Fundamental Rights Law in the Digital Era-A Fresh Look at the Concept of 'General Principles'" (September 1, 2019), in *General Principles of EU Law and the EU Digital Order*, edited by U. Bernitz, X. Groussot, J. Paju, S. de Vries (Kluwer Law International, 2020), *Oxford Legal Studies Research Paper* No. 54/2019, available at SSRN: https://ssrn.com/abstract = 3462506, visited on 12 November, 2020; G. Spindler, „Contratos De Suministro De Contenidos Digitales: Ambito De Aplicación Y Visión General De La Propuesta De Directiva De 9.12.2015" („Contracts for the Supply of Digital Content-Scope of Application and Basic Approach of Proposal of the Commission for a Directive on Contracts for the Supply of Digital Content") (July 2016), *InDret*, Vol. 3/2016, available at SSRN: https://ssrn.com/abstract = 2832162, visited on 14 November, 2020; S. Camara Lapuente, „El Régimen De La Falta De Conformidad En El Contrato De Suministro De Contenidos Digitales Segnn La Propuesta De Directiva De 9.12.2015" („Remedies for Non Conformity Under Contracts for the Supply of Digital Content in the Proposal for a Directive of 9.12.2015"), *InDret*, Vol. 3/2016, availale at SSRN: 80The Traders' Liability for Lack of Conformity [...] by Directive (EU) 2019/770 the level of confidence in their key contractual rights and setting the premises for an adequate contractual framework for digital content and digital services, while contouring more efficient remedies for consumers who suffer financial and non-financial detriment. https://ssrn.com/abstract = 2832160, visited on 12 November, 2020; C. Bedir, „Contract Law in the Age of Big Data", *European Review of Contract Law*, vol. 16, no. 3/2020, *Tilburg Law School Research Paper*, available at SSRN: https://ssrn.com/abstract = 3631023, visited on 12 November, 2020; A. Metzger, „A Market Model for Personal Data: State of Play Under the New Directive on Digital Content and Digital Services" (August 4, 2020), in S. Lohsse, R. Schulze, D. Staudenmayer (eds.), *Data as Counter-Performance-Contract Law 2.0?*, Munster Colloquia on EU Law and the Digital Economy V, 2020, available at SSRN: https://ssrn.com/abstract = 3666805, visited on 12 November, 2020; C. Bedir, „Data as Counter-Performance: Yet Another Point Where Digital Content Contracts and the GDPR Conflict" (August 10, 2018), available at SSRN: https://ssrn.com/abstract = 3648092, visited on 12 November, 2020; M Farinha, J. Morais Carvalho, „Goods with Digital Elements, Digital Content and Digital Services in Directives 2019/770 and 2019/771", *Revista de Direito e Tecnologia*, Vol. 2 (2020), No. 2, p. 257 – 270, available at SSRN: https://ssrn.com/abstract = 3717078, visited on 12 November, 2020.

框架的完善奠定了基础,同时为遭受财产损害和非财产损害的消费者提供了更为有效的救济途径[5]。

合约性规则设定了分级的评价体系,即优先考虑主观标准(objective criteria),但当专业经营者与消费者签订的合同文本在合约性方面没有规定或规定不明确时,允许法院诉诸客观标准(objective criteria)。除了经营者在合同中提及根据销售声明承担义务,经营者必须承担"合约性"方面的举证责任,提供足够的证据

---

[5] See, for details on the precedent regulation, M. B. M. Loos, C. Mak, L. Guibault, N. Helberger, „Digital Content Contracts for Consumers", *Journal of Consumer Policy*, 2013, vol. 36, p. 37 – 57; M. Loos, „The Regulation of Digital Content B2C Contracts in CESL", *Centre for the Study of European Contract Law Working Paper Series* No. 2013 - 10, *Amsterdam Law School Research Paper* No. 2013 - 60, available at SSRN: https://ssrn.com/abstract=2343176, visited on 14 November, 2020; T. Regner, „Efficient Contracts for Digital Content", *Leverhulme CMPO Working Paper* No. 04/108, 2004, available at SSRN: https://ssrn.com/abstract=644823, visited on 12 November, 2020; C. Mak, „Fundamental Rights and the European Regulation of Consumer Contracts", *Centre for the Study of European Contract Law Working Paper Series* No. 2008/05, available at SSRN: https://ssrn.com/abstract=1219863, visited on 12 November, 2020; C. Mak, M. Loos, „Remedies for Buyers in Case of Contracts for the Supply of Digital Content", ad hoc briefing paper for the European Parliament's Committee on Legal Affairs, May 2012, PE 462.459, 25 p., *Amsterdam Law School Research Paper No.* 2012 - 71, *Centre for the Study of European Contract Law Working Paper Series* No. 2012 - 08, available at SSRN: https://ssrn.com/abstract=2087626, visited on 12 November, 2020; K. Havu, „Unfair Commercial Contracts and Online Content Distribution: Insights into Problems, Regulation and Potential of European Harmonization", *Helsinki Legal Studies Research Paper* No. 33, 2014, available at SSRN: https://ssrn.com/abstract=2524271, visited on 14 November, 2020; N. S. Kim, „Expanding the Scope of the Principles of the Law of Software Contracts to Include Digital Content", *Tulane Law Review*, Vol. 84, 2010, p. 1595, available at SSRN: https://ssrn.com/abstract=1597366, visited on 14 November, 2020; A. Reyna, „What Place for Consumer Protection in the Single Market for Digital Content? Reflections on the European Commission's Optional Regulation Policy", *European Journal of Consumer Law*, no. 2/2014, p. 333 - 361, available at SSRN: https://ssrn.com/abstract=3056708, visited on 14 November, 2020.

证明所提供的的数字内容[6]或数字服务满足合约性。原则上,经营者需要根据《数字内容和数字服务合同指令》的新规则承担举证责任,当消费者声称数字内容或数字服务有缺陷时,经营者需要在法庭上提供相反的证据。

1. 对合约性的主观标准的考量——何种优先性?

《数字内容和数字服务合同指令》条款明确规定,经营者向消费者提供的数字内容或服务必须同时满足合约性的主观要求(第7条)和客观要求(第8条),这挑战了此前客观要求至高无上的地位。相对于合约性主观要求发挥的主要作用来说,合约性的客观要求只有在数字内容合同没有明确和全面的规定主观要求时才能发挥辅助作用。正如此前所强调的,消费者的数字环境不能满足《数字内容和数字服务合同指令》第8条规定下的数字内容或数字服务的技术要求时,经营者有义务在缔约前主动明确地向消费者告知这一事实,只有消费者在签约前通过特殊条款明确并单独地接受该技术要求的偏差,经营者才能不遵守合约性的客观要求。

2. 强制性规则使消费者在数字服务领域免遭损害

根据《数字内容和数字服务合同指令》第4条有关"法律统一

---

[6] 《数字内容和数字服务合同指令》条款的客观/物质事件领域包括数字内容的供应(i),以及为消费者提供的数字服务(ii)和带有数字元素的商品的销售(iii)。根据DCD第2条规定,"数字内容"是指以数字形式生产和提供的数据,而"数字服务"是指允许消费者以数字形式创建、处理、存储或"允许与消费者或该服务的其他用户上传或创建的数字形式的数据进行共享或任何其他互动的服务"。订立的B2C合同还可能涉及供应"具有数字元素的商品",即任何包含数字内容或数字服务或与之相互连接的有形动产,"如果没有这些数字内容或数字服务,商品将无法履行其功能"。但是,就第3条第5款而言,某些类型的软件供应除外,(f)与供应由贸易商以免费及开放源码许可证提供的软件有关的合约,而消费者无须支付任何费用,而该贸易商只会处理消费者所提供的个人资料"提高该特定软件的安全性、兼容性或互操作性"被排除在 DCD 的范围之外。See also J. Morais Carvalho, „Sale of Goods and Supply of Digital Content and Digital Services Overview of Directives 2019/770 and 2019/771", cit. supra, p. 2.

的程度"的规定,成员国不得维持或制定与本指令条文不一致的更有利于消费者的国内法,但本指令另有规定的除外;同样地,成员国也不得在国内法中制定或维持与本指令消费者保护水平不一致的规则,无论是更为严格抑或宽松的程度,但本指令另有规定的除外。指令采取的最大限度的法律统一等级与欧盟消费者合同保护规则通常所采用的最低限度法律统一等级形成了鲜明对比,在最低限度法律统一等级下,成员国需要按照特定指令的要求规定最低标准,但在这之上仍有权制定更有利于消费者的规则。

数字内容和数字服务合同语境下的"公共政策的强制性规则"一词的内涵亟待明确,将"公共政策的强制性规则"这一比较模糊的概念进行细化并赋予其准确而非折中的含义是非常复杂的一个问题。因为数字内容电子商务领域的消费者保护政策涉及的利益具有普遍性并且影响到真正的数字单一市场的发展,所以该类政策具有绝对的强制性,任何消费者或经营者都不得偏离此类规则。虽然公共保护政策所保护的利益从根本上来说是个人利益,可是所保护的利益对因数字内容不符合标准而处于类似不利境地的广大消费者群体来说是共同的,所以说,这类强制性规则最终保护的还是整个网络社会的利益。

(二)古典二项式的新价值:合约性的主观要求与客观要求之比较

1. 数字内容合约性的主观要求——主观标准能否具体化?

《数字内容和数字服务合同指令》第 7 条中规定的合约性的主观要求为首要要求,优先于合约性的客观要求。这一规定的理由在于经营者和消费者之间合同的具体条款更为重要。为了符合合同合约性的主观要求,数字内容或数字服务必须在描述、数量和质量、功能性、兼容性、互操作性和其他特征方面满足合同中的要求。除此之外,若数字内容和数字服务要满足消费者要求的特定用途,消费者应当最迟在订立合同之时将该特定用途告知经营者,并且经营者就此表示明确接受。因此,只有双方协商确定的非典型或特殊目的才会适用于经营者,而不包括经营者在合同签订前尚未明确接受的单方确定的非典型或特殊目的。

与上述意见一致的是,如果合同条款要求经营者提供数字内容及其附件(包括安装说明)和客户服务,并根据情况更新软件的,经营者应当按约行事。

2. 数字内容合约性的客观要求——是否有典型的趋势?(any typical trends)

根据《数字内容和数字服务合同指令》第8条的规定,数字内容和数字服务不仅要满足主观要求,还必须满足以下客观要求。第一,适用于同类数字内容或数字服务的使用目的;必要时参考现行的欧盟法和国内法、技术标准,如果没有此种技术标准,则参考相关的行业行为准则。第二,具备同类数字内容或数字服务通常具有的品质;经营者所提供的数字内容的数量、质量和性能特征(功能性、兼容性、可访问性、连续性和安全性),应满足同类数字内容或数字服务正常使用时所应具备的条件,并且符合消费者的合理预期。除了消费者的合理预期,《数字内容和数字服务合同指令》第8条第1款第b项允许法院将经营者或供应链上的其他人作出的公开说明,或者以他们名义作出的公开说明,特别是在广告或产品标签上作出的公开说明纳入考虑范围,经营者有承担违背合约性责任的风险。除非经营者能提供证据证明存在以下情形之一:(1)经营者在合同订立之时不知晓且无法通过合理的方式获知相关公开声明;(2)相关公开声明在缔结合同之前已经以同样或相似方式被更正,否则经营者将对交付的数字产品与广告宣传不符的情况负责;(3)消费者作出购买数字内容或数字服务的决定不可能被公开声明影响,这可以说是一个"魔鬼证明"(probatio diabolica,即不可能完成的证明责任),因为经营者难以证明广告宣传没有到达消费者从而没有影响其作出购买的决定。第三,消费者可以合理期待获得数字内容的任何附件和说明。第四,消费者实际获得的数字内容和数字服务与经营者在缔约前提供的试用版或预告内容相一致。

合约性在数字内容和数字服务更新层面的客观要求。更新对于保持数字内容和数字服务合约性有必要,经营者应保证消费者获得关于更新的通知,包括安全更新,并向消费者提供这些更新。通知和提供更新应在下列规定的时间内完成:(1)合同约定在一段时间内持续提供数字内容或数字服务的,与该时间段一致;(2)合同约定一次性或一系列提供数字内容或数字服务的,可以根据数字内容或数字服务的种类和目的、考虑具体情况和合同类型,根据消费者的合理期待来确定时间。

在经营者已经充分地向消费者告知更新事项并提供更新时,经营者不对仅因缺乏相关更新而出现的违约承担责任:(1)经营者向消费者通知消费者可获得更新,但消费者不安装更新;(2)并非经营者提供的安装说明存在缺陷导致消费者未能安装或错误安装更新,如因说明中提供的信息不足而造成混淆的情形属于瑕疵情形,应承担违背合约性的责任。

此外,消费者清楚知晓经营者提供的数字内容或数字服务的特征不符合一般的合约性客观要求,且在缔结买卖合同时以明示方式专门接受这种偏差的,不属于背离合约性的情形。与之相反的是,经营者对数字产品的标准技术特性与实际产品之间存在的差异提供的信息不足或不全导致非合约性情形的发生,经营者需对该情形承担违反合约性的责任。如前所述,合同中规定了与合约性的一般客观要求不一致的豁免条款,必须经过双方的同意。

最后,第8条第6款规定,除非当事人另有约定,所提供的数字内容或数字服务,应当是缔约时最新的版本,这意味着法院可以相对推定当事人都同意提供最新版本的数字内容。

3. 数字环境与数字内容或数字服务不兼容而产生的违约情形

根据《数字内容和数字服务合同指令》第 9 条的规定,未正确地将数字内容或数字服务与消费者数字环境相结合而造成违约的情形,有以下两种。一是"数字内容或数字服务是由经营者结合或由经营者负责的"。在这种情况下,数字内容的结合是由专业人员提供的一种自主服务的对象,专业人员仍需对服务的合约性负责。二是"数字内容或数字服务是由消费者结合的,但不正确的结合是经营者提供的结合说明有瑕疵"。在缺乏合约性是由于经营者提供的信息不完整、不充分或有瑕疵,导致数字内容或数字服务不能正确地与消费者的数字环境结合的情况下,消费者有权获得公平补偿或其他特定的法律补救。

(三)数字内容合同下的先合同告知义务:手段能否达到目的

1. 应在数字内容合同中向消费者告知兼容性风险

在订立合同之前,经营者有义务向消费者告知,只有消费者一方的数字媒介和设备满足特定的技术要求,才能安装好数字内容。经营者若在签订合同前就以明确易懂的方式告知消费者的数字环境与数字内容或数字服务所需的技术要求不匹配,则经营者可免除不兼容情形带来的法律上的不利经济后果。

关于数字内容非合约性的新规定的显著特点,即在 B2C 数字内容合同中,经营者和消费者皆需承担协作义务。正如《数字内容和数字服务合同指令》第 12 条第 5 款所述,针对消费者的数字环境是否造成数字内容或数字服务在第 11 条第 2 款或第 3 款所规定的时间点违约这一问题，消费者应在合理和必要的范围内协助经营者进行确认，协作义务以使用对消费者造成最小影响的、技术上可得的手段为限。消费者未履行协作义务，且经营者在缔约前以清晰易懂的方式告知消费者此项义务的，消费者承担关于在第 11 条第 2 款或第 3 款规定的时间，数字内容或数字服务存在违约的举证责任。

2. 销售声明减轻或增加经营者在合同中承担的义务

消费者的合理预期并非确定数字内容非合约性的主观要求。正如前文所解释的，第 8 条第 1 款第 b 项的最终论点是授权法院考虑销售声明或广告信息，以及"由交易商或交易链条上的其他人或其代表作出的任何公开声明，特别是在广告或标签上作出的公开声明"。关于新规的影响，我们可以提出几点看法。除非在订立合同时，公开声明已按与作出公开声明时相同或类似的方式得到更正，否则对于因先前作出的广告宣传与交付给消费者的数字产品的特性之间的脱节而造成的不一致，经营者应当承担责任。如果经营者提出证据，证明消费者购买数字内容或数字服务的决定不可能受到公开声明的影响，而且广告宣传没有到达该特定消费者，因此没有影响其购买数字内容的决定，则经营者就不用承担违约产生的后果。

3. 经营者单方变更数字内容或服务之效力问题

单方变更数字内容的问题主要出现在经营者应于一段时期内向消费者持续提供或使消费者可持续使用数字内容或数字服务的合同中，在某些情况下，经营者可能会超出《数字内容和数字服务合同指令》中合约性的主观要求和客观要求的必要范围对数字内容或数字服务进行单方变更，由此产生了对其有效性和合法性的探讨。

《数字内容和数字服务合同指令》第 19 条对上述问题作出答复,经营者只有在满足第 19 条提出的条件时,才能超出数字内容或数字服务的合约性的必要范围进行单方变更。然而,必须同时满足以下条件,经营者才被允许进行这种单边变更。

第一,"合同允许这种变更,并为这种变更提供了合理的理由"。从第一个条件可以看出,在数字内容供应合同中,允许经营者在一定技术范围内调整合同条款的明确条款。

第二,"这种变更不会给消费者带来额外的费用"。只有不烦琐的合同条款调整才符合条件,因此,在合同初始阶段,禁止单方面提高成本。

第三,"消费者无须为变更支付额外的费用,消费者能否反对变更,取决于经营者是否履行了以清晰易懂的方式将变更内容告知消费者的义务"。因此,消费者有权在变更生效前以合理的方式获得通知。同时经营者应当通过耐用媒介进行通知,明确说明变更的重点和时间,且告知消费者有权根据第 2 款终止合同,或告知消费者其有权可以根据第 4 款在不进行变更的情况下继续使用数字内容或数字服务。

经营者单方面调整提供数字内容的合同的复杂性在于消费者有权通过司法途径终止变更后的合同;因此,根据《数字内容和数字服务合同指令》第 19 条第 2 款的规定如果修改对消费者访问或使用数字内容或数字服务造成负面影响的,消费者一般有权终止合同,除非这种负面影响很小。在影响仅为轻微的情况下,消费者要求终止合同是不被支持的。然而,如果单方变更的影响很大,根据第 19 条第 2 款的规定,"消费者有权在通知到达后的 30 日内,或在数字内容或数字服务被经营者变更后,无偿终止合同,前面两个时间点中,适用较晚的时间点"。因此,应当注意的是,消费者单方面终止合同的法定期限通常为收到通知起 30 日内。我们认为,消费者预期放弃行使这项终止合同的权利,因此,凡与提供数字内容有关的任何合同条款强制要求消费者预期放弃其单方面中止合同的权利,会导致双方当事人的程序性权利严重失衡,因此法院可能会将这类不公平条款视为在合同中没有规定。针对在签订B2C数字内容合同时消费者与经营者之间权利和义务不平衡的问题,经营者单方面变更产品特性或为消费者提供的数字服务条款时,强加给消费者放弃终止合同权利的条款可能被视为不公平的合同条款,进而对消费者不具有约束力。面对消费者提出的终止合同的要求,经营者使得消费者可以保持数字内容或数字服务未被变更的状态,且数字内容或数字服务可以继续保持合约性的。

(四)数字内容违约时消费者可以采取的救济途径

在遇到数字内容不符合合同约定时,消费者可以在遵守合理界限的情况下任意选择以下三种的可能补救办法之一:(1)获得免费服务或无偿更换数字产品;(2)重新估价和部分补偿;(3)终止合同并全部退款。根据《数字内容和数字服务合同指令》第14条第1款,在不符合规定的情况下,消费者有权要求使数字内容或数字服务符合规定,获得相应的价格减免,或终止合同。

第一,消费者可以采取的主要救济措施是无偿更换或要求使数字内容或数字服务符合合约性规定,但是考虑到个案具体情况,经营者确实无法恢复合约状态或恢复成本过高的除外。在诉讼过程中,所述措施的"不相称"仍有待法院根据具体情况认定。第14条第2款提到了可以考虑的一些情况和因素:(1)数字内容或数字服务在不存在违约的状态下的价值;(2)违约的严重性。

根据上述第14条第2款的规定,消费者可以在合理期限内选择"要求经营者使数字内容或数字服务恢复到合约状态"这一补救措施。经营者从消费者处获知违约情况后,应在合理的期限内,根据规定恢复数字内容或数字服务的合约状态,不能向消费者收取费用,也能不对消费者造成严重不便。法院在判断是否造成严重不便时,应考虑:(1)数字内容或数字服务的种类;(2)消费者使用数字内容或数字服务的目的。

第二,如果上述的补救措施(更换缺陷产品以及无偿服务)给消费者造成严重不便,如需要耗费消费者过长且不合理的时间,则消费者可以寻求"按比例降低价金"的补救措施。根据第 14 条第 5 款的规定,如果数字内容或数字服务是以下列方式提供的[7],消费者有权要求按比例降低为换取数字内容或数字服务所需支出的价款[8]。此外,根据第 14 条第 6 款,在下列任何一种情况下,消费者可以选择终止合同,而不是采取估价行动(estimative action):(1)根据第 2 款,无法恢复数字内容或数字服务的合约状态或费用过高;(2)经营者未按照第 3 款恢复数字内容或数字服务的合约状态;(3)经营者尝试恢复数字内容或数字服务的合约状态,但仍出现违约;(4)违约程度严重导致应立即减价或终止合同;(5)经营者明确表示或以客观行为明确表明其对数字内容或数字服务的合约状态

---

[7] DCD 设定的规则主体适用于向消费者提供数字内容的两类(繁苛与非繁苛)合同;因此,即使消费者订立免费提供数字内容的合同,也可能受益于前两种补救措施(更换有缺陷的产品,以及非繁苛的服务干预);显然,消费者将无法按照第 14 条第 5 款要求按比例降低服务价格,因为合同条款没有对价格作出约定。

[8] 需要注意的是,同时根据 DCD 第 18 条之规定,消费者应在 14 日内退款,自经营者得知消费者主张减价权或终止合同的权利之日起算,经营者亦有一定救济途径。因此,根据 DCD 第 14 条第 4 项和第 5 项或第 16 条第 1 项,因减价或终止合同而导致数字内容不符合要求,经营者应向消费者赔偿的,必须在"不迟延"的情况下进行,且无论如何,必须在经营者获悉消费者决定援引其减价权或终止合同权之日起 14 日内进行。就退款方式而言,经营者可以使用与消费者"为数字内容或数字服务付款"相同的付款方式进行退款,除非消费者明确同意别的方式以退款,但前提是该等退款不会导致消费者产生任何费用;因此,合同各方可以在任何情况下都必须遵守非义务过重的规则界限之内,不遵守这些关于对偿方式的补充规则。故而,如果消费者满足了 DCD 第 18 条的要求,则经营者不得就退款向消费者收取任何费用。See also S. Grundmann, Ph. Hacker, „Digital Technology as a Challenge to European Contract Law-From the Existing to the Future Architecture", cit. supra, p. 257; C. Bedir, „Contract Law in the Age of Big Data", cit. supra, p. 12.

的恢复会超出合理期限或经对消费者造成严重不便〔9〕。

在数字内容不符合要求的情况下,《数字内容和数字服务合同指令》第14条第5款规定了减价幅度,即"确定减价幅度,应根据消费者获得的数字内容或数字服务的较低价值同该数字内容或数字服务在合约状态下应有的价值之比值"。在B2C合同规定经营者将在一段时间内提供数字内容或数字服务以换取对价的情形之下,消费者只能在数字内容或数字服务未处于合约状态的时间段实施减价。

同样值得注意的是,若取得数字内容或数字服务需支付价金,则仅当违约非轻微情形时,消费者才有权终止合同〔10〕。违约轻微情形下终止合同的请求将被法院驳回,但多次轻微违反合同约定的情况可能在法庭上被视为严重违约,经营者需要承担关于违约轻微的举证责任。因此,除非交易方同意,数字内容的轻微瑕疵不能成为终止合同或部分返还价款的理由。应当牢记的是,只要经营者提供的数字内容的非合约性并没有影响数字内容的功能性、互操作性或其他主要性能特征〔11〕,至少没有在可访问性、连续性和安全性层

---

〔9〕 See, for details, M. Loos, „European Harmonisation of Online and Distance Selling of Goods and the Supply of Digital Content", Amsterdam Law School Research Paper No. 2016 – 27, Centre for the Study of European Contract Law Working Paper Series No. 2016 – 08, loc. cit. supra; A. Savin, op. cit., p. 12.

〔10〕 如果根据消费者的要求,经营者面临合同终止,且如果不满足合约性可归咎于第三方,则根据DCD第20条的规定,经营者可行使纠正权并因此获益,从而援引至少存在第三方可罚行为的事实。这使得救济途径对经营者于对消费者所受损害的作用不一致。因此,必须强调的是,在案件中,经营者可能由于未能提供数字内容或数字服务而对消费者负有责任,或由于在交易链的前一环节中由第三方或其合作伙伴的作为或不作为导致的不合约,其将有权对第三方采取救济途径中连续的商业交易链救济。显然,立法者有能力确定此类救济权的基本要件和行使机制,确定法律程序,以确定经营者诉诸救济的对象,以及相关行为和行使条件。See J. Morais Carvalho, „Goods with Digital Elements, Digital Content and Digital Services in Directives 2019/770 and 2019/771", *loc. cit. supra*.

〔11〕 See G. Spindler, „Contratos De Suministro De Contenidos Digitales:Ámbito De Aplicación Y Visión General De La Propuesta De Directiva De 9. 12. 2015", cit. supra, p. 9.

面上造成损害的,可以部分或全部排除消费者终止合同的权利[12]。

(五)合同终止时消费者是否有权取回自己产生的数字内容

《数字内容和数字服务合同指令》第 16 条第 4 款规定,消费者在使用经营者提供的数字内容或数字服务时,只要消费者提出要求,经营者就有义务向消费者提供消费者在使用经营者提供的数字内容或数字服务时提供或制作的、不属于个人信息的内容。经营者的该项义务意味着消费者有权检索其通过使用经营者提供的数字服务而生成的数字内容(同时有权依据《通用数据保护条例》访问个人数据)。消费者在合同已经终止的情况下对导出(exportability)该服务的其他用户提供的数据时,会引起相关质询。这些数据包括:(1)消费者将数字服务中以数字形式创建、处理或存储消费者提供的数据;(2)数字服务允许以数字形式共享数据和与数据交互和数据[13]。

---

[12] 根据 DCD 第 17 条所列责任,在终止数字内容供应合同的情况下,消费者负有某些特定义务。因此,在合同终止之前,要求消费者不能继续使用数字内容或数字服务,也不能将其提供给第三方。此外,如果数字内容是由专业交易商在有形媒介上提供的,则消费者有责任应经营者的要求并由经营者承担费用,将有形媒介退还给经营者,"不得无故延误"(在合理时间范围内,不得无故延误)。如果经营者决定要求返还有形媒介(该特定请求代表了经营者的一种选择),则该请求必须在经营者得知消费者决定终止合同之日起的 14 日内提出(送达给消费者)。我们还应注意到,与先前的观察一致,在合同终止之前的一段时间内,如果数字内容或数字服务不符合或未被经经营者处理以符合标准,消费者将不承担对数字内容或数字服务的任何使用的支付义务。

[13] 这一部分设想提供的数字服务是针对消费者的某种繁苛的对待履行方式,无论是货币(支付对价)还是数据形式(例如消费者的个人数据),两者都提出了消费者有权检索他/她使用经营者提供的数字服务所产生的数字内容的问题。See, for details, D. Clifford, "Data Protection and Consumer Protection: The Empowerment of the Citizen Consumer", loc. cit. supra.

（六）确保合约性须遵守的特殊条款和时限

1. 以非合约性时间与履行总时间的比例预估补偿价值

在某些情况下，消费者付费订购了一段时间的数字内容（意味着定期支付费用），虽然在订购期的剩余时间内数字内容符合合同规定或消费者的合理预期（legitimate expectations），但在这段时间内的部分时间内数字内容是有瑕疵的，这就提出了一个问题，即如何确定消费者有权获得的补偿价值。在这一假设中，必须强调的是，消费者终止合同的时间仅限于出现不合约情况的那段时间。这意味着，此种情况下，经营者应退还的款项也将与数字服务不合约的期间成比例。

2. 终止合同的 30 日期限

当经营者决定单方变更主要合同条款（例如与数字内容或数字服务的技术特点有关的条款）时，消费者有权终止合同。如果修改对消费者访问或使用数字内容或数字服务造成负面影响，消费者有权终止合同，除非此负面影响很轻微。在这种情况下，如《数字内容和数字服务合同指令》第 19 条第 2 款所规定的，消费者有权在通知到达后的 30 日内，或在数字内容或数字服务被经营者更改后，无偿终止合同；前面两个时间点中，以较晚的时间点为准。

（七）总结性意见

2019 年 5 月 20 日的《数字内容和数字服务合同指令》对数字内容和数字服务合同的某些方面进行了重大改革，其提出的分级标准体系赋予非合约性的主观要求以优先地位,同时认定数字内容电子商务领域合约性的主观要求与客观要求之间的内在联系。因此,经过一段合理的时间后,经营者是否按照合同约定提供数字内容就应一目了然。如果出现后一种情况,消费者可以采取两种次要救济措施中的一种,要么选择终止合同并要求退还全部价款,要么选择保留有缺陷的数字内容或数字服务并要求退还部分费用。如前所述,如果消除缺陷是不可能的、不相称的或非法的,消费者也可以要求部分或全部退款。特别是在消除缺陷会给消费者造成"重大不便",以及从当时情况看经营者显然不会消除瑕疵(隐含或明确拒绝或隐含不可能消除瑕疵)的情况下,特别是在他们明确告知不可能或经营者拒绝更换数字内容的情况下,消费者可以选择部分或全部退货。从前面的论述中可以得出以下结论性意见。

在消费者遇到数字内容不符合合同约定的情况下,其可以选择以下三种可能的救济途径之一:(1)免费服务或非无偿更换数字产品(如果这是一项合理且相称的措施);(2)重新估价和部分补偿,从而按比例降低价格;(3)终止合同并返还全部费用。

如果不合约的原因是将数字内容或数字服务不正确地集成到消费者的数字环境中,但后者是由于经营者在向消费者提供固有的指令以便将数字内容适当地集成到消费者的数字环境中时出现了失误,则消费者有权获得公正的赔偿以及任何其他具体的法律救济,如单方面终止合同;如果数字内容或数字服务是由经营者集合或由经营者负责集合的,则同样的解决方案也适用于因集合方式不当而导致不合约的情况。

因此,数字内容的轻微瑕疵不构成终止合同的相关理由,除非经营者自愿同意,否则这些瑕疵不构成终止合同的相关理由,也不能作为退还部分价款的理由;在这些情况下,消费者可以要求经营者在合理的时间内使数字内容或数字服务合约,但前提是这些补救措施的实施不会对消费者造成重大不便。

从分担责任的角度看,如果经营者因未能提供数字内容或数字服务,或因可归咎于第三方的原因或其在交易链条前几个环节中的某个合作伙伴的作为或不作为而构成违约,从而对消费者负有责任,则被认为对消费者负有责任的经营者(包括对虚假陈述、有缺陷的产品或不令人满意的数字服务的赔偿)将有权寻求救济。

不禁止单方面修改向消费者提供的数字服务的技术或法律特征;但是,只有在同时满足以下条件(且必须同时满足)的情况下,经营者才被允许进行此类单方面调整:合同允许并提供了此类单方面修改合同条款的有效理由;经营者建议的修改不会给消费者带来任何额外费用;然而,经营者应当以清晰易懂的方式向消费者告知其所实施的修改。

新规则还规定了应向消费者退还价款的具体期限;因此,根据《数字内容和数字服务合同指令》第 14 条第 4、5 款或第 16 条第 1 款,由于减价或终止合同,经营者因数字内容不合约要求而应向消费者退还的任何款项,必须在"无不当拖延的情况下"进行,且在任何情况下,必须"在经营者获悉消费者决定之日起 14 日内"执行,以便消费者形式要求减价或终止合同之权利。

与此同时,除了轻微的不合约的情况,消费者有权对不合约的产品进行补救或选择立即终止合同的补救措施;然而,区分等级的救济制度意味着消费者不能要求全额或部分退款,但必须等待供应商"在合理时间内"修复数字内容,作为一种优先的救济措施。

根据分层级救济的逻辑,只有在其他救济措施不可能、不成比例或不合法的情况下,消费者才可能选择终止合同或可要求部分退款(减价);在与合同不合约的补救措施没有在"合理的时间"内完成,以及在消费者要求的不符合规定的补救措施最终可能实现的情况下,终止合同仍然是一个有效的选择,但它会给消费者造成"重大不便";但同样重要的是,在经营者声明他们不会补正违约行为的情况下,或者从实际情况来看,经营者不会纠正违约行为的情况很明显，消费者可以诉诸司法机关以终止合同。

请谨记，《数字内容和数字服务合同指令》中没有明确定义处理不合格服务或产品的"合理期间"和"严重不便"的概念，因此，这仍然是一个开放式的概念，在这一领域上，并没有排除未来法律的不确定性，这给法院留出了在司法实践中明确数字内容和数字服务的合同中这些概念含义的空间。

第五编　数字内容和数字服务合同消费者的权益保护

十五、《数字内容和数字服务合同指令》中经营者对数字内容或者数字服务的变更

[葡萄牙]马丁－法里尼亚[*]

2019年,欧盟批准了一揽子立法,旨在实现消费者法诸多方面的现代化,以应对数字单一市场的挑战。其中,《数字内容和数字服务合同指令》的任务是建立一个法律框架,以确保在提供数字内容和数字服务的合同中保护消费者,该法律框架涉及合约性要求、消费者可获得的救济措施以及经营者对服务和内容进行变更的问题。有关最后一个问题的条款将得到仔细研究和挖掘,目的是全面理解有关变更的法律框架,并试图回答与

---

[*] 马丁－法里尼亚(Martim Farinha),里斯本新大学法学院、里斯本新大学消费者实验室研究员。原文载于《电子法律杂志》2021年第2卷第25期。本译文介绍了在《数字内容和数字服务合同指令》下经营者变更数字内容和数字服务合同的相关问题。涉及变更的实质内容包含什么是变更、经营者何时可以变更。指令可以为消费者提供的保护范围,该指令的适用范围,在变更发生之时为消费者可以提供何种保护、消费者的相关权利,并且在文中例举实际案例。为数字时代下的消费者提供更好的保护,也为我国数字合同中消费者权益保护带来了一定的思考。

之相关的问题。什么是变更？经营者何时必须进行变更？在哪些情形和条件下经营者需要超出合约性范围自行进行变更？经营者的这些行为应当有多大程度的透明度？消费者拥有哪些权利和救济措施？最后，考虑到该指令在未来的转变，本文将分析两个有关变更条款和条件(T&C)的真实案例。

(一)引言

欧盟 2019 年关于消费者保护的一揽子新指令旨在加强和统一欧洲数字合同法律框架,作为数字单一市场倡议的一部分。其中《数字内容和数字服务合同指令》(DCD)[1]引入了新的规定,以规范和加强消费者从经营者处获取数字内容和数字服务之时的权利,同时助推中小企业(SME)开展跨州在线电子商务。如果(各成员国)适用的法规[2]是统一的,市场壁垒和进入成本降低,消费者的信任度也更高,那么中小企业将从中受益。

值得注意的是,在该指令发布之前,适用于数字内容和数字服务供应合同的欧盟法律非常有限,[3]而一些成员国也缺乏适

---

[1] 2019 年 5 月 20 日欧洲议会和欧盟理事会《关于提供数字内容和数字服务第 2019/770 号指令》[《数字内容和数字服务合同指令》(DCD)]。

[2] 《数字内容和数字服务合同指令》序言第 11 条。

[3] 在该指令发布之前,欧盟层面的数字内容和数字服务供应合同仅部分受到《欧盟消费者权利指令》、《消费者合同中的不公平条款指令》和《电子商务指令》的规范。See page 2, paragraph 4 of, RAFAŁ MAŃKO, EU Legislation in Progress: Contracts for Supply of Digital Content to Consumers (April 25, 2016). European Parliamentary Research Service, Briefing in series "EU Legislation in Progress". PE 581.980 (April 2016). Available https://www.europarl.europa.eu/RegData/etudes/BRIE/2016/581980/EPRS_BRI%282016%29581980_EN.pdf. (30/05/2021).

当的立法[4]。《数字内容和数字服务合同指令》确实是"消费者法律体系中缺失的一环"[5]。

虽然该指令并不完美,也没有达到欧盟最初提议的《欧洲共同销售指令》[6]的目标,但是它建立了一个共同制度(通过最大限度的统一[7]),从这一点来看指令还是取得了相当大的成就。该共同制度涉及数字内容或者数字服务合约性、(当经营者提供的商品或数字服务)不符合合同约定和(经营者)不履行提供义务之时消费者享有的适当救济措施[8]以及(经营者)变更所提供的数字内容和数字服务的规定。

---

[4] Page 3 and 4 of RAFAŁ MAŃKO, EU Legislation in Progress: Contracts for Supply of Digital Content to Consumers (April 25, 2016). European Parliamentary Research Service, Briefing in series "EU Legislation in Progress". PE 581.980 (April 2016). Available https://www.europarl.europa.eu/RegData/etudes/BRIE/2016/581980/EPRS_BRI%282016%29581980_EN.pdf.(30/05/2021).

[5] Refereed by the European Consumer Organisation in "European Commission's Public Consultation On Contract Rules For Online Purchases Of Digital Content And Tangible Goods BEUC response" Available in http://www.beuc.eu/publications/beuc-x-2015-077_contract_rules_for_online_purchases_of_digital_content_and_tangible_goods.pdf (30/05/2021), RAFAŁ MAŃKO, EU Legislation in Progress: Contracts for Supply of Digital Content to Consumers (April 25, 2016). European Parliamentary Research Service, Briefing in series "EU Legislation in Progress". PE 581.980 (April 2016). Available https://www.europarl.europa.eu/RegData/etudes/BRIE/2016/581980/EPRS_BRI%282016%29581980_EN.pdf (30/05/2021).

[6] Proposal for a Regulation Of The European Parliament And Of The Council on a Common European Sales Law /* COM/2011/0635 final - 2011/0284, available in https://eur-lex.europa.eu/legalcontent/EN/TXT/?uri=CELEX%3A52011PC0635.(30/05/2021).

[7] 《数字内容和数字服务合同指令》第4条。Page 67 of JORGE MORAIS CARVALHO, Venda de Bens de Consumo e Fornecimento de Conteúdos e Serviços Digitais - As Diretivas 2019/771 e 2019/770 e o seu Impacto no Direito Português, in RED - Revista Electrónica de Direito, Outubro 2019, Vol. 20 N° 3, pages 63-87, DOI: 10.24840/2182-9845_2019-0003_0004.

[8] 《关于消费者商品买卖及其担保的某些方面的指令》(《消费者商品和担保指令》)(1999/44/EC号指令)已经对"有形商品"的销售规定了这些要求和规则,但是将数字内容和服务的提供排除在其适用范围之外。关于商品销售的新《关于货物买卖合同特定方面的第2019/771号指令》(《货物买卖合同指令》,SGD)为数字单一市场"更新"了许多规定。

本文将重点探讨该指令的一项具体创新:该条款涉及经营者变更数字服务和数字内容的情况——变更的实质性内容、为消费者提供的保护范围以及在实际场景中如何与欧盟合同法方面的其他法律规定进行互动。

该指令指出,由于提供数字内容和数字服务有关的数字创新不断发展,经营者进行的更新、升级和其他变更对消费者来说可能是必要和有利的[9],但遗憾的是,情况并非总是如此。在一些提供数字服务和数字内容的长期合同中,经营者往往会强行进行不利于消费者的单方变更——这些变更不一定表现在合同条款本身的变化上,而是表现在所提供的服务和内容特点及功能方面的变化上。

为了遏制一些掠夺性行为和滥用行为,《数字内容和数字服务合同指令》第19条规定了对经营者合法变更数字服务或数字内容的要求,但不包括履行这些变更是经营者实际义务的情况,如提供更新(包括安全更新)的义务和保持服务或者内容具有合约性的义务[10]。

(二)提供数字内容或者数字服务的合同

首先,我们必须简明扼要地指出《数字内容和数字服务合同指令》的客观适用范围。欧盟委员会在2015年选择如下的方法[11],

---

[9] 序言第74条。

[10] 《数字内容和数字服务合同指令》第8条和第7条。

[11] Proposal for a DIRECTIVE OF THE EUROPEAN PARLIAMENT AND OF THE COUNCIL on certain aspects concerning contracts for the supply of digital content COM/2015/0634 final – 2015/0287（COD）Available：https://eurlex. europa. eu/legal-content/EN/TXT/? uri = celex%3A52015PC0634.（30/05/2021）.

欧盟议会(EP)[12]和欧盟理事会也都遵循这样的方法,即不对指令适用范围的合同类型进行统一区分,而将合同的类型化留给国内法[13]来规定。这是为了尊重不同国家的合同法传统,同时为了防止技术的快速发展与新兴商业模式的结合超出指令所规定的精确的合同类型[14]。

依据指令第3条的规定,第2条第1、2款所指的提供数字内容或者数字服务的任何合同[15],无论该合同是以何种方式订立的(在商店内或商店外或远距离)、无论数字内容是以何种方式交付的(通过DVD等长期存储介质,通过下载、通过流媒体或通过向消费者提供访问渠道)[16]、无论消费者在哪里支付价款或者提供待处理的个人数据(并不完全是经营者为了满足法律要求或者为了提供上

---

[12] European Parliament, 'Report on the proposal for a directive of the European Parliament and of the Council on certain aspects concerning contracts for the supply of digital content', November 2017, available: https://www.europarl.europa.eu/doceo/document/A-8-2017-0375_EN.pdf. (30/05/2021).

[13] 序言第12条和指令的第3条第10款——除法律性质以外,合同法的其他方面,合同的订立、有效性、效力、消费者对经营者的义务等仍然不受《数字内容和数字服务合同指令》的影响,应适用国内法规则。See page 139 of ALEXANDRE L. DIAS PEREIRA, Os direitos do consumidor de conteúdos e serviços digitais segundo a Diretiva 2019/770, RED – Revista Electrónica De Direito, Fevereiro 2020, N° 1 (Vol. 21) DOI: 10.24840/2182-9845_2020-0001_0007.

[14] See page 4 of KARIN SEIN and GERALD SPINDLER, "The new Directive on Contracts for the Supply of Digital Content and Digital Services – Scope of Application and Trader's Obligation to Supply – Part 1", European Review of Contract Law Vol. 15 N° 3, pages 257–279, 2019 https://doi.org/10.1515/ercl-2019-0016. (30/05/2021).

[15] 与第3条第5款所述事项有关的合同除外,需结合序言第27条至第33条进行解释。See also pages 9 to 13 of KARIN SEIN and GERALD SPINDLER 'The new Directive on Contracts for the Supply of Digital Content and Digital Services – Scope of Application and Trader's Obligation to Supply – Part 1', European Review of Contract Law Vol. 15 N°3, pages 257–279, 2019. https://doi.org/10.1515/ercl-2019-0016. (30/05/2021).

[16] Page 14 paragraph 2 of MARCO LOOS "European Harmonisation of Online and Distance Selling of Goods and the Supply of Digital Content" (May 31, 2016). Amsterdam Law School Research Paper No. 2016-27; Centre for the Study of European Contract Law Working Paper Series No. 2016-08. Available at SSRN: https://ssrn.com/abstract=2789398. (30/05/2021).

述服务或者内容[17]),并且其不属于第 2 条第 3 款[18]所指的与商品[19]集合、合并或者相互联系的情况,那么其就属于指令的适用范围。

上述所有要求仅仅涉及指令的客观适用范围。《数字内容和数字服务合同指令》仅适用于消费者和经营者之间(的特定种类合同),因此主体范围仅限于满足了实质性要求的消费者和经营者。消费者和经营者的定义分别规定在《数字内容和数字服务合同指令》第 2 条中第 6 款和第 5 款,并应结合第 17 条和第 18 条进行理解。对于合同存在双重目的的情况(消费者同时将数字服务或者数字内容用于其贸易、商业、手工业、职业或者这些以外的目的),成员国可以自由选择扩大或者不扩大指令的适用范围[20]。《数字内容和数字服务合同指令》还将经营者的概念扩大到平台提供商,这些平台提供商的行为目的与其业务相关,并且在提供数字内容或者数字服务的合同中是消费者的直接相对方。

从实践角度看,数字服务和数字内容包括哪些种类?《数字内容和数字服务合同指令》给出了一些例子:"计算机程序、应用软件、视频文件、音频文件、音乐文件、数字游戏、电子图书或其他电子

---

[17] 《数字内容和数字服务合同指令》第 3 条第 1 款(第 2 段)、《数字内容和数字服务合同指令》序言第 25 条和《数字内容和数字服务合同指令》第 3 条第 5 款第 f 项。

[18] See《数字内容和数字服务合同指令》序言第 20—22 条,以及 KARIN SEIN and GERALD SPINDLER, "The new Directive on Contracts for the Supply of Digital Content and Digital Services – Scope of Application and Trader's Obligation to Supply – Part 1", European Review of Contract Law Vol. 15 N° 3, pages 257 – 279, 2019 https://doi.org/10.1515/ercl - 2019 – 0016. (30/05/2021).

[19] 如果有关有形物品仅作为载体,即上述数字内容的一种存储形式,则《数字内容和数字服务合同指令》仍然适用——《数字内容和数字服务合同指令》第 3 条第 3 款和《数字内容和数字服务合同指令》序言第 20 条。

[20] For an in-depth analysis, see pages 6 and 7 of JORGE MORAIS CARVALHO "Sale of Goods and Supply of Digital Content and Digital Services-Overview of Directives 2019/770 and 2019/771", July 18, 2019. Available at SSRN: https://ssrn.com/abstract = 3428550. See also pages 71 and 72 of JORGE MORAIS CARVALHO, Venda de Bens de Consumo e Fornecimento de Conteúdos e Serviços Digitais-As Diretivas 2019/771 e 2019/770 e o seu Impacto no Direito Português, in RED-Revista Electrónica de Direito, Outubro 2019, Vol. 20 N° 3, pages 63 – 87, DOI: 10.24840/2182 – 9845_2019 – 0003_0004.

出版物……允许以数字形式创建、处理、访问或者存储数据的数字服务,包括视频和音频共享及其他文件托管、云计算环境和社交媒体提供的文字处理或游戏等软件及服务。"[21]

必须指出的是,各种可能提供数字服务和数字内容形式多种多样,且不论选择何种方法,《数字内容和数字服务合同指令》都适用于特定情况[22]。最初供应/允许访问数字内容或者数字服务的方法可能会影响到今后变更的可能性和方法。

上文提到的一些数字服务和数字内容可以通过几种方式在一次初始供应行为中传送给消费者:(1)可以完全离线进行(提供的内容在有形存储介质中);(2)可以在有形的离线介质中提供安装程序,一旦联网,就可以下载并在消费者的设备上正确安装内容;(3)可以从主机网站上下载;(4)可以在服务提供商的平台上在线访问,但是从未下载到消费者的设备中;(5)下载到消费者设备中的软件要求消费者必须在线;(6)可在服务提供商的平台上在线访问,但是从未下载到消费者的设备上;(7)下载到消费者设备上的软件要求消费者必须在线并登录其个人账户,才能访问已正确安装在其设备上的数字内容或者数字服务——这就是数字版权管理(DRM)工具的应用,其实施目的是限制用户(消费者)使用、变更和传播版权作品。

(三)什么是对合同数字内容或数字服务的变更

在《数字内容和数字服务合同指令》[23]的文本中,无论是在序

---

〔21〕 《数字内容和数字服务合同指令》序言第 19 条。
〔22〕 序言第 19 条(最后一部分)。
〔23〕 我们讨论了这一概念的定义,See JORGE MORAIS CARVALHO and MARTIM FARINHA "Goods with Digital Elements, Digital Content and Digital Services in Directives 2019/770 and 2019/771" (October 22, 2020). Revista de Direito e Tecnologia, Vol. 2 (2020), No. 2, 257–270, Available at SSRN: https://ssrn.com/abstract=3717078. Pages 266–268。

言部分还是在其条款[包含第 2 条(定义)]中,都没有对"变更"一词作出明确的单独定义。欧洲立法者并未试图用一个严谨的方式来定义这个概念,避免此后由于不可预见的技术发展而缩小指令的适用范围,取而代之的是选择了间接提及、指明变更在实践中可能带来的后果,以及条款的基本原理意在规范的内容。从某种意义上说,这种谨慎的做法值得称赞——大型跨国科技公司经常想方设法规避国家法规规定的义务,这些国家法规往往跟不上这些企业所进行的实验和颠覆性创新的水平。由于该指令具有最大限度的统一性[24],在将其转化为国内法时,成员国不得规定比欧洲文本更严格的定义,从而限制该指令为消费者提供的保护力度。

因此,在立法者没有给出明确定义的情况下,解读"变更"这一概念实质内容的任务就落在了我们身上。如上文所述,这一概念显然应从广义上解释,其必须适用于各种合同、不同类型的数字内容和数字服务,并具有可塑性,以适应不可预测的创新[25]。

在继续讨论之前,需要承认另一个问题,即(数字内容或数字服务的)变更这一法律概念的含义并不是指单方面或经双方同意对合同条款进行的改动,而是指通过改变上述数字服务或数字内容软件的数字代码而对数字服务或数字内容特征进行的改动,不论这个改动是由消费者、经营者还是由第三方进行的。这是一个独立的概念,指的是技术上的变更,而不是合同上的。尽管该指令仅适用于消费者和经营者之间的关系,但是出于保护前者的考虑,必须牢记这一点,才能全面、合理地解释该指令。

变更就是改变,改变"某物"——变更可以理解为对源代码、运

---

[24] 《数字内容和数字服务合同指令》第 4 条。
[25] Page 4 CAROLINE CAUFFMAN, New EU rules on business-to-consumer and platform-to-business relationships, Maastricht Journal of European and Comparative Law, Vol. 26 (4) 2019, DOI:10. 1177/1023263X19865835, available:https://www.researchgate. net/publication/335252108_New_EU_rules_on_business-toconsumer_and_platform-to-business_relationships (2/06/2021).

行服务的软件所做的任何改动,无论是仅在服务提供商的数据库、主机网站上变更,还是对下载安装在消费者电脑上的软件进行变更。变更还包括数字内容及其可能访问性、质量、功能,与其他服务的互操作性受到影响的情形——不仅是通过对服务、平台的整体改变(这种改变同样适用于该服务的所有消费者),而且可以通过有针对性地变更(仅影响特定消费者在上述平台的个人账户)。

这种更宽泛的解释在《数字内容和数字服务合同指令》对数字内容和数字服务的定义(第2条第1款和第2款)中找到了依据——"变更"(通过添加、删除或改写)以数字形式制作和提供的数据,或者以任何方式改变(广义上的)服务特征,此处的服务允许创建、处理、存储、访问、共享或者与消费者或该服务其他用户上传或创建的数据进行任何其他可能的互动。

序言第74条还提到,变更可以是"更新、升级或者类似的变更……有些变更在合同中规定为更新……其他变更可能是为了满足数字内容或数字……合约性的客观要求"。序言第75段提到"除了旨在保持合约性的变更,还应允许经营者在某些条件下变更数字内容或者数字服务的特征……变更对……的使用或者获取产生负面影响的程度应当客观地确定,应考虑到数字内容或者数字服务的性质和用途,以及同类数字内容或者数字服务正常的质量、功能、兼容性和其他主要特征"。

在不讨论过多细节的情况下,《数字内容和数字服务合同指令》关于变更的规定想要实现什么目的?欧洲立法者的理由是什么?在某些情况下(第8条第2款和第14条第1款至第3款),指令规定了变更数字服务或数字内容的义务,以便使数字服务或数字内容具有合约性,同时以某种方式规定了经营者通知消费者上述变更的附随义务;对于经营者进行的、合同本身没有要求的其他变更(第19条),合同必须有条款允许出于正当理由进行上述变更,并且必须以明确的方式告知消费者——如果这些变更对消费者产生负面影响,则会加强告知义务,并允许消费者终止合同。

这些关于变更的条款背后共同的原理其实很简单:将上述变更充分告知消费者,并迫使经营者在合同范围内行事——经营者不仅不能偏离合约性要求,还不能在消费者不知情的情况下随意变更数字服务或者数字内容而损害消费者的利益。

因此,从变更概念的共同理解出发,加上对变更内容,以及什么情况下会发生变更的界定,我们得出的结论是,变更的概念应该从广义上解释(以保证成员国之间的统一适用,这也是《数字内容和数字服务合同指令》最大限度的统一性及其核心条款的目的),还能避免受到不可预见的创新和技术突破的影响,因为任何改动都会影响第 2 条第 1 款和第 2 款,连同第 10 款、第 11 款和第 12 款所列的有关上述数字内容或数字服务特征的标准。

在消费者和经营者的双边关系中,需要谨慎适用变更的概念,需要逐案分析以确认所谓变更是否对某一消费者的数字服务或数字内容作出真正的变更(因此可能会出触发《数字内容和数字服务合同指令》的某些条款)。这一点很重要,因为"并非所有的变更都是一样的"——在某项在线服务中,经营者可能会进行变更,而这种变更只影响到使用该服务的部分消费者——那么未受影响的消费者的数字服务是否被变更了呢？答案是没有。

(1)Spotify 改变了所有用户的用户界面——对所有用户数字服务的变更。

(2)Spotify 通过提高传输来改变面向高级用户的传输质量——这种变更仅在对这些高级用户提供的数字服务中进行。免费版本的用户不受影响,向他们提供的服务未作变更。

(3)Instagram 更改了用户出版物在关注者信息源中的显示算法(从时间顺序改为使用机器学习计算的相关性感知顺序)——这一更改影响了内容在平台上的共享方式,因此是一种变更,而且是一种影响所有用户的变更。

(4)暴雪作为在线电子游戏《魔兽世界》的服务提供商,收到了关于用户 X 通过使用条款禁止的方法获取物品的投诉。在确认投诉属实后,暴雪从用户 X 的个人账户中移除了上述物品——这是只影响单个用户的数字服务变更。

(5)Facebook 对用户界面进行了小幅度的美学调整,并重新设置了(用户)对平台功能的访问方式,以便用户可以更为轻松地访问最常用的功能——对所有用户的变更。

(6)微软每月都会为 Windows 10 用户提供安全更新——根据《数字内容和数字服务合同指令》经营者被要求进行的变更。

(7)Netflix 更改了向消费者提供流媒体服务的电视节目,因为(Netflix)获得了上述电视节目的发行许可,并失去了其他电视节目的流媒体播放权——这是第三方版权[26]导致的影响服务合约性的变更。

(8)如果用户违反了使用条款,Twitter 会在发送给用户的推文中发出警告或标记误导性声明——这种变更会影响用户生成的数字内容。

在上述所有案例中,我们都遇到了变更——不同的是改动的类型以及经营者、受影响的人。这一点很重要,因为在较为复杂的案件中(通常与线上平台有关),所提供的确切数字服务或数字内容的性质及其受到的变更并非总是清晰明了的,对于所进行的变更是为了保持或者恢复合约性,还是属于不影响合约性的自主变更,也并非总是清晰明了的。

(四)经营者何时可以进行变更

如前文所述,《数字内容和数字服务合同指令》在其条款和序

---

[26] 参见序言第 53 条和第 54 条。

言中指出了三种经营者可以进行变更的情况:(1)为了使数字服务或者数字内容具有合约性而必须进行变更的情况;(2)变更符合合同规定的提供更新的义务或者符合合约性的客观要求;(3)其他由经营者自行决定的变更。本部分将对这三种可能性及其要求和影响逐一进行分析。

1. 为了使服务或内容具有合约性而进行的变更

这是一类非常广泛的变更。在任何出现不符合合同约定情形的情况下,由于未能遵守合同客观或者主观要求,经营者可能提出变更,目的是使数字服务或者数字内容符合合同约定。在目前的研究中,我们将由合同义务产生的提供更新义务单独归为一类,但是二者都可以被认为属于一个更广泛的类别,因为不提供上述更新会导致(提供的数字服务或数字内容)不符合合同约定。

值得注意的是,提供此类变更既可以是消费者所要求的,即"要求数字内容或者数字服务符合合同约定的权利"[27],也可以是经营者主动进行或者提议的,因为经营者不希望消费者采取第14条第1款规定的其他救济措施,即减价或者终止合同。

《数字内容和数字服务合同指令》第14条第1款和第2款规定,在(提供的数字内容或数字服务)不符合合同约定的情况下,消费者有权要求数字服务或者数字内容符合合同约定——可以通过下载更新实现这一要求,如果数字服务或者数字内容是在消费者的设备上安装和运行的话,也可以单方面简单改动线上平台(其软件或对消费者个人账户某一方面的相关数据库进行"外科手术式"的变更)。

---

[27] See page 12 of KARIN SEIN and GERALD SPINDLER "The new Directive on Contracts for Supply of Digital Content and Digital Services – Conformity Criteria, Remedies and Modifications – Part 2" European Review of Contract Law Vol. 15 N° 4, 2019, pages 365 – 391. Available in https://doi.org/10.1515/ercl – 2019 – 0022.

在第 14 条第 4 款第 b 项的相反规定中,经营者可以按照第 14 条第 3 款使得数字服务或者数字内容具有合约性,从而避免消费者采取减价的补救措施。第 3 款规定了此类变更(无论是消费者要求还是经营者提议)必须遵守的程序:(1)在合理时间内提供;(2)对消费者免费;(3)不(对消费者)造成任何重大不便。在对具体案件适用该条款之时,必须达到一定程度的相称性和合理性,因为还必须考虑到有关具体数字内容或数字服务的性质和用途。

2. 提供更新的义务——为维持合约性的变更

《数字内容和数字服务合同指令》为欧盟消费者合同法带来了创新:指令认为持续支持数字服务[28]运行和一个与之相关的市场惯例对消费者是十分必要的,该市场惯例要求经营者承担以更新形式提供上述支持的义务。

第 8 条第 2 款将这一更新义务作为主要的合约性客观要求之一,适用于以下两种情况:(1)对于以单个行为或一系列单个供应行为履行义务的合同,更新义务的期限是消费者在考虑到有关具体数字服务或者数字内容的类型、性质和用途下可合理预期的期限;(2)对于在一段时期内持续供应的合同,更新义务的期限是上述供应期限。

上述更新的内容、类型和周期应当从广义上解释,在个案基础上考虑第 8 条第 1 款第 a 项和第 b 项所列标准——它们必须符合普通消费者对该数字服务或者数字内容的合理期待,同时不能偏离特定行业行为准则、公认市场惯例以及欧盟法或者国内法规定的法

---

[28] Page 10 of CHRISTIANE WENDEHORST, "Sale of goods and supply of digital content-two worlds apart? Why the law on sale of goods needs to respond better to the challenges of the digital age", Directorate General for Internal Policies Policy Department C: Citizens' Rights and Constitutional Affairs, 2016 available: https://www. europarl. europa. eu/cmsdata/98774/pe%20556%20928%20EN_final. pdf (3/6/2021).

律义务。

《数字内容和数字服务合同指令》的一些条款规定并强调了提供更新的义务,包括安全更新[29]。《数字内容和数字服务合同指令》没有对技术安全标准进行定义,因此消费者在合同下可以确切地预期什么并不明了——大多数成员国在此问题上没有具体可靠的标准或者适当规定[最新的《欧盟网络安全条例》[30]将此类标准留给了(成员国)国内法规定][31]。

现在为了帮助区分这两个拟讨论的类别——"为了使服务符合合同规定而进行的变更"和"为了维持服务合约性而进行的变更"——有两个简单的例子:(1)一款电子游戏在发布之时不仅缺少了其广告、预告片和宣传材料中大力宣传的关键功能,而且存在技术问题,使得其无法在具备硬件要求的计算机和机器上运行。在发布1周之后,该电子游戏的开发商发布了一个补丁,即一个更新,修复了该电子游戏的技术问题,并增加了大部分缺失的功能。(2)发布的一款(不同的)电子游戏,具有所有承诺的特性和功能,没有任何技术问题。在宣传材料中大力宣传该游戏在发布后的前2年里,每3个月就会有一次免费的更新,更新包含特定功能、非常细致的人物等。在这2年里,开发商尽职尽责地履行了自己的承诺。

例1的情况是:数字内容与合同不符,经营者进行了一系列变更以纠正问题并使服务符合合同要求。在第1周内,消费者可以采取一切救济措施,包括终止合同,因为这种不符合合同约定的情况

---

[29] 《数字内容和数字服务合同指令》第8条第2款和序言第47条。

[30] 欧洲议会和欧盟理事会2019年4月17日关于ENISA(欧盟网络安全机构)以及信息和通信技术网络安全的认证的《欧盟2019/881号条例》。

[31] See page 5 of KARIN SEIN and GERALD SPINDLER "The new Directive on Contracts for Supply of Digital Content and Digital Services – Conformity Criteria, Remedies and Modifications – Part 2" European Review of Contract Law Vol. 15 N° 4, 2019, pages 365 – 391. Available in https://doi.org/10.1515/ercl – 2019 – 0022.

并不轻微(《数字内容和数字服务合同指令》)第 14 条第 6 款)。在经营者进行了这些变更之后,仍然存在轻微不符合合同的情况(补丁增加了"大部分缺失的功能"),因此经营者仍然需要再进行一次变更,以使服务完全符合合同约定。

例 2 的情况是:进行变更(每 3 个月更新一次)是为了维持数字服务的合约性——这是作为合同一部分的经营者承诺。在合同有效期内,不存在不符合约定的情况,数字服务始终符合消费者的期望,没有造成任何损害,消费者也无须采取任何救济措施。

3. 经营者根据第 19 条自主进行的变更

《数字内容和数字服务合同指令》第 19 条(委员会提案[32]第 15 条),规定了不属于本文第四部分的所有其他变更所适用的制度。这些变更的目的和性质各不相同。

在《数字内容和数字服务合同指令》建立约束经营者的数字服务合约性制度之前,这被认为是电子商务规则的一个缺漏,通常是通过一些传统的合同法原则和规则的延伸来解决,以涵盖这一新的数字现实,而《数字内容和数字服务合同指令》的这些规定最终解决了这一问题。与合同主要方面无关的其他变更事项落入了实际的法律真空地带,留给经营者和消费者自行摸索最佳的市场和合同实践,这无疑是有利于经营者和服务提供商的。

《数字内容和数字服务合同指令》第 19 条试图解决以下主要问题:(1)缺乏合同前信息;(2)消费者对影响自身的数字服务或者数字内容的变更缺乏了解;(3)在变更对长期合同中的消费者有负面影响时可以采取的救济措施。

---

〔32〕 Proposal for a Directive of the European Parliament and of the Council on certain aspects concerning contracts for the supply of digital content COM/2015/0634 final - 2015/0287(COD) Available:https://eurlex. europa. eu/legal-content/EN/TXT/? uri = celex%3A52015PC0634.(30/05/2021).

必须指出的是,经营者在这方面仍然有很大的自由度,有很大的余地来运作和改变数字内容和(或)数字服务——数字内容和数字服务必须符合合约性要求,而这些要求实际上并不难遵守。此外,欧洲立法者认为在这种情况下做出的许多变更肯定会使消费者受益,甚至提供了一些例子,"为了使数字内容或数字服务适应新的技术环境或增加的用户数量,或者出于其他重要的运营原因……他们(经营者)改进数字内容或者数字服务"[33]。

第 19 条适用于在一定时期内提供或者允许访问数字内容或者数字服务的合同。在此范围内,持续提供内容的合同,或者允许不限数量的单独提供行为的合同,或者兼具两者的合同,都在该规范的范围之内。其原理显然是针对经营者和消费者之间存在长期关系的合同,这可能是由于商业模式——消费者为服务支付订阅费用,并且(或)者允许经营者为了严格的法律要求和(或)履行合同的目的以外的原因处理个人数据;或者是因为技术解决方案——消费者在合同一开始就支付了价格,并且经营者没有出于其他目的处理个人数据,但是数字服务或者数字内容的部分或者全部都只能在线访问。

第 19 条第 1 款列出了不引起救济措施的合法变更要求,现在将对这些要求进行审查。

(1)允许变更的合同条款

如果阅读软件(以及所提供内容的版权和相关权利)的条款和条件(T&C)或者最终用户许可协议(EULAs)全文[34](消费者在订

---

[33] 《数字内容和数字服务合同指令》序言第 75 条。

[34] 人们已经广泛地认识到,不幸的是,绝大多数人根本不会阅读这些条款,即便他们尝试去阅读,"法院似乎也认识到,格式条款往往是消费者无法理解的,无论消费者的脆弱程度如何"。载于 page 4 of GERAINT HOWELLS, "Unfair Contract Terms" in GERAINT HOWELLS, CHRISTIAN TWIGG‐FLESNER, THOMAS WILHELMSSON "Rethinking EU Consumer Law" Routledge, July 2017, pages 129‐168, available in https://www.taylorfrancis.com/books/9781315164830 and https://doi.org/10.4324/9781315164830.

阅绝大部分数字服务或者获取数字内容时都会接受），就会发现，经营者往往已经在合同中规定，经营者可以随意变更数字服务或者数字内容，或者出于某些原因（通常相当模糊，只是举例说明）可以进行变更，而无须对消费者负责（这一点将在第五部分提及），同时阻止消费者、用户拥有这种权利。

如上文所述，《数字内容和数字服务合同指令》认为，经营者可以通过变更其数字内容或者数字服务来保持竞争力和吸引力，从而产生有利的结果，并因此重申了私人自主权，即当事人规定此类条款的自由〔35〕，但第 19 条第 1 款第 a 项的内容略微超出了这些理解，并设定了一些界限——如果没有这些条款，经营者就不能变更相关数字服务或者数字内容，其只能在条款允许的范围内，在有正当理由的情况下进行变更。

该条款旨在约束"空白支票"（blank check）条款的普遍做法，这种条款允许经营者自由变更服务而无须为其行为提供正当的理由——这在许多平台（如社交媒体）都是一个令人担忧的问题——并迫使经营者从一开始就确保自身行为的透明度。这将有效推动经营者起草并适用更完整、更全面的行为准则以及更详尽的条款和条件（T&C）。

矛盾的是，尽管条款和条件以及最终用户许可协议已经非常冗长，绝大多数消费者也并不阅读，而且这样的情况已经得到了广泛关注，但是欧洲立法者得出的结论是，在许多情况下，它们（条款和条件以及最终用户许可协议）实际上需要更加完整甚至可能更长的内容。我们的理解是，这是一个正确的决定，因为即使普通消费者不会完整阅读合同，也可以在必要时随时查阅合同，尤其是在同时

---

〔35〕《数字内容和数字服务合同指令》序言第 75 条。

适用《消费者合同中的不公平条款指令》(UTD)[36]的情况下。

《消费者合同中的不公平条款指令》是适用的,因为这些条款是消费者预先制定的合同的一部分,而不是《消费者合同中的不公平条款指令》第3条第2款所指的双方单独协商的条款。《消费者合同中的不公平条款指令》有两个条款非常有用,可以为消费者提供一些保护:第5条[规定了条款的起草方式(以通俗易懂的语言)以及解释以最有利于消费者的方式进行]和第6条第1款(与第4条和附件一并适用),后者规定了被视为不公平的条款(第3条第1款)将不得向消费者提出(第6条)。

在适用《消费者合同中的不公平条款指令》时,任何有悖于诚信的方式变更,并导致双方之间关系严重失衡,从而损害消费者的利益的条款,都对消费者无效。

必须指出的是,《消费者合同中的不公平条款指令》是一项最低限度统一的指令[37],对"不公平"没有严格的统一理解(除附件中的例子),不同的案件和成员国之间对其的理解各不相同,因为欧盟法院将最终决定权留给各国法院[38],欧盟法院仅阐明和澄清了用于解释这一概念的一般标准——如Freiburger Kommunalbauten案的裁决[39]所述。

---

[36] 1993年4月《关于消费者合同中不公平条款的93/13/EEC号指令》(《消费者合同中的不公平条款指令》),经过了《欧盟2011/83号指令》以及2019年11月27号的《2019/2161号指令》的修订。

[37] Page 130 of GERAINT HOWELLS, "Unfair Contract Terms" in GERAINT HOWELLS, CHRISTIAN TWIGG - FLESNER, THOMAS WILHELMSSON "Rethinking EU Consumer Law", Routledge, July 2017, available in https://www.taylorfrancis.com/books/9781315164830 and https://doi.org/10.4324/9781315164830. (30/05/2021).

[38] Page 13 of MARTIJN W. HESSELINK and MARCO LOOS, Unfair Contract Terms in B2C Contracts (June 12, 2012). Amsterdam Law School Research Paper No. 2012 - 68; Centre for the Study of European Contract Law Working Paper Series No. 2012 - 07. Available at SSRN: https://ssrn.com/abstract=2083041. (25/05/2021).

[39] Case C - 237/02 Freiburger Kommunalbauten GmbH Baugesellschaft & Co. KG v. Ludger Hofstetter and Ulrike Hofstetter [2004] ECR I - 03043.

（2）变更的正当理由

要使允许经营者进行变更的条款有效,该条款还必须规定经营者应当进行变更的正当理由。在评估这种正当性时,必须考虑到相关数字服务或数字内容的性质,而且其有效性必须以诚信为基础——在此应适用《消费者合同中的不公平条款指令》的不公平检验标准。

《数字内容和数字服务合同指令》序言第75条规定,并非所有的变更都必须对消费者有利,这是需要考虑的一个重要因素。因此,可能有些变更对消费者并无好处,甚至有些变更会对消费者产生轻微的负面影响（只要这些变更不造成下文将介绍的实际的额外成本）,如果有可能在通过制裁的方式执行条款与细则和行为准则中的规则的正当理由,这种变更也可能是被允许的。

下面列出了具体合同中可被评估为正当理由的一般性理由,但并非详尽无遗漏的:

①遵守法律的要求（从要求更多身份识别和认证程序,到遵守数据保护法,制止和谴责犯罪活动,删除儿童色情等犯罪内容,等等）;

②更新经营者商标,改变数字服务和数字内容的其他美学方面;

③增加特色和功能,调整数字服务或者数字内容以提高与其他服务和数字环境的互操作性;

④改进现有的特性和功能;

⑤改变算法,以提高用户对内容的参与度;

⑥删除消费者上传的受到知识产权保护的内容;

⑦消除与某些第三方软件的互操作性,这些软件被用于恶意的目的——从间谍软件、恶意软件到打击机器人的使用;

⑧对违反既定文明规则的用户内容实施制裁、标记或者删除,并打击不当行为;

⑨修补不会导致不符合合同要求的漏洞和错误;

⑩创建、更改或缩减广告空间;

⑪限制平台和经营者对第三方的潜在责任。

必须指出的是,有许多的变更可能会对数字服务和数字内容以及消费者如何使用和访问该服务和内容产生影响,其背后的正当性因很大程度上取决于所提供数字服务的性质而会有很大差异。为了得出合理的结论,我们建议根据《消费者合同中的不公平条款指令》的不公平检验标准来进行个案判断。前述变更实例中的第2、3、4、5、8号例子都是根据第19条第1款作出的变更,其理由可以说是非常充分的。

(3)不对消费者造成额外成本

第19条第1款第b项这一条件非常直接,但是仍然隐含着一些复杂性。该条款的首要且最明确的含义是禁止为了访问数字内容或者数字服务全部或者部分地支付新费用。如果消费者以前可以访问的旧功能或者部分内容,随着这种变更的实施而需要重新付费才能访问,那么该变更就违反了这一规定(违反规定的后果将在后文中说明)。必须指出的是,这既适用于付费服务(为付费消费者设立额外的层级或者隐藏"扩展协议"中可用的部分内容),也适用于"无偿"合同(将免费版的内容或者功能转移到"高级版")[40]。

除支付金钱外,还有更多消费者的隐性成本可能符合这一规

---

[40] Page 9 of CHRISTIANE WENDEHORST, "Sale of goods and supply of digital content-two worlds apart? Why the law on sale of goods needs to respond better to the challenges of the digital age", Directorate General for Internal Policies Policy Department C: Citizens' Rights and Constitutional Affairs, 2016 available: https://www.europarl.europa.eu/cmsdata/98774/pe%20556%20928%20EN_final.pdf(3/6/2021)。

定,即支持和运行数字服务的硬件要求增加。这种做法可能导致获取数字服务需要更多的内存或者对显卡造成压力,从而会阻止消费者使用其电子设备(电脑、智能手机……)获取该数字服务。因此,如果新的最低硬件要求高于合同前信息规定的要求,则不仅违反了本条件,还可能构成违约。如果消费者将被迫升级其设备,那么这种变更实际上是在阻止消费者使用数字服务和数字内容,因为它给消费者带来了额外的成本。

必须指出的是,可能有例外的情况:变更仅仅需要更多的内存存储空间[41]。这个判断是有问题的,有些变更可能只是数字内容或数字服务所需内存空间略有增加,消费者实际上不会因此受到损害,但是有些变更增加的所需存储空间,可能会使电子设备无法存储运行数字服务软件所需的数据,从而达到阻止消费者访问内容的效果。

还有一些情况是,所需的内存增量实际上并不太大,但是仍然会对消费者造成损害,这是因为消费者已经将设备的内存存储使用到了极限,因此会迫使消费者删除其他数字内容或数字服务以便变更的顺利进行。

此外,实际上绝大多数变更(如安全更新)都会占用更多的内存空间,无论这种变更是为了维护/实现数字服务的合约性,还是根据第 19 条第 1 款进行的。因此,有必要采取谨慎的态度:要求消费者的设备存储更多的数据是不可避免的,大多数情况下,这些要求可能不会对广大消费者带来"实际的"新成本——有必要采取个案判断的方法,找出那些既不违反本条款,又超出了第 19 条第 2 款规定的轻微负面影响限度的情况。进行这些评估时可以考虑的一些因素有:变更所需的内存存储量在先前总值中的比例、将要安装数字服务的电子设备的种类及其存储能力——重要的是,不能违反第

---

〔41〕 当然,这一具体问题只与下载到消费者设备上的数字服务和内容有关。

8条第1款第a、b、d项中的合约性客观要求,这些要求对解决这些问题仍有意义。如果不符合这些要求,就会导致不符合合同约定。

还有两种会带来额外成本的情况:(1)将以前离线也可使用的功能和内容被锁定为要求消费者在线才能使用;(2)需要其他数字服务(来自同一经营者或者第三方)才能访问以前可以访问的内容[42]。第一种情况增加了上网成本,这可能对某些消费者来说非常重要,因为他们在使用数字服务之时很难上网,而购买获取该数字服务就是因为上网不是预期的必备要求,而变更后则增加了该要求。

首先,在第一种情况中,新成本是要求消费者联网。这种情况可能发生在经营者实施认证计划之时,该计划迫使消费者在线,例如,进行经营者强制要求的登录,以获取数字服务或者数字内容,而在此之前,没有这个要求,消费者也可以全部或者部分地获取这些服务或者内容。第二种情况是,经营者取消了消费者设备上的某些功能或者内容,而要求消费者上网使用——其理由可以是增加或者改进了功能,并降低了对消费者设备内存存储的要求——尽管经营者的意图可能是好的,但是对消费者来说仍然有额外的成本。

(4)通知消费者变更的义务

这一义务适用于第19条范围内的所有变更,但是根据变更是否对消费者产生负面影响有所不同。如果不产生负面影响或者影响较小,经营者向消费者发出正常通知即可。它可以是一个弹出式窗口或者一条信息,以简单、清晰和易懂的方式告知消费者所做的变更。该信息应出现在实施变更后消费者首次访问数字服务或者数字内容之时,并且在一段时间内仍然可以阅读。经营者最好保存一份记录了所有这些通知的清单日志,且便于消费者查阅,而非隐藏起来。

---

〔42〕 这一评估是不言自明的,也符合所适用的原理。

值得注意的是,对于不会对消费者造成负面影响的变更,经营者仅需进行这些简单的通知。这已经是多种数字服务的市场惯例,而不遵守该惯例可能导致不符合此类数字服务或者数字内容合约性的客观要求。上述建议实际上遵循了一些我们最能注意到的惯例。可以说,在许多情况下,这些通知被认为是对经营者有利的,因为这表明了经营者对服务的持续支持和改进——无论其是否按照市场惯例,《数字内容和数字服务合同指令》依据第 19 条第 1 款对指令范围内所有数字服务或数字内容供应合同进行的所有变更都规定了要求,遵循了增加和强制消费者和经营者之间关系透明性的基本原理——如果第 19 条第 1 款第 a 项要求合同及其条款具有透明性,那么在经营者实施变更之后的适用,也应当具有透明性。

就那些对消费者有负面影响的变更而言,影响若不小,则对经营者通知和告知消费者的义务会有更高的要求,以提高消费者对具体变更的认识和理解,增加消费者可以采取的救济措施——这些救济措施的适用是有时间限制的〔43〕。不同于简单的通知,《数字内容和数字服务合同指令》规定消费者必须"在长期存储介质上适当地提前获知变更的特点和时间"。〔44〕 序言第 76 条发展了长期存储介质这一概念,提到"为保护消费者利益所需的长期存储的必要性、因责任产生的赔偿权的行使以及获得救济的途径"。序言列举了符合这些标准的例子:"纸张、DVD、CD、U 盘、存储卡或者硬盘以及电子邮件。"虽然它们有很大不同,如存储信息的基本能力,但它们都有一个共同的特点:都在有关的数字服务〔45〕外独立工作,这表明其主要任务是防止在数字服务内部进行这种交流,因此也就揭示了消

---

〔43〕 该补救措施在消费者收到信息的 30 天后失效(《数字内容和数字服务合同指令》第 19 条第 2 款)。
〔44〕 第 19 条第 1 款第 d 项。
〔45〕 唯一的例外是电子邮件,与提供电子邮件地址作为数字服务的合同有关。在实践中,这通常可以通过让消费者提供其他电子邮件地址以及电话号码作为备份来解决。

者能否使用数字服务的问题。

如果经营者可以向消费者提供这样一种可能性,即在之前的版本中维持数字服务或数字内容,不对消费者作出产生负面影响的变更,则应当将这种可能性包含在长期存储介质的通知中。

(五)消费者终止合同的权利

为了使消费者不必接受会对数字服务和数字内容功能和特性造成负面影响的变更,《数字内容和数字服务合同指令》赋予长期合同中的消费者选择终止上述合同关系的可能性作为一种救济措施[46]。

有人可能会批评说,这种解决方案没有超出合同法一般原则[47]可能延伸的范围,但是这种说法是没有根据的。《数字内容和数字服务合同指令》规定了一系列关于用户要求终止合同的程序和效力,以平衡的方式为消费者和经营者提供了较为重要的保护。

在继续说明上述效力(即双方的权利和义务)之前,有必要分析一下消费者究竟如何才能触发该条款。

1. 消费者有权终止合同的条件

第 19 条第 2 款的准确措辞是"如果变更对消费者获取、使用数字内容或者服务……造成负面影响"。如前文所述,欧洲立法者再次使用了两个词——影响访问和使用——不可逆转地给变更下了

---

〔46〕 在某些情况下,如果变更将产生负面影响和额外费用,而经营者允许消费者不接受变更,并为其维持服务或者内容,且这样的服务或内容仍具有合约性,则消费者不得选择终止合同——第 19 条第 4 款的规定,其明显偏离了第 8 条第 3 款的方向。

〔47〕 例如,《数字内容和数字服务合同指令》是否应当赋予消费者这一权利,而不给予经营者先修复上述关系的可能性,以反对上述要求?

一个非常宽泛的定义。在此基础上，要使消费者获得终止权，首要条件是变更对消费者产生了负面影响。

负面影响必然包括上述第19条第1款第b项规定的"给消费者带来额外成本"的情况，但也包括因实施变更而使情况恶化（影响使用或者阻碍访问）的任何其他方面，即使没有造成不符合合同要求的情况（客观和主观要求方面），因为这些情况已经通过第14条的救济措施得到解决。

因此，对于变更不影响合约性但会对消费者产生负面影响的情况，可以通过这一制度来解决，但前提是这种负面影响并不轻微，这是获得终止权的第二个条件。因此该条款的适用被严重限缩，并需要认识两个模糊概念——构成"负面影响"的情形，并且不是"轻微影响"。序言第75条对这一问题作出了一些说明，提供了一些必要的个案判断考量标准："应当根据数字内容或者数字服务的性质和目的，以及同类数字内容或者数字服务正常的质量、功能、兼容性和其他主要特征，客观地加以确定。"细心的人会发现这一表述的主要缺陷——仍然含糊不清，而且指向的标准与用于确定是否符合"合约性"客观要求的标准相同。

如果同时满足前两项要求，则根据第19条第1款第d项，经营者必须提前通知变更，并说明变更的影响，以及消费者的权利和行使这些权利的方式——第19条第2款规定，免费终止合同的权利必须自收到第19条第1款第d项所规定的信息或者最后发生变更的时间起30日内行使。

第19条第4款允许经营者向消费者提供一种可能性，即维持数字服务或数字内容，不对数字服务或数字内容进行有重大负面影响的变更，并保持该版本的一致性（如序言第77条所述）。对于这种情况，消费者既可以拒绝变更，也可以接受变更，但是无权终止合同。还应说明的是，这种可能性可以基于经营者的选择产生，但并非消费者的权利。

最后，序言第77条填补了第19条的一个漏洞，其规定了变更不符合第 19 条第 1 款所有要求时的后果,以及因变更导致不符合同约定情形下的后果[48]——消费者可以采取第 14 条规定的救济措施,包括终止合同。

还有一种情况是"一揽子"更新,这些更新有可能增加一些超出保持合约性必要要求的积极功能,还有一些更新会触发第 19 条第 2 款,因为这些更新会给消费者带来新的额外成本,而且这些成本并没有包含在合同条款之中,其背后也没有正当的理由支撑……这些更新会对消费者造成严重影响——消费者实际上被逼到了墙角。消费者只能选择接受违反第 19 条的有害变更,或者终止整个合同关系并放弃数字服务——或者,如果经营者提供了这种选择的话,消费者可以继续使用没有该积极功能的旧版数字服务。在绝大多数消费者肯定不会使用终止权的情况(由于对数字服务的依赖性以及/或者网络效应)下,可能经营者会强迫消费者接受违反第 19 条变更的做法。针对这些情况,《数字内容和数字服务合同指令》的解决方案是,让经营者允许消费者继续使用软件的未变更版本,该软件版本具有合约性,但是不包含自主增加的积极功能[49]。

2. 终止的效果

当消费者根据本文第四部分之(一)所述要求终止合同时,第 19 条第 3 款提及了《数字内容和数字服务合同指令》第 15 条至第 18 条,后者规定了适用该救济措施的制度。这些条款在以下方面作出了规定:(1)经营者应返还消费者在合同框架下支付的价款(第 16 条第 1 款);(2)消费者取回用户的个人数据和用户生成的内容(《数字内容和数字服务合同指令》第 16 条第 2 款和第 4 条以及《通用数据保护条例》第 15 条和第 20 条);(3)经营者有义务不

---

[48] 我们可以很容易理解,如果合同没有以正当的理由约定变更权,那么此时变更的结果将是不符合合同的主观要求。

[49] 第 19 条第 4 款。

使用消费者的个人数据和用户生成的内容(《数字内容和数字服务合同指令》第 16 条第 3 款和《通用数据保护条例》第 5 条第 1 款第 c 项);(4)消费者有义务不使用数字内容和服务(第 17 条第 1 款);(5)消费者有义务退还长期存储介质(第 17 条第 2 款)。

该框架规定了双方义务,目的不仅在于使双方恢复到签订合同前的初始状态,还在于在个人数据和用户生成内容方面保护消费者——这也是《数字内容和数字服务合同指令》的一项创新。在深入探讨这一问题之前,有必要简单介绍一下其他义务。

关于返还价款的规定非常直接——第 16 条第 1 款和序言第 68 条的目的是在消费者和经营者的合法利益之间寻求平衡,前提是相关合同规定了双方之间建立长期关系。在这种情况下,如果数字服务和数字内容的供应需要持续一段时间,则需要根据数字内容和数字服务不符合合同要求的时间长短或者从进行负面变更之时,计算返还金额。这需要考虑两个因素:(1)消费者在上述合同开始时一次性支付全部价款与消费者支付订阅费(每周、每月、每年……)之间的区别;(2)价款的性质。

指令没有对这两种情况加以区分。在以订阅付款为基础的合同中,我们很容易发现,返还价款不用考虑过去服务或内容符合合同约定的期间有关的付款。对于只支付初始价格的合同(即使安排分次支付),除非经营者明确规定了合同的总期限[50],否则应根据客观合约性评估数字服务和数字内容需要符合合同规定的预期总期限。

价金的定义见第 2 条第 7 款。结合序言第 23 条,它将在《数字内容和数字服务合同指令》转换中提出许多与电子优惠券、代金券和虚拟货币(包括加密货币和某些平台提供的其他货币,如果它们具有法定货币地位的话)的使用有关的问题。理想情况下,返还应

---

[50] 违反这一规定(根据欧盟 2011/83 号指令,无论是在合同中还是在合同前信息中)相当于不符合第 7 条"合约性"的主观要求(如果合同约定的时间不低于合理标准,那在这种情况下,应根据序言 45 条适用客观合约性期限)。

为同种货币。如果不可能,则汇率应以交易时为准。

第 17 条第 1 款中规定了消费者不得使用数字内容或数字服务的义务,在消费者将实物商品退还给经营者的情况下,消费者不能继续使用有关数字内容或数字服务。其实现方式应当是从消费者电子设备上删除该数字内容或数字服务,并删除存储在其他地方的副本(序言第 72 条)。这一规定也符合欧盟法院对 UsedSoft 案的裁决(第 87 段)[51]。

最后,关于消费者个人数据和用户生成内容,第 16 条第 2 款将《通用数据保护条例》规定的数据控制者(可能是软件提供商)的法律义务转移给了经营者[52],第 16 条第 3 款和第 4 款应当与序言第 70 条和第 71 条一并解读,同时考虑《通用数据保护条例》对数据便携性和数据删除权的规定(因为这两项制度都适用),为用户生成内容创设了类似的权利。

鉴于《通用数据保护条例》第 4 条第 1 款对个人数据的定义非常宽泛,结合伪匿名化(pseudonymisation)的定义、欧洲法院司法实践对匿名化(anonymization)的高门槛标准和第 29 条数据保护工作组[53]的工作,可以说用户内容几乎都属于个人数据的范畴。尽管如此,第 16 条第 3 款和第 4 款作为后备规则,用以保护消费者创建的不包含任何个人数据(如可以用于推断作者身份的标识符号)的

---

[51] Case C - 128/11 UsedSoft GmbH v. Oracle International Corp. [2012] ECLI: EU:C:2012:407.

[52] See page 27 para. 1 of KARIN SEIN and GERALD SPINDLER "The new Directive on Contracts for Supply of Digital Content and Digital Services – Conformity Criteria, Remedies and Modifications – Part 2" European Review of Contract Law Vol. 15 N° 4, 2019, pages 365 - 391. Available in https://doi.org/10.1515/ercl - 2019 - 0022. (30. 05.2021).

[53] 自 2018 年 5 月 25 日起,第 29 条的数据保护工作组不再存在,根据欧洲议会和欧盟理事会 2016 年 4 月 27 日关于在处理个人数据方面保护自然人以及此类数据自由流动的《(欧盟)2016/679 号指令》序言第 139 条和第 94 条,取而代之的是欧盟数据保护委员会(EDPB),同时,《95/46/EC 号指令》废止。访问地址:https://ec.europa.eu/newsroom/article29/items/629492,2021 年 5 月 25 日。

内容。必须强调的是,对用户生成内容应当作广义的解释,不仅包括受版权、相邻权或其他知识产权形式保护,用于使用数字服务的作品,还包括消费者创作的虽未达到这些权利要求但存储或者上传至数字服务的作品和内容。

(六)对一些实际案例的简短评论:Dropbox 和 Netflix 的条款

本部分纯粹出于学术目的,依据《数字内容和数字服务合同指令》分析数字服务及其条款的两个例子:Dropbox 和 Netflix。

1. Dropbox

> 变更
> 我们可能会不时变更这些条款以更好地反映:
> ①法律的变化,
> ②新的规范要求,或者
> ③改进或增强我们的服务。
> 如果更新会影响您对服务的使用或者您作为我们服务用户的合法权利,我们会在更新生效日期之前,通过向您账户关联的电子邮箱地址发送电子邮件的方式或者产品内约定的通知方式通知您。这些更新的条款将在我们通知您后 30 日内生效。
> 如果您不同意我们所做的更新,请在更新生效之前注销您的账户。在合适的情况下,我们将根据您预付的服务费用和账户注销日期向您按照比例退款。如果您在更新生效后继

续使用或者访问服务,则表示您同意受变更后条款约束。[54]

Dropbox 的条款似乎符合《消费者合同中的不公平条款指令》(UTD)和《数字内容和数字服务合同指令》的要求和原理。使用的语言通俗易懂,对博识的消费者(未受过法律教育)来说是可以理解的。它指向的是第 19 条规定的变更,并似乎完全符合该条款的第一个条件(变更的正当理由、长期存储介质进行通知),并且保证了 30 日内终止合同的权利以及相应的退款。唯一悬而未决的问题是对用户生成内容和个人数据的取回权,这一点尤为棘手,因为 Dropbox 是云存储服务。根据《数字内容和数字服务合同指令》,Dropbox 需要根据《数字内容和数字服务合同指令》第 16 条第 4 款和序言第 71 条,允许终止合同的消费者在最短时间内无障碍地取回其所有所属物,与此同时,阻止其访问服务的其他功能。

2. Netflix 的使用条款

6. Netflix 服务

4. 我们不断更新 Netflix 服务,包括内容库。此外,我们不断测试我们服务的各个方面,包括我们的网站、用户界面、服务水平、规划、促销功能、电影和电视节目的可访问性、交付和定价。我们保留将您纳入或排除于这些测试的权利,使用我们的服务将表示您对此同意,恕不另行通知。我们保留自行决定不时更改我们提供和运营服务的方式的权利,恕不另行通知。[55]

---

[54] Dropbox 的条款和条件可在此处查阅:https://www.dropbox.com/terms. 2021 年 5 月 25 日。

[55] Netflix 条款可在此处查阅:https://tldrlegal.com/license/netflix-terms-of-use#fulltext. 2021 年 5 月 25 日。

Netflix 的"使用条款"就是一个十分显著的例子,即一旦《数字内容和数字服务合同指令》的规定转化为成员国法律,这些条款就亟待修订。他们提到,他们的流媒体服务不仅会向所有消费者更新,而且还有可能进行针对性变更,从而影响到某些用户。这些变更可以根据第 19 条进行,也可以作为保持服务合约性的一种手段(如在广告或者服务公告中加入的承诺内容)。这不符合第 19 条第 1 款的条件,因为没有规定变更的正当理由,并欣然拒绝通知要求。终止权和其他救济措施(内容的变更可能导致不符合合同要求[56])也不存在。

(七)结论——数字力量、商业秘密以及《数字内容和数字服务合同指令》透明性和通知要求的可执行性

网络空间往往被视为独立于有形现实的司法管辖区域,其拥有自己的规则体系和社会规范。数字服务提供者往往扮演立法者、法官和执法者的多重角色——他们不仅起草并向用户强加条款和条件,而且他们所处的独特地位使他们能够行使"数字权力"——通过创建、变更和删除服务的特征和功能,数字服务提供者甚至可以创建最基础的规则,规定在所提供的数字服务中什么是可能的、什么是不可能的(这使一些学者认为他们的地位甚至高于国家对其公民的地位)[57]。

一直以来,用户面临最根本的问题在于,在涉及变更之时,他们与服务提供商之间的关系易受到影响并具有不确定性——因为经

---

[56] 第 10 条和序言第 54 条。
[57] Page 105 of PRZEMYSŁAW PAŁKA," Virtual Property Towards a General Theory", Thesis submitted for assessment with a view to obtaining the degree of Doctor of Laws of the European University Institute Florence, 20 December 2017.

营者实际上掌握着所有的牌,许多合同的订立方式也不断重申了这一立场,并限制消费者可以获得的救济措施。

在这种情况下,《数字内容和数字服务合同指令》解决了本文几个部分所提出的许多问题,但仍然留下了许多需要填补的、不明确的和一些尚未解答的问题,这些可能会导致在转化中出现不同的制度(以及《消费者合同中的不公平条款指令》(UTD)并未在整个欧盟均匀适用的情况)。这还涉及合同延伸的数量在成倍增长以及普通消费者可能会被次要变更通知过度影响而无法有效处理的问题。另一个问题是经营者的通知和沟通的透明度要求,尤其是开始涉及经营者所用技术背后的商业秘密领域时(这对算法和搜索引擎来说非常重要)。不过,这些担忧并不减损消费者的权利和救济措施——对不符合合同约定的救济措施和对用户生成内容的保护,这是值得称赞的[58]。

《数字内容和数字服务合同指令》将执行其规则的任务留给了成员国,成员国也必须考虑将这些工具纳入第 21 条第 2 款的实体清单中。通过最大限度的统一性和强制性(第 22 条第 1 款),指令保证了这些规范对消费者的适用——而如果他们有办法行使自己的权利,是通过法院还是选择其他争端解决机构就是另一回事了。

---

[58] 关于第 15—18 条,仍有一些批评意见——这些条款并没有涉及商家援引合同终止之时,如何保护消费者在合同终止方面的权利。

十六、数字内容消费者合同的单方变更与调整

[罗马尼亚]胡安妮塔·戈伊科维奇*

单方变更和终止数字内容领域中商家与消费者合同的单方变更和终止不断向法律从业者提出了新的问题。本研究探讨了卖方单方变更提供数字内容合同时，消费者通过司法途径请求终止已变更合同这一权利的复杂性。根据《数字内容和数字服务合同指令》第19条第2款，合同条款单方面变更对消费者访问或使用数字内容产生不利影响时，消费者有权终止合同，除非这种不利影响是轻微的。在(单方修改)轻微不符合合同约定的情况下，消费者不能请求解除合同。相反，在单方修改严重影响了消费者权利时，消费者有权在数字内容被修改之日起30日内直接终止合同。本

---

* 胡安妮塔·戈伊科维奇(Juanita Goicovici)，罗马尼亚巴贝什-波利亚伊大学克卢日-纳波卡法学院助理教授。原文载于《区域法律评论》2021年，第283—296页。本译文介绍了在数字内容单方变更的情形下消费者能够行使的权利，包括撤回同意和终止合同的权利，以及行使权利的条件，对提高我国数字环境下的消费者保护水平具有参考价值。

文认为,合同中要求消费者提前放弃终止合同权利的条款,以及强制消费者(接受)对数字内容供应单方面调整的条款都是不公平条款。

(一)引言

同意撤回权(the withdrawal right on consumer consent)机制通常被认为是线上缔结(B2C)合同中对消费者提供法律保护的"核心",它不仅有序地描述了在线 B2C 协议逐步形成的阶段之一,而且凝结了以下保护机制:例如在远程订立 B2C 合同中的信息形式主义,或专业经营者(professional traders)负担的先合同信息义务。根据欧盟《数字内容和数字服务合同指令》第19条第2款的规定,终止合同的选择权仅由消费者享有,即当单方变更条款会对消费者访问或使用数字内容产生负面影响时,消费者有权终止合同。因为专业经营者负担在合同成立前主动披露信息的义务,特别是在数字内容或数字服务的某一特定特征偏离了《数字内容和数字服务合同指令》第8条[1]规定的客观适约性要求的情况下,消费者只有在事先明确知晓技术标准方面合约性的偏差时,才能选择不适用客观适约性;只要消费者在合同缔结前明确同意数字内容偏离客观适约性,并且商家遵守了旨在避免消费者在数字服务合同领域陷入劣势的强制性规定,消费者才可能不适用客观适约性。

从专业经营者责任的角度来看,在签订远程 B2C 合同(包括签订企业对消费者合同的数字版本)时,对消费者的先合同义务加倍或附带于在签订合同时提供某些信息的义务。后合同阶段义务围

---

〔1〕 Directive (EU) 2019/770 of 20 May 2019 on certain aspects concerning contracts for the supply of digital content and digital services, https://eur-lex.europa.eu/legal-content/RO/TXT/? uri = CELEX:32019L0770.

绕着消费者需要及时的信息,并将这些信息插入远程合同中,旨在提示那些立法者认为重要的消费者权利和义务,例如消费者可以在合同订立之日起 14 日内(在专业经营者未遵守信息形式主义要求时该期限为 12 个月零 14 日)行使的同意撤回权。就其内在目的而言,专业经营者在前合同阶段向消费者提供某些信息这一义务根本目的在于,消费者能够比较收到的各种要约,以选择最适合自己特定需求的。然而,在消费者接受要约时向其提供某些信息的义务(强制性条款的介入,作为 B2C 合同中信息形式主义的表达),旨在使消费者了解他们在远程合同下的权利和义务,从而确保消费者获得必要的信息以行使他们的权利,特别是 B2C 合同撤回权的存在、限制和时间要求的信息。

特别强调的是,消费者行使初始同意的撤回权有一定的前提条件,但是如果该订购的数字内容/数字服务是按照消费者的要求进行定制的,那就不适用该前提条件。[2] 然而,司法实践中法院难以确定"定制产品"这一概念的不同表现形式,法院仍需要自行判断是否存在真正的"产品定制",包括产品定制中涉及偏离销售要约标准内容的配置。在这些情形中,必须指出的是,要对销售合同(或未来商品的销售合同)与企业合同(根据消费者说明的规格/偏好个性化制造的产品,即定制服务)进行必要的区分,以便能确定在这些情况下,排除了消费者在网络协议范围内签订的 B2C 合同享有的退货权的个性化服务是否已被提供。

在这方面,B2C 远程合同的订立中特有的信息形式主义[3]表明专业经营者有义务将前合同阶段传达给消费者的信息,在合同文

---

〔2〕 Directive(EU) 2019/770 of 20 May 2019 on certain aspects concerning contracts for the supply of digital content and digital services, https://eur-lex.europa.eu/legal-content/RO/TXT/? uri=CELEX:32019L0770.

〔3〕 Grundmann, S. Digital Technology as a Challenge to European Contract Law-From the Existing to the Future Architecture, In: European Review of Contract Law, vol. 13 (2017), p. 255 – 293.

本(或数字格式)中以明示条款的形式进行重申,以便向消费者强调重要权利的存在、限制和行使方式等基本方面,以及消费者未履行所负有的特定义务的后果。其目的是在合同订立时确保消费者表达知情同意〔4〕(这也是先合同告知义务的目的),同时使消费者意识到其拥有的基本权利/义务,而如果没有充分的信息,尤其是关于消费者撤回权适用时限的信息,这些权利/义务的法律实质(legal substance)将被消费者忽视。首先,在订立 B2C 合同的过程中,如果使用的远程通信方式只允许在有限的空间或时间内显示信息,专业经营者仍可以通过原始远程通信手段(假设涉及空间限制或时间限制)之外的其他方式,用清晰易懂的语言向消费者传达标准的撤回方式。

其次,需要注意的是,上述撤回权是为了弥补远程订立 B2C 合同时因前合同阶段中消费者与专业经营者信息失衡所导致的信息劣势,同时让消费者享有适当的冷静期,期间消费者可以检查和测试数字内容或交付的产品(如欧洲联盟法院在 2009 年 9 月 3 日 C - 489/07 号 Messner 案〔5〕以及 2019 年 1 月 23 日 C - 430/17 案件中所述〔6〕)。

最后,本研究强调了消费者根据欧盟《数字内容和数字服务合同指令》第 8 条的规定变更或终止合同时所受的限制,因为如果安装是产品销售合同的一部分,并且产品是由卖方安装的或者卖方有

---

〔4〕 Julien, J. Droit de la consommation. 3rd edn. Paris: L. G. D. J., 2019, p. 81 - 87; Mohty, O. L'information du consommateur et le commerce lectronique. Rennes: Presses Universitaires de Rennes-P. U. R., 2020, p. 56 - 72; Pellier, J. - D. Droit de la consommation. 3rd edn. Paris: Dalloz, 2021, p. 118 - 123.

〔5〕 The CJEU decision in case C - 489/07, Messner, from September 3rd, 2009 is available at https://curia.europa.eu/juris/document/documentjsf? text = &docid = 73082&pageIndex-0&doclang - en&mode - 1st&dir - &occ - first∂ = 1&cid - 633991.

〔6〕 The CJEU decision in case C - 430/17, from January 23, 2019 is available at https://curia.europa.eu/juris/document/ document.jsf ~ text - &docid = 210175&pageIndex - O&doclang = EN&mode = lst&dir = &occ = first∂ - 1&cid = 634251.

义务安装,那么数字内容产品的错误安装导致的任何不相符情形都会被认为等同于产品不符合合同约定。如果产品由消费者自己安装,而不正确的安装是由于安装说明中的信息不正确,则第 8 条第 1 款规定也将适用。

(二)消费者行使单方终止合同权利的概述

正如之前学者所强调的那样[7],撤回权的非负担性质(消费者不承担与产品退回相关的费用)意味着,消费者无须承担除确定交付产品的性质/特性或其通常检查所必需的成本之外的其他成本,例如拆封产品,打开封条以验证其特性和功能等。在收到消费者的撤回意向后,专业经营者有义务向消费者偿还已支付金额(但如果已经提供安装服务,则没有义务偿还安装服务的费用),并且必须在收到消费者撤销 B2C 合同的通知后 14 日内返还,不得无故拖延。但是,商家在收回商品或收到消费者装运凭证前,可以推迟甚至暂停退还货款。

在 B2C 在线数字内容和数字服务合同的订立过程中,消费者通常没有撤回同意的权利,因为消费者打算撤回之前的同意时通常已经访问了数字内容。然而,正如《数字内容和数字服务合同指令》第 7 条和第 8 条所规定的,在数字内容不符合适约性的客观或主观要求的情况下,消费者享有以不符合同为由单方终止合同的权利,或者选择更改合同义务的权利。产品适约性的概念指的是销售并交付给消费者的产品在物质上和程序上符合消费者的合法期望:(1)法律对制造流程标准的强制性规定;(2)合同规定;(3)与买卖

---

[7] See Picod, N. and Picod, Y. Droit de la consommation. 5rd edn. Paris: Sirey, 2020, p.94 – 102; Piedelievre, S. Droit de la consommation. 3rd edn. Paris: Economica, 2020, p.71 – 86.

合同约定的交付产品特征、质量;(4)与交付数量有关的;(5)从功能角度来看,则与最初约定的功能、属性、特性和技术限制有关的。

涉及产品常见或典型的技术特性或品质时,买方对产品适约性的合法期望可能是附带的、默示的。相反,产品的非典型品质/功能必须在合同中明确约定(并且必须是合同明文规定的对象),以便在随后交付的产品缺乏这些特性/功能时,消费者有权要求修复不符合要求的产品。

相比之下,需要注意的是,根据《数字内容和数字服务合同指令》第8条的规定,有形产品的适约性担保自产品交付之日起2年内有效,并且这一规定不能在合同条款中被删除或限制,即使进行删除或限制的合同条款已被消费者接受(因为这些条款被认为是不公平的条款)。相反,通过明确(明示)的合同条款,可以向消费者提供比最低法定担保更有利的担保(如对不符合适约性客观要求情形的3年保证期限)。基于法定担保,在交付后的前2年内发现产品缺陷的消费者可以获得免费维修/更换产品的服务,如果维修或更换不再可能,消费者可以获得全额或部分退款。

适约性保证的另一个显著特点是适约性存在不同类型。就交付的产品而言,首先,我们可以指出物质(客观)合约性(这一种类型),其隐含或指向明确的合同规定[8],要求交付产品的特征与最初约定的产品(作为销售的派生对象而非订购的对象)相一致,也涉及产品的数量和质量,这些要求源于合同条款、商业惯例[9]、法

---

〔8〕 Narciso, M. 2017. Consumer Expectations in Digital Content Contracts-An Empirical Study, In: Tilburg Private Law Working Paper Series No. 01/2017, available at SSRN: https://ssrn.com/abstract=2954491, visited on September 12, 2021.

〔9〕 Spindler, G. 2016. Contratos De Suministro De Contenidos Digitales: Ambito De Aplicacion Y Vision General De La Propuesta De Directiva De 9.12.2015 (Contracts for the Supply of Digital Content-Scope of Application and Basic Approach of Proposal of the Commission for a Directive on Contracts for the Supply of Digital Content), In: InDret, Vol. 3 (2016), available at SSRN: https://ssrn.com/abstract=2832162, visited on September 14, 2021.

律强制性规定（如果有的话）。其次，交付的产品还必须具有功能（主观）符合性，包括类似产品的典型属性，或者合同中规定的技术属性。如果交付的产品被证实不适合用于买方指定的目的，则可能导致适约性缺陷。

值得一提的是，根据《数字内容和数字服务合同指令》的序言第19条，在上述法规和统一规范的客观适用范围内，该指令解决了不同类别的数字内容、数字服务及其供应（非物质化或有形/耐用介质）的特定问题，包括计算机软件程序、应用程序、视频文件、音频文件、音乐文件、数字游戏、电子书或其他电子出版物，以及允许以数字形式创建、处理、访问或存储数据的数字服务。数字服务又包括软件即服务，例如视频和音频共享以及在云计算环境和社交媒体中提供的其他文件托管、文字处理或游戏。指令同时提出了提供数字内容或数字服务的多种方式，例如在有形媒体上传输、消费者在其设备上下载、网络流媒体、允许存储数字内容或使用社交媒体。该指令的适用应将用于传输或访问数字内容或数字服务的媒介排除在外。然而，应该注意，互联网接入服务亦被明确排除在《数字内容和数字服务合同指令》关于提供数字内容和数字服务合同的规定的适用范围之外。

但需要注意的是，在选择减价、调价的救济措施时，根据《数字内容和数字服务合同指令》第14条第4款的规定，如果数字内容或数字服务已在支付对价后提供，则消费者有权根据第5款按比例降低价格，或采取更换的救济措施；消费者也可以根据第6款要求终止合同，前提是从商家的客观情况来看，让数字内容或数字服务符合合同要求是不可能的，或者成本与结果不成比例；如果商家未根据上文提到的第3款使数字内容或数字服务符合合同要求，或者尽管商家尝试了但仍不能使数字内容或数字服务符合要求，也可以采用同样的救济措施；值得注意的是，在以下情况同样的救济措施仍然可用：向消费者提供的数字内容或数字服务缺乏适约性已经达到了严重的程度,以至于有理由立即减价或终止合同;甚至包括商家已声明(或客观情况导致),其无法在合理时间内使数字内容或数字服务符合要求[10],或使数字内容、数字服务符合合同会给消费者带来重大不便[11]的情况。在前述情况下,消费者有权按照比例降低价格,此种价格降低应当与提供给消费者的数字内容或数字服务的价值减少相对应,二者均以数字内容或数字服务完全符合要求时(同时适用主观和客观的适约性标准)的情况为参照。[12]

(三)数字内容 B2C 合同的单方终止和变更

根据《数字内容和数字服务合同指令》第 11 条的规定,如果数字内容不符合合同要求,消费者有权要求卖家先更换数字内容、更换产品或重新提供数字服务,且不需要支付费用,除非该措施是不可能的或不成比例的。然而,如果一项补救措施对卖方施加的成本相较于其他可用的补救措施而言不合理,那么这项补救措施将被认为是不相称的。应当从以下因素进行考虑:(1)如果没有不符合合同的情况,产品本应有的价值;(2)从合同目的的角度看,非合约性的程度严重。消费者可以因非合约性援引卖方保修责任的情形很多,其中一种情况涉及产品是否满足《数字内容和数字服务合同指

---

[10] Clavier, J. - P. and Mendoza-Caminade, A., op. cit., p. 81 - 94.

[11] Julien, J., op. cit., p. 68 - 73.

[12] Clavier, J. - P. and Mendoza-Caminade, A., op. cit., p. 82 - 90. For an analysis of the conceptual impact of the precedent regulation, see Luzak, J. A. 2013. To Withdraw or Not to Withdraw? Evaluation of the MandatoryRight of Withdrawal in Consumer Distance Selling Contracts Taking into Account Its Behavioural Effects on Consumers. Amsterdam Law School Legal Studies Research Paper No 2013 - 21 - Centre for the Study of European Contract Law Working Paper No 2013 - 04, available at http://ssrn.com/abstract = 2243645, accessed on September 12, 2021.

令》第 5 条和第 7 条规定的买卖合同所要求的规格。[13] 依据上述规定,卖方有义务向消费者交付符合数字内容买卖合同的产品。[14] 如果产品满足以下条件,则该产品被视为符合合同规定:(1)符合卖方描述,与卖方向消费者展示的样品或模型具有相同的质量;(2)符合消费者要求的任何特定目的,该目的在订立买卖合同时已向卖方告知并被其接受;(3)符合同类产品的通常使用目的;(4)具有消费者可以合理期望的同类产品正常的质量和性能参数,应考虑到产品的性质以及卖家、制造商或其代表针对产品实际特性所作的公开声明,特别是通过广告或在产品标签上的说明。如果产品不符合要求的程度是轻微的,则消费者不能要求终止合同,[15] 这限制了消费者行使权利的范围,只有在已经确定数字内容存在严重不符合合同规定的情况时,才能要求终止合同,正如《数字内容和数字服务合同指令》第 8 条所规定的。

从保证期限和附带时间限制的角度来看,根据《数字内容和数字服务合同指令》第 11 条和第 13 条,适约性的法定保证涵盖了自产品交付之日起 2 年内出现的缺陷和不足。立法者还规定了一个诉讼时效期限(自消费者发现产品不符合约定之日起 2 个月内有权起诉要求相应的减价/终止合同)。自发现缺陷之日起 2 个月内,消费者必须将缺陷的情况通知卖家,并请求卖家优先提供额外的救济措施(维修或更换产品);如果消费者未在 2 个月内向卖方提出此类

---

[13] Twigg Flesner, C. 2020. Conformity of Goods and Digital Content/Digital Services. In:Arroyo Amayuelas, E. and Camara Lapuente, S. (dirs.), El Derecho privado en el nuevo paradigma digital, Barcelona-Madrid, Marcial Pons, 2020, available at SSRN:https://ssrn.com/abstract=3526228, visited on September 12, 2021.

[14] Farinha, M. and Morais Carvalho, J. 2020. Goods with Digital Elements, Digital Content and Digital Services in Directives 2019/770 and 2019/771, In:Revista de Direito e Tecnologia, Vol.2, No.2(2020), p.257-270, available at SSRN:https://ssrn.com/abstract=3717078, visited on September 12, 2021.

[15] Morais Carvalho, J. Sale of Goods and Supply of Digital Content and Digital Services-Overview of Directives 2019/770 and 2019/771, available at SSRN:https://ssrn.com/abstract=3428550, visited on September 14, 2021.

要求，则消费者失去就相应的提起价格减少/解除合同诉讼的权利[16]（假定未提供关于缺陷来源的证据）。值得注意的是，在这种情况下，根据《数字内容和数字服务合同指令》的序言第 20 条，这些补救措施不仅适用于真正的数字格式，也适用于在以有形媒介（如 DVD、CD、U 盘和存储卡）提供的数字内容，还适用于有形媒介本身，前提是有形媒介专门用作数字内容的载体。然而，正如已经明确提到的，根据欧盟《现代化指令》的修改，本指令中关于商家供应义务和未能供应时对消费者补救措施的规定将不再适用，而将适用《欧盟消费者权利指令》关于货物交付义务和未能交付时补救措施的规定。此外，值得回顾的是，《欧盟消费者权利指令》关于撤回权和提供这些产品的合同性质的规定（在数字内容通过有形媒介提供的情况下）也将继续适用于有形媒介及其上提供的数字内容，涉及不符合合同要求的情况及缺乏客观适约性的合同救济措施，包括调整对等合同义务（reciprocal contractual obligations）。

在这些情况下，举证责任的某些方面也值得回顾，关于数字内容或数字服务[17]是否符合《数字内容和数字服务合同指令》第 5 条的举证责任主要由商家承担。随后，在《数字内容和数字服务合同指令》第 11 条第 2 款提到的情况下，应由商家承担举证责任，证明其所提供的数字内容或数字服务在提供时是否符合约定，这在数字内容或数字服务提供之日起 1 年内有效。除此以外，应该指出的是，在《数字内容和数字服务合同指令》第 11 条第 3 款所提到的情况下，对于在合同规定的数字内容或数字服务提供期间内，数字内容或数字服务是否具有适约性的举证责任，应由在相应期限内明显

---

[16] Savin, A. 2019. Harmonising Private Law in Cyberspace: The New Directives in the Digital Single Market Context, Copenhagen Business School, CBS Law Research Paper No. 19 – 35, available at SSRN: https://ssrn.com/abstract = 3474289, visited on visited on September 14, 2021.

[17] Picod, N. and Picod, Y., op. cit., p. 96 – 101.

不符合要求的商家承担。基于显而易见的原因,《数字内容和数字服务合同指令》第 11 条第 2 款和第 3 款的规定不适用于以下情况：商家证明消费者的数字环境与数字内容或数字服务的技术要求不兼容,且商家在合同订立前以清晰易懂的方式告知了消费者这些要求。正如已经注意到的,这种免责取决于专业经营者在 B2C 合同订立前是否履行了提供足够信息的义务。合作义务的重要性也得到了强调,因为消费者有义务在合理可行和必要的范围内与商家合作,以确定数字内容或数字服务在《数字内容和数字服务合同指令》第 11 条第 2 款和第 3 款规定的时间内不符合要求的原因是否源于消费者的数字环境(内在的不符合)。[18] 显然,合作义务仅限于技术上可用的对消费者干扰最小的手段。然而,在大多数消费者未能合作的情况下,如果商家在合同订立前的前合同阶段以清晰易懂的方式告知了消费者该要求,对于是否存在《数字内容和数字服务合同指令》第 11 条第 2 款和第 3 款规定时间内的客观/主观不适约,举证责任在消费者身上(举证责任的倒置)。

然而,根据《数字内容和数字服务合同指令》第 13 条的规定,在商家未能根据第 5 条提供数字内容或数字服务的情况下,[19] 消费者可以要求商家提供数字内容或数字服务。如果商家仍未能不无故延迟地或在双方明确同意的额外时间内提供数字内容或数字服务,则消费者有权终止合同。[20]

---

[18] Camara Lapuente, S. 2016. El Regimen De La Falta De Conformidad En El Contrato De Suministro De Contenidos Digitales Segun La Propuesta De Directiva De 9. 12. 2015("Remedies for Non-Conformity Under Contracts for the Supply of Digital Content in the Proposal for a Directive of 9. 12. 2015"), In: InDret, Vol. 3 (2016), available at SSRN: https://ssrn.com/abstract = 2832160, visited on September 12, 2021.

[19] Julien, J., op. cit., p. 112 – 116.

[20] Loos, M. 2016. European Harmonisation of Online and Distance Selling of Goods and the Supply of Digital Content, Amsterdam Law School Research Paper No. 2016 – 27, Centre for the Study of European Contract Law Working Paper Series No. 2016 – 08, available at SSRN: https://ssrn.com/abstract = 2789398, visited on September, 14, 2021.

（四）消费者撤回权的司法判例基准

2020年10月8日欧洲联盟法院在案件C-641/19[21]中的裁决澄清了一个概念问题,即"数字内容"的概念不是单一的,同时值得注意的是,在欧洲联盟法院的判例中,《欧盟消费者权利指令》第16条与第2条第11款的规定被解释为,在网上缔结的B2C合同中,如果用户和专业经营者之间的主要目的是在虚拟平台进行中介服务,而不提供真正的数字内容,消费者的撤回权也仍然存在。

在EU v. PE Digital GmbH案中,德国汉堡地方法院根据《欧洲联盟运作条约》(TFEU)第267条作出了初步裁决。首先,欧洲联盟法院(第六分庭)在2020年10月8日对C-641/19案件[22]的裁判中,裁定:"消费者在撤回期内明确要求履行合同后又撤回了合同的情况下,为了确定消费者应向商家支付的相应金额,原则上应考虑就合同全部范围约定的价格,并按时间比例计算应付金额。只有合同明确规定一项或多项服务必须从合同履行之初就完全提供,并且该服务的价格必须单独支付时,才应在计算依据该指令第14条第3

---

[21] The text of the CJEU Decision in case C-641/19 is available at https://curia.europa.eu/juris/document/document.jsf?text=&docid=232155&pageIndex=0&doclang=en&mode=lst&dir=&occ=first∂=1&cid=628560.

[22] 在C-611/19案的判决书中提到的序言第12—44条保留了如该指令序言第19条所述,数字内容是指以数字形式产生和提供的数据,如计算机程序、应用程序、游戏、音乐、视频或文本,无论它们是通过下载、流媒体、有形媒介还是任何其他方式获得。《欧盟消费者权利指令》的第16m条构成了撤回权的例外,作为欧盟法律的一项规定,它限制了为保护消费者保护而赋予其的权利,所以应予以严格解释[类推参见 judgment of 14 May 2020, NK (Planning for the construction of a new single-family house), C-208/19, EU:C:2020:382, paragraphs 40 and 56 and the case-law cited]。在这些情况下,一项服务,如主要诉讼中的约会网站所提供的服务,如果允许消费者创建、处理、存储或访问数字形式的数据,并允许消费者或该服务的其他用户上传或创建的数字形式的数据进行共享或进行任何其他互动,那么这项服务,不能被视为《欧盟消费者权利指令》第16m条意义上的数字内容供应,这应结合该指令第2条第11款并参照其序言第19条进行理解。

款应向商家支付的金额时考虑该服务的全价。"其次,法院强调,"在结合序言第 50 条解释《欧盟消费者权利指令》第 14 条第 3 款时,应当认为,为了确定总价是否超出该条款的标准,须考虑该商家向其他消费者提供同等条件服务的价格,以及在合同订立时其他商家提供同等服务的价格"。最后,根据欧洲联盟法院在 C－641/19 案件中的裁决,"《欧盟消费者权利指令》第 16m 条应与第 2 条第 11 款和结合解释,理解为由约会网站根据其进行的个性测试生成个性报告,不构成该条规定所指的'数字内容'提供"。[23]

(五)结论/结束语

产品适约性的法定保证(期间)是必要的,并由强制性规范进行规定,因此可以辅以适约性的合同保证(与消费者明确约定),该保证对消费者来说必然比法定保证(已被强制性要求)更有利。根据上述规定,在消费者确认产品缺乏适约性并告知卖方之前,卖方与消费者达成的、直接或间接地限制或剥夺消费者在特别法下权利的合同条款或协议均为无效。无视产品适约性法定保证的强制性(例如,法律强制的卖方对新产品的保证期限,被限制为自将商品交付给消费者之日起 6 个月或 1 年)违反了强制性法律规定。产品适约性是指:(1)销售和交付的产品在实质和特性上符合消费者的合法期望;(2)符合法律对生产过程标准化的任何强制性规定;(3)符合合同规定;(4)涉及交付的产品与销售合同约定的质量和数量;

---

〔23〕 这一点已被明确规定:"市场价值应通过比较其他商人在订立合同时提供同等服务的价格来确定。因此,消费者应在撤回期结束前明确要求履行合同,如果是场外合同(off-premises contracts,消费者和商家在非商家营业场所同时在场的情况下签订的合同),则应在可持续的媒介上提出。同样地,商家应通过可持续的媒介告知消费者其有义务为已经提供的服务支付相应的费用"[欧盟法院于 2020 年 10 月 8 日对 C－641/19 号 E. U. v. PE Digital GmbH 案作出的判决(第六分庭)]。

(5)从功能角度来看,应与最初与消费者约定的功能、属性、特征和技术限制相一致。

　　涉及产品的常见或典型技术特性或品质时,买方对产品适约性的合法期望可能是附带的、默示的。相反,产品的非典型品质/功能必须在合同内容中明确约定(必须成为明示合同条款的对象),以便在随后交付的产品缺乏这些约定的品质/功能时,消费者有理由要求对不符合合同要求的情况获得适当的调整或有效的救济措施。如果在产品包装说明书、用户手册、产品标签/包装信息中,缺失或遗漏针对产品典型和常见使用所产生风险的充分信息,则意味着产品存在缺陷,生产者/进口商在欧盟范围(EU space)内对缺陷产品造成的消费者身体/财产损害负有责任。可以确定三类归咎于制造商的缺陷:(1)制造缺陷基于生产链中的不必要问题(人为错误,生产设施/设备的故障等)产生;(2)设计缺陷(产品设计/构思方式涉及消费风险,该消费风险远远超过消费该产品的收益);(3)信息缺陷(在包装说明书、用户手册、产品标签/包装信息中缺乏关于正常和通常使用产品所产生风险的信息)。消费者仍然可以终止合同:在单方变更合同条款对消费者访问或使用数字内容产生负面影响时,消费者一般有权终止合同,除非此种负面影响较为轻微。

　　根据之前欧洲联盟法院的司法判例,《欧盟消费者权利指令》第16m条作为限制消费者保护相关权利的欧盟法规定,构成了消费者撤回权的例外,其应被限缩解释。因此,即使消费者在撤回期结束前要求提供服务,也应享有撤回权。然而,如果消费者行使了撤回权,商家有权根据B2C合同中约定的价格要素计算已提供服务的相应比例金额,除非消费者证明该总价本身不成比例(欧洲联盟法院于2020年10月8日在C-641/19案件,即EU v. PE Digital GmbH案中的裁定),此时应根据所提供服务的市场价值计算应支付的金额。

十七、消费者对有缺陷的数字要素商品的补救措施

[意]阿尔贝托-德-弗朗西斯基*

本文论述了《欧盟货物销售指令》(《货物买卖合同指令》,译者注)规定的不合约的补救措施,特别是数字要素商品不合约的救济。本文也分析了数字过时(digital obsolescence)和消费者权利有效性的问题。

(一)缺乏合约性与补救措施的位阶(hierarchy of remedies)

在缺乏合约性的情况下[1],消费者有权根据

---

* 阿尔贝托-德-弗朗西斯基(Alberto De Franceschi)意大利费拉拉大学私法、知识产权和环境法正教授。本研究是由爱沙尼亚研究委员会资助的 PRG124"数字单一市场中的消费者权利保护——合同方面"研究项目的一部分。

[1] 关于与合同相符的概念,see e. g. C. Twigg-Flesner, 'Conformity of Goods and Digital Content/ Digital Services', in E. Arroyo Amayuelas and S. Cámara Lapuente (eds), El derecho privado en el nuevo paradigma digital (Marcial Pons 2020), p. 49 et

欧盟《货物买卖合同指令》(SGD)[2]第13条规定的条件,请求经营者提供符合约定的货物,或按比例减少价款,或终止合同。根据已废除的《消费者商品和担保指令》[3]以及关于数字内容和数字服务供应的欧盟《数字内容和数字服务合同指令》[4],应优先考虑通过补救不合约的履行行为来适当履行合同义务[5]。

因此,根据一般规则,在第一个阶段消费者只能要求经营者使货物符合约定。只有在某些情况下才有可能获得第二阶段的补救措施(减价或终止合同),例如,销售者拒绝使货物符合约定,或未能按照 SGD 第 14 条第 2 款和第 3 款的规定对不合约的情况进行补救,或者不符合约定的情况非常严重,以至于有理由立即减价或终止合同(SGD 第 13 条第 4 款)。然而,如果不合约的情况只是轻微的,消费者就无权终止合同(SGD 第 13 条第 5 款)[6]。此外,消费者有权拒绝支付任何未付的价款或其中的一部分,直到卖方履行

---

seqqi W. Faber, 'Bereitstellung und Mangelbegriff', in J. Stabentheiner, C. Wendehorst and B. zöchling – Jud (eds), Das neue europäische Gewährleistungsrecht (Manz 2019), p. 63 ff. ; C. Wendehorst, 'Aktualisierung und andere digitale Dauerleistungen', in J. Stabentheiner, C. Wendehorst and B. zöchling – Jud (eds), Das neue europäische Gewahrieistungsrecht (Manz 2019), p. 141 et seqg。

[2] See e. g. B. Gsell, 'Rechtsbehelfe bei Vertragswidrigkeit in den Richtlinienvorschlägen zum Fernabsatz von Waren und zur Bereitstellung digitaler Inhalte', in M. Artz and B. Gsell (eds), Verbrauchervertragsrecht und digitaler Binnenmarkt (Mohr Siebeck 2018), p. 143 et seqg. ; B. Gsell, "Time limits of remedies under Directives (EU 2019/770 and (EU) 2019/771 with particular regard to hidden defects', in E. Arroyo Amay uelas and S. Camara Lapuente (eds), El derecho privado en el nuevo paradigma digital (Marcial Pons 2020), p. 101 et seqg; ; B. A. Koch, 'Das System der Rechtsbehelfe', in J stabentheiner, C. Wendehorst and B. Zachling – Jud (eds), Das neue europäische Gewährleistungsrecht (Manz 2019), p. 157 et seqg.

[3] See Art. 3(3) and (5), dir. 1999/44/EC.

[4] See Art. 14, dir. 2019/770/EU.

[5] See J. Morais Carvalho, 'Sales of Goods and Supply of Digital Content and Digital Services – Overview of Directives 2019/770 and 2019/771' (2019) 8EuCML 200.

[6] Cf. recital 53 SGD.

了 SGD[7]规定的义务。限制使用第二阶段补救措施,不仅有利于维护合同,而且能鼓励可持续消费和延长产品的使用寿命[8],以实现循环和更可持续的经济[9]。

接下来,本文分析和比较了数字要素商品不合约的不同补救措施,并评估了这些补救措施与国内法规定的其他补救措施的协调性。此外,在最后一部分,文章还涉及数字要素商品过时的问题,以及(特别是在)数字环境中相关消费者权利的有效性问题。

(二)维修和更换

首先,消费者可以在修理和更换之间作出选择,除非所选择的补救办法是不可行的,或者与其他补救办法相比会给销售者带来过高的不相称的费用。评估这种不相称,应考虑到包括如果没有不合约的情况下该商品的价值、不合约的重要性以及是否可以在不给消费者带来重大不便的情况下提供替代补救措施(SGD 第 13 条第 2 款)的所有情况。如果修理和更换是不可行的,或者在考虑到所有情况后仍会给卖方带来不相称的费用,则卖方可以拒绝提供合约的货物(SGD 第 13 条第 3 款)。

然而,卖方可以尝试影响消费者的选择,但要始终考虑到禁止不公平的商业行为,特别是欧盟《不公平商业行为指令》(UCPD)第 6 条的规定,"包含虚假信息导致不真实,或者以任何方式(包含整

---

〔7〕 See Art. 13, par. 6 SGD:"The consumer shall have the right to withhold payment of any outstanding part of the price or a part thereof until the seller has fulfilled the seller's obligations under this Directive. Member States may determine the conditions and modalities for the consumer to exercise the right to withhold the payment".

〔8〕 Recital 48 SGD.

〔9〕 See in this regard European Commission, A new Circular Economy Action Plan For a cleaner and more competitive Europe, 11 March 2020, COM(2020) 98 final.

体表述）欺骗或可能欺骗普通消费者的商业做法是误导，即使该信息与消费者的权利（包括更换权或赔偿权）或其可能面临的风险相关且是正确的，也属于误导"。要行使维修或更换的权利，只需向卖方提出请求（an informal request）[10]。

考虑到货物的性质和消费者购买货物的目的，维修或更换应在消费者通知卖方不合约[11]后的合理时间内免费进行，并且不得给消费者带来任何重大不便。在这方面，SGD 与《消费者商品和担保指令》第 3 条的规定不同。《消费者商品和担保指令》第 3 条[12]规定，考虑到所有情况，如果维修和更换不可行，或者会给卖方带来不相称的费用，则卖方可以拒绝使货物合约（SGD 第 13 条第 3 款）[13]。

不合约的情况不仅可能涉及物质部分，也可能涉及数字要素。最后，卖方往往无法影响到数字要素和按合约性应提供的更新，此时可能的补救措施往往只有减价和终止合同，除非他能够让第三方直接干预数字内容和数字服务的合约性[14]。

如果不合约的情况需要通过修理或更换货物来补救，消费者应

---

[10] See B. A. Koch, 'Das System der Rechtsbehelfe', in J. Stabentheiner, C. Wendehorst and B. zöchling – Jud (eds), p. 182.

[11] In this regard, see recital 55 SGD, which states that: "What is considered to be a reasonable time for completing a repair or replacement should correspond to the shortest possible time necessary for completing the repair or replacement. That time should be objectively determined by considering the nature and complexity of the goods, the nature and severity of the lack of conformity, and the effort needed to complete repair or replacement".

[12] See B. Zdchling – Jud, 'Das neue europiische Gewihrleis-tungsrecht fur den Warenhandel' (2019) 18 Zeitschrift fur das Privatrecht der Europaischen Union 115, 129.

[13] In this regard see J. Stabentheiner, 'Hintergrtinde und Entstehung der beiden Richtlinien und die Bemuhungen derosterreichischen Ratsprasidentschaft um Konsistenz und Vereinfachung, in J. Stabentheiner, C. Wendehorst and B. Zdchling – Jud (eds), p. 22; B. A. Koch, 'Das System der Rechtsbehelfe', in J. Stabentheiner, C. Wendehorst and B. ZdchlingJud (eds), p. 185.

[14] So C. Wendehorst, 'Aktualisierungen und andere digitale Dauerleistungen' in J. Stabentheiner, C. Wendehorst and B. Zdchling – Jud (eds), p. 132.

将货物提供给卖方,卖方应自费收回被更换的货物(SGD 第 14 条)。在《消费者商品和担保指令》中没有任何一条规定与该款相对应,但这不一定意味着消费者必须将货物退回给卖方,如必须对安装在消费者处所的耐用物品(如电梯)进行维修或更换。在这种情况下,消费者只需允许卖方或其辅助人员进入其处所,以便货物合约。因此,向卖方提供货物是执行"主要"补救措施的先决条件,这不适用于货物因消费者不负责任而被销毁的情况[15]。

与《消费者商品和担保指令》类似,SGD 没有表明履行维修或更换义务的地点;相反,它将这个问题留给欧盟成员国的立法者解决[16]。

"免费"修理或更换的义务,是指免除为使货物合约而产生的必要费用,特别是邮费、运输费、劳务费或材料费(SGD 第 2 条第 1 款第 14 项)[17]。这从根本上再现了《消费者商品和担保指令》目录第 4 部分第 3 条中的规则。无偿性体现了主要补救措施的基本特征。正如欧洲法院就《消费者商品和担保指令》所强调的那样,销售者应承担所有与更换或维修有关的费用,而不仅是 SGD 第 2 条第 1 款第 14 项[18]中明确提到的且不能要求消费者预付或在以后的阶段偿还的费用。在更换不合约货物的情况下,卖方不能就其履

---

〔15〕 See in this regard B. Zdchling – Jud, 'Das neue europaische Gewahrleistungsrecht fur den Warenhandel' (2019) 18 Zeitschrift fur das Privatrecht der Europaischen Union 115, 129.

〔16〕 See recital 56 SGD. 因此,有必要适用 ECI 案例 C – 52/18 Christian Filla v. Toolport GmbH〔2019〕所述的原则,根据该原则,《消费者商品和担保指令》的目录第 3 部分第 3 条必须被解释为,成员国仍然有权确定要求消费者将根据远程合同获得的货物提供给卖方的地点,以便根据该规定使货物适约。该地点必须是适当的,以确保在合理的时间内,在考虑到货物的性质和消费者需要货物的目的的情况下,免费使货物适约,并且不会给消费者带来重大不便。在这方面,国家法院必须根据《消费者商品和担保指令》作出解释,包括在必要时修正既定的判例法,如果该法律是基于对国内法的解释,而该解释与该指令的目标不一致。

〔17〕 Cf. also recital 49 SGD.

〔18〕 See e. g. ECJ Case C – 65/09 and C – 87/09 WeberGmbHv. Wittmer and Putz v. Medianess Electronics GmbH〔2011〕, par. 50.

行使合同所涉货物合约的义务而请求任何金钱赔偿。此外,直到瑕疵品被更换为新商品,出售不合约消费品的卖方都不得要求消费者支付使用瑕疵品的赔偿金[19]。这就是说,SGD 目录第 4 部分第 14 条所采用的解决方案只提到了"正常使用",规定消费者无须为更换前的正常使用支付费用。这就为卖方的索赔敞开了大门,如果可更换的货物不符合"正常使用"的条件,卖方就可以请求消费者对被更换货物的价值损失进行赔偿[20]。由于 SGD 没有明确规定这种情况,有必要参考成员国的国内法[21]。这同样适用于该商品同时被消费者出售或修改的情形。

---

[19] See already on this point ECJ Case C – 404/06 Quelle AG v. Bun-desverband der Verbraucherzentralen und Verbraucherverbände [2008], par. 31. Cf. in this regard T. Möllers and A. Möhring, 'Recht und Pflicht zur richtlinienkonformen Rechtsfortbil-dung bei generellem Umsetzungswillen des Gesetzgebers' [2008] Juristenzeitung 919 et seqq.; O. Mörsdorf, "Verpflich-tung des Käufers zur Zahlung eines Nutzungsentgelts im Rahmen der Neulieferung einer mangelhaften Kaufsache', [2008]Zeitschrift für Wirtschaftsrecht 1409 et seqq.;C. Her-resthal, 'Die Richtlinienwidrigkeit des Nutzungsersatzes bei Nachlieferung im Verbrauchsgiiterkauf [2008] Neue jur. Wochenschr. 2475 et seqq. H. Ofner, 'Kein Nutzungs-entgelt für den Verkaufer bei Austausch der nicht vertrags-gemäBen Sache' [2008] zeitschr. Rechtsvergl. 57 et seqg; C. schneider and. F. Amtenbrink,《Quelle》:The possibility, for the seller, to ask for a compensation for the use of goods in replacement of products not in conformity with the con-tract'[2008] Revue europeenne de droit de la consomma-tion 301 et seqq.; G. Schulze, 'Kein Nutzungsersatz bei Er-satzlieferung: Anmerkung zu EuGH, Urteil vom 17. 4, 2008, C – 404/06 – Quelle'[2008] in Zeitschr. für das Privatrecht der europaischen Union 128 et seqq.; S. Lorenz, 'Anmerkung zu EuGH, U. v. 17. 04, 2008 – Rs. C – 404/06'[2008] Deutsches Aul-torecht 330 et seq. In this sense see ECJ Case C – 65/09 and 87/09 Weber GmbH v. Wittmer and Putzv. Medianess Electronics GmbH[2011], par. 50.

[20] In this regard see C. Herresthal, Die Richtlinienwidrigkeit des Nutzungsersatzes bei Nachlieferung im Verbrauchsgiiterkauf [2008] Neue jur. Wochenschr. 2475, 2476.

[21] 见 ECJ 案例 C – 489/07 Pia Messer v. Firma Stefan Kriger [2008], par. 30,根据欧盟《远程销售指令》第 1 部分第 5 条和第 2 部分第 6 条第 2 款的规定,这必须被解释为排除国内法的规定,即在消费者在撤销期内撤销的情况下,卖方可以要求赔偿根据远程合同获得的消费品的使用价值。但是,这些规定并不妨碍在消费者以不符合民法原则(如诚信原则或不当得利原则)的方式使用这些货物的情况下要求消费者对货物的使用进行赔偿,条件是该指令的目的,特别是撤回权的效率和效力不受不利影响,这是一个由国家法院决定的问题。

更为普遍的是，由于缺乏关于更换的详细规定，有必要厘清不合约货物的实质完整性（substantial integrity）是否应是更换的前提条件。在这方面，《联合国国际货物销售合同公约》第82条第1款规定了一个解决办法：如果买方不可能按其收到货物的基本状况归还货物，他就失去了宣布合同无效或要求卖方交付替代货物的权利，除非发生以下情况：（1）不可能按买方收到货物时的状况归还或基本归还货物，且不是由于买方的作为或不作为；（2）由于第38条规定的检验，货物或部分货物已经灭失或变质；（3）货物或部分货物已经在正常的经营过程中被出售，或在买方发现或应当发现不合约之前，已经在正常使用过程中被消费或改造了[22]。然而，考虑到《联合国国际货物销售合同公约》适用范围的不同，上述规定不能适用于SGD。

在这方面，我们还应该考虑《欧盟消费者权利指令》（CRD）第14条第2款有关消费者退出远程合同时负担一系列义务的规定，其指出消费者只对处理货物行为导致的货物价值减少负责，而不对确定其性质、特点和功能所需行为导致的货物价值减少负责。此外，如果商家没有根据CRD第6条第1款第h项提供撤回权的通知，那么消费者在任何情况下都不对减少的货物价值负责。根据同一个原则，货物的最终贬值价值不应妨碍消费者根据SGD对不合约的情况请求采取补救措施，否则就会不适当地引入排除维修或更换权利的理由，从而与SGD第13、14条相抵触。值得考虑的是，关于货物销售的新规则明确排除了消费者在卖方使货物合约之前对货物正常使用的付款义务，[23]虽然这一规则仅涉及更换，但也应同样适用于维修。

---

[22] See in this regard C. Fountoulakis, sub art. 82 CISG, in I. Schwenzer (ed), Commentary on the Convention on the International Sale of Goods (CISG) (4th edn, OUP 2016), par. 1 et seqq.

[23] Cf. also recital 57 SGD.

此外,SGD 第 14 条第 1 款部分编纂了与《消费者商品和担保指令》相关的欧洲法院判例法的内容(Furthermore, Art. 14, par. 3 SGD partly codified the ECJ case law relating to the dir. 1999/44/EC),规定:对于不合约的情况出现之前已经以符合其性质和目的的方式安装的货物,如果维修需要移除或者替换这些货物,那么维修或替换货物的义务应包括移除不合约的货物,并安装替换货物或维修货物,或承担该移除和安装的费用[24]。在任何情况下,如果维修和更换是不可能的,或者会给卖方带来不相称的费用,考虑到所有情况,卖方可以拒绝使货物符合约定的要求(SGD 第 13 条第 3 款)。

维修和更换应在消费者告知卖方不合约后的合理时间内进行(SGD 第 14 条第 1 款第 b 项)。这样的规定基本上难以令人满意。在具体案例中,就上述规定而言,消费者仅将不合约的情况通知卖方是不够的。事实上,"合理期限"应从消费者告知卖方货物不合约、消费者向卖方提供货物并告知其选择修理或更换货物之时开始计算[25]。欧盟立法者指出,完成维修或更换的合理时间应为完成维修或更换所需的最短的时间。该时间应根据货物的性质和复杂性、不合约性的性质和严重程度以及完成维修或更换所需的努力来客观确定[26]。根据 SGD 序言第 55 条,在执行指令时,成员国应当解释"完成维修或更换的合理时间"的概念,规定通常可被视为合理的维修或更换的固定期限,特别是针对特定类别的产品。然而,让成员国遵循上述规定似乎并不合适。首先,事先确定维修或更换的"合理期限"是非常困难的。其次,对特定类别的产品规定固定

---

[24] See ECJ Case C – 65/09 and C – 87/09 Weber GmbH v. Wittmer and Putz v. Medianess Electronics GmbH [2011], par. 58 – 62.

[25] In this sense see also B. A, Koch, 'Das System der Rechtsbe-helfe', in J. stabentheiner, C. Wendehorst and B. zöchling – Jud(eds) ,p. 184.

[26] Sorecital 55 SGD.

的期限似乎也很难,而且可能会产生相当大的不平等[27]。因此,似乎应该由学者和司法实践来具体确定"合理期限"。

关于已经包含在《消费者商品和担保指令》中的"重大不便"这一概念,一些评论者声称,"不便"应包括所有性能上的不精确,区别于用于修理或更换货物的时间的不合理性。根据这一观点,卖方在修理货物时无法完全恢复货物的合约性,以及无法在更换货物时向消费者交付符合合同规定的货物,[28]则构成"重大不便"。

然而,将"不便"的概念定义为修理或更换货物而采取的必要行动所造成的所有不方便,与是否恢复了合约性的情况无关,这一理解似乎更为合适。这种解释似乎也被欧洲法院的判例法和目前编入SGD第3部分第14条[29]的解决方案证实。在这方面,欧盟立法者本可以通过规定卖方为使商品合约所做的最多尝试次数赋予"重大不便"概念更多的内容,即使上述"合理期限"还未届满[30]。

考虑到包括不合约的重要性和货物不合约时的价值等所有情况,如果修理和更换是不可能的,或者会给卖方带来不相称的费用,那么卖方可以拒绝使货物合约(SGD第13条第3款)。

首先,当消费者要求更换独一无二的商品时,采取补救措施是不可能的。在所有权存在瑕疵的情况下,如果商品受到公共限制(public restraint),或者这种限制的消除取决于第三人的意愿,则采

---

[27] B. A. Koch, 'Das System der Rechtsbehelfe', in J. Stabentheiner, C. Wendehorst and B. Zdchling – Jud (eds), p. 185.

[28] A, Zaccaria and G. De Cristofaro, La vendita di beni di consuro (Cedan 2002), p. 89 et seq.

[29] ECJ Case C – 65/09 and C – 87/09 Weber GmbH v. Wittmer and Putz v. Medianess Electronics GmbH [2011] par. 52 – 62.

[30] Relating to the directive proposal, see for this solution e. g. G. Howells, 'Reflections on Remedies for Lack of Conformity in Light of the Proposals of the EU Commission on Supply of Digital Content and Online and Other Distance Sales of Goods' in A. De Franceschi (ed), European Contract Law and the Digital Single Market (Intersentia 2016), p. 153.

取补救措施也是不可能的。如果卖方不具备修理或更换货物的技能或必要手段,则应要求第三方使货物合约。这种情况很可能发生在含有数字要素的货物上,尤其是更新,因为大多数情况下卖方无法提供更新[31]。

在评估该维修或更换义务是否过于繁重之时,应当考虑到上述有关补救措施不可能实施的所有情况。[32] 例如,对于包含数字要素的商品,如果不合约"仅仅"是软件造成的,而且通过对数字要素进行更新很容易解决,则硬件更换应被视为不相称[33]。

(三)终止合同和减价

除不可能和不相称的主要补救措施外,在下列情形中,消费者还可以采取减价和终止合同的补救措施:(1)卖方没有在合理的时间内免费修理或更换,或修理和更换不可能或将给卖方造成不相称的费用的情况下,拒绝使商品合约;(2)尽管卖方已试图使商品合约,但仍出现不合约的情况;(3)不合约的情况十分严重,有理由立即减价或终止销售合同;(4)卖方已声明,或从当时的情况看,卖方显然不会在合理的时间内或在不给消费者造成重大不便的情况下使商品合约(SGD 第 13 条第 4 款)。在任何情况下,如果不合约的程度较轻,消费者就都无权终止合同。卖方应就不合约情形是否轻

---

[31] Cf. B. A. Koch, 'Das System der Rechtsbehelfe', in J. Stabentheiner, C. Wendehorst and B. zöchling – Jud (eds), p. 183.

[32] See Art. 13, par. 2 SGD and recital 49 SGD; cf. in this regard the critical remarks by B. Gsell, 'Rechtsbehelfe bei Vertrags widrigkeit in den Richtlinienvorschlige zum Fernabsatz und zur Bereitstellung digitaler Inhalte' in M. Artz and B. Gsell (eds), p. 147 et seq. relating to the original directive proposal, which still did not mention the "absolute disproportion".

[33] Cf. B. A. Koch, 'Das System der Rechtsbehelfe', in J. stabent-heiner, C. Wendehorst and B. zöchling – Jud (eds), p. 183, fn. 139.

微承担举证责任(SGD 第 13 条第 5 款)。

特别是对于数字要素的商品,数字内容的设计增加了被病毒(针对该类数字内容)破坏的风险,那么数字内容安全性的不合约是否可以被视为"只是轻微的"不合约,这一点值得商榷。笔者认为答案应是否定的。

此外,数字内容允许第三方访问消费者个人数据,这可能是不合约的另一个表现。根据《欧盟基本权利宪章》第 8 条,数据受到保护是一项基本权利,因此,对该权利的侵犯绝不能被视为"轻微"。

第二位阶救济措施(secondary remedies)的适用,包括减价权和终止权,可以通过单方面的法庭外声明(extrajudicial declaration)予以行使,卖方通过该声明作出回应消费者要求减价或终止合同的决定[34]。

关于次要救济的司法行使,欧洲法院在审议《消费者商品和担保指令》时指出,如果消费者在法律诉讼中只要求解除合同(rescission of the contract),但由于不合约性程度较轻而不能解除,则各国法院采取适当措施使消费者能根据指令执行其请求(enforce claims)。至于采取何种程序措施来实现这一目标,则由各国国内法来决定。然而,为此必须考虑到另一方的抗辩权[35]。适用 SGD 也应当考虑到这种情形。

关于减价的具体计算方法,《消费者商品和担保指令》没有涉及,而 SGD 则作出了明确的规定,指出减价应与消费者收到的商品价值与商品合约时的价值相比的下降幅度成比例(SGD 第 15 条)。

然而,尽管新的销售规则很明确,但对数字要素的商品来说,减

---

[34] See Art. 16, par. 1 SGD.

[35] In this sense see ECJ Case C – 32/12 Soledad Duarte Hueros v. Autociba SA e Autom6viles Citroen Espana SA [2013] Foro it. , 2013, 12, IV, c.509.

价的计算可能并不总是那么容易[36]。例如,当商品的价格是整体上确定的,很难明确评估其中哪一部分价格是由数字要素产生的时,就会出现这种情况。一般来说,数字要素未更新的商品与数字要素已更新的商品之间的价值差额甚至比没有数字要素的两种商品之间的价值差额更难确定。为了强调与减价计算有关的不确定性,举例来说,我们可以想到一个带有数字要素的供暖系统在交付1年后,一个数字错误就会使第三方可能获得供暖系统所有者的个人数据。修理这种产品是不可能的,更换也是不相称的。在这个例子中,如何确定这种有缺陷的供暖系统的价值是一个问题,因为不清楚该漏洞是否以及如何对消费者产生具体的影响。例如,可以说将这种系统商业化是非法的,从而其价值为零;对于同样的案件,也可能有人说这种系统只是构成轻微缺陷[37]。

此外,欧洲立法者明确规定,在不合约性仅涉及根据销售合同交付的部分货物,并且存在 SGD 第 13 条终止销售合同的理由时,如果不能合理预见到消费者只接受保留合约的货物,那么消费者有权终止只与这些货物有关的销售合同,以及与不合约货物一起购买的任何其他货物的销售合同(SGD 第 16 条第 2 款)[38]。

当消费者终止整个销售合同或与根据销售合同交付的部分货物有关的销售合同时,卖方应承担退还货物的费用(SGD 第 16 条第 3 款第 a 项),或应在收到货物或消费者提供已退回货物的证据后,向消费者退还已支付的货款(SGD 第 16 条第 3 款第 a 项)。在这方面,值得强调的是,卖方承担的这种责任不仅包括运输费用,还包括所有货物移除费用。这一解决方案应源于 SGD 第 14 条第 3

---

[36] T. Riehm and M. A. Abold, 'Mängelgewährleistungspflichten des Anbieters digitaler Inhalte' [2018] Zeitschr. für Urheber-und Medienrecht 87, who, with regard to cases of instant supply, qualify the future updates as "uentgeitliche Dauerschuidkomponente".

[37] So C. Wendehorst, 'Aktualisierungen und andere digitale Dauerleistungen' in J. Stabentheiner, C. Wendehorst and B. zöchling – Jud (eds), p.132.

[38] Recital 58 SGD.

款,该款规定了(仅限于修理和更换)移除不合约货物的费用,以及安装更换货物或修理货物的费用[39]。然而,作者认为,对该条款应作广义解释,并适用于终止合同的情况。在这方面,成员国的立法者最好在实施 SGD 时明确说明这一点。

对于消费者为退回货物所支付的必要的、有用的,甚至是奢侈的费用(luxury expenditures),SGD 中没有规定卖方可能有责任向消费者退还。在这方面,SGD 序言第 60 条规定,指令不应当影响成员国在指令规定外规定终止合同所产生的后果的权力,如货物价值下降的或货物毁坏或丢失的后果[40]。值得一提的是,从系统性的角度观察,根据 SGD 第 14 条第 1 款的规定,消费者对被更换商品在更换前的正常使用不承担责任。出于体系一致性的考虑,合同终止前"正常使用"而被替换商品也应采取同样的解决办法。《在线销售指令》第 13 条第 3 款第 d 项也规定了这方面的内容[41],并被 SGD 的最终文本采纳:当终止整个合同或终止相关的合同(与根据该合同交付的部分货物有关的合同)时,消费者应当支付货物价值减少的费用,但减少的价值不得超过正常使用所造成的贬值,价值减少的费用不得超过货物的价款。尽管如此,考虑到上述情况,可以认为在终止合同的情况下,消费者不应支付终止合同前正常使用货物的费用,因为当消费者要求终止合同时,其已经遭受了因不合约性而造成的重大不便。在这方面,要证明消费者终止非"轻微"不合约的合同是合理的,大多数情况下这种非"轻微"不合约已经限制了消费者对商品效用的重大期望。

---

[39] In this sense B. Zöchling – Jud,'Das neue europäische Gewährleistungsrecht für den Warenhandel'(2019) 18 Zeitschr. für das Privatrecht der Europäischen Union 115,131.

[40] Cf. recital 15, dir. 1999/44/EC.

[41] COM/2015/0635 final.

(四)时限

关于补救时限,卖方应当在交付货物之后的 2 年时间内对货物交付后存在的任何不合约情形负责(SGD 第 10 条第 1 款)。在不影响 SGD 第 7 条第 3 款的情况下,这也适用于数字要素的商品。对于数字要素的商品,如果销售合同规定在一段时间内连续提供数字内容或数字服务,则卖方还应对自交付数字要素的商品起 2 年内发生或明显的数字内容或数字服务不合约情况负责。此外,如果合同规定的连续供应时间超过 2 年,则卖方应对在销售合同规定的数字内容或数字服务供应期内发生或明显的任何数字内容或数字服务不合约的情况负责(SGD 第 10 条第 2 款)[42]。

SGD 第 10 条规定的规则可能会引起各国法律体系所采用的解决方案严重分散。尽管该条款所规定对欧洲经济至关重要,但欧盟立法者决定只采取最低限度的协调。这一点尤其体现在 SGD 第 10 条第 3 款规定中,成员国可以保留或引入比第 1 款和第 2 款更长的时限[43]。如果根据国内法,修理、更换、终止合同和减价等补救措施也有时效期限,则成员国应确保消费者根据第 10 条第 1 款和第 2 款卖方应承担责任的任何不合约情形,行使第 13 条规定的补救措施(SGD 第 10 条第 4 款)。然而,成员国只能保留或引入第 13 条规定的救济时效,且确保消费者在该时效内根据第 10 条第 1 款和第 2 款卖方应承担责任的任何不合约情形,行使该救济(SGD 第 10

---

[42] Cf. B. A. Koch, 'Das System der Rechtsbehelfe', p. 208, who criticises the different regulation of this aspect in the SGD and in the dir. 2019/770/EU, as in both cases the rules regard digital content and digital services.

[43] See B. Gsell, "Time limits of remedies under Directives (EU) 2019/770 and (EU) 2019/771 with particular regard to hidden defects", p. 103.

条第 5 款)。

此处,SGD 没有说明不合约情形"变得明显"这一核心表述的含义,特别是,它是指不合约的客观表象,还是指消费者发现时的不合约情形。从系统的角度来看,相关性应归因于不合约的客观表象。

关于 SGD 第 10 条第 1 款中提到的 2 年期限,SGD 第 41 条补充道:考虑到在执行《消费者商品和担保指令》的国家法规中,绝大多数成员国都规定了 2 年期限,实践中市场参与者也认为这一期限是合理的,因此应予以保留,并应适用于数字要素的商品。因此,与《消费者商品和担保指令》第 5 条第 1 款的规定不同,SGD 第 10 条第 1 款应允许国家立法者规定一个单一的时限,而不必增加额外的时限允许消费者在此时限内行使 SGD 规定的补救措施。

正如《消费者商品和担保指令》所规定的那样,在交易二手商品时,卖方和消费者可以在合同条款或协议中约定较短但不得少于 1 年的责任期或时效期(SGD 第 10 条第 6 款)[44]。

如果不合约的情况在货物交付之日起 1 年内变得明显,则应推定(praesumptio iuris tantum)不合约的情况在货物交付之时已存在,除非另有证据证明,或者该种推定与货物的性质或不合约的性质不相符(SGD 第 11 条第 1 款)。在这方面,欧盟立法者规定,成员国可以维持或另行规定自货物交付之日起的 2 年期限,而不是 1 年期限(SGD 第 11 条第 2 款)。尽管号称要全面统一,但这一规定仍导致了各国解决方案的分散。如果销售合同约定在一段时间内持续提供数字内容或数字服务,则对数字要素的商品适用不同的规则。在 SGD 第 10 条第 2 款所述时间内出现明显不合约时,由卖方

---

〔44〕 See on this extensively B. Gsell, "Time limits of remedies under Directives (EU) 2019/770 and (EU) 2019/771 with particular regard to hidden defects" in E. Arroyo Amayuelas and S. Camara Lapuente (eds), El derecho privado en el nuevo paradigma digital (Marcial Pons 2020), p.101 et seqq.

对数字内容或数字服务是否合约承担举证责任(SGD 第 11 条第 3 款)[45]。

与《消费者商品和担保指令》类似,SGD 没有阐明缺乏合约性"变得明显"的含义。在这方面,合理的解释应当是,缺乏合约性"变得明显"是指缺乏合约性的客观可识别性,而不是消费者主观上对不合约性的认知。从 SGD 第 12 条的表述可以看出这一点,遗憾的是[46],该条款允许成员国保留或引入以下规定:消费者必须在至少 2 个月的期限内通知销售者不合约的情况以实现自己的权利,这 2 个月的期限从"消费者发现这种不合约"之日起算[47]。

(五)不合约时消费者可强制执行的进一步补救措施

和《消费者商品和担保指令》[48]规定不同,除非另有规定,SGD 旨在与国内法高度统一。[49] 该指令不应影响成员国对一般合同法进行规范的自由,例如关于合同的成立、有效性、无效或效果的规则,包括合同终止的后果(只要该指令未进行规范),或损害赔偿的权利(SGD 第 3 条第 6 段)。如果货物在交付后 30 日内明显不合约,SGD 也不应影响成员国赋予消费者选择特定救济措施的自由(SGD 第 3 条第 7 款)。如此一来,就留下了一个悬而未决的问题,即消费者是否获得以及在多大程度上可以获得国内法规定的不同

---

[45] For a critic see B. Jud, 'Beweislast und Verjährung', in J. Stabentheiner, C. Wendehorst and B. zöchling Jud (eds), p. 203ff.

[46] Such provision gives rise to relevant criticisms, as it favours the fragmentation of the national solutions. For a critic see also B. A. Koch, 'Das System der Rechtsbehelfe', in J. Stabentheiner, C. Wendehorst and B. Zöchling – Jud (eds), p. 212.

[47] See also B. Jud, 'Beweislast und Verjährung', in J. Stabent-heiner, C. Wendehorst and B. Zöchling Jud (eds), p. 209.

[48] Art. 8, par. 2, dir. 1999/44/CE.

[49] See Art. 4 SGD and Recital 47 SGD.

补救措施[50]。这引发了进一步的思考。首先,SGD 的目标是"倾向"高度统一,这意味着如果 SGD 规定了相应的救济措施,则不允许消费者绕过指令以获得国内法规定的其他救济措施。

但是,消费者可以立即获得不同于 SGD 规定的进一步补救措施,例如赔偿。关于赔偿这一补救办法是否可以替代同一指令中已经规定的其他补救办法,以抵销不合约造成的货物价值贬损并不明确。考虑到 SGD 的高度统一性,在仍可能要求维修、更换、减价或终止合同时,不能对这价值损失的赔偿予以强制执行。相反,与不合约造成的价值损失不同,不合约造成其他损失的赔偿可以在不合约表现出来后立即执行,并与 SGD 对不合约规定的赔偿同时执行。

SGD 也不影响不具体涉及消费者合同的国家规则,这些规则为订立销售合同时不明显的某些类型的缺陷规定了具体补救措施,即可能具体规定了卖方对隐藏缺陷承担责任[51]。该指令也不应影响各成员国国内法规定的消费者在货物不合约时对交易链上一环节的人(例如制造商)或履行其义务的其他人员采取非契约性补救措施[52]。此外,如果在货物交付后不久缺乏合约性变得明显,SGD 就不应影响成员国赋予消费者此时选择一个特定的补救措施的自由,即国家规定消费者有权在货物交付后特定短期时间内(不应超过 30 日)拒绝接受该缺陷货物、解除合同或要求立即更换货物[53]。

---

〔50〕 T. Riehm,'Regelungsbereich und Harmonisierungsintensität des Richtlinienentwurfs zum Waren – Fernabsatz' in M. Artz and B. Gsell (eds), Verbrauchervertragsrecht und digitaler Binnenmarkt, p. 80 et seqq.

〔51〕 See B. Gsell, "Time limits of remedies under Directives (EU) 2019/770 and (EU) 2019/771 with particular regard to hidden defects", in E. Arroyo Amayuelas and S. Camara Lapuente (eds), El derecho privado en elnuevo paradigma digital (Marcial Pons 2020), p. 103 et seqq.

〔52〕 Recital 18 SGD.

〔53〕 Recital 19 SGD.

欧盟成员国拥有如此大的自由度来管理这些相关方面,可能会危及救济制度的运作,而且笔者认为这似乎不符合指令所宣布的高度统一各国立法的目标。

(六)过时数字要素商品对消费者权利有效性和环境可持续性的挑战

在数字经济中,一个众所周知的问题以新的形式出现;有计划地淘汰数字要素的商品已逐渐影响到日常生活,破坏了从移动电话到个人电脑、联网汽车和智能家居等智能设备的性能。这动摇了消费者法的基础,对其有效性提出了挑战,并提出了需要创新解决方案的关键问题。解决这一现象对法律的影响已成为当务之急[54]。目前的制裁措施和欧盟立法者在这一点上的做法都缺乏效力(effectiveness),留下一些根本性问题待解决(leaving open some fundamental questions)。消费者法是否足以解决计划报废的问题?不公平交易法(unfair trading law)是否强于消费者合同法在解决计划报废问题方面的效力?其他主要问题涉及与实现可持续发展和循环经济目标之间日益紧张的关系[55],确保消费品的长期耐用性对于实现更可持续的消费行为、减少废物和保护环境确实至关重要。

为解决计划报废(planned obsolescence)现象,各成员国和欧盟层面都开始进行各种尝试。一些欧洲成员国正在讨论可能的解决

---

[54] See most recently e. g. C. Hess, Geplante Obsoteszenz(Nomos 2018), 29 et seqg.; cf. T. Brönnecke and A. Wechsler (eds), Obsoleszenz Interdisziplinär(Nomos 2015).

[55] See < https://eur-lex. europa. eu/legal-content/EN/TXT/? uri = CELEX% 3A52020DC0098 >.

方案。[56] 例如,2015 年,法国立法者在《消费法》中引入了禁止计划报废的具体规定——对违反计划报废的行为规定了刑法制裁[57]——2016 年对该规定进行了修改[58]。英国法律在解决提前报废问题上也保留了一定的空间,如《欧盟消费者权利指令》已经将耐用性作为质量满意度测试的一项标准。[59]

SGD 也在这方面做出了贡献:在合约性的客观标准中,欧盟立法者明确列出了耐用性(SGD 第 7 条第 1 款第 d 项)。该规则应与关于《不公平商业行为指令》(尤其是关于误导性商业行为的指令)以及《欧盟消费者权利指令》相辅相成。特别是欧洲关于不公平商业行为的规则在确保 SGD 的效力,尤其是在解决计划报废现象方面发挥着至关重要的作用,因为这些规则涵盖了与产品有关的商业交易前、交易中和交易后的经营者行为。实际上特别是就全球市场主要参与者的做法,私法补救措施并不足以有效影响经营者的行为以解决上述问题。

关于这一点,我们可以参考一些判例法。2018 年,意大利竞争

---

[56] See for an overview S. Wrbka,'Warranty Law in Cases of planned obsolescence'(2017) 6 EuCML 67 et seqq.

[57] See as an example L213 – 4 – 1 Code de la Consommation:"L'obsolescence programmee se definit par l'ensemble des techniques par lesquelles un metteur sur le marche vise a reduire deliberement la duree de vie d'un produit pour enaugmenter le taux de remplacement. L'obsolescence programmee est punie d'une peine de deux ans d'emprisonnement et de 300 000 d'amende. Le montant de l'amendepeut etre porte, de maniare proportionnee aux avantages tires du manquement, a 5 % du chiffre d'affaires moyen annuel, calcule sur les trois derniers chiffres d'affaires annuels connus a la date des faits"(see <https://www.legifrance.gouv.fr>).

[58] Art. L – 441 – 2 Code de la Consommation:"Est interdite la pratique de l'obsolescence programmee qui se definit par le recours a des techniques par lesquelles le responsable de la mise sur le marche d'un produit vise a en reduire deliberement la duree de vie pour en augmenter le taux de remplacement"(see <https://www.legifrance.gouv.fr>).

[59] Art. 9 Consumer RightsAct2015:"The quality of goods includes their state and condition; and the following aspects(among others)are in appropriate cases aspects of the quality of goods:[...](e) durability".

管理局(ICA)根据两项不同的决定对苹果[60]和三星[61]公司处以罚款——这两项决定均在 2020 年得到确认——原因是它们在软件更新方面的不公平商业行为严重损害了某些型号手机的功能。两家大公司分别被罚款 1000 万欧元和 500 万欧元。这些裁决立即引起了全世界的反响,特别是 ICA 认定两家公司实施了误导性和侵略性的商业行为,从而违反了《不公平商业行业指令》(UCPD)第 5、6、7、8 条的实施规定。这些更新造成了严重的故障,大大降低了手机的性能,并因此加速了手机的更新换代。

在苹果公司一案中,ICA 确认了两种商业行为的不公平之处。第一种情况是,购买 iPhone 6、iPhone 6Plus、iPhone 6s 和 iPhone 6sPlus 的消费者被坚持要求将其操作系统更新至 IOS10,随后又更新至 IOS10.2.1,这些更新修改了手机的功能特性并显著降低了手机的性能。这种做法没有事先充分告知消费者安装这些更新可能造成的不便,也没有就如何弥补这些缺陷(例如通过降级或更换电池)提供有限的、事后的建议。此外,经查,苹果公司坚持要求消费者下载和安装更新,并拒绝向希望恢复设备原有功能的消费者提供足够的帮助,以诱使他们安装固件更新,由此不当影响了消费者。这加快了新款 iPhone 更新迭代的速度。根据 UCPD 第 5、6、7、8 条,这种行为被处以罚款[62]。此外,ICA 根据 UCPD 第 7 条的实施条款对苹果公司处以罚款,原因是苹果公司在 iPhone 5、iPhone 6Plus、iPhone 6s 和 iPhone 5sPlus 电池的更换期限、处理方式和费用方面缺乏相关信息,存在误导性遗漏。具体到案例中,在上述更新发生后,苹果手机性能显著下降,因此,消费者被诱导购买新手机,而非

---

[60] See Italian Competition Authority, 25 September 2018, PS11039, Apple, < http://www.agcm.it/dotcmsdoc/allegati-news/PS11039_scorrsanzDich_rettva.pdf >.

[61] See Italian Competition Authority, 25 September 2018, PS11039, Samsung, < http://www.agcm.it/dotcmsdoc/allegati-news/PS11009_scorr_sanz_omidichrett.pdf >.

[62] See on those provisions M. Durovic, European Law on Unfair Commercial Practices and Contract Law (Hart Publishing 2016), 10 et seqq.

被苹果公司告知其有更换电池的机会。

在三星案中,ICA 根据 UCPD 第 5、6、7、8 条的实施条款,认定三星公司的行为构成不正当商业行为,因为该商家开发并坚持建议"三星 Galaxy Note 4"的消费者基于安卓系统"棉花糖"的固件进行更新:这些更新修改了手机的功能,明显地降低了手机的性能,并阻止消费者自主决定是否为其设备安装新的更新。此外,三星公司故意不为已过保修期的产品提供帮助而需消费者支付高昂的维修费用,也不提供降级到先前固件版本的服务,从而推动消费者购买新的替代产品。

根据《意大利消费者法》第 27 条第 8 款的规定,苹果和三星公司还必须在其意大利网站的主页上发布一份修正声明,并附上相关的 ICA 裁决链接。

ICA 的苹果和三星案件凸显了现行欧洲消费者和市场法律对数字要素商品有效性最基本的批评意见。首先,这两起案件的裁决让人严重怀疑,在实施 UCPD 的过程中现有惩罚措施是否能有效应对计划报废提出的挑战,特别是在数字经济中。此外,这些裁决还提出了如何改进消费者(合同)法以应对并在未来有效避免上述现象的发生。

关于第一点,尤其值得怀疑的是,最高 500 万欧元的罚款(《意大利消费者法》第 27 条第 9 款规定的最高限额,执行 UCPD 第 13 条)是否足以有效阻止苹果和三星等科技巨头采取不公平做法。在这方面,UCPD 第 13 条规定,成员国应对违反为实施本指令而通过的国家规定的行为规定处罚措施,而且"这些处罚措施必须有效、相称(proportionate)且具有劝诫性"。首先,从体系性来看,欧洲立法者没有对违反不公平商业惯例的行为规定明确统一的惩罚措施,这就为各国实施 UCPD 的解决方案各自为政打开了大门。这种各自为政的现象影响了一致性,也不利于在整个欧盟范围内实施有效的反不公平行为战略[63]。其次,通过惩罚的相称性在很大程度上可以实现(处罚措施的)有效性和劝阻性。为了更好地体现相称性的概念,笔者认为,处罚应与因不正当商业行为而受到处罚的商户的年营业额相联系,而不是固定一个金额作为最高处罚,从而可以考虑到商户的规模、市场力量,以及——尤其是——市场影响。这样既可以避免"过度处罚",也可以避免"处罚不足"。

特别是就全球市场主要参与者的做法,私法补救措施并不足以有效影响经营者的行为以解决上述问题。因此,需要在欧盟范围内制定一套一致的、有效的公法处罚措施。这也将确保消费者私法的有效性,并鼓励公平交易行为。在上述案件发生后,苹果公司为遵守 ICA 的临时要求,对其做法进行了重大的良性调整。这并非偶然。虽然普通消费者往往不愿意向民事法庭提起诉讼,但像 ICA 这样的竞争管理机构(有权实施公法处罚),其预期或实际诉讼所产生的强制压力往往足以确保消费者更好地行使其私法权利。

这方面的一个很好的例子就是执行 UCPD 第 6 条第 2 款第 g 项的结果。该款项规定,在《消费者销售指令》规定的更换权或赔偿权,或消费者可能面临的风险方面,欺骗或可能欺骗普通消费者的商业行为属于误导性商业行为。事实证明,至少在意大利,这种规则是迫使企业承认消费者权利的关键。如果说被起诉至民事法庭的可能性往往不足以阻止经营者在合同权利方面误导消费者,那么接受竞争管理机构调查的平行"风险"(有可能被处以最高 500 万欧元的罚款,尤其是——因为这对商家的形象有影响——根据《意大利消费者法》第 27 条第 7 款,公布裁决或相应的纠正声明,从而迫使商家停止其不良行为)可对不公平的商业行为产生相关的威慑作用。笔者认为,欧盟立法者应改进这种协同作用。

---

〔63〕 Cf. the reports on the implementation ofthe UCPD published in EuCML – Issues 5/2015, 6/2015 and 2/2016.

在《现代化指令》第 2 条第 6 款中有一个这方面的例子,涉及对《不公平商业行为指令》第 13 条的修订,该条款规定成员国应确保在根据(欧盟)《消费者保护合作法规》第 21 条实施处罚时,可以通过行政程序或启动法律程序对经营者处以罚款,或两者兼之,最高罚款额至少为该经营者在相关成员国年营业额的 4%。在不影响该条例的情况下,成员国可基于本国宪法,将罚款的处罚对象限于:(1)违反本指令第 6、7、8、9 条和附件的行为;(2)销售者继实施被国家主管当局或法院认定为不公平的商业行为,但该商业行为不属于(1)中所述的侵权行为。

为了加强消费者权利的有效性,特别是数字要素商品的耐用性,《现代化指令》第 2 条第 6 款所载的规则最好能扩展到欧盟《消费者保护合作法规》第 21 条的适用范围之外,从而将所有不公平的商业行为都包括在内。

更详细的消费者合同法规则确实会有束缚力(a straight-jacket effect),特别是基于高度统一的基础。另外,从消费者的角度来看,如果执行起来很困难、很缓慢,或者两者都有,那么额外的权利可能就没有什么用处了。UCPD 的修正案提案及其实施条款可能是一个更好的、更有效的解决方案。

(七)结语

关于不合约的补救措施,SGD 借鉴了已废除的《消费者商品和担保指令》的若干解决方案。根据后者以及《数字内容和数字服务合同指令》,应优先考虑通过使货物合约来适当履行合同义务。

SGD 并不影响成员国对一般合同法的某些方面或损害赔偿权进行规范的自由。这就留下了一个问题,即消费者是否以及在多大程度上可以诉诸国内法规定的不同补救措施。在这种情况下,如果

SGD 规定的补救措施仍然可以执行,那么至少不允许消费者绕过 SGD 规定而诉诸国内法规定的其他补救措施,似乎是合理的。在货物交付后 30 日内消费者发现货物不合格时,欧盟立法者还允许成员国赋予消费者选择特定补救措施的自由并自行规定时效期限的长短。此外,是否保留或引入检测出货物不合约的通知义务也由各国立法者自行决定。这就造成了因实施 SGD 而产生的国家解决方案的分散,从而损害了一致性,并妨碍了欧盟高效数字商品市场的实现。

此外,从体系化的角度来看,数字要素的商品(往往是有计划的)过时所带来的混乱动摇了消费者法律的基础并对其有效性提出了挑战,也提出了一些需要创新解决方案的关键问题。因此,解决这一现象对法律的影响已成为当务之急。目前的制裁措施和欧盟立法者在这一点上的做法都缺乏效力,留下一些根本性问题待解决。这为重新制定消费者法提供了一个很好的机会,既能加强其保护消费者和促进公平市场行为的作用,又能使其成为实现更可持续发展目标的工具。在未来的岁月里,消费者权益保护法将发挥关键性作用,其目标将从仅仅成为保护消费者和规范市场的工具,扩展为同时引导和激励所有市场参与者采取更负责任的环保行为的制度。

十八、消费者数字内容合同

[荷]赫尔伯格　[荷]卢斯　[法]吉博
[荷]马克　[荷]佩瑟斯*

　　将消费者法适用于数字内容合同遇到了许多问题。其中一些是数字内容市场的典型问题,如将数字内容归类为"商品"或"服务"的法律后果,更重要的是数字内容合约性一般评估标准的缺位。另外还存在一些问题,比如消费者信息有用的限制和未成年消费者的地位,虽然并非数字消费者的专属问题,但这些问题在数字内容市场中更为凸显。此外,版权法和消费者法之间的复杂关系也受到了特别关注。本文探讨了消费者(合同)法在何种程度上适合解决希望从数字内容中

---

*　赫尔伯格(N. Helberger)、卢斯(M. B. M. Loos)、吉博(L. Guibault)、马克(C. Mak)、佩瑟斯(L. Pessers)都曾在阿姆斯特丹大学欧洲合同法研究中心工作。原文为阿姆斯特丹法学院法律研究论文第 2012 – 66 号、欧洲合同法研究中心工作文件第 2012 – 05 号。本译文通过对消费者数字内容合同的研究,指出了在数字内容市场存在的数字内容合约性一般评估标准缺位、未成年消费者地位难以界定以及版权法与消费者法复杂关系等典型问题,从消费者法出发提供了对应对举措与救济措施,这对于处理我国将来处理数字市场的合同问题有极大的参考意义。

受益的数字消费者面临的问题,并研究了国家和欧洲层面正在采取的举措是否有可能提供救济。最后,分析表明这些举措无法解决或不足以解决所发现问题的情况,并提出了改进建议。

(一)引言

数字内容已成为欧洲和国家经济的内在重要元素,也是数字监管议程的目标领域(欧盟委员会,2010年,第11—13页)。数字内容也日益成为我们日常生活中常见的事实和因素。我们对信息、个人发展、娱乐、通信和社交互动的需求越来越多地由数字内容供应商来满足。在本文中,"数字内容"被定义为"消费者可在线访问或通过CD或DVD等其他渠道访问的所有数字内容,以及消费者可在线获得的任何其他服务"(欧洲经济,2011a,第9页)。

与媒体和通信法、数据保护法、版权法或电子商务法等其他法律领域不同,一般消费者法和合同法迟迟未能应对形势的变化,也未回应数字市场对适用深深扎根于模拟的、有形的法律制度(firmly rooted in an analogue, tangible world)提出的挑战。然而,最近"数字消费者法"引发了广泛关注以及进一步的具体实施行动。早在《欧盟消费者权利指令》(CRD)的立法过程中,对数字内容消费者的法律保护就已成为一个核心主题(欧洲议会,2010年)。与此同时,一个专家组在司法总局的指导下制定了一些规定,这些规定将成为欧盟委员会关于《欧洲共同销售法条例》提案的基础(CESL)。CRD和CESL也明确涉及提供数字内容的合同。

要为数字内容提出一个适当的规制框架,就必须透彻地了解数字内容市场和产品的特点、消费者所关心的具体问题、现行法律能够在何种程度上解决这些问题,以及现行法律制度中可能造成对数字消费者不利的不平衡的漏洞。尽管与其他任何市场的消费者一样,数字消费者会遇到许多普遍关注的问题和挑战,但在许多方面他们的处境也很特殊。

本文旨在对以下问题进行简明扼要的分析:(1)数字消费者在现行法律制度下的法律地位;(2)所建议的新规则和新举措能够在何种程度上解决仍需处理的问题;(3)讨论未来进一步调整消费者和合同法以适应数字市场应考虑的问题。在这一过程中,本文还总结了作者为欧盟委员会开展的一项研究(Loos et al.,2011a)的主要发现,该研究的部分分析是基于对数字消费者的实际体验和问题的综合实证研究,以及一项法律研究。该研究结合了在9个成员国(芬兰、法国、德国、匈牙利、意大利、荷兰、波兰、西班牙、英国)以及挪威和美国进行的比较调查,并对欧洲和各国的现行规则及进一步优化的方案进行了案头研究和批判性分析。涵盖、涉及的内容很多,本文必须简明扼要地展开分析。在相关部分,本文将参考研究报告中更为详尽的论述内容。在就如何加强数字消费者保护提出建议时,笔者力求兼顾消费者和数字供应商双方的利益。

(二)面向消费者的数字内容市场

在数字内容市场中,影响消费者处境的因素众多。数字消费者法必须考虑到这些因素,以及由此产生的消费者关切的问题和现行消费者法适用面临的挑战。

1. 从有形到无形

数字内容市场最明显的特点之一可能就是从主要供应有形产品转向供应无形产品。现在,书店不再仅印制和销售有形书籍,也可以"印制"电子版书籍并提供下载服务。音乐既可以以(有形)CD的形式出售,也可以以MP3等形式出售。越来越多的游戏可以在网上进行,铃声可以通过手机购买。其他形式的数字内容具有混合性质,兼具销售商品和提供服务的特点。例如,软件销售可能包括:(1)出售软件的实体拷贝件;(2)在线(自动)更新服务;(3)实时(远程)软件支持服务(如服务台)。

例如,欧盟委员会就《消费者权益审查绿皮书》及相关事宜进行咨询时曾指出,无形数字内容与有形产品(尤其在内容方面)可能有许多共同之处。然而,数字内容并不能很好地融入传统的消费者法律框架,因为传统的消费者法律框架中的许多规则都是为有形产品的经济环境而设计的,比如消费者产品销售法中的规则、关于撤回权的规定及某些补救措施,比如要求修理或退货的权利(Loos, 2008, p.38-39)。尤其是数字内容被排除在消费者销售法的适用范围之外,这被认为是当前法律制度的"主要缺陷"之一(欧洲消费者中心网络,2010年,第21页)。

2. 在线商务

数字化为数字内容的供应提供了大量新的商业模式。消费者可以在"按需"服务、"准按需"内容、按需下载、流媒体、网络广播、基于IP的电视、订阅购买电子书、电子期刊和电子报纸、社交广播、云计算、应用程序、应用内购买等之间进行选择。同样,支付形式也多种多样,从货币价格到实物服务、关注(尤其是广告)或个人数据。此外,还有一些值得一提的订约新方式(特别是点击完成、浏览机制)(Loos et al.,2011b,p.735-737)。在"点击式许可"中,标准合同条款以电子方式呈现给用户,用户通过点击一个按钮或在标有"我同意"的方框内打勾,或通过其他电子方式表示同意这些条款。例如,根据点击式许可的技术设置方式,在下载或安装软件时需要取得消费者的同意,或有时同时在两个阶段都需要取得消费者的同意。向消费者提供标准条款的最新方式是"浏览式"许可,在这种许可中,协议条款只需通过商家网站上的一个超链接即可访问。与

"点击式许可"相反,"浏览式许可"不允许消费者通过主动点击按钮或勾选方框来"同意"条款。相反,用户只需使用网站,就被推定为同意条款。矛盾的是,消费者必须使用网站才能阅读合同,甚至消费者必须使用网站才能意识到合同的存在。通过点击或浏览来呈现许可条款是否构成法律行为,这个问题在不同的司法管辖区有不同的答案(Loos et al.),虽然电子环境下的合同订立问题并非数字内容合同所特有,但这些问题在一次性体验商品(如在线购买电影或音乐)方面更加凸显。

3. 不仅是"传统守旧"的商品或服务

"文化产品和服务与其他形式的商品不同,应得到充分的认可和对待"。(UNESCO,1998)这一声明是《文化政策促进发展行动计划》的一部分,它代表了一种更广泛的观点,即数字内容不同于其他消费品,如汽车、吹风机或速溶咖啡。数字内容通常也是一种文化表达形式,是个人发展和自我表达、社会和政治参与、文化认同以及行使基本权利(如行使表达自由的权利)的重要组成部分。因此,立法者有义务创造条件,使数字消费者能够行使其基本权利,并从各种形式的数字内容中充分受益。换言之,数字内容的传播和消费须符合一系列与数字内容的可获取性、安全性和可用性有关的突出的公共利益。许多这类公共利益在具体部门规则中都有明确规定,例如视听法、版权法、电信法、数据保护和电子商务法,这些法律对数字内容的生产、传播和消费进行了规制。这提出了一些问题:保护消费者利益的一般规则和具体部门规章之间的相互作用,以及在解释一般消费者法律时公共利益可以发挥的作用。

(三)数字消费者关注的问题

1. 访问问题

在消费者遇到的数字内容问题中,访问问题占据首位。在最近遇到的问题中,约有 1/3 与访问相关(欧洲经济,2011b,第 58 页、第 74—75 页)。访问问题包括技术访问问题,如能在不同设备上播放、收听和观看数字内容,也包括因产品捆绑或互操作性问题、社会排斥以及区域编码和限制性许可造成的由地理障碍引发的锁定或禁用。能够访问数字内容对消费者参与文化、政治、社会和经济生活具有重要影响(Helberger, 2005, p. 35、57)。其中许多访问问题还会影响到消费者的选择自由,以及他们从多样化的媒体内容和产品中获益的能力。

2. 信息问题

紧随其后的是对信息缺失、不完整或不可理解的担忧。缺乏信息或所提供信息的质量不高以及关键信息往往被掩盖(例如隐藏在冗长的使用条款中),都是消费者感到信息不完整的原因(欧洲经济,2011b,第 38—50 页;ECC – Net,2010,第 24 页)。同时,在谈到数字内容市场的消费者保护问题时,就如何改善消费者的处境,最常见的建议可能就是需要更多的透明度(APIC,2006,第 97—105 段;BEUC,2004)。这进一步强调了需要彻底了解现有信息规则的潜质、局限和差距。

3. 使用限制

消费者经常遇到的另一个问题是使用限制,例如技术保护措施或数字版权管理(DRM)的应用,以及对播放、收听、复制、打印或共享数字内容的合同限制（Helberger et al.）。需要指出的是，这不仅是版权法的问题，也是不公平条款的问题，尤其是在数字游戏方面（关于美国在这方面的情况，请参见 Lastowska，2010）。

4. 不公平条款

不公平条款方面的问题对消费者来说不那么明显，但也同样严重。可疑的不公平条款包括以下几项。

保留单方面更改合同条款的权利。若合同中包含该条款，则保留了这种可能性的数字内容提供商可以改变消费者可复制、拷贝的歌曲的数量，即便是在消费者已经购买了歌曲并且已经下载到电脑上之后。

范围广泛的免责声明，排除了经营者对消费者硬件或软件造成的几类损害的责任。

规定供应商有权限制公开批评产品的可能性。

规定供应商有权通过产品销售来监控使用行为。

规定产品只能与同一供应商或供应商偏好的其他供应商提供的软件和/或硬件配合使用。

软件供应商保留不经事前提示通知可远程更新软件的权利。

此外，合同条款可能会影响用户的隐私。虽然有证据表明，消费者（非常）关注自己的抽象隐私，但在实践中，他们往往很难发现隐私问题或发现对其隐私的具体威胁。不过，消费者们还是提到，过度或不适当的信息要求以及对个人数据不加注意的处理和收集，都是他们经常遇到的问题。一般来说，要认识到消费者合同中不公平条款的问题及其与其他方面（如版权法、数据保护法或媒体法）保护的合理利益可能存在的冲突，需要一定的法律专业知识，而这正是许多（即使不是大多数）消费者所缺乏的。

5. 安全保障问题

最后，其他值得关注的重要领域是通信的安保、安全和可持续性。安保和安全问题也是一个令人担忧的问题,尤其是在网络环境中,病毒、恶意软件和其他破坏性技术很容易在短时间内传播开来。消费者提到的安全问题包括电子邮件诈骗、垃圾邮件、身份盗用、病毒、信息丢失以及在线财产和通信的安全,例如在社交网络或电子邮件中的安全(欧洲经济,2011b,第59—60、105页)。例如,如果DRM系统与计算机上安装的其他软件发生冲突,就会产生安全问题。由于大多数DRM系统和相关的在线服务都需要连接互联网,因此相对容易受到外部攻击,对此消费者很难防范。消费者硬件和软件的安全保障不仅关切到消费者,也是为了整个社会的利益:正如《2007年消费者主权宪章》所指出的,"为了使信息技术在未来也能可靠地运行,必须让人们逐渐意识到信息技术安全的重要性"。

(四)数字内容合同与法律

1. 商品还是服务,这重要吗

(1)理论:复杂情况

欧洲消费者法在很大程度上围绕着商品和服务之间的关键区别展开,这一区别在欧洲一级法和二级法中得到了进一步加强(Schmidt‑Kessel,2011)。区分商品与服务无疑是《消费者商品和担保指令》的主要特征之一,因为它只涵盖有形动产(《消费者销售指令》第1条第2款)。即使是现已废止的《远程销售指令》(指令97/7/EC,OJ 1997 L 144/19),虽然它没有对"货物"或"服务"下定义,但对引发行使撤回权的要点及其豁免制定了不同的规则。这两个例子都表明,消费者对购买的数字内容所享有的保护可能取决于它是商品或服务这一不同的分类。与适用于商品的规则(如《消费者销售指令》的规则)不同,服务合同通常是由立法者或法院临时制定的拼凑规则进行规制的,这使得数字内容消费者的处境更为艰难(Loos,2011c,p.757-759)。同样,在欧洲层面,服务合同领域的共同体法律也很粗略。即使是2006年的内部市场服务(指令2006/123/EC,OJ 2006,L 376/36,以下简称《服务指令》)也不适用于主要的服务类型[1],正如《服务指令》序言部分第90段所指出的那样,原则上它不影响服务提供者与消费者之间的合同关系。因此,《服务指令》几乎不包含任何对服务供应商与其客户之间的合同产生影响的实质性规则,《服务指令》第22条的信息要求例外。

对会员国内部情况的分析表明,数字内容的分类在法律上存在很大的不确定性(Loos et al.)。可能是由于相关判例法的数量相对较少,也可能是由于关于如何对数字内容进行分类的争议尚未解决。例如,在法国,法律没有对购买包含软件的CD或DVD进行分类,判例法和文献在这个问题上也存在分歧。一些判决和学者认为该合同属于销售合同(例如,最高法院,LCE c Artware,1991年5月22日,第89—11390号),而另一些判决和学者则认为该合同属于雇佣合同的变体(Hollande、Linant de Bellefonds,2002年,第503号),还有一些判决和学者认为该合同属于特殊合同(Montero,2005年,第77页)。《意大利消费者法》中的许多条款都适用于商品,但没有规定商品必须是有形的还是无形的。不过,"合约性的法律担保"(legal warranty of conformity)只适用于可移动的有形商品,不适用于软件中的缺陷。当软件被放置在CD或DVD上时,法国判例法区分CD或DVD本身的销售与软件的销售。[2] 因此,法官很可能会将软件的缺陷视为影响无形商品的缺陷,从而排除对上述担保的追索权(Loos et al.,2010,p.42-43)。更加复杂的问题是,法

---

[1] Art. 2 of the Directive lists services such as financial services, electronic communications services and networks, transport services, services of temporary work agencies, healthcare services, audiovisual services, gambling, services of notaries, bailiffs and other official authorities, social services and private security services.

[2] Cour de Cassation (Chambre commercial) 9 November 1993, Bull. Civ. IV, no. 395.

国《消费者法》第 L.121-20-3 条确实规定,如果商品是远程购买的,专业人员为正确履行合同而对消费者自动承担法律责任。这实际上意味着,如果是远程购买的 CD 或 DVD 上附有软件,则卖方要对软件的缺陷承担严格责任,但如果是在商店购买的 CD 或 DVD,则卖方可能不承担责任。这样一来,法国消费者就很有可能获得《法国民法典》第 1603 条及以下条款规定的不合约情形的救济,或《法国民法典》第 1641 条及以下条款规定的隐蔽瑕疵担保(Loos et al.)。法国的情况代表了许多成员国的争议和对这一问题的不确定性。

(2)实践:实用方法

尽管在理论上缺乏对数字内容明确的分类,但在实践中,分类问题似乎并不那么重要。特别是在有形媒介包含数字内容(如软件)的情况下,相当多的成员国(如法国、德国、意大利、荷兰、西班牙和英国,挪威也是如此)直接或类推适用消费者销售法的规则。例如,《德国民法典》第 453 条规定,"关于物品购买的条款经必要修改后可以适用于权利和其他标的物的购买"。芬兰等国的一些法律制度明确规定,在有形媒介上提供的软件被视为一种服务,在线提供的软件也是如此。在线提供数字内容的情况则更成问题,特别是在挪威、法国或波兰等国家,这些国家的法律规定货物必须是有形的。在其他国家,商品与服务之间的区别不那么绝对。例如,在意大利,无论是否在有形媒介上,标准软件都被定性为面向消费者的可移动物品,而定制软件则不然(Loos et al.)。这意味着,对于标准软件的缺陷,消费者可以诉诸消费者销售法。在荷兰和挪威,消费者销售法可以类推适用(Loos et al.)。西班牙和匈牙利的做法略有不同,有人建议将(在线)数字内容供应合同归类为许可合同(Loos et al.),这与版权法对合同的分类一致,合同的法律后果和消费者权利将取决于许可条款和相关国家法律。

一种有趣的方法是将数字内容供应合同归类为独立的一类合

同,然后宣布消费者销售法适用于这类合同。例如,英国就采用了这种方法(Loos et al.),这种方法使法院可以自由援引普通法的一般原则,从而得出与英国《商品销售法》或英国《商品和服务供应法》所适用原则类似的结果。法国文献也支持将软件划分为一种特殊权利(Hollande、Linant de Bellefonds,2002 年,第 503 期)。支持自成一类的观点认为,这样可以留出更多的空间来规制相关的技术发展。反对的观点则认为,这会导致引入新的法律概念,从而可能增加法律的不确定性。

根据《欧盟消费者权利指令》,数字内容合同有一个特殊的制度。CRD 第 2 条第 11 款将数字内容定义为"以数字形式制作和提供的数据",该指令序言部分第 19 段列举了属于该定义范围内的例子,但在该指令规范的领域之外,哪些规则应予适用仍未确定。具体来说,序言进一步指出,如果数字内容是以有形媒介(如 CD 或 DVD)提供的,则应将其视为指令意义上的商品。相反,指令并没有规定在线提供数字内容的分类,而是对信息义务和在营业场所以外或远程订立合同时的撤回权作了具体规定。因此,该指令回避了分类这一棘手的问题,但又表明两种形式的数字内容交付(有形或无形)都属于指令的适用范围进而消除了这一区分的意义。这种方法最接近于成员国直接或类推适用消费者销售法的做法,但作了必要的修改。其中一项修改涉及撤回权。CRD 第 16 条第 m 款规定,如果不是在有形媒介上提供的数字内容,消费者有权撤回,除非同意在撤回期内开始履行合同,并承认将因此失去撤回合同的权利。该指令没有涉及可能需要修改的其他问题,如有关履行合同的时间和地点以及交付数字内容的问题、所有权转让或必须转让[3]的范

---

〔3〕 通常情况下,在消费者销售合同中,商家有义务转让商品的所有权。然而,对于数字内容,尤其是在线提供的数字内容,这就很难做到,因为它受权利人知识产权的制约。

围问题(Loos et al.,2011a,第 99—102 页)或适当的补救措施问题。[4] 这些问题仍然需要解决。

2. 消费者法与版权法

(1) 版权路径

许多(即使不是大多数)数字内容都受知识产权,特别是版权法的保护。知识产权法规定了作者或其他权利人(如出版商)对"作品"的权利。"作品"可以包括任何形式的创作成果,包括视频、音乐、文字、书籍、图片、游戏和软件。版权法赋予作者一系列著作财产权(如控制其作品的复制、实体和网络传播的权利)和著作人身权(如署名权和改编权)。这些权利都有例外和限制从而平衡作者权利与其他个人和社会利益之间的关系,如私人使用和隐私、作品的获取和广泛传播、新闻报道、教育和宗教等。

数字化为作者传播和销售其作品提供了令人振奋的新机遇:作者能通过 DVD 和 CD 等新载体,在线下载或流媒体,以及游戏机、MP3 播放器、平板电脑、手机和电子书阅读器等新平台传播和销售其作品。然而,在数字化的同时,由于复制作品和低成本传播作品的可能性增加,权利人也面临着新的挑战。这再次加剧了人们对盗版作品和未经授权作品使用的担忧。部分应对新发现的风险以及数字内容市场的性质的措施是法律上的:这导致了专有权的进一步扩大(如引入提供权,以涵盖在线传播),引发了关于如何减少现有用户特权的讨论,如私人复制的例外。其他解决方案是技术性的,导致了控制数字内容传播和消费的新技术的发展,如技术保护措施(TPM)、数字版权管理解决方案(DRMS)、电子访问控制或有条件访问系统(CA),包括水印和跟踪技术。所有这些技术的共同点是,

---

[4] 例如,在大多数欧盟法律体系中,如果合同终止,当事人必须退还已经履行义务所获得的利益。就数字内容而言,由于其本身的性质,这可能很难做到。可以要求消费者从其系统中删除文件,但很难检查其是否真的删除了。

它们的最终目标是使权利人能够精确地控制谁可以在何种设备上、在何种条件下（付费或订阅后、有限或无限期间、一次或两次、阅读但不复制或打印、与有限数量的用户和设备共享等）访问和使用哪些内容。

由此产生的使用限制以及权利人控制其作品消费和传播的方式，是前文第三部分提到的消费者担忧数字内容的重要原因。DRM、TPM 和 CA 可能是消费者无法像使用普通图书那样使用电子图书的原因，也可能是消费者无法在不同地区销售或播放的视频内容的原因，还可能是消费者发现自己购买的内容与设备不兼容或无法转移到新设备上的原因。此外，消费者还可能认为数字内容的许可条件限制过多或不公平。最后，权利人行使使用权可能会以限制消费者的其他权利为代价，如言论自由权、个人财产权或隐私权。

（2）消费者法路径

当消费者投诉的数字内容问题与著作权保护或著作权行使方式直接或间接相关时，适用消费者法和合同法会更为困难，因为这两个法律领域之间的关系复杂，特别是它们的所有权概念有所不同。消费者法，特别是消费者销售法，遵循的理念是，一旦消费者购买了货物，所有权就或因供应商有转移所有权的义务而完全转移，或因订立合同后所有权自动转移而转移（Von Bar et al.,2009 年，《德国民事诉讼法典》第 Ⅳ.A－1:202 条注释 1—5，第 1235—1236 页，以及《德国民事诉讼法典》第 Ⅳ.A－2:101 条注释 1—2，第 1254—1255 页）。消费者作为新的所有权人获得了按照自己的意愿处理该物品的永久性权利。无法按照自己合理期望的方式使用产品时，消费者可能会对产品不合约进行投诉。消费者对商品功能的合理预期及其作为商品所有者从商品功能中获益的能力，不仅决定了供应商有义务向消费者告知商品主要特性的程度，还决定了如何评估与商品销售过程有关的合同条款和商业惯例的公平性。

(3)路径冲突的后果

消费者商品销售法的出发点是确保购买者获得对所购商品的所有权以及按其认为合适的方式使用这些商品的权利,而版权法的基本原则是消费者获得对作品实物复制品的所有权,但是并不享有实物所体现的作品著作权。例如,书籍或录像带的购买者是作品实物复制品的所有者,但只是作品著作权的被许可人。因此,消费者法和版权法的出发点是对立的。传统商品的这种复杂关系在数字内容上体现的更为明显。首先,严格意义上的数字内容转让并不存在,因为供应商并不向消费者提供原始数据(因此,原始数据仍由供应商控制),而是只向消费者提供原始数据的副本。其次,供应商可以转移 CD 或 DVD 等物理载体的所有权,通常不会转让数字内容本身的所有权,如与数字内容相关的知识产权。与所有权相反,消费者获得的是数字内容默示或明示许可的使用权。

消费者并非数字内容的完全所有权,而只是一个被许可人,这会给评估消费者对数字内容的合理期望带来一些困难。消费者对数字内容的功能和可用性有什么样的期望,这主要应在权利人和经营者在与消费者的沟通中以及在许可条款中加以确定。至于其中规定的条件是否公平合理也很难评估,因为不同于许多传统商品,在数字内容方面没有一个被普遍接受的基准,即消费者对数字内容的合理预期是什么。有部分原因在于许多数字内容具有无形性,也有部分原因在于数字内容的新颖性、产品的高度差异化以及数字内容更新的快速发展使得发展中的基准(benchmarks)在数字内容出现时已经过时(Loos et al.)。还有部分原因也在于版权法赋予了权利人决定开发利用其作品条件的权利。由于版权法的特殊结构,著作权人专有权的法定例外和限制,如私人复制的例外,并没有赋予消费者具体的权利。相反,法官将其描述为纯粹的特权,根据不同的国家法律,可以通过合同或 TPM 和 DRM[5]来规避。私人复制例外是一种特权这一特征也造成了很大的法律不确定性,涉及告知务的范围[6]、供应商是否有义务告知用户使用限制,以及规定了不同于版权法例外情形限制使用的合同条款是否公平(Guibault,2002)。

消费者合同中限制性条款的合同公平性问题还远未得到令人满意的解决方案。不过,关于信息义务的范围,《欧盟消费者权利指令》已经迈出了第一步,使其更加明确。根据 CRD 第 5 条第 1 款第 g、h 项,以及第 6 条第 1 款第 s、t 项,经营者必须告知消费者数字内容的功能性和互操作性。有人甚至由此认为,《欧盟消费者权利指令》从此迈出了第一步,尽管是谨慎的一步,但是在向消费者法中发展更加以消费者为导向的版权法视角迈进。近一段时间以来,消费者代表、政策制定者和学术界一直在呼吁,经营者有义务告知消费者版权法中的 TPM 和 DRMs 所施加的使用限制,但迄今为止基本上没有成功(Guibault,2008,第 409 页)。值得注意的是,现在是欧洲消费者法而不是欧洲版权法在回应这些呼吁。这会在何种程度上继续发展,我们拭目以待。在这方面,我们可以注意到,在最近公布的《欧洲共同销售法》提案文本中,有关数字内容的功能性和互操作性的信息义务已被取代(《欧洲共同销售法》第 13 条第 1 款第 h、l 项,以及第 20 条第 1 款第 f、g 项)。如果信息提供得当,消费者原则上可以信赖该信息(《欧洲共同销售法》第 69 条),这意味着如果数字内容不能按照消费者根据该信息对数字内容的合理预期使用,则该数字内容不合约(《欧洲共同销售法》第 100 条第 b、f、g 项)。

---

[5] French Cour de cassation (1re. Chambre civil), 28 February 2006, and 19 June 2008; Belgian Cour d'appel Brussels, 9th Chambre 9 September 2005, RG 2004/AR/1649.

[6] French Cour d'appel Versailles, 15 April 2005, Françoise M., UFC – Que Choisir c/ SA EMI Music France.

一般来说,消费者法有可能为解释作者专有权的范围和限制提供另一种视角。版权法主要关注的是著作权人的地位和权利,而消费者法关注的是消费者的地位和权利。按理来说,消费者的合理期望标准与版权法分析中普遍存在的关于私人复制规范的著作权人中心准则相当。例如,如果有证据表明有足够多的消费者期望能够进行私人复制,这便可会影响到对合约性检验标准的解释,从而对消费者有利。同样,如果法官在解释合约性检验标准时,不仅愿意采用功能性视角,而且愿意考虑更深层次的文化和社会利益,那么至少在消费者法领域这可能会打开一扇大门:在与著作权相关的问题上,从纯粹的(以作者为导向的)著作权方法转向更加以消费者为导向的方法。这无疑符合欧洲联盟法院最近作出的一些裁决表明的趋势,即不孤立地看待版权法,而是将其置于更大的规范和社会背景中来看待。[7]

3. 消费者信息再探究(Consumer Information revisited)

(1)信息需求和义务

数字消费者在作出明智的决定时,需要准确、真实的数字内容信息。由于数字内容是一种体验性产品,这就意味着消费者在体验一首音乐、一部电影或一款游戏之前,通常很难甚至不可能预知其特性和价值(Loos et al.)。虽然有些信息可能还比较容易被找到,如电影的名称或长度,但其他特征,如新闻或艺术质量,对大多数消费者来说是很难判断的,即使是在他们消费了(可信度良好的)数字内容产品之后。数字内容的两个基本特征进一步加强了对缔约前信息的需求:一是技术的复杂性;二是大多数数字内容都受制于

---

〔7〕 See European Court of Justice, Scarlet Extended SA v Société Belge des Auteurs, Compositeurs et Editeurs SCRL (SABAM) (C – 70/10), [2012] E. C. D. R. 4;Productores de Musica de España (Promusicae) v Telefonica de España SAU (C – 275/06), [2008] 2 C. M. L. R. 17, Premier League (C – 403/08 and C – 429/08), 4 October 2011.

具体的许可条件,这些条件决定了数字内容的功能和可用性。因此,数字内容的购买者有特定的信息需求。消费者除必须了解的较普遍的事实(如价格、交货条件等)外,他们还需要了解一些事项,如使用和互操作性、数字内容的功能、是否存在使用限制、许可条件、与隐私有关的影响,如跟踪和监测技术的使用,以及有关数字内容质量的信息,包括专业行为准则和指导方针(如新闻准则)的适用性。

现有的消费者法律已经满足了消费者的大部分信息需求,但需要指出的是,由于各行各业的具体规则错综复杂,某些形式的数字内容被排除在某些相关指令的适用范围之外(可以说是不必要的)(Helberger,2011a)。例如,《电子商务指令》(指令2000/31/EC,OJ 2000,L 178/1)第18条指出,视听媒体服务的消费者不能援引《电子商务指令》的保护及其信息要求。取而代之的是《视听媒体服务指令》中的信息义务,但内容并不全面(Helberger,2011b)。同样,《服务指令》序言第24条和正文第2条第2款第c、g项明确规定,该指令的规定——其广泛的信息义务——不适用于视听服务以及电子通信服务,如电子邮件、互联网接入和网络电话服务。在这方面,值得肯定的是,《欧盟消费者权利指令》没有沿袭将某些类型的数字内容排除在外的传统,而是明确规定其条款适用于几乎所有的数字内容产品。[8]

此外,《欧盟消费者权利指令》从两个重要方面补充了现有的信息通知义务:要求提供有关数字内容的功能和互操作性的信息。在《欧盟消费者权利指令》通过之前,关于经营者是否有义务告知数字消费者DRM、TPM或其他限制数字内容访问和使用的技术这一问

---

[8] CRD第3条第3款中的除外条款主要涉及金融服务、医疗保健服务和赌博,但并没有专门针对数字内容合同的除外条款。与《欧洲共同销售法》的提案则不同,该提案将以电子形式提供的法律或财务咨询排除在其范围之外,更重要的是,将电子通信服务和网络以及相关设施和服务排除在其范围之外,见《欧洲共同销售法》第2条第j项。

题一直存在很大争议(Helberger and Hugenholtz, 2007, p. 1090 – 1093)。

根据 CRD 第 5 条第 g、h 项，以及第 6 条第 r、s 项，经营者应当告知数字内容产品的消费者"数字内容的功能，包括适用的技术保护措施"，以及"经营者知道的或可合理预期知道的数字内容与硬件和软件的任何相关的互操作性"(relevant interoperability)。正如指令在序言第 19 条中进一步解释的那样："相关互操作性的概念意在描述与数字内容兼容的标准硬件和软件环境有关的信息，例如操作系统、必要的版本和某些硬件功能。"

"互操作性"的这一定义是动态的，因为它承认软件和硬件是定期更新的，而这一过程会引起随着时间的推移数字内容是否兼容的问题〔9〕序言进一步指出，"功能性"指的是"数字内容的使用方式，例如用于跟踪消费者行为的方式；它还应指是否存在任何技术限制，如数字版权管理保护或区域编码"。这一全面的定义超越了某些国家(如法国和德国)版权法规定的告知是否存在技术保护措施的现有义务。值得注意的是，这一概念主要还包括跟踪软件的使用，如 cookie、水印或个人识别符，以及用于著作权保护和其他目的的限制性技术的使用，例如，使用区域编码、访问控制和数字版权管理，以确保报酬和遵守一般条款、条件，或禁止访问不受知识产权保护的活动，如体育赛事和公共领域的内容。目前尚不清楚的是，供应商是否只需告知技术限制，还是也需告知合同限制，例如，在这些限制偏离版权法规定的例外和限制目录的情况下，上述告知义务仍存在争议。最好对这方面的规定作出更为明确的规定。

(2)需要更加关注信息的呈现方式

然而，《欧盟消费者权利指令》和其他指令中的信息义务未能

---

〔9〕 出于同样的原因，《经济、社会、文化权利国际公约》第 103 条明确指出，在合同签订后才有更新的数字内容并不意味着所交付的数字内容不适约。

令人满意地解决一个问题,那就是必须以何种方式传递信息才能真正帮助消费者。与其他市场相比,数字市场的特点是,不同国家的不同供应商提供了大量不同的产品,每种产品都有自己的使用条款和告知消费者的方式。换句话说,数字消费者需要处理的信息量巨大,而越来越多的证据表明,消费者既不能也不愿意去理解和处理(经营者)提供的海量信息(Rehberg,2007年,第36页)。行为经济学的观点进一步证明了信息呈现方式的重要性,对数字消费者所关注问题的研究同样如此。最近的一项研究表明,在接受调查的数字消费者中,有16%—44%的人表示不理解提供给他们的信息,这不仅取决于获取渠道,还取决于年龄和教育水平。不理解信息的最常见原因是语言的复杂性、语言的技术性、版面设计、小字体以及信息的长度(欧洲经济,2011b,第45、48页)。这些基本上也是更多的用户甚至不愿意阅读消费者信息的原因(Bakos et al.,2009,欧洲经济,2011b,第45、54页)。

由此得出一个显而易见的结论是,如果保护消费者的信息方法(与禁止、默认或强制标准化等方法相反)要想奏效,就必须把关注消费者信息的呈现方式和与消费者进行有效沟通作为首要目标。然而,现行法律框架尚未做到这一点。诸如信息(提供方式)应"简单、直接和永久获取"(《电子商务指令》第5条第1款),或"以清晰明确的方式提供或传达,并在合同订立前及时提供或传达"(《服务指令》第22条第2、4款)等一般性要求不仅含糊不清,也忽视了有效的消费者信息必须以可以让消费者有动力实际使用的方式呈现给消费者。如果提供的信息没有被正确地呈现(if information is not framed properly),消费者很可能不会阅读或理解这些信息,他们也不会根据这些信息采取行动,无论是何种情况。这就意味着,要让消费者能够将信息的表述方式与自己的实际情况联系起来。例如,比起告知消费者"版权保护已生效"(copy protection is in place)或仅仅展示一个标签来表明该内容受版权保护(copy protected),"本电子书不能被复制、打印和转移到其他设备"(最终也可以以标签的形式传达)这样的表述对消费者来说更加具有指导意义,虽然这一信息可能对销售不那么有利。遗憾的是,《欧盟消费者权利指令》在这方面似乎走错了方向,因为《欧盟消费者权利指令》第 7 条第 5 款和第 8 条第 10 款禁止成员国引入或保留关于在远程或非现场签订合同前提供信息的正式要求(formal requirements)。

此外,还有消费者信息的正确时机和情景化方面的问题(《更好的监管执行局和全国消费者委员会》,2007,p. 9;Rchberg,2007,p. 43;Vebraucherzentrale Bundesverband,2011,p. 36)。在理想的情况下,消费者可以在相关的时刻获得他们所需要的信息(也只能是信息)。举几个例子,关于报告问题、取消政策和争议解决的信息可以作为一个单独的按钮("报告问题")放在经营者网站首页的底部,而且只有在用户点击该按钮后才会提供这些信息。有关价格、使用限制和软件要求的信息将在首次访问产品描述时显示在显著位置。关于销售者的信息、详细联系方式可作为"关于"部分的一部分,等等。此外,数字技术还使其他非文字信息的展示方式变得越来越可行和具有吸引力,如教学视频、图片、横幅、呼出、互动按钮等。此外,还可以通过标题、突出关键词、摘要、目录、常见问题、顺序和突出表述等形式来提高特别长的文本的可读性和易理解性。因此,像《欧盟消费者权利指令》那样,在合同签订之前或签订之时就要求提供这些信息,不仅为时过早、效果不佳,因为消费者对当时提供给他们的许多信息并不感兴趣,而且会带来如下的风险,即当消费者真正需要这些信息时,他们已经无法获得这些信息了(而且经营者也无须再次提供这些信息)。

最后,给消费者提供信息的最终目的是使消费者能够作出明智的选择。为此,不同商品和服务的消费者信息必须是相似的。这同样要求不仅在内容上,而且在消费者信息形式上也要实现一定程度的标准化。除此之外,可比的消费信息不仅要提供给消费者,还要提供给越来越多的比较网站和工具,帮助消费者处理、比较和决定消费信息。因此,本文认为,仅仅规定消费者信息清晰明确(consumer information is clear and unambiguous)是不够的。此外,消费者信息还需要得到有效的传播,其提供的形式和方式不仅要能鼓励和方便消费者进行比较,也要能鼓励和方便第三方进行比较。

4. 缺乏消费者合理期望的基准

另一个更根本的问题是,信息手段作为消费者法律和政策中的一种监管工具,是否仍然适用。鉴于信息过载和消费者普遍不理解甚至不阅读消费者信息等因素,法律必须作出决定即是否可以通过其他手段更好地保护数字消费者的某些利益。这些手段既可以是自愿性标准和默认设置,也可以是强制性质量和安全要求,甚至是禁令。

赞成从法律上对数字内容的可用性、安全性和对消费者友好性地规定某种最低标准(而不是完全由供应商自行决定和依赖消费者信息)的一个重要论点是,消费者信息与消费者的合理期望之间存在复杂的互动关系。消费者信息可以影响消费者的合理预期,从而影响消费者可以合理预期的保护水平。例如,根据不合约的规则以及商业惯例或合同条款的公平性,消费者所能期待的保护水平在相当大的程度上取决于消费者被告知数字内容可能有的局限或副作用的程度。在这方面,消费者信息也可以间接地作为(不公平的)免责条款。如前所述,与许多有形商品不同,消费者对数字产品的合理期望并没有明确的基准,事实情况更是如此。数字内容市场是一个高度创新、快速发展的行业。由于大多数数字内容产品的无形性,数字内容产品的主要特点基本上是技术配置和许可条件的问题——可能因供应商和产品而异。由于缺乏客观基准,消费者一旦被告知使用限制,就不能再主张使用限制性 DRM 技术构成不合约行为。这样一来,消费者信息就会导致传统用户自由的逐步退化。

由于消费者的谈判地位有限,而且数字内容产品不具备任何明显的"主要特征",因此商家可以逐步降低消费者对数字内容的一般预期标准,而消费者对此没有太多的抗衡能力(Ben – Shabar and Schneider,2010,p. 59;Helberger and Hugenholtz,2007,p. 1094;Loos et al. ,2011b,p. 741)。为了保护消费者的基本自由和消费者对数字内容的最低合理预期(例如,基于社会、民主或文化原因),某种程度上将消费者对数字内容的合理期待标准化就显得至关重要。

这种标准化进程可以采取不同的形式:既可以是行业驱动的(如 DVB 视频标准或移动电话的 GSM 标准),也可以是正式法律进程作用的结果(如在版权法中引入特定权利,类似于软件指令中已有的不可剥夺的计算机程序备份权,指令 2009/24/EC,OJ 2009,L 111/16)(广泛讨论见 Helberger,2011c)。因此,我们认为,与版权法或隐私法等规定的用户合法权利相冲突的条款应被列入(可能)不公平合同条款的黑名单和灰名单(Guibault,2008,p. 409;Loos et al.)。最后,该标准也可能是独立监管机构运作的结果。例如,根据《公民权利指令》(指令 2009/136/EC,O/2009 L 337/11)第 22 条第 1、2 款,国家监管机构有权确定通信服务消费者应有权享有的最低期望基线。同样,《法国知识产权法典》(有争议的)第 L. 331 – 31 条授权哈多比(Hadopi,互联网作品传播及权利保护高级公署)进一步界定私人复制例外的内容,以及用户有权复制的数量(Winn、Jondet,2009)。总之,消费者信息是一种重要工具,但也可能适得其反,对数字消费者的地位产生负面影响。因此,有必要以某种方式为消费者的合理期望确定一套更具体的最低标准。

5. 隐私权和其他基本权利及其在一般消费者法和合同法中的地位

上文提到,数字内容不仅是"商品和服务",数字内容的消费还可能涉及一系列政治和文化目标(如传播思想和文化、社会参与、民主舆论形成、个人自我发展等)以及基本权利,如言论自由和隐私权。数字消费者法的一个重要方面是,传统消费者法在何种程度上也应考虑这些更为抽象,甚至往往是政治性的因素。关于第一个问题,正如比较审查所表明的那样,以功能性方法来确定是否合约等问题在成员国仍然普遍存在。只有意大利和西班牙的国内专家报告说,在确定数字内容合同是否正确履行时,信息和言论自由、公共秩序和基本权利(如隐私、身份和名誉)等因素是相关的(Loos et al.),这表明消费者法可能会考虑这些抽象因素,但在实践中往往不会。

第二个问题涉及消费者法与那些以保护这些更抽象的利益为目标的具体部门法(如媒体法、版权法或数据保护法)之间的互动。特别是意大利和西班牙的国家报告,以及美国的报告都强调,当版权法或数据保护法未得到遵守时,数字内容可能不合约(Loos et al.)。此外,波兰记者也报告说,数据保护法中制定的标准并不影响合约性测试(Loos et al.)。例如,这意味着当数字内容在未经消费者同意的情况下安装软件收集和处理消费者个人使用数据时(即与数据保护法相冲突),数字内容仍可被视为合约。

目前,在保护消费者利益的一般规则与特定部门规章之间的互动方面(或在判例法方面)仍鲜有经验可循(Loos et al. ,2011a, p. 59)。通常情况下,特定部门法被视为特别法(leges speciales),其适用效力高于一般消费者法和合同法。此外,在德国、荷兰和挪威等国,如果国家法令本身被认为是自洽的,那么在一般消费者法之外制定的标准原则上可以为消费者法的解释提供参考(Loos et al. ,2010 年,第 99、228、264 页)。此外,可能的互动程度似乎还取决于相关的法律领域。例如,一些国家的报告明确确认,如果合同条款违反隐私标准,则被视为不公平。在匈牙利(《匈牙利民法典》第 75 条第 3 款)、意大利(《意大利消费者法》第 121—134 条)和西班牙(《西班牙消费者法》第 86 条),任何限制这些权利的合同条款要么无效,要么可撤销;波兰[10]和法国[11]的判例法也是如此。然而,在合同条款与版权法相冲突的情况下,问题就不那么明确了(Loos et al.,2011a,p.86-93)。

6. 保护消费者对安全保障的合理期待

欧洲经济最近的研究表明,9%的数字消费者在接受访谈前12个月内遇到过安全问题(实际上,这个数字可能更高,因为许多安全问题可能不会引起消费者的注意,要么是因为在消费者注意到之前这些问题就已经被解决了,要么是因为技术的复杂性而消费者未注意到)。报告的大多数问题都与垃圾邮件有关,包括电子邮件和短信(SMS)形式的垃圾邮件以及数字内容,这些内容要么直接损坏了安装这些内容的设备,要么使设备感染病毒等(欧洲经济,2011b,第76、78页)。

毋庸置疑的是,可能对消费者造成严重损害的数字内容不合约,因此可以根据消费者法进行补救。此外,根据《隐私与电子通信指令》第13条第1、3款的规定,向消费者发送垃圾邮件(即未向消费者请求以直接营销为目的的通信)属于违法行为。显然,这种行为构成不公平商业行为。不过,如果消费者在先前的合同中向经营者提供了电子邮件的电子联系方式,只要消费者不反对接收未经请求的商业信息,发送垃圾邮件就不违法。有观点认为,如果消费者

---

[10] Polish Supreme Court (SN) 6 October 2004 (Ⅰ CK 162/04); Regional Administrative Court in Warsaw (WSA) of 31 March 2006 (Ⅱ SA/Wa 2395/04); Polish Supreme Administrative Court in Warsaw (NSA) 30 March 2006 (Ⅰ OSK 628/05).

[11] 1 For example, the Court of First Instance of Paris knocked down a clause of the general terms of an Internet Access Provider (IAP) which read that "with the exception of communications concerning the subscription and services the use of collected information for commercial purposes is only performed with the express acceptance of the subscriber", because the exception it established infavour of the IAP was not provided by any legal texts and was thus illicit, TGI Paris (1re Chambre social), 5 April 2005, 1 ch. sociale, 04/02911.

在签订早期合同时提供了联系方式,但后来反对接收此类信息,那么继续发送就构成不履行早期合同。不过,这种解释似乎并无多大必要,因为无论如何都会适用有关不公平商业行为的法律。

更难回答的问题是,有缺陷的数字内容本身并不造成损害,但会使消费者的硬件或软件受到病毒和木马的攻击,此时是否也被视为不合约。业内人士认为,复杂的软件在刚投放市场时存在一些缺陷、瑕疵或错误是正常的。事实上,自动更新服务也是为了尽快和尽可能有效地解决和弥补新发现的缺陷。那么随之而来的问题是,这些缺陷、错误和瑕疵的相当普遍性是否意味着当其显现时,数字内容仍然合约?这取决于数字内容是否符合消费者对产品的合理预期。这种情况需要考虑包括产品上市的时间、是否为测试版以及是否免费等因素。[12] 但是,如果没有达到消费者的合理预期,那么无论偏差是大是小,该数字内容都是不合约的(BEUC,2010年)。

在这种情况下,一个尚未解决的相关问题是,消费者必须在多大程度上给予合作,例如消费者只有通过安装所要求的更新,才能"有资格"获得保护。数字内容供应商可以合理地期望消费者不断更新其软件程序,并允许通过自动更新服务修复已发现的缺陷、瑕疵和错误,这似乎是合理的。即使消费者在法律上没有义务这样做,但如果数字内容的供应商不能通过更新对这些缺陷进行补救,也不能对杀毒软件进行更新,那么根据债权人过失或共同过失的规则,可能会对消费者造成不利的后果。在更新不是免费的情况下,消费者必须在多长时间内以及在何种程度上配合更新目前尚不清楚。

---

〔12〕 关于后一点,拟议的《经济、社会和文化权利国际公约》第100条第g项规定:"(……)在确定消费者对数字内容的期望时,应考虑数字内容的提供是否以支付价款为交换条件"。

7. 未成年数字消费者

数字内容是一个消费者群体生活的重要组成部分,但是在谈论数字消费者时有一个群体往往被忽视,那就是未成年消费者。[13]调查显示,未成年消费者通常在相当年轻的时候就开始参与商业活动,而且参与程度可能相当高。然而,活跃的消费者并不一定是有知识的消费者。轻信、易受某些广告策略的影响以及缺乏管理个人财务的经验(仅举几例)都是未成年消费者权益易受损害的原因。再加上数字内容或数字服务购买的相对便利性和可靠年龄验证的困难性,一个(潜在的)问题就出现了,但这只是一部分情况。未成年人并不仅与权益易受损害联系在一起,还具有与此相反的特点,比如精通数字技术和挑剔的态度。在网络环境中,年轻消费者有时可能比成年人更善于交易、买卖或收集信息。由于这些相互矛盾的特点以及这一群体的异质性,很难对未成年数字消费者进行清晰的描述,也很难在保护和"解放"之间取得适当的平衡。

成员国的法律普遍认为未成年人不应享有完全的民事行为能力,但也不应被剥夺任何签订合同的能力(Loos et al., 2011a, p. 239)。这就提出了一个问题,即应在何处划定界限,哪些行为应属于未成年人有限民事行为能力的范围,哪些行为不应属于。目前而言,各成员国的做法不同,存在很大差异,更何况欧盟尚未对这一问题进行协调。应当强调的是,对这一问题的统一答复不仅对相关未成年人及其父母来说很重要,而且对企业来说也很重要,因为他们需要能够确定数字内容合同无效的风险。企业难以确定交易相对方的年龄以及由此导致的跨境 B2C 数字内容供应合同有效性的不

---

[13] 在《欧洲共同销售法提案》中,法律行为能力问题再次被排除在考虑范围之外,因为它"既不对国家法律非常重要,也与跨境合同不太相关",见欧盟委员会,促进单一市场跨境交易的欧洲共同销售法,2011 年 10 月 11 日欧盟委员会致欧洲议会、理事会、欧洲经济和社会委员会以及地区委员会的信函,COM(2011)636 final,第 8 页。

确定性,可能会阻碍数字内容内部市场的发展。这对未成年人来说是这样,对成年人来说也是如此(Loos,2012,p. 14 – 16)。因此,建议欧盟就这些问题采取协调措施,而且这种措施不应仅限于数字内容合同,还应扩展到通过互联网签订的其他合同。

(五)结论

在本文中,我们分析了数字消费者在现行法律制度下的法律地位,以及数字消费者在希望能够享受到数字市场利益同时会面临的许多问题以及消费者(合同)法的发展能够在何种程度上解决。应结合成员国国家和欧洲层面正在进行的为未来消费者政策制定新战略的举措来看待这些分析。因此,本文提出的建议也可视为对这一分析的贡献。

数字消费者遇到的一些问题在数字内容市场上相当典型,例如,在数字内容是否合约的问题上缺乏一般的统一标准,因此数字内容供应商有可能通过提供有关数字内容性能的(真实的或误导性的)信息来破坏消费者的期望。因此,本文分析指出了法律在保护数字消费者方面存在的不足,并针对他们的情况提出了具体建议。其他问题,如数字内容作为商品或服务的分类,虽然复杂,但由于新制定的法律文件,如《欧盟消费者权利指令》和《欧洲共同销售法》提案,往往会通过为数字内容引入量身定做的规则来克服,因此,这些问题的相关性往往会降低。然而,我们发现的其他问题并不限于数字消费者,例如消费者信息义务的意义和无意义以及未成年消费者的问题。只是由于数字内容市场的存在,这些问题更加突出。在更广泛的法律背景下解决这些问题(例如不专门限于数字内容合同的规则背景下),将有利于数字消费者以及其他消费品和服务的消费者。最后,本文指出,需要特别关注版权法与消费者法之间的复杂关系。版权法主要侧重于保护权利人（的地位），而消费者法则侧重于保护消费者的需要。最终，数字内容领域的消费者保护法很可能成为期待已久的提高购买受版权保护内容的消费者法律地位所需的杠杆，有助于更好地平衡消费者和版权持有者的权利。

后　记

《数字内容和数字服务合同:经典法律文献》一书的编译工作至此圆满完成,而有关数字内容和数字服务合同法律问题的思考远未结束。

在编译本书的过程中,我越发体会到数字化转型对合同法律理论和实践的影响:数字技术不对称引发私主体数字不平等、不公平交易条款的隐藏性与同质化、无形化与技术性的交易客体对传统有体物交易规则的挑战、个人数据作为交易对价对合同订立与履行的冲击、返还原物等传统救济措施适用的乏力……数字化生活场景下,传统的合同法理论必须与数字时代的创新实践相结合,方可应对新兴业务模式和技术发展带来的法律挑战。本书旨在通过欧洲地区最新的法律发展和研究动态,试图呈现一幅体系化、动态化的数字内容和数字服务合同研究图景,为我国数字内容合同和数字内容服务提供理论支持和法律指导。

数字内容交易是近两年我学术研究的主要兴趣点,本书是对这一主题关注、思考的一个阶段性"总结",也是我与指导的部分研究生、本科生共同学习、完成的一个"成果"。他们承担了部分初稿翻译和校对的工作,也是本书的第一读者。根据本书文章编排顺序,他们是 2022 级研究生池芙蓉、蔡维怡、李翰秋、璩春杰、李奕秋、李玉箫、邓柯、陈诺和 2021 级本科生吴迪、林琪瑾。本书的完成离不开各位原作者、出版社刘文科主任、沈秋彤和邓颖君两位编辑的辛勤付出,在此向他们致以诚挚的感谢。本书的出版得到了学院的大力支持,也是重庆市社会科学规划英才计划项目"国家治理现代化视阈下民法典的中国特色、实践特色、时代特色研究"的阶段性成果。此外,感谢外语学院曾早磊老师,从编译本书一开始就给我提供了很多专业又高效的建议和帮助。

本书编译内容繁杂,然翻译工作时有间断,加之译者水平有限,难免疏漏或有"词不达意"之处。恳请贤明读者惠赐意见至 xnzfpj@163.com。

缩略语表/专业术语表

Certain Aspects Concerning Contracts for the Supply of Digital Content and Digital Services(DCD/DCSD)	《欧盟2019/770号指令》(关于提供数字内容和数字服务合同特定方面的第2019/770号指令),简称《数字内容和数字服务合同指令》
Directive (Eu) 2019/771 on certain aspects concerning contracts for sace of goods	《欧盟2019/771号指令》(关于货物买卖合同特定方面的第2019/771号指令),简称《货物买卖合同指令》
Proposal for the Online Sales Directive (OSD)	《关于在线和其他远程商品销售合同某些方面的指令提案》,简称《在线销售指令》
Directive on Certain Aspects of the Sale of Consumer Goods and Associated Guarantees (CSD)	《关于消费者商品销售及其担保的某些方面的指令》,简称《消费者商品及其担保指令》
Concil Directive 93/13 EEC of 5 April 1993 on unfair terms in consumer contracts	《欧盟理事会关于消费者合同中的不公平条款的第93/13/EEC号指令》,简称《消费者合同中的不公平条款指令》
Corporate Sustainability Due Diligence Directive(CSDD)	欧盟《企业社会责任尽职调查指令》
Proposal for the Directive on common European Sales Law	《欧洲共同销售指令提案》

续表

Directive 2011/83/EU (Consumer Rights Directive)	CRD《欧盟消费者权利指令》
Directive 2005/29/EC of the European Parliament and of the Council of 11 May 2005 concerning unfair business-to-consumer commercial practices in the internal market and amending Council Directive 84/450/EEC, Directives 97/7/EC, 98/27/EC and 2002/65/EC of the European Parliament and of the Council and Regulation (EC) No 2006/2004 of the European Parliament and of the Council ('Unfair Commercial Practices Directive')	关于不公平商业行为的第2005/29号指令(UCPD,简称《不公平商业行为指令》)
Concil Directive 93/13/EEC of 5 April 1993 on unfair terms in consumer contracts	《欧盟理事会关于消费者合同中的不公平条款的第93/13/EEC号指令》,简称《消费者合同中的不公平条款指令》
Consumer Warranty Law	《消费者担保法》
Consumer Credit Directive 2008/48/EC	《消费者信贷指令》
European Consumer Sales Directive	《欧洲消费品买卖指令》
Uniform Rules for Digital Trade Transactions	《数字贸易交易统一规则》
Directive 2002/58/EC of the European Parliament and of the Concil of 12 July 2102 concerning the proless of personal data and the protection of Privacy in the electronic communications sector	《电子隐私指令》
Principles of European Contract Law	《欧洲合同法原则》
the Draft Common Frame of Reference	《欧洲示范民法典草案》
the Charter of Fundamental Rights of the EU	《欧盟基本权利宪章》
Common European Sales Law	《欧洲共同销售法》

续表

Directive on the Application of Patients' Rights in Cross – Border Healthcare	《欧洲议会和理事会关于在跨境医疗保健中适用患者权利的2011/24/EU号指令》
MiFID II	《欧洲议会和理事会关于金融工具市场的第2014/65/EU号指令》
Directive (EU) 2019/2161 of the European Parliament and of the Council of 27 November 2019 amending Council Directive 93/13/EEC and Directives 98/6/EC, 2005/29/EC and 2011/83/EU of the European Parliament and of the Council as regards the better enforcement andmodernisation of Union consumer protection rules	《关于更好地执行和现代化欧盟消费者保护规则的指令》,简称《现代化指令》
General Data Protection Regulation(GDPR)	《通用数据保护条例》
Uniform Rules for Digital Trade Transactions	《数字贸易交易统一规则》
contracts for the supply of digital content and digital services	提供数字内容、数字服务的合同
Digital Single Market	数字单一市场
objective criteria	客观标准
data protection officer	数据保护官
proposed directive	拟议指令
Digital service act	数字服务法
Digital Trade Transactions	数字贸易交易
smart contract	智能合约
Restitution	恢复原状
Traders and consumers	经营者和消费者
The consumer right	消费者权利

续表

the conformity of digital content or a digital service with the contract	数字内容、数字服务是否符合合同约定(数字内容、数字服务的适约性)
goods with digital elements	数字要素商品
compatibility, functionality, interoperability	(数字内容、数字服务的)兼容性、功能性、互操作性
tangible medium which serves exclusively as a carrier of digital content	仅作为数字内容载体的有形数据载体
sales contract	买卖合同
Work Contract	承揽合同
Services Contract	服务合同
Technology licensing contracts	技术许可合同
Union and national law on copyright and related rights	欧盟法和成员国国内法关于著作权和邻接权的规定
formation, validity, nullity or effects of contracts, including the consequences of the termination of a contract	合同成立、有效、无效或合同的效力,包括合同关系的终止
recission of contract	合同的解除
terminate the contract	终止合同
Exercise of the right of termination	行使终止合同的权利
comply with the obligation	履行义务
Lack of conformity	缺乏一致性/合约性、与合同不相符
subject matter of the contract	合同标的
Counter – Performance	对价、对待给付
the doctrines on contractualsynallagma	双务契约学说
compensation for futile expenses	无用支出

续表

Set out	(法律/条文)规定
Subjective/objective requirements for conformity	合约性的主观/客观要求(标准)
Conclusion of the contract	合同成立/缔结
Public statement	公开声明
Agreement between the parties	当事人之间的协议/合同
Default liability	违约责任
Breach of contract	违约
Performance of the contract	合同的履行
e-commerce law	电子商务法
Be liable for	对……承担责任/负责
digital consumer contract	数字消费合同
be entitled to remedies for lack of conformity	有权请求违约救济
Repair or Replacement	维修或更换
warranty on the quality of the goods	质量瑕疵担保
warranty claims	担保索赔
enforcement	法律的实施
limitation period	时效期限
Burden of proof	举证责任
reduction(in the price)	减价
reimburse	返还钱款/退款
Modification of the digital content or digital service	数字内容、服务的变更/修改
Consideration	对价
Defect liability	瑕疵责任
Right of redress	索赔权
Updating obligation	更新义务
consumerorganisations	消费者协会

续表

professionalorganisations	行业协会
suffering the loss	遭受损失
currency token	流通型代币
utility token	效用型代币
investment token	投资型代币
discount in payment or remuneration	减少价款或者报酬